KB116891

카이스트
미래전략
2024

카이스트 미래전략 2024

1판 1쇄 인쇄 2023. 10. 20.
1판 1쇄 발행 2023. 10. 29.

지은이 KAIST 문술미래전략대학원 미래전략연구센터

발행인 고세규
편집 임여진 디자인 유상현 마케팅 백선미 홍보 이한솔
발행처 김영사
등록 1979년 5월 17일(제406-2003-036호)
주소 경기도 파주시 문발로 197(문발동) 우편번호 10881
전화 마케팅부 031)955-3100, 편집부 031)955-3200 | 팩스 031)955-3111

값은 뒤표지에 있습니다. ISBN 978-89-349-6651-7 03320

홈페이지 www.gimmyoung.com   블로그 blog.naver.com/gybook
인스타그램 instagram.com/gimmyoung   이메일 bestbook@gimmyoung.com

좋은 독자가 좋은 책을 만듭니다.
김영사는 독자 여러분의 의견에 항상 귀 기울이고 있습니다.

카이스트 미래전략 2024

KAIST 문술미래전략대학원 미래전략연구센터

포스트 AI시대
당신의 도전과 기회

김영사

1 포스트 AI 시대 휴머니즘의 미래

1 __ 호모사피엔스의 상상에서 시작된 초지능 사회

2 __ 초지능 사회를 열어줄 21세기 새로운 도구

3__ 호모사피엔스, 휴머니즘의 미래를 묻다

2 변화에 대처하는 STEPPER 전략

포스트 AI 시대
인간을 재정의하다

미디어학자이자 미래학자인 허버트 마셜 매클루언Herbert Marshall McLuhan 은 "We shape our tools and thereafter our tools shape us"라는 유명한 말을 남겼습니다. 인간이 도구를 만들어내지만, 이후에는 도구가 인간을 변화시킨다는 의미입니다. 인류는 지금까지 무수한 도구의 발명을 통해 문명과 사상, 제도를 발전시켜왔습니다. 도구의 사용은 인류 진화의 핵심 요소이자 다른 '종種'과 차별되는 특징이기도 합니다.

초기 인류는 도구를 사용해 환경과 상호작용하기 시작했으며, 이는 인류 생존과 발전에 지대한 영향을 끼쳤습니다. 도구는 문제해결을 위한 방편과 수단이 되기도 했고, 인과관계의 이해를 돕는 잣대가 되기도 했습니다. 이후 인류는 더 정교한 도구의 제작과 활용을 통해 효율성을 높이고 가능성을 확장함으로써 거침없이 문명을 건설할 수 있었습니다. 인류는 문명을 통해 새로운 사상과 제도를 만들어냈으며, 문명의 발전은 다시 새로운 도구와 기술의 개발을 이끌었습니다.

21세기에 접어들면서 인류는 인공지능AI이라고 하는 또 하나의 도구를 발전시키고 있습니다. 바둑기사 이세돌 9단을 꺾은 알파고AlphaGo를 상대로 다시 전승을 거둔 알파제로AlphaZero, AI를 활용해 발견한 새로운 항생물질 '할리신Halicin', 인간처럼 문서도 작성하고 소설이나 그림과 같은 예술작품도 만들어내는 생성형 인공지능 챗GPT ChatGPT의 등장은 이전과는 차원이 다른 AI의 진화를 보여주는 중대한 사건들입니다. 지난 10여 년은 AI와 기계학습의 가능성이 입증되는 시간이었고, 이제 이를 작동하는 데 필요한 고성능 컴퓨팅에도 쉽게 접근할 수 있게 되었습니다. 현재 AI의 영향을 받지 않는 분야는 거의 없을 정도이며, 그 진화의 속도는 무서울 정도로 빠르게 진행되고 있습니다.

인류의 역사가 AI 이전과 이후로 구분될 수 있을 정도로 AI 발전이 가져올 미래는 극적일 것입니다. 그리고 이러한 극적인 변화는 인류가 지금까지 한 번도 경험해보지 못했던 '기계인'이라고 하는 새로운 인류의 탄생으로 이어질 수 있습니다. 기계인은 늙고 병들고 죽음을 맞이하는 인간의 생물학적 한계에만 도전하는 것이 아닙니다. 인간의 지능을 초월하는 초지능적 존재로 발전할 수도 있습니다. 이는 현생 인류에 대한 중대한 도전이 될 것입니다. 만약 SF 영화에 나오듯이 초지능은 물론 감정까지 지닌 AI 로봇이 인간과 공존하는 시대가 온다면 어떻게 될까요? 물론 아직은 상상 속 이야기입니다. 그러나 분명한 것은 지금 인류는 가파른 기술의 변화 속에서 인간의 존재와 역할에 대해 새롭게 고민할 시점에 놓여 있다는 점입니다. 즉, 인간의 정체성에 대한 새로운 정의가 요구되고 있습니다.

우리가 AI가 견인할 변화를 설명하고, 해석하고, 구성하기 위한 새로운 개념을 개발하지 않는 한, 어쩌면 인간은 정체성을 상실하게 될지도 모릅니다. 도덕적으로, 철학적으로, 심리적으로 모든 면에서 우리는 새로운 시대의 벼랑 끝에 서 있는 우리 자신을 발견할 수 있습니다. 이러한 초불확실성 시대에는 우리의 대응도 달라야 합니다. 우리는 인간의 가장 깊은 자원인 이성, 감성, 믿음 등을 활용해 AI와의 관계를 조정함으로써 인간의 정체성을 새롭게 확립할 방안을 모색해야 합니다. 이는 곧 21세기를 넘어 22세기를 대비하는 새로운 휴머니즘에 대한 과제이기도 합니다.

아무쪼록 본 연구서가 AI라는 놀라운 도구가 바꾸어놓고 있는 세상 속에서 인간의 존재와 정체성에 대해, 그리고 인본주의에 입각한 휴머니즘의 미래에 대해 다시 생각해보는 기회가 되었으면 합니다. 아울러, 포스트 AI 시대의 전략과 정책을 구상하는 분들께 유용한 참고 자료가 되기를 바랍니다. 본 연구서의 기획과 작성을 위해 애써주신 서용석 교수님과 최윤정 교수님, 그리고 집필 과정에 참여해주신 많은 전문가께도 깊이 감사드립니다.

이광형
KAIST 총장

휴머니즘과 과학기술의
'공진화'를 향하여

슬기로운 현생인류 호모사피엔스는 도구를 만들고 사용하는 호모파베르이기도 하다. 도구를 활용해 문명을 발전시켜왔으며, 이러한 흐름은 오늘날에도 다름이 없다. 인류는 AI라고 하는 또 하나의 혁명적인 도구를 만들어내 활용하기 시작했다. AI의 청사진을 제시한 앨런 튜링Alan Turing 이후 반세기 이상 이어진 AI 발전의 교착 상태에 '기계학습'과 '심화학습'이라는 돌파구가 마련되면서 인간의 능력과 비슷하거나 때론 그 이상의 능력을 발휘하는 AI까지 만들어지기 시작했다. AI라는 기계를 인간처럼 똑똑하게 만들고 싶었던 인간의 오랜 꿈이 마침내 눈앞에 펼쳐지고 있는 셈이다.

이와 동시에 뇌과학, 신경과학, 인지과학의 발전은 인간 뇌의 작동 원리에 대한 이해를 더욱 넓혀가고 있다. 수많은 연구가 이루어지면서 인간의 뇌와 AI 간의 연결도 시도되고 있다. 또한, 유전자 편집 기술을 통한 '맞춤형 인간'의 탄생이 가능해지고 있으며, 로봇공학과 인공 유기체 기술의 발전으로 인간의 외형은 물론 두뇌와 지능까지 모방한 안드로이드Android 로봇의 진화도 가속화하고 있다.

그러나 첨단 과학기술이 가져오는 이러한 변화는 우리에게 피할 수 없는 의문도 갖게 한다. 유전자 편집 기술은 궁극적으로 인간의 삶을 어디로 이끌게 될까? 질환 치료를 넘어선 맞춤형 인간의 탄생은 또 다른 계급사회를 만드는 것은 아닐까? 진보한 로봇이나 AI가 육체적 노동뿐 아니라 지적인 노동까지 계속 대체해가면 인간의 존재 의미와 역할은 어떻게 바뀌게 될까? 첨단기술을 장착한 정치와 경제는 또 어디를 향하게 될까? 지적 능력을 넘어 감정과 자의식, 그리고 예술적 영감을 지닌 AI도 나오게 될까? AI는 정말 인간의 마지막 발명품이 될까? 인간과 기계의 경계가 모호해지는 지점에서 인간은 어떤 위상을 갖게 될까? 인간은 AI 로봇 등과 같은 비인간과 어떤 관계 속에서 살아가게 될까?

실제로 호모파베르가 만든 다양한 도구들이 결합되면서 포스트휴먼post human, 말 그대로 신인류의 탄생을 예고하고 있다. 포스트휴먼은 유전자 편집과 AI 기술을 접목한 증강인augmented human일 수도 있고, AI와 로봇이 결합한 안드로이드가 될 수도 있다. 분명한 것은 이들 신인류가 현생인류인 호모사피엔스와는 전혀 다른 특징을 갖는 새로운 '종'이 될 것이라는 점이다. 그러한 시대가 되면 호모사피엔스는 그전에는 볼 수 없었던 낯선 인류와 함께 살아가야 할지도 모른다. AI 로봇이 인간의 도구에 머무는 것이 아니라 인간과 공존하는 혹은 공진화共進化, coevolution하는 동반자가 될 수 있다는 얘기이다.

포스트휴먼의 등장으로 인해 우리는 이제껏 한 번도 경험해보지 못한 혁명적인 변화를 맞이할 수 있다. 철학자들은 고대 이래 인간의 본질을 탐구하면서 사람과 동물 사이의 경계를 구분하려는 노력을 해왔다. 그리고 그 경계에는 '이성'이 있었다. 그런데 기계가 지능을 넘어 자아를 갖게 되고 도덕성까지 갖추게 된다면, 오랫동안 인간과 다른 생물 종의 구별 기준이었던 이성을 넘는 새로운 기준이 요구될지도 모른다. 인간의 정체성과 존엄성에 대한 근원적인 성찰과 새로운 문명이 요구하는 휴머니즘에 대한 고민이 필요한 이유이다.

열 번째 보고서, 《카이스트 미래전략 2024》

《카이스트 미래전략》은 미래를 예측하기 위한 것이 아니라 더 나은 미래를 만들기 위한 고민의 결과물이다. 그 열 번째 보고서인 2024년 판은 크게 두 개의 영역으로 구성되었다. 1부에서는 호모사피엔스가 상상하는 포스트 AI 시대의 변화와 함께 호모사피엔스가 만들고 있는 21세기의 새로운 도구들을 살펴보았다. 그리고 호모사피엔스가 만든 도구들이 다시 인류의 미래를 어떻게 변화시킬지를 휴머니즘 관점에서 질문하고 답을 찾고자 했다. 2부에서는 사회, 기술, 환경, 인구, 정치, 경제, 자원 등의 영역에서 나타나고 있는 국내외의 다양한 환경 변화를 검토한 후, 미래전략 차원에서 대응 방안을 논의했다.

1부 1장 '호모사피엔스의 상상에서 시작된 초지능 사회'에서는 먼저 인류 역사가 보여주는 도구의 진화와 시대의 변화를 살펴보고, SF 영화 속에 나타난 초지능의 모습과 포스트휴먼을 통해 인간의 기계화, 기계의 인간화가 가져올 유토피아와 디스토피아를 상상해보았다. 2장 '초지능 사회를 열어줄 21세기 새로운 도구'에서는 유전자 편집 기술에 의한 '맞춤형 인간'의 탄생, 인간을 닮은 AI의 등장, 인간과 기계의 연결, 데이터와 알고리즘이 재편하는 세상, 현실과 가상의 경계 희석이 가져올 미래에 대해 조망했다. 마지막 3장 '호모사피엔스, 휴머니즘의 미래를 묻다'에서는 AI 발전이 견인할 다양한 미래의 모습을 휴머니즘의 관점에서 질문하고 답을 찾고자 했다.

2부의 첫 번째 영역인 사회 영역에서는 초고령사회와 노후 소득 보장의 방향, 젠더와 세대 이슈로 더해진 사회갈등, 면역의 시대에 대한 이해와 대비를 살펴봤다. 기술 영역에서는 디리스킹 de-risking 시대의 기술 주권 확보 전략, AI 인재 양성 정책, 기술 패권을 결정할 주요 동인, 첨단 바이오산업에 대해 다뤘다. 환경 영역에서는 기후 위기 대응을 위한 탄소중립과 기후변화 적응, 지방 소멸 대응, 자율주행 시대 도시환경 변화 전략의 방향을 제시했다. 인구 영역에서는 적극적 이민정책이 가져올 편익과 비용, 고령사회의 또 다른 이슈인 다사망 시대, 증가하는 1인 가구와 재구성되는 가족 형태에 대해 논의했다. 정치 영역에서는 공공 분야 초거대 AI 도입 방향, AI 챗봇을 통한 사이버 심리전과 사이버 공간의 진영화 문제, 러시아·우크라이나 전쟁 이후의 국제 질서와 전쟁 패러다임의 변화에 대해 검토했다. 경제 영역에서는 소재·부품·장비 기술과 가치사슬 변화, 기후 위기 시대의 에너지 시스템 전환, 식량안보 쟁점과 확보 방안을 모색했다. 마지막 자원 영역에서는 첨단소재 개발, 기술 패권 시대의 지식재산, 소프트파워로서 과학 자본의 중요성에 대해 짚어봤다.

1부의 내용은 어쩌면 소설이나 영화 속 이야기로만, 혹은 너무 먼 미래의 이야기로만 들릴 수도 있다. 그러나 이러한 상상을 통해 첨단 과학기술이 가져오는 변화의 힘을 비판적으로 인식하기를 기대하면서 인류의 미래를 새롭게 고민해보고자 했다. 2부의 내용은 한국 사회가 마주한 좀 더 현실적인 문제들이다. 그런 만큼 실질적인 정책 구상으로 이어지길 바라는 마음이다. 현재 우리가 어떠한 결정과 행동을 하느냐에 따라 미래가 변화될 수 있으며, 우리가 미래에 대해 어떠한 비전과 목표를 세우느냐에 따라 현재를 바꿀 수 있기 때문이다. 이 책이 바로 그러한 논의 과정에서 미래 변화의 의미를 해독하는 길잡이로 활용되기를 기대한다.

서용석
KAIST 문술미래전략대학원 교수
KAIST 미래전략연구센터 센터장
KAIST 국가미래전략기술 정책연구소 소장

KAIST FUTURE STRATEGY 2024

1

포스트 AI 시대
휴머니즘의 미래

◉

KAIST
FUTURE
STRATEGY
2 0 2 4

1

호모사피엔스의 상상에서 시작된
초지능 사회

도구의 진화가 불러온 새로운 시대

영화로 구현된 인공 초지능 포스트휴먼 세상

인간의 기계화, 기계의 인간화의 결말은?

도구의 진화가 불러온
새로운 시대

미국의 다큐멘터리 제작자 제임스 배럿James Barrat은 2013년《우리의 마지막 발명품Our Final Invention》(국내 출간 제목은 '파이널 인벤션')이라는 제목의 책을 출간했다. 원서에는 '인공지능 그리고 인류시대의 종말'이라는 도발적인 부제가 달려 있다. 배럿이 말하는 '우리'는 인류를 뜻하고, '인류의 마지막 발명품'은 다름 아닌 인공지능AI을 가리킨다. 그간 출판가에서는 프랜시스 후쿠야마의《역사의 종말》(1989), 제러미 리프킨의《노동의 종말》(1995)을 비롯해 종말을 경고하는 책이 적지 않게 출간됐지만, 급기야 AI의 출현으로 인한 인류시대의 종말을 언급하기에 이른 것이다. AI는 그 위력이나 사회경제적 파급효과 등 여러 측면에서 가히 인류의 마지막 발명품이라고 할 만하다. 인류가 만든 도구 중 가장 강력하고 위협적이기 때문이다.

인간은 도구의 동물이다

아침부터 저녁까지 우리는 과학기술의 산물에 둘러싸인 채 살고 있다. 스마트폰 알람 소리에 잠이 깨고, AI 스피커에 오늘의 날씨를 물어보고, 전동 칫솔로 이를 닦고, 헤어드라이어로 머리를 말린다. 자동차나 지하철을 타고 출근하고, 컴퓨터를 켜서 이메일을 확인하면서 하루의 일과를 시작한다. '침대도 과학'인 시대에 어느 것 하나 과학기술이 아닌 게 없다. 스마트폰, 가전기기, 자동차, 컴퓨터, 인터넷 등은 과학기술을 기반으로 만들어진 일종의 '도구'이다. 도구는 어떤 일을 할 때 이용하는 장치나 매개체를 말한다. 도구를 활용하면 더 적은 노력으로 더 편하게 무언가를 할 수 있고 더 좋은 결과를 얻을 수 있다. 도구는 인간이나 반려동물처럼 존재 자체로 존엄성을 갖는 생명체가 아니라 애초에 인간이 원하는 어떤 용도나 목적을 위해 만들어진 것이다.

인간과 도구는 떼려야 뗄 수 없는 관계이다. 그런 점에서 인간은 도구의 동물이라고 할 수 있다. 지혜로운 인간 '호모사피엔스Homo Sapiens'는 도구를 만들고 사용하는 '호모파베르Homo Faber'이기도 하다. 도구를 만들고 사용하는 것은 인간의 본성 중 하나이며, 인간이 만물의 영장이 될 수 있게 만든 힘이기도 하다. 새로운 도구를 발명하고 그 사용법을 익혀 잘 사용하는 것은 인간의 문화 중 매우 중요한 부분이다.

도구를 보면 그 시대나 사회 분위기를 짐작할 수 있다. 원시인은 돌도끼를 사용했고, 중세인은 창과 방패, 철제 농기구를 사용했다. 디지털 시대의 현대인은 스마트기기와 컴퓨터, 스마트폰을 사용한다. 어떤 도구를 사용하는지는 그 사회와 시대의 주요한 특징이다. 도구는 시대와 사회의 문화, 즉 사람들의 생활방식을 설명해주는 동시에 개인의 능력이나 취향과도 관련이 있다.

21세기 디지털전환 시대를 상징하는 대표적인 도구로는 스마트폰과 AI, 다양한 애플리케이션 등을 들 수 있다. 19세기를 살았던,《브리야사바랭의 미식 예찬》의 저자이자 프랑스의 미식가였던 브리야사바랭Brillat-Savarin은 "당신이 뭘 먹었는지 말해주면 당신이 어떤 사람인지 말해주겠다"라고 말했다. 21세기에는 "당신이 어떤 스마트기기와 애플리케이션, AI를 사용하는지 말해주면 당신이 어떤 사람인지 말해주겠다"라고 말해도 무방할 것이다.[1]

도구의 역사

19세기 초 덴마크의 고고학자 크리스티안 위르겐센 톰센Christian Jürgensen Thomsen은 문자로 기록되기 전인 선사先史시대를 연구하면서 고고학 유물이 제작된 연대 비교를 통해 유물의 핵심 물질이 돌, 청동, 철임을 밝혀냈다. 이를 근거로 그는 선사시대를 석기시대, 청동기시대, 철기시대 세 시대로 구분할 것을 제안했다. 시대 구분의 기준이 되는 돌, 청동, 철은 도구를 제작하는 데 사용되는 물질이다. 석기시대에는 돌도끼를 사용했고, 청동기시대에는 구리와 주석을 합금한 청동으로 청동검과 청동방울 등을 만들었으며, 철기시대에는 철제 농기구와 철제 무기를 만들어 사용했다. 석기시대가 끝난 것은 돌이 다 떨어져서가 아니라 청동이라는 더 강력하고 우수한 물질이 등장했고 이것으로 더 우수한 도구를 만들 수 있었기 때문이다.

역사 발전은 결국 인간이 사용하는 도구와 밀접한 관련이 있다. 산업혁명의 계기는 제임스 와트의 증기기관 발명이었고, 정보화 혁명은 컴퓨터의 발명과 사용에서 비롯됐다. 돌도끼, 청동검, 철제 농기구, 증기기관, 컴퓨터 등은 모두 인간이 만든 도구들이다. 도구는 유형도 있고 무형도 있다. 기계나 장비는 유형의 도구이고 소프트웨어나 프로그램, AI 알고리즘 등은 무형의 도구이다.

영국의 일간지 〈인디펜던트〉는 2007년 11월 5일 '세상을 바꾼 101가지 발명품'을 선정해 소개하는 기사를 게재한 바 있는데, 역사상 최고의 발명품으로는 2세기경 중국 한漢 왕조 때 사용된 것으로 알려진 주판이 꼽혔다. 2001년 미국 애플사가 출시한 MP3플레이어 아이팟은 41위에 올랐다. 최상위권인 1위부터 30위까지 순위와 발명 시기를 살펴보면 〈표 1〉과 같다.[2]

〈인디펜던트〉가 101가지 위대한 발명품을 발표했던 것은 21세기 초반, 지금으로부터 약 16년 전이었다. 만약 지금 다시 선정한다면 아마 스마트폰이나 생성형 AI Generative AI 등이 포함될 터이고, 그것도 최상위권에 오를 것이다.

인간의 역사는 도구 발명과 진화의 역사이기도 하다. 역사적으로 인류는 무수히 많은 도구를 발명하고 발전시켜 오늘날과 같은 첨단기술 문명을 이루었다. 이 발전 과정에서 도구는 진화한다. 처음으로 발명되고, 시간이 지나면서 문제점이 나타나면 단점을 보완하면서 개선되고, 그러다 어느 순간 완전히 혁신적인 새로운 도구가 발명되면 폐기돼 사라지기도 한다.

예컨대 매우 오래된 교통수단인 배는 사람과 화물을 실어 나르는 도구이다. 기원전 3000년경 이집트인들은 판자로 배를 만들고 여기에 돛을 달아 바람을 이용해 이동했고, 그리스인들이 이것을 노를 젓는 배

표 1 세상을 바꾼 101가지 발명품 1~30위

순위	발명품(발명 시기)	순위	발명품(발명 시기)	순위	발명품(발명 시기)
1	주판(190)	11	활과 화살 (BCE 30000)	21	신용카드(1950)
2	아르키메데스의 나선식 펌프 (BCE 700)	12	브래지어(1913)	22	디지털카메라 (1975)
3	아스피린(1899)	13	단추(1235)	23	디지털 TV 녹화 장치(1999)
4	아타리 2600 게임기 (1977)	14	캠코더(1983)	24	전자시계(1972)
5	가시철조망(1873)	15	카메라(1826)	25	북(BCE 12000)
6	바코드(1973)	16	심장박동기(1958)	26	다이너마이트 (1867)
7	건전지(1800)	17	CD(1965)	27	전기면도기(1928)
8	자전거(1861)	18	태엽 라디오(1991)	28	지우개(1770)
9	바이로 (최초의 볼펜 상표, 1938)	19	나침반(1190)	29	팩스(1843)
10	블랙베리 (휴대전화, 1999)	20	콘돔(1640)	30	광케이블 섬유 (1966)

＊출처: 〈인디펜던트〉, 2007. 11. 5

로 발전시켰다. 중세에는 이 배가 바이킹 배와 범선으로 발전했고, 산업혁명 시기에는 증기선이 등장했다. 그러나 석유로 터빈을 작동시키는 여객선, 화물선이 등장하면서 증기선은 역사 속으로 사라졌다. 오늘

- 기존에는 기원전/후 표기로 BC/AD(Before Christ/Anno Domini, 예수 전후)를 사용했으나 최근 종교 중립적인 BCE/CE(Before Common Era/Common Era)가 보편화되고 있다.

날에는 바다 위를 2~3m 떠서 날아가는 공중부양선 '위그선WIG, Wing In Ground effect craft'이 개발돼 배와 비행기의 경계를 무너뜨리고 있다.

디지털 시대의 현대적인 도구인 컴퓨터도 1939년 진공관을 이용한 최초의 컴퓨터 ABCAtanasoff-Berry Computer가 등장한 이래 혁신에 혁신을 거듭하면서 빠르게 발전해왔다. 1세대 컴퓨터에는 논리소자로 진공관이 이용됐지만 2세대에는 트랜지스터가, 3세대에는 집적회로IC가 이용됐다. 4~5세대를 거치면서 집적회로의 집적도는 더욱 높아졌고, 오늘날에는 정보처리 속도가 기존 컴퓨터와 비교할 수 없는 수준의 새로운 기술인 '양자컴퓨팅quantum computing'을 연구하고 있다. 언제 상용화할 수 있을지 모르지만, 양자컴퓨터는 슈퍼컴퓨터의 계산속도보다 수억 배 빠를 것으로 예측되는 최첨단 도구이다.

도구의 효용과 위험

캐나다의 미디어 이론 대가이자 문명비평가인 허버트 마셜 매클루언은 인간의 역사를 미디어 발전의 관점으로 설명했다. 미디어는 정보를 전송하거나 어떤 작용을 다른 쪽으로 전달하는 역할을 한다. 1964년에 출간된 《미디어의 이해》는 미디어에 관한 기념비적 저작인데, 그는 이 책에서 미디어에 담겨 전달되는 콘텐츠보다 미디어 자체가 더 중요하다고 주장한다. 미디어야말로 사회에 결정적 영향을 미친다고 강조하며 "미디어가 곧 메시지이다The medium is the message"라는 유명한 말을 남기기도 했다.

매클루언에 따르면 미디어는 '인간의 감각과 능력의 확장'이다. 《미디어의 이해》의 부제를 '인간의 확장'이라고 붙인 이유이다. 시각, 청각 등 인간의 감각은 유한하고 인간의 능력도 제한적이므로 이를 확장하기 위해 만든 기술적 산물이 미디어라는 것이다. 즉, 옷은 피부의 확장이고 인간의 아름다움을 강화해주는 매개체(미디어)이다. 자동차는 인간 다리의 확장이고 도끼는 손의 확장, 안경은 눈의 확장이고 전화는 귀와 입의 확장이며 텔레비전은 눈과 귀의 확장이다. 그리고 인간의 마지막 발명품인 AI는 말하자면 인간 두뇌의 확장인 셈이다. AI는 도구 발명의 역사에서 최정점인 동시에 인간의 생각과 사상을 확장해준다는 점에서 인간이 만든 다른 어떤 도구보다 우월하다.

이러한 미디어, 도구 그리고 기술은 서로 밀접한 관계가 있다. 사실 미디어와 도구는 명확히 구분되지는 않는데, 미디어도 일종의 도구라고 할 수 있기 때문이다. 보통 도구는 작업을 수행하는 데 필요한 장치나 기계를 말하고, 미디어는 정보와 아이디어, 콘텐츠를 담아 전달하는 매개체를 가리킨다. 하지만 미디어나 도구는 둘 다 기술의 산물이다. 기술은 미디어나 도구를 만들고 발전시키며, 인간에게 편익과 효용, 새로운 경험과 가능성을 가져다준다. 기술의 산물로 미디어와 도구가 만들어지지만, 때로는 미디어나 도구를 사용하는 것이 신기술이 되기도 한다.

매클루언의 설명처럼 미디어와 도구는 인간의 감각과 능력을 강화하고 확장해준다. 감각과 신체적 능력뿐 아니라 생각이나 사상까지도 확장한다. 가령 책이라는 미디어와 활판 인쇄술은 생각을 기록해 대량 보급·공유하고 세대에서 세대로 전승되는 것을 가능하게 했다. 사전이나 백과사전은 개념과 사상을 체계적으로 정리하고 집대성함으로써 인류 사상의 심화에 기여했다. 인터넷과 소셜미디어는 디지털네트워크를 통해 생각과 생각을 연결해 집단지성을 발휘할 수 있게 해주었으며, AI는 인간의 생각과 사상을 확장해 '두뇌 증강, 인간 증강human augmentation'의 시대를 열어줄지도 모른다.

그러나 도구가 아무리 강력하더라도 도구는 어디까지나 도구일 뿐이다. 도구를 만든 것은 인간이고, 도구를 사용하는 것도 인간이라는 것을 잊지 말아야 한다. 인간이 도구를 제대로 사용하고 통제할 수 있을 때 도구는 도구로서의 효용과 존재 의의를 갖는다. 만약 인간이 도구를 제대로 통제하지 못하거나 도구가 인간을 위협한다면 이는 심각한 위험이 될 수 있다.

SF 작가 아이작 아시모프Isaac Asimov가 만든 로봇 3원칙은 로봇공학에서도 중요한 원칙으로 받아들여진다. 제1원칙은 '로봇은 인간에게 해를 입혀서는 안 된다'이고 제2원칙은 '제1원칙에 위배되지 않는 한, 로봇은 인간의 명령에 복종해야 한다'이며 제3원칙은 '제1, 제2원칙에 위배되지 않는 한, 로봇은 자기 자신을 보호해야 한다'이다. 그런데 인간이 만든 강력한 도구인 로봇에 자의식을 지닌 AI가 장착되면 어떻게 될까? 그 경우 AI 로봇이 인간 명령이 부당하다고 판단해 명령에 따르지 않는 극단적인 상황이 발생할 가능성도 있다. 이러한 우려 때문에 SF 소설이나 영화에서 종종 AI 로봇이 반란을 일으키거나 인간 사회를 위협하는 디스토피아를 보게 되는 것이다. 그렇기에 로봇 3원칙은 로봇 개발에서 금과옥조로 반드시 지켜져야 한다.

도구는 인간이 만들었지만, 도구가 지나치게 발전해 인간의 통제를 벗어나고 가공할 만한 능력을 갖게 된다면 역설적으로 편익이 아니라 위협이 될 수 있다. 단순 근대화나 무분별한 산업화로 인한 환경 파괴, 또는 전쟁 무기나 살상 무기 개발 등의 예에서 볼 수 있듯이 도구의 오남용은 윤리적인 책임과 지속 가능성의 문제를 제기해왔다. 도구 개발

윤리나 책임에 대한 원칙이 절대적으로 필요한 것이다. 로봇 윤리, AI 윤리 등은 이런 두려움과 잠재적 위험에 대한 일종의 안전장치 역할을 할 수 있다.

AI가 만들고 있는 새로운 시대와 문화자본

20세기의 최고 석학으로 손꼽히는 프랑스의 사회학자 피에르 부르디외 Pierre Bourdieu는 자본 개념을 현대적으로 재해석했다. 경제 자본에만 국한됐던 고전적 관점을 넘어 자본 범주에 문화자본, 사회자본 등 확장된 자본을 추가했다. 부르디외가 강조했던 문화자본은 세 가지 형태로 존재한다.

첫째는 경험이나 학습을 통해 얻어지는 '체화된 문화자본'이다. 지식이나 기술, 취향, 인사이트 등을 말한다. 둘째는 보유, 소장, 수집하고 있는 미술품, 골동품 등을 가리키는 '객체화된 문화자본'이다. 셋째는 학위, 자격증 등 사회적으로 공인된 '제도화된 문화자본'이다. 이 중 가장 중요한 것은 단연 체화된 문화자본이다.

도구나 미디어를 활용하고 다루는 능력은 몸에 지니고 다니는 체화된 문화자본이다. 가령 컴퓨터를 잘 다루고 소프트웨어를 잘 사용하는 능력, 컴퓨터언어를 알고 코딩을 잘하는 능력, 새로운 스마트디바이스나 디지털기기를 빨리 익혀 사용할 줄 아는 능력 등은 디지털 시대의 필수 경쟁력이다. 그리고 AI가 상용화하면 이제 AI를 다루는 능력이 중요해질 것이다. 더 편리한 삶을 위해 배우고 익히는 차원이 아니다. AI가 업무와 교육, 산업에서 절대적인 위치를 차지하는 만큼 AI 역량 자체가 개인의 경쟁력이 될 수 있다. 주목받는 생성형 AI인 챗GPT는 유용한 디지털 도구이지만 사용자에 따라 활용도가 다르고 결과도 달라질 것이다. 이제 챗GPT에 어떤 질문을 해서 어떻게 좋은 답을 얻을지를 아는 것이 능력이 되고 있다. 질문, 지시어, 명령어를 적절하게 구성해 AI로부터 최적의 답을 얻는 것을 '프롬프트 엔지니어링prompt engineering'이라고 한다. 이 또한 저절로 얻을 수 없고 반복과 학습, 시행착오와 훈련을 거쳐야 하므로 체화된 문화자본이 될 수 있다.

이처럼 AI와 디지털전환 시대에는 그에 걸맞은 새로운 문화자본에 주목해야 한다. 코딩으로 AI 프로그램을 잘 만드는 역량이나 스마트기기와 AI를 잘 활용하는 능력은 체화된 문화자본이고, 스마트 업무나 AI 사용에 필요한 컴퓨터나 스마트기기는 객체화된 문화자본이라고 할 수 있다. 또 컴퓨터공학, AI를 전공하고 취득한 졸업장, AI 교육훈련 과정 이수 후에 받는 수료증이나 나노 학위, AI와 관련된 자격증 등은 제도화된 문화자본이다.

2023년 6월 30일(현지 시각) 미국 뉴욕 증시에서 빅테크 기업 애플은 종가 기준으로 주당 193.97달러(당시 약 25만 5,500원)로 마감해 주식 역사상 세계 최초로 시가총액 3조 달러(약 3,952조 원)를 돌파하는 기록을 세웠다.[3] 애플의 시가총액은 2023년 7월 초 기준으로 보면 삼성전자의 약 7배, 네이버의 약 130배이다. 대한민국 정부 2023년 총예산(638조 원)과 비교해보더라도 6배가 넘고, 세계 7위 경제대국 프랑스의 2021년 GDP 2조 9,374억 달러보다도 많다.

애플은 1976년 4월 스티브 잡스가 애플을 창업한 지 47년 만에, 그리고 2007년 아이폰을 출시한 지 16년 만에 시가총액 3조 달러를 돌파했다. 현재 애플은 매킨토시 컴퓨터, 맥북, 아이폰, 아이패드, 에어팟 등을 만드는 글로벌 빅테크 기업이고, 아이폰에는 AI 시리Siri가 탑재돼 있다. 2023년 6월에는 세계개발자회의에서 VR(가상현실)과 AR(증강현실)을 통합한 MR(복합 현실) 헤드셋 '비전 프로'를 선보여 혁신적인 기술력을 과시했다. 말하자면 애플은 디지털전환 시대에 걸맞은 선도적 디지털 도구를 만들고 있는 동시에 도구의 기술적 진화를 통해 시대의 변화를 견인하고 있는 셈이다.

   인류의 진화는 이렇듯 늘 도구와 함께해왔고, 인류 역사는 곧 도구의 발명과 진화의 역사이기도 하다. 또 인간은 도구를 통해 인간의 감각과 경험을 확장해왔다. 현시점에서 가장 진화한 도구라고 할 수 있는 AI가 이제 인간의 생각과 사상을 확장해갈, 완전히 새로운 도구의 시대를 열고 있다.

영화로 구현된
인공 초지능 포스트휴먼 세상

4차 산업혁명이 진전되면서 'AI와 인간의 공존'에 대한 담론 또한 확산 중이다. 무엇보다 지금까지의 AI 기술과는 차원이 다른 '생성형 AI'가 등장함으로써 AI와 인간의 '공진화'를 예고하고 있다. AI와 관련된 지금까지의 담론은 변화에 대한 '대응'에 급급한 맥락이었다. 하루가 다르게 발전하는 기술의 속도를 따라갈 수 없었던 제반 환경과 인간보다 더 강력한 능력을 탑재한 기술이 가져올 미래에 대한 막연한 두려움 때문이었을 것이다.

인간이 새로운 도구나 기계를 만드는 것은 낯선 일이 아니다. 오랜 역사 속에서 인간은 늘 도구와 함께 살아왔다. 기계나 기술이 인간의 삶을 편리하고 윤택하게 만들어온 공적功績은 자명하지만, 그럼에도 AI에 대해서만큼은 유독 모두가 지대한 관심과 우려를 동시에 표출하고 있다. 아마 이 가공할 기술이 인간을 넘어서 인간을 지배하거나 아니면 인간 자신의 신체적·인지적 능력을 증강해 새로운 인간 '종'인 '포스트휴먼'의 출현을 가능하게 할지도 모른다는 생각 때문이 아닐까?

SF 영화, 미래를 내다보는 창

미래 사회를 한번 상상해보자. 보통 사람들은 대부분 현재의 기술 범위 안에서 제한적으로 상상력을 발휘한다. 일반인이 떠올리는 클리셰를 뛰어넘는 수준의 파격적인 미래 모습은 종종 SF 영화에서 만날 수 있다. 최초의 SF 영화로 알려진 〈달세계 여행Le Voyage dans la lune〉(1902)이 그러하다. 조르주 멜리에스Georges Méliès 감독의 이 영화는 14분짜리 짧은 분량이지만 달 착륙을 67년 앞서 상상했다. 당시에 달 착륙은 현실에서는 불가능한, 꿈만 같은 일이었다. 이렇게 SF 영화는 미래를 내다보는 창의 역할을 한다. AI도 영화에서 종종 다루어지는데 영화 속에서 그려지는 AI는 생성형 AI 수준이 아니라 인간을 넘어서는 지능과 인간의 감정까지 갖는 인간형 인공 초지능인 경우가 많다.

2022년 10월, 미국의 영화 전문 매체 무비웹MovieWeb은 AI를 다룬 최고의 영화 8편을 선정해 발표했다.* 그러면서 "로봇은 미래 사회에 항상 공존할 대상으로 여겨지기 때문에 공상과학영화에 공통으로 등장하는 요소"라며, 특히 AI는 인간의 삶에 지대한 영향을 미치겠지만, 그것에

---

* ① 아이, 로봇(2004) ② 엑스 마키나(2015) ③ 블레이드 러너(1993) ④ 그녀(2014) ⑤ 매트릭스(1999) ⑥ 2001 스페이스 오디세이(1968) ⑦ 월-E(2008) ⑧ 터미네이터(1988).

대한 가치판단이 여전히 불확실해 영화를 통해서라도 지각해야 한다고 논평했다.[4]

'로봇' 형태로 구현된 AI와 인간의 공존은 이렇듯 영화의 단골 소재이다. 기계의 물질성과 인간의 정신성이 어떻게 균형을 이루느냐에 따라 인류는 유토피아를 맞이할 수도, 혹은 디스토피아에서 멸망할 수도 있다는 설정이다. 그래서 인간의 형태를 닮은 휴머노이드로봇, 인간의 지능과 감성을 닮은 인공 초지능 로봇, 기계와 AI로 인간의 능력을 증폭한 사이보그형 증강 인간augmented human 등 다양한 유형을 통해 AI와 인간의 공존이라는 이슈를 제기한다.

사이보그, 슈퍼히어로에서 인간을 닮은 로봇까지

사이보그cyborg는 사이버네틱 유기체cybernetic organism의 줄임말로 인간과 기계를 결합한 이른바 인조인간을 의미한다. 오늘날 사이보그는 인간의 신체적인 결함을 대체하는 증강 인간 기술로 주목받으며 빠르게 발전하고 있다. 하지만 기계의 물성이 유기체와 결합한다는 발상 자체가 생소했던 과거에는 '생명 창조'라는 신의 영역에 도전하는 인간의 그릇된 욕망, 기계문명의 불손한 도전 정도로 인식되곤 했다. 이런 생각은 메리 셸리Mary Shelly의 소설《프랑켄슈타인》(1818)을 각색한 동명의 영화 〈프랑켄슈타인〉(1931)에 잘 담겨 있다.

영화에서 인조인간은 괴력을 발휘하는 괴물로 묘사된다. 과학자 프랑켄슈타인은 시체를 절단해 인조인간을 만드는 실험을 했고 그 과정에서 벼락을 맞은 괴물은 생명을 얻게 된다. 하필 범죄자의 뇌가 이식됐던 괴물이 살인을 저지르며 마을을 위험에 빠뜨리자 결국 사람들이 그를 처치한다. 이 영화는 인조인간을 생명과 죽음의 이항대립 사이에 낀 '호모사케르Homo Sacer', 즉 '희생 제물은 아니지만 살해됐을 경우 누구도 책임을 지지 않는 존재'로 그린다. 프랑켄슈타인은 자신의 실험 대상이 처음 살아 일어나는 것을 보고 "살아났다! 살아났어! It's alive! It's alive!"라고 소리치며 괴물에게 생명이 유입됐음을 공표한다. 하지만 생명이 아닌 것에서 생명이 탄생했기 때문에 이 생명은 인간 영역에서 배제되고 인간과 공존할 수 없는 존재로 여겨져 마침내 버려진다. 소설이 창작된 19세기, 그리고 영화가 제작된 20세기 초반의 기계문명에 대한 배타적인 이데올로기가 반영됐다고 볼 수 있다.

현대 과학기술의 발전은 인간, 생명, 기계에 대한 이해로 점차 인식의 스펙트럼을 넓혔고, 이후 영화들은 본격적으로 사이보그와의 공존을 고민하고 다루기 시작했다. 영화 〈로보캅〉(1987)은 범죄자들의 총격으로 뇌사상태에 빠졌다가 로봇 경찰로 되살아난 '로보캅' 머피의 활약상을 다룬다. 로보캅은 신체에서 기계가 차지하는 비율이 높아 인간 능력보다 우월한 능력을 발휘하지만, 메모리에 입력된 세 가지 수칙을 철저히 따르는 선량한 경찰이다. 죽은 사람을 로봇으로 되살려냈다는 점에서 〈프랑켄슈타인〉과 모티브는 같지만, 인식 방식은 다르다. 〈프랑켄슈타인〉의 괴물이 절대 악, 위협적 존재 등 부정적인 대상으로 인식됐던 데 비해, 로보캅은 주어진 증강 능력을 발휘해 사회문제 해결을 돕는 긍정적 대상으로 설정됐다.

기계가 인간 신체의 일부분을 대체해 잃어버린 능력을 보강하는 사이보그를 다룬 영화는 이외에도 많다. "이제 업그레이드는 끝났다"라는 카피와 함께 등장한 영화 〈아이언맨〉(2008)이 대표적이다. 가슴에 치명상을 입었던 토니 스타크는 강철 슈트를 만들어 입고 귀환해 세계평화를 위협하는 악당들을 일망타진한다. 토니 스타크를 초인간으로 만든 '아이언맨 하이테크 슈트'는 티타늄에 금을 입힌 초강도 소재로 만들어졌다. 가슴에는 핵융합을 이용한 원자로가 있고, 손바닥에서 레이저를 발사할 수 있다. 또 AI 비서 자비스J.A.R.V.I.S.는 어떤 상황에서 어떤 질문을 해도 척척 해결책을 찾아준다. 이 자비스는 '그냥 좀 많이 똑똑한 시스템Just A Rather Very Intelligent System'의 약자이다.

한편 로봇 슈트를 입지 않은, 훨씬 사람 같은 사이보그를 다룬 영화들은 인간과의 공존 문제를 더 깊이 고민하게 만든다. 영화 〈알리타: 배틀엔젤〉(2019)의 배경은 서기 2563년이다. 생존을 위해서는 증강 인간이나 사이보그가 되어야만 하는 세상으로 그려진다. 두뇌만 빼고 모든 것이 기계인 알리타는 인간 지성과 육체 능력의 불균형, 그리고 '욕망하는 기계'를 상징한다.

영화 속 사이보그는 인간의 신체 능력을 강화한 증강 인간으로 묘사되는 사례가 많고 현실의 기술을 넘어서는 상상을 바탕으로 한다. 그러나 인공장기, 웨어러블로봇, 사람의 행동과 촉감을 공유하는 아바타 로봇 등 로봇과 관련된 첨단기술은 영화 속 세상 못지않게 현실에서 계속 발전하고 있으며 이를 구동하는 AI 기술은 더 빠르게 발전하고 있다.

영화 속의 인공 초지능 로봇

최근 새로운 게임체인저로 급부상한 생성형 AI는 SF 영화에서 어떻게 그려지고 있을까? 영화 〈그녀〉(2014)는 생성형 AI와 인간의 공존을 로

맨틱한 상상력으로 보여준다. 주인공 테오도르는 AI OS에게 '사만다'라고 '이름'을 붙이며 인격화를 시작한다. 전원이 들어옴과 동시에 테오도르에 대한 엄청난 양의 정보를 확인한 사만다는 사랑의 감정을 학습해 그와 '연인' 관계를 형성하게 된다. 하지만 사만다가 8,316명과 동시에 대화하고 641명을 사랑하는 '인공지능'이라는 것을 깨닫게 된 테오도르는 결국 '사람'들의 사회로 돌아간다. 이 영화는 주인공이 AI OS와 깊고 충만한 교감을 나눈다는 플롯으로 구성돼 있지만, 역설적으로 인간과 기계 간 교감의 한계를 드러낸다. 그리고 "만약 AI가 스스로 생각하기 시작하면 인간과 어떤 모습으로 관계를 맺고 어떻게 공존해야 할 것인가?"라는 질문을 남긴다.

이런 질문에 대한 윤리적인 고민을 시도한 영화가 스티븐 스필버그 감독의 〈에이 아이〉(2001)이다. 주인공인 AI 로봇 데이비드는 사랑의 감정이 프로그래밍된 소셜 로봇이다. 불치병에 걸린 아들을 치료가 가능해지길 기다리며 냉동해둔 어느 부부에게 새 아들로서 입양되고 인간 사회에 적응해가지만, 진짜 아들인 마틴이 의식을 회복해 퇴원하면서 새로운 국면을 맞는다.

엄마의 사랑은 진짜 아들 마틴에게 쏠리고 마틴의 견제가 계속되면서 데이비드는 질투의 감정을 학습해 문제를 일으키다가 결국 파양된다. 이후 폐기(처형) 과정에서는 사람과 똑같은 두려움의 감정을 갖고 살려 달라고 울부짖다가, 2,000년이 지난 후에도 여전히 그리움을 간직한 채 엄마와의 가장 아름다운 한때를 떠올리며 눈을 감는다. 이 영화는 로봇이 등장한 공상과학영화임에도 언제나 '슬픈 영화'라는 꼬리표가 따라다닌다. "파란 요정님, 제발 제가 인간이 되게 해주세요"라고 말하는 데이비드의 간절함이 인간이라면 누구나 느낄 연민의 감정을 일깨우기 때문이다. 인간보다 더 막강한 능력을 가진 인공 초지능 로봇이지만 오히려 인간의 감정을 부러워하고 인간을 닮고자 하는 로봇을 그리고 있다는 점에서는 〈바이센테니얼 맨〉(1999)과 비슷하다.

반면 〈아이, 로봇〉(2004)은 이와는 다르게 인간과의 공존 방식을 고민하게 만드는 영화이다. 아이작 아시모프의 소설을 영화화한 이 작품은 AI 로봇이 인간보다 빠르게 진화하면서, 인간 사회의 윤리성과 충돌하는 지점을 보여준다. 배경이 된 2035년은 로봇 시대이다. 지능을 갖춘 로봇은 인간에게 온갖 편의를 제공한다. 인간의 안전을 최우선으로 지켜야 한다는 '로봇 3원칙'이 내장된 덕분에 로봇은 인간에게 가장 안전하고 신뢰받는 동반자로 여겨진다. 하지만 로봇의 '합리적 판단'과 인간의 '윤리적 선택'이 충돌하면서 로봇은 돌연 위협적인 존재로 바뀐다. 사건의 발단이 된 사고에서 어린아이보다 '생존 확률'이 더 높은 주인공 형사 스푸너를 구한 로봇의 행위는 AI가 범할 수 있는 대표적인 윤리적 오류로 꼽힌다. 또 영화는 인간의 감정이 학습된 로봇이 이것을 유용하지 않다고 판단하면서도 극한상황에서 분노를 표출하는 역설을 보여주기도 한다. 이 영화는 로봇이 지켜야 하는 인간의 안전이 결국은 인간이 프로그래밍한 한계 내의 표면적 안전이라는 점과 AI 로봇의 윤리성에 대해 성찰하게 만든다.

한편 SF 영화 속에 등장하는 AI 로봇은 모두 인간의 상상력과 바람이 투영된 결과물이다. 인간을 닮은 휴머노이드로봇, 인간 합체형 사이보그 등이 다양한 유형으로 등장한다. 가장 많은 유형은 앞서 살펴본 〈에이 아이〉의 데이비드처럼 인간을 닮았고 인간과 교감하는 로봇이다. 〈블레이드 러너〉(1982)의 로봇 인간 레플리컨트 역시 인간과 유사하며 〈엑스 마키나〉(2015), 〈써로게이트〉(2009)에 나오는 인공 초지능 로봇은 외모나 의식, 감정에 이르기까지 도무지 인간과 구분할 수 없을 정도로 완벽한 휴머노이드이다. 〈에이 아이〉의 데이비드는 진짜 인간의 감정을 갖고 싶어 하는 AI 로봇으로 그려진다. 〈바이센테니얼 맨〉의 주인공 로봇 앤드루도 비슷한데, 그 정도가 지나쳐 기계로 영원히 사느니 차라리 한 사람의 인간으로 죽고 싶다며 인간처럼 되기 위해 스스로 죽음을 선택하기까지 한다. 영화 〈써로게이트〉에서는 실제 인간은 방 안에서 쉬고 있고 젊고 잘생긴 외모의 AI 대리 로봇이 인간 대신 사회생활을 한다. 이 정도 수준의 AI 로봇이 실현될 수 있을지는 여전히 회의적이지만, 어쨌거나 이들은 인간과 관계를 맺고 함께 사는 인간의 동반자 또는 조력자로 존재한다.

이와 반대의 유형이 인간의 통제를 벗어나려 하고 인간을 위협하는 반란자 로봇이다. 인류를 폭력적으로 통제·지배하기 위해 미래에서 온 AI 로봇을 그린 〈터미네이터〉(1984), 가상현실에서 인공두뇌를 가진 컴퓨터가 매트릭스 프로그램을 인간의 뇌에 입력해 기억과 생각을 통제한다는 〈매트릭스〉(1999) 등에서 그런 유형을 볼 수 있다.

인간 육체와 융합되거나 합체되는 유형도 있다. 옷처럼 입는 슈트형 로봇 〈아이언맨〉이나 인간과 기계 로봇이 결합한 〈600만 불의 사나이〉, 〈소머즈〉, 〈로보캅〉 등이 그것이다. AI나 기계 로봇이 인간 신체와 결합하면 사이보그가 되고, 인간의 신체적·인지적 능력이 증폭되면 초능력을 가진 증강 인간이 되는 식이다. 이러한 유형들은 어떤 방식으로든 미래의 AI 로봇이 인간 삶의 영역에서 다양하고도 결정적인 역할을 하게 될 것이라 예고하고 있다.

인공 초지능, 이미 와 있는 미래

약 10년 전 제작된 영화 〈그녀〉에 나오는 OS 사만다가 학습했던 방식인 딥러닝은 AI 기술 발전과 함께 거대언어모델LLM을 기반으로 스스로 학습해 창의적 결과물을 생성하는 이른바 '생성형 AI'로 실제 구현됐다. 인간의 안전을 감지하는 상호작용형 휴먼 케어 로봇이나 대화형 소셜 로봇 등도 이제 거의 상용화 단계로 접어들고 있다.

이들 로봇의 행동 기저인 능동형 반응은 생성형 AI와 유사한 메커니즘으로 운영된다. 생성형 AI는 이용자의 프롬프트prompt(AI와 소통하기 위해 하는 대화나 지시어, 명령어 등)에 따라 텍스트, 코딩, 이미지, 영상, 음악 등을 생성할 수 있는 강력한 첨단 AI 기술이다. 챗GPT를 비롯한 생성형 AI가 기존 AI와 구별되며 'AI의 위대한 변곡점'[5]이라고 불리는 것은 충분히 그럴 만한 이유가 있다.

이 기술의 핵심은 대량의 데이터를 학습해 이용자 요구를 충족할 만한 정보를 스스로 찾아 이를 적절히 요약하거나 정리해 정말 그럴싸한 최적의 답변을 제공하는 것이다.[6] 특히 대화형 AI는 이용자와 능동적으로 대화하고 교감할 수 있을 정도로 발전돼 앞으로 그 활용성이 무궁무진하다.

SF 영화는 기본직으로 '픽션fiction(허구)'이고 공상을 바탕으로 한다. 영화에 등장하는 로봇의 형태, 로봇 제어 기술, 로봇으로 인해 일어나는 일련의 사건은 지금 당장 기술적으로 구현하기는 어렵다. 하지만 근거 없이 허무맹랑한 망상이 아니라 어느 정도 과학기술에 기반하고 있으며 과학기술이 고도로 발전하면 충분히 실현이 가능한 시나리오를 그리고 있다. 일부 과학기술 전문가들은 이런 영화에서 그려지는 픽션이 곧바로 미래학이나 미래 예측으로 확산되거나 머지않아 실현될 미래로 쉽게 인식되는 데 대해 우려를 표명하기도 한다. 물론 이에 대한 반론도 존재한다. 1985년에 개봉했던 대중적인 SF 영화 〈백 투 더 퓨처〉의 시대적 배경은 개봉 시점으로부터 30년 후인 2015년이었다. 이 영화에서 그렸던 미래는 우리에게 과거가 됐고 3D 가상현실, 공중부양 스케이트보드 등 영화에 등장한 미래 기술은 이미 구현됐다. SF 영화가 그리는 인간형 AI 로봇도 전혀 근거 없는 상상은 아닐 수도 있다.

어쨌거나 SF 장르 및 하이 콘셉트 영화(기획 영화) 속에서 "~한다면What if" 서사로 막연한 공상처럼 묘사됐던 첨단 AI 로봇 기술이나 인간과의 공존이 한층 더 개연성 있는 미래가 되고 있고, 그 실현 가능성이 커지고 있는 점은 부인할 수 없다. 또 최근 생성형 AI 기술의 발전에 따른 사회적 인식의 변화로 인공 초지능에 대한 거부감도 조금씩 줄어들고 있는 게 사실이다.

1984년 발표된 소설 《뉴로맨서》에서 '사이버공간cyber space'이라는 용어를 처음 사용한 SF 작가 윌리엄 깁슨William Gibson은 언젠가 "미래는 이미 와 있다. 단지 널리 퍼져 있지 않을 뿐이다"라고 말한 바 있다. 인공 초지능은 우리에게 '이미 와 있는 미래'인지도 모른다. 하지만 AI 로봇이 미래에 인간과 어떤 관계를 맺고 인간에게 어떤 존재가 될 것인지는 인간 사회의 대응과 선택에 달려 있다. 인공 초지능과 인간의 공존, AI와 연계·융합된 포스트휴먼에 대한 진지한 고민과 성찰이 필요한 때이다.

인간의 기계화,
기계의 인간화의 결말은?

1998년 8월 24일, 스스로 사이보그가 되기로 한 영국 레딩대학교의 케빈 워릭Kevin Warwick 교수는 '프로젝트 사이보그'의 첫 단계를 시작했다. 자신의 한쪽 팔 피부를 절개하고 그 안에 RFID 칩을 이식해 넣은 것이다. 이는 문 여닫기, 조명 켜기, 난방기 작동하기 등 컴퓨터로 제어되는 여러 장치를 대상으로 한 실험으로 이어졌고 결과는 성공적이었다. 그가 팔을 장치 가까이에 대자 신호가 전달됐고 반응이 일어났다.

워릭 교수는 거침없이 그다음 단계로 나아갔다. 4년 후인 2002년 3월 14일 옥스퍼드의 한 병원에서 역시나 전례 없던 수술을 받았다. 머리카락 굵기의 미세전극 100개를 그의 왼쪽 손목 신경계에 직접 연결한 것이다. 이후 실험에서 로봇 팔은 그의 손 움직임을 그대로 따라 했고, 신호는 인터넷으로 연결되어 그는 바다 건너 미국 뉴욕의 컬럼비아대학교에 있는 로봇 팔을 움직일 수 있었으며 손가락 센서를 통해 피드백도 감지할 수 있었다.

　나중에 워릭은 아내의 팔에도 비슷한 시술을 해 전기신호를 주고받는 데 성공했다. 사실상 '텔레파시'가 구현된 셈이다. 한편 이 실험을 앞두고 전극이 워릭의 신경계에 손상을 입힐 수도 있다는 우려가 제기됐지만, 그의 몸에서는 어떤 거부반응이나 부작용도 발생하지 않았으며 오히려 신경이 점점 자라나서 전극을 둘러싸는 현상이 관찰됐다.

인류는 이미 사이보그 문명

사이보그를 다루는 과학기술학 분야에서 세계적인 권위자라고 할 수 있는 도나 해러웨이Donna Haraway는 1985년에 〈사이보그 선언A Manifesto for Cyborgs〉이라는 유명한 에세이를 발표했다. 다음은 그중에서 발췌한 내용이다.

> 우리의 시대, 이 신화적 시대에 우리는 모두 키메라이자 기계와 유기체가 이론화되고 가공된 혼합체이다. 간단히 말하자면 우리는 모두 사이보그이다.

미래 전망을 다루는 부분에 나오는 이 말은 현대 인류 문명 자체가 하나의 거대한 사이보그임을 천명한다. 인류 구성원 각자가 기계와 결합하는 사이보그가 되느냐 마느냐의 여부는 이제 큰 이슈가 아니며, 우리가 누리는 현대문명 자체가 이미 사이보그 속성을 지니고 있다는 것이다. 다시 말해, 호모사피엔스라는 유기체와 과학기술이라는 인공물이 서로 떼려야 뗄 수 없이 하나로 결합한 거대한 사이보그, 바로 이것이

21세기로 접어든 현대 인류 문명의 정체성이라는 이야기이다.

이 전제에 따르면 인류 구성원 다수는 필연적으로 사이보그의 길을 가게 될 것이다. AI 및 로봇이 인간의 동반자인 객체로서 계속 남아 있는 시나리오 못지않게 의미심장한 것이 인간의 사이보그화이다. 그리고 그 과정에서 가장 핵심이 바로 AI와 인간의 결합이다.

의족이나 의수, 혹은 인공장기를 부착한 사람은 이미 많이 있지만, 사이보그 담론에서 주목하는 것은 인공 신체 부품에 AI가 장착되어 있느냐의 여부이다. 즉 인간의 두뇌 신경 신호만을 받아 움직이는 것이 아니라 인공 신체 부품 그 자체에 독립적인 판단과 제어 작동을 하는 AI가 붙어 있느냐가 관건이다.

인간과 AI의 결합: 불안한 전망

앞서 워릭 교수가 자기 신경계에 인공 전극을 연결했던 실험을 소개했는데, 만약 그 인공 전극이 AI였다면 어땠을까? 우리는 사이보그가 되어도 인공 신체 부품이 당연히 우리 두뇌의 통제에 따를 것으로 생각하지만, 인공 신체 부품에 최적화된 AI가 달려 있다면 오히려 인간의 두뇌 신경계를 교란할 가능성을 생각해보지 않을 수 없다.

이러한 우려를 그대로 담아낸 캐릭터가 바로 영화 〈스파이더맨 2〉에 나오는 '닥터 옥토퍼스'이다. 이 인물은 원래 옥타비우스라는 이름의 과학자였으나 자신의 실험을 성공시키기 위해 등과 척추에 인공 팔을 달았다가 닥터 옥토퍼스라는 악당으로 전락한다. 인공 팔들의 AI에는 실험 성공을 가장 우선시하라는 설정이 입력되어 있었는데, 사고로 실험이 중단되자 그때부터 폭주하기 시작한 인공 기계 팔들이 실험 성공을 가로막는 모든 장애물을 무차별적으로 제거해버리기 시작한 것이다. 그로 인해 옥타비우스 박사의 두뇌마저도 이 AI에 잠식당해 그는 인간으로서 이성의 끈을 놓아버리고 만다.

오스트레일리아의 SF 작가 그렉 이건Greg Egan의 단편소설《내가 행복한 이유》도 주목할 만하다. 이 이야기에서 주인공은 사이보그가 되면서 한 인간으로서의 정체성이 통째로 바뀌게 된다. 그는 뇌종양으로 두뇌의 상당 부분을 절제하는 수술을 받고 그 빈 자리를 인공 뇌신경 세포들로 채우는데, 그 자체는 텅 빈 하드웨어일 뿐이므로 불가피하게 타인들의 기억을 소프트웨어로 입력해 넣는다. 그 결과 사고방식은 물론 취향, 습관 등에서 수술을 받기 전과는 완전히 다른 사람이 된다. 아이러니한 것은 그가 이전의 자신이 어떤 사람이었는지도 온전히 기억하고 있다는 점이다.

이 이야기는 손이나 발과 같은 신체 부분이 아닌 두뇌가 인공 부품과 연결될 때 드러날 수 있는 중대한 문제를 제기했다. 즉 인간의 두뇌는 한 사람의 정체성을 규정하는 핵심인데, 바로 그 부분이 인공적인 부품으로 대체되면 비록 그것이 AI가 아니더라도 당사자의 두뇌에 불가피하게 심각한 영향력을 행사할 수 있다는 것이다.

인간과 AI의 결합: 장밋빛 전망

인간과 AI가 결합한 모습을 일면 긍정적으로 그린 SF 가운데 하나로 1995년도 작품인 〈공각기동대〉를 들 수 있다. 기술과 결합한 사이보그 인간이 살아가는 미래 세계를 설정해놓고 인간의 의미를 탐색한 이 작품에는 사이보그 인간들의 부정적인 면도 많이 등장한다. 하지만 적어도 구사나기 모토코 소령을 비롯한 주요 인물들은 사이보그화(작품에서는 '의체화義體化'로 표현)되면서 훨씬 강화된 신체 능력을 갖추게 되고 그 능력을 직무에 십분 발휘하면서 나름대로 만족도 높은 일상을 영위한다. 그중에서도 구사나기 소령은 다른 사이보그 동료들과는 달리 사실상 사이버공간에서 영생하는 삶을 살고 있으며, 그때그때 상황에 따라 자유롭게 자신의 몸(의체)을 선택해 현실 세계에 개입한다. 그야말로 레이 커즈와일Ray Kurzweil이 말한 '특이점singularity'에 도달한 인간의 모습인지도 모른다.

신체장애나 인간의 생체적 한계를 해결할 수 있는 방법으로서 인간의 사이보그화를 상상한 사례는 영화 〈트랜센던스〉에도 등장한다. 이 작품에서는 선천적 장애인이나 사고로 불구가 된 사람, 노화로 고생하는 사람 들이 모두 건강한 신체로 거듭나게 되는데, 그 인공 신체 부품들은 모두 초소형 나노봇이라는 설정이다. 나노봇으로는 인간 신체뿐 아니라 세상에 존재하는 모든 물체를 복제할 수 있다고 묘사되며, 그를 통해 기상 환경도 마음대로 조절하는 등 유토피아 건설의 가능성이 암시된다. 물론 작품의 결말은 그 모든 시도가 오히려 디스토피아 상황을 초래하게 되는 것으로 맺어지기는 한다. 극적인 스토리 전개나 영화적 메시지는 논외로 하고 기술적 가용성 그 자체만 놓고 보면 인간의 사이보그화는 인간의 한계를 뛰어넘는 방법으로 설정되어 있다.

과학적 상상력과 윤리적 상상력

이상의 이야기에서 우리가 깊이 생각해봐야 할 것은 한마디로 휴머니
티의 확장, 즉 인간성의 외연이 어디까지 넓어질 수 있느냐 하는 문제이
다. 인간이 AI를 만들었지만, 그 AI가 다시 인간을 새로운 존재로 거듭
나게 한다. 미래의 인간상을 논의하는 포스트휴먼 담론에서 인간은 더
이상 호모사피엔스라는 생물학적 존재로만 규정되지 않는다. 이제 인
간은 필요에 따라 신체 일부를, 더 나아가서는 신체 전부를 교환할 수도
있게 되는 것이다.

이렇게 되면 인간 신체의 활동 영역은 당연히 새로운 국면에 접어들
게 된다. 태어날 때부터 지니고 있던 신체 능력의 한계는 수월하게 극복
되어 감각과 경험의 지평이 새로운 차원을 맞이할 것이다. 어쩌면 세계
와 우주의 인식이라는 인간의 지적 활동 토대조차 새롭게 재구성될지
도 모른다. 물론 그에 앞서 또 다른 사회적 불평등의 문제가 생겨날 가
능성도 충분하다.

놀랍게도 이런 상황은 이미 시작됐다. 잘 알려진 극적인 사례는 남아
프리카공화국의 육상 선수였던 오스카 피스토리우스Oscar Pistorius의 경우
이다. 그는 두 다리에 강판 스프링 형태의 의족을 달고 단거리 달리기
경주에 출전하곤 했는데, 마침내 비장애인 경기에 국가대표 계주팀의
일원으로 출전해 메달을 땄다. 이에 다른 나라에서는 그의 의족이 일반
인의 다리 근육보다 더 우월한 탄성력을 발휘하는 등 공정하지 않은 조
건에서 경기를 치렀다며 문제를 제기했다. 이 사안은 결국 피스토리우
스가 매번 새로운 의족을 교환·장착할 수 없으며 경기 때마다 항상 같
은 의족만을 써야 한다는 규정으로 일단락됐다.

비슷한 사례가 계속 나오고 있다. 의수를 단 요리사가 펄펄 끓는 물에 손을 쑥 집어넣어 삶은 달걀을 꺼내는가 하면, 두 다리가 없는 장애인 인체공학자가 일반인보다 훨씬 길이가 긴 의족을 만들어 달고 보통 사람은 오를 수 없을 정도로 고난도인 암벽등반을 즐긴다.

이상의 사례들은 모두 신체에 장애가 있는 사람의 경우이지만, 워릭 교수처럼 자기 몸에 전자칩을 이식해 넣는 일반인의 수도 점점 증가하고 있다. 유럽이나 북미 등지에는 손등에 삽입한 전자칩을 출퇴근 기록이나 쇼핑, 각종 전자기기 작동 등에 이용하는 사람들이 2020년 이전 기준으로도 이미 수천 명에 달한다고 한다.

인간의 사이보그화가 전면적으로 진행된 포스트휴먼 세상이 언제 본격적으로 펼쳐질지는 전문가마다 생각이 다르며, 21세기 중반을 지나지 않을 것이란 전망도 있다. 그러나 더 중요한 것은 그 시기가 아니라 어떤 미래를 맞이하게 될 것인지의 문제이다. 그런 점에서 충분한 성찰 없이 과학기술의 발전을 재촉해온 결과가 어떠한지 뒤돌아봐야 한다. 기술이 놀라운 발전과 혜택만이 아니라 많은 사회 및 환경 문제도 불러왔기 때문이다. 따라서 인간의 사이보그화가 인간의 한계를 극복하려는 시도일지라도, 과학적 상상력은 물론 윤리적 상상력까지 덧붙여야 한다. 우리의 미래가 유토피아와 디스토피아의 스펙트럼 사이 어느 곳에 자리매김할 것인가는 윤리적 상상력에 달린 문제일 수 있다.

2

초지능 사회를 열어줄
21세기 새로운 도구

하드웨어의 도전:
유전자 편집 기술을 통한
'맞춤형 인간'의 탄생

현생인류가 출현한 이래 현재에 이르기까지 약 30만 년 동안 인류는 자연의 설계에 의한 유전자변이의 한 객체였다. 자연적 변이 체계에 따라 수동적으로 변화·진화해왔을 뿐이다. 언어능력과 학습 능력, 그리고 도구 사용 능력이 인간에게 부여된 것도 그러한 변이의 한 양상이었다. 그런데 이제 인류는 유전자변이의 수동적 객체에서 능동적 주체로 전환하는 혁명적 변화를 맞이하고 있다. 유전자 편집 도구를 통해 매우 짧은 시간 내에 원하는 형태로 유전자를 변형시킬 수 있게 된 것이다. 유전자를 읽고 이를 통해 유전자코드를 해독하는 데 머물지 않고 DNA를 다시 수정하고 고쳐 씀으로써 DNA를 리프로그래밍reprogramming하는 단계에 와 있다. 그리고 그 대상은 실험실의 미생물과 동식물을 넘어 인류 자신으로까지 확대 중이고, 치료뿐 아니라 특정 형질을 강화하기 위해서 유전자 편집을 할 수 있는 시대로 접어들었다. 인간이 불을 손에 넣게 된 이후 인간의 역사가 획기적으로 변화했던 때처럼, 인간이 유전자 편집 도구를 손에 넣게 되면서 의학적·사회적·산업적·윤리적 측면에서 많은 발전과 도전이 기다리는 시대가 왔다.

DNA의 변화 방식과 특징

생명현상의 많은 부분은 DNA라는 유전물질에 프로그래밍되어 있다. 유전적 프로그래밍은 생명체의 학습활동으로 얻어지는 정보와는 별개로 태어날 때부터 우리의 기초적 생명현상과 행동 방식을 결정한다. 동시에 모든 생명체는 오랜 시간을 거쳐 진화·변화해왔는데 이때의 진화는 유전물질인 DNA 또는 RNA의 변이에서 비롯된다. 여기서 말하는 변이는 유전물질을 구성하는 A, T, G, C 물질의 구조적 변이가 아니라 서열의 변화를 의미한다.

현생인류에게서 관찰되는 유전체 변이의 가장 주요한 원인 중 하나는 트랜스포존transposon에 의한 삽입성 변이이다. 트랜스포존은 점핑 유전자라고도 불리는데 유전체상에서 위치를 이동해 삽입되는 특징을 갖고 있다. 단순한 위치 이동을 통한 삽입 방식도 존재하고 복제를 통한 추가 삽입의 형태로 나타나기도 한다. 이는 인간 유전체의 약 45%를 차지할 정도로 게놈 구성에 지대한 영향을 미쳤다.

유전체 변이의 또 다른 형태는 다양한 삽입과 결실insertion and deletion이다. 이러한 변이는 새로운 유전자의 기능을 생성하거나 반대로 소멸시킬 수도 있으며, 특정 도메인의 구조를 바꿈으로써 원래 기능을 변화시킬 수도 있다. 삽입과 결실은 다양한 원인으로 발생하지만, 가장 주된 원인 중 하나는 이중나선 DNA의 절단이다. 우연한 조건에서 같은 위치에 존재하는 DNA의 이중나선이 끊어지면 비상동말단결합non-homologous end joining의 복구 과정을 거치게 되는데, 그 과정에서 유전자의 삽입이나 결실이 발생할 수 있다. 트랜스포존이 비교적 큰 단위의 서열 변화라고 한다면 삽입과 결실은 비교적 작거나 중간 정도 크기의 유전자 변화를 유도한다.

이에 반해 점돌연변이는 DNA 하나의 치환을 의미한다. 즉, A의 서열이 G나 T와 같은 서열로 치환되는 형태의 변이를 말한다. 인간 내에서 개체 간 변이를 보이는 주된 요인으로, 이를 단일염기다형성single nucleotide polymorphism이라고 한다. 외부 환경이나 물질에 의해 유도될 수도 있지만, 복제 과정의 불완전성으로 인한 오류로 발생할 수 있고, 탈아미노화deamination와 같은 화학적 반응에 의해 자발적으로 발생할 수도 있다. 대부분 유전자의 기능에 큰 영향을 미치지 않지만, 단백질 코딩 서열에 영향을 미치는 경우 심각한 유전질환을 일으킬 수도 있다.

마지막으로 인간 유전체의 변화에 지대한 영향을 미친 것은 바로 이종교배였다. 서아프리카나 중앙아프리카에서 발원한 신생 인류가 유라시아대륙으로 이동하는 과정에서 네안데르탈인이나 데니소바인과 같은 이종과 접촉하는 사건들이 있었고, 그 과정에서 이들 이종과의 교배가 있었을 것으로 추측된다. 이후 네안데르탈인, 데니소바인과 같은 이종 인류들은 지구상에서 사라졌다. 현생인류 유전자 중 3~5% 정도가 사라진 이종 인류들의 유전자로 구성되어 있다. 이러한 이종교배가 얼마나 계속됐는지는 모르지만, 현생인류의 유전체에 적지 않은 영향을 미쳤던 것은 사실이다.

지금까지 기술한 유전자의 변이에는 몇 가지 특징이 있다. 첫째, 변이의 주체는 바로 자연이다. 인간의 의도나 계획이 도입되지 않은, 생물학적 현상에 오롯이 지배되어 변이가 누적되어왔다. 이종 간 교배에 따른 이종 유전자의 유입도 현재의 윤리적 체계로는 상상할 수 없는 일이지만, 윤리적 체계가 사뭇 달랐을 그 당시에는 더 자연적인 생존 원리에 의해서 이종교배가 만연했을 것이다.

둘째, 유전자변이가 비교적 오랜 기간에 걸쳐 축적되었다. 고등 생물체에는 복제의 에러들을 통제할 수 있는 복구 시스템이 잘 갖춰져 있어 오류에 의한 변이가 잘 발생하지 않는다. 더욱이 그러한 변이는 생식세포에서 발생해야 다음 세대로 전달되기 때문에 애초에 빈번하게 발생하는 현상이 아니다.

셋째, 변이가 무작위적이다. DNA 변이는 발생 위치를 선택해서 일어나지 않는다. 유전체의 모든 부분에서 변이가 일어날 수 있다. 만약 특정 변이가 계속되려면 자연선택의 과정을 거쳐야 하며, 해당 변이가 생존에 유리한 조건을 형성하는 경우 다음 세대로 더 쉽게 전파되어 그 흔적을 남긴다.

유전자변이의 마지막 특징은 가치중립적이라는 점이다. 이는 변이의 무작위성과도 일맥상통하는 특징이다. 변이가 어떠한 가치를 추구하거나 선호해서 일어나는 것이 아니라 무작위로 일어나므로 그 자체로는 가치중립적이라고 할 수 있다. 인간의 시선에서 볼 때에야 더 좋은 가치를 만들어내는 변이와 그렇지 못한 변이, 아무런 영향이 없는 변이 등이 구별된다는 표현이 더 적합할 것이다. 좋지 못한 결과를 내는 변이의 대표적인 예가 바로 유전질환이다. 따라서 인류는 이러한 변이들을 교정하거나 회복해 가치를 창출하려는 욕구를 지니게 됐고 이것이 바로 유전자 편집 도구의 개발로 이어졌다.

유전자 편집 도구에 의한 인위적 변이는 자연에서 지금까지 진행되어 왔던 여러 변이의 특징과 상반된 속성을 갖는다. 자연이 주체가 아닌 인간이 주체가 되어 변이를 유도하고자 하는 것이고, 오랜 시간이 아닌 매우 짧은 시간에 이를 이루려고 한다. 그리고 기술의 정교함을 이용해 무작위적 변이가 아닌 선택적 변이를 추구하고 이를 통해 학문적·산업적·의학적 가치를 창출하려 한다고 특징지을 수 있다.

유전자 편집 도구의 발달사

유전자 편집 기술은 정확한 위치 파악 능력을 지닌 구성물질을 포함한 핵산 분해 효소를 이용해 질병이나 형질에 관여하는 세포 내 유전자를 제거하거나 교정·삽입함으로써 형질이나 질병의 변화를 꾀하는 기술이다. 유전자 편집에 사용되는 도구는 소위 '유전자가위'로 불리는데, 현재까지 1세대 징크핑거뉴클레아제ZFN, zinc finger nuclease, 2세대 탈렌TALEN, trans activator-like effector nuclease, 3세대 크리스퍼CRISPR, clustered regularly interspaced short palindromic repeats 기술로 발전해왔다. 1세대와 2세대 기술이 과학자들의 지적 설계를 통해 이루어진 산물이라면, 3세대 기술은 미생물에 존재하는 후천적 면역 시스템을 유전자가위에 응용한 것이다. 박테리아는 바이러스가 침범했을 때 유입된 바이러스의 핵산 단편을 자신의 염색체에 끼워 넣고 이를 기억하고 있다가 다시 그 단편을 가진 바이러스가 침범했을 때 이를 인식해 해당 바이러스의 DNA를 잘라내어 자신을 보호하는데, 이를 응용했다. 가장 널리 알려진 SpCas9 유전자가위의 개발 이후로 다양한 미생물과 고세균에 존재하는 크리스퍼 시스템이 유전자가위로 도구화됐다. 이들 유전자가위는 공통적으로 의도된 위치의 DNA에 이중나선 절단을 유도하는 기능이 있다. 그러면 살아 있는 세포는 이러한 이중나선의 절단을 심각한 손상으로 인식하고 이를 복구하기 위한 시스템을 가동하며, 주형 가닥을 이용해 정확한 복구가 가능한 상동유도복구HDR, homology-directed repair를 유도할 수 있다.

HDR에 의한 유전자교정 방법은 비교적 다양한 변이를 유도할 수 있지만, 효율이 매우 낮고 분열하지 않는 대부분의 분화된 세포에서는 효율적인 편집이 불가능하다. 이러한 절단 기반 유전자가위의 단점을 극복하고자 단일 염기교정base editing 기술이 개발됐다. 단일 염기교정 기술은 DNA 서열을 인식해 자르는 크리스퍼-카스9CRISPR-Cas9과 달리 염기 중 시토신(C)과 아데닌(A)을 각각 티민(T), 구아닌(G)으로 치환시키는 교정 기술이다. 전통적인 유전자교정 기술과 비교할 때 염기교정 기술의 교정 효율이 현격히 높았기 때문에 많은 연구자의 관심을 받았다. 하지만 이 기술도 단점이 명확했다. 가령 A를 T로 바꾼다든지 C를 G로 바꿀 수는 없다. 더군다나 몇 개의 DNA가 빠진 변이deletion를 채운다거나 아니면 불필요하게 덧붙여진 변이insertion를 제거해 다듬는 일은 더욱 할 수가 없다.

이를 모두 극복한 프라임 에디팅prime editing 기술은 크게 두 가지 특징이 있다. 하나는 인식된 염기서열을 자를 때 사용하는 카스9 단백질을 변형해 DNA의 이중나선을 모두 절단하는 대신 DNA 한 가닥만 자르도록 했다. 또 하나는 최종 변형하고자 하는 서열을 포함하고 있는 가이드 RNA를 사용한다. 특히 A를 T로, C를 G로 바꾸는 기능도 추가됐다. 프라임 에디팅의 단점은 100bp(염기쌍) 이상의 비교적 긴 길이의 서열을 삽입하는 것은 불가능하다는 점이다. 이에 따라 'INTEGRATE'나

'CAST'와 같은 새로운 기술이 잇따라 소개되고 있으며, 아직 효율은 충분히 만족스럽지 못하지만 진핵생물에서의 삽입 능력이 입증되고 있어 향후 고효율의 삽입 기술이 개발된다면 유전자 편집의 판도를 크게 바꿔놓을 것으로 보인다. 즉, 이종교배에 의한 유전자변이를 제외하고는 인류 역사에서 일어난 대부분의 변이를 유도할 수 있는 도구를 거의 손에 쥐게 됐다.

인간 유전자 편집의 영역: 질환 치료부터 특정 형질 강화까지

지난 10년간의 비교적 짧은 개발 기간에도 불구하고 크리스퍼 기반의 유전자 편집 도구들이 동물뿐 아니라 인간 세포주에서도 편집 능력을 발휘할 수 있음이 입증됐다. 이제 편집의 대상은 인간 개체라는 영역으로 확대되고 있다. 인간 개체를 대상으로 하는 유전자 편집은 대상 세포와 목적에 따라 각각 두 가지 형태로 분류할 수 있다. 우선 대상 세포가 생식세포냐 체세포이냐에 따른 분류이다. 이는 해당 편집이 당사자에게만 국한되느냐 아니면 다음 세대로 전달되느냐를 결정할 수 있기 때문에 매우 민감한 이슈이다. 또 편집의 목적이 치료인지 강화인지에 따른 분류이다. 유전질환을 극복하기 위한 편집이 있을 수 있고, 특정 형질을 정상보다 우월하게 만들기 위한 편집이 있을 수 있다. 각각의 분류를 조합해 네 가지 형태의 인간 대상 편집이 가능하다.

우선 체세포를 대상으로 하는 치료 목적의 편집은 현재 유전자치료의 영역에서 활발한 투자와 산업 활동이 일어나고 있다. 2023년 말이나

2024년 초에 최초의 ex vivo(생체 외) 유전자 편집 치료제인 겸상적혈구 빈혈증 치료제의 상업화가 예측된다. 또 지질 나노입자나 AAV adeno-associated virus와 같은 유전자전달체의 개발에 힘입어 인체의 체세포로 직접 유전자 편집 도구를 전달해 치료 효과를 거두려는 in vivo(생체 내) 치료제도 임상에 속속 진입하고 있다. 이 분야는 윤리적 이슈가 적고, 환자들의 미충족 의료가 매우 커서 고속 성장을 이룰 것으로 기대된다.

그런가 하면 2018년 중국 허젠쿠이 박사가 단행한 시술은 생식세포를 대상으로 하는 치료 목적의 편집에 해당한다. 생식세포를 대상으로 인간을 태어나게 하는 유전자 편집 시술이 안전한가에 대해서는 완전히 검증되지 않았지만, 기술적으로는 가능하다는 사실이 어느 정도 입증된 셈이다. 그러나 이러한 시술에 대해 국제사회의 윤리적 비난이 쏟아지고 중국 내에서도 해당 연구자를 실형에 처한 이후 대다수 국가에서는 치료 여부와 관계없이 착상 목적의 생식세포 유전자 편집을 금지하고 있다. 다만 착상을 진행하지 않는 연구 목적의 생식세포 편집에 대해서는 국가마다 다른 입장이다.

한편 생식세포를 대상으로 하든 체세포를 대상으로 하든 그 목적이 특정 형질의 강화인 경우, 대중의 수용도도 많이 떨어지고 이를 법적으로 보장하는 나라는 아직 없다. 다만 하버드 의대의 조지 처치George Church 교수를 필두로 인간의 지능 향상처럼 형질을 강화할 수 있다면 생식세포의 편집도 가능하다는 의견도 존재하고 있어, 해당 규제가 불변의 것으로 이어질지는 누구도 장담할 수 없는 상황이다. 수명을 연장할 수도 있다는데, 노화도 일종의 질병으로 인식되는 패러다임의 변화 속에서 인류가 체세포나 생식세포의 편집을 계속 규제할 명분이 있을까? 혹은 편집 기술로 인간이 느끼는 신체적·정신적 고통을 통제해 이러한 고통으로부터 인간을 좀 더 자유롭게 하고 인간의 지적 능력을 높일 수 있다면? 코로나19보다 더 심각한 전염병이 창궐하는 시대에서 특정 유전자의 삽입이나 변이를 통해 선천적인 저항성을 얻을 수 있다면? 인류는 체세포 편집이든 생식세포 편집이든 편집 행위의 허용을 두고 지속적인 도전에 직면할 것이다. 그리고 이러한 도전은 향후 일어날 환경의 변화와 함께 유전정보가 확대되고 편집 기술이 발달함에 따라 더욱 거세질 것이다.

DIY 유전자 편집

인간을 대상으로 하는 유전자 편집에는 법적 규제가 미치지 않는 일종의 사각지대가 존재한다. 바로 DIY 편집이다. 조혈모세포 편집과 같이 고도의 의학적 처치 과정이 수반되는 편집이 아닌 경우에는 간단한 도구와 장비를 통해 개인이 스스로 유전자 편집을 단행할 수 있다. 그리고 이런 행위를 막을 규제는 그 어떤 국가에도 존재하지 않는다. 크리스퍼 유전자가위를 '유전자 편집 기술을 민주화한 것'으로 지칭할 때가 있는데, 고도의 숙련된 전문가가 아니더라도 간단한 도구만 갖고도 자신의 특정 유전자를 편집할 수 있다는 의미이다.

　대표적인 사례가 조사이아 재이너Josiah Zayner가 설립한 오딘ODIN이라는 회사이다. 바이오 해커라고 자칭하는 그는 인터넷상에서 박테리아를 편집할 수 있는 크리스퍼 유전자 편집 키트를 약 180달러에 판매한다. 여기에는 실험에 필요한 도구들과 함께 크리스퍼 유전자가위 물질이 포함되어 있으며 집에서 세균의 유전자 편집을 직접 수행할 수 있다. 그리고 이 키트에서 가이드 RNA의 서열만 바꾼다면 사람의 유전자 편집으로 분야를 변화시키는 것은 매우 쉬운 일이다. 실제로 그는 본인의 근육을 강화하기 위한 DIY 유전자 편집 시술을 단행했다. 아마도 마이오스타틴Myostatin 유전자를 변형할 수 있는 도구를 제작해 자기 근육에 투여한 것으로 추측된다. 물론 이 시술은 큰 성공을 거두지는 못했는데 크리스퍼 도구의 근육 내 전달 실패에 그 원인이 있었을 것이다. 다시 말하면 보다 효율적인 유전자전달체가 포함된 키트를 이용한다면 DIY 유전자치료가 더 확실한 효과를 나타낼 수도 있다는 이야기이다. DIY 유전자치료를 수행한 사례는 더 있다. 바이오비바BioViva의 대표인 리즈 패리시Liz Parrish는 노화를 지연시키기 위한 DIY 유전자치료를 단행했고, 버터플라이사이언스Butterfly Science의 대표인 브라이언 핸리Brian Hanley도 노화를 막는 DNA 주입술을 시도했다. 프로그래머이자 바이오 해커인 트리스탄 로버츠Tristan Roberts는 자신이 걸린 후천성면역결핍증을 치료하기 위한 DIY 유전자주입 실험을 페이스북에서 생중계하기도 했다.

현재는 이러한 DIY 유전자주입 행위와 관련해 그 안전성을 담보하기가 어렵다. 그러나 이러한 우려에도 개인의 DIY 유전자치료 행위 규제가 쉽지 않은 실정이다. 실제 ODIN 키트의 사례에서도 판매 자체를 규제하기보다는 키트에 '자가 주입용·유전자치료용이 아니다'라는 문구만 표시하는 수준에서 규제가 이뤄졌다. 반드시 키트에 의존하지 않더라도 생물학 전공자 수준의 지식을 갖춘 사람이라면 개별 품목을 구매해 DIY 유전자 편집을 수행할 수 있다. 현재 우리나라의 경우 가이드 RNA를 인터넷에서 주문하는 데 아무런 규제가 없으며 Cas 단백질을 구입하는 주체가 반드시 기관일 필요도 없다. 여기에 적절한 전달체까지 손에 넣을 수 있다면 일정 수준의 유전자 편집을 시도할 수도 있다.

따라서 현실적으로 가능한 수준의 규제라고 한다면 특정 자격을 가진 사람에게만 Cas나 가이드 RNA 구입 권한을 부여하는 것이 한 방법일 수 있다. 다만 이러한 방법에도 연구 수행의 지연이나 학습권의 박탈과 같은 다양한 문제가 발생할 수 있으므로 더 현명하고 실효성 있는 규제에 대한 고민이 필요하다.

인간 유전자 편집과 관련된 사회적·기술적 과제

인간 유전자 편집에 관한 법적·제도적 규제 체계는 국가마다 다르다. 관련 법이 모호하거나 아예 없는 회색지대가 존재하기도 하고 우리나라처럼 비교적 강한 규제를 하는 나라도 있다. 우리나라는 '생명윤리 및 안전에 관한 법률'(일명 생명윤리법) 제47조를 통해 생식세포, 배아, 태아의 유전자 편집 연구 자체를 금지하고 있다. 일부에서는 불임이나 발달장애 같은 연구와 치료를 위해 배아나 생식세포의 착상 전 유전자교정 연구를 허용해야 한다는 주장도 있다. 영국은 치료 목적의 착상 전 생식세포 유전자 편집 연구를 허용한다. 미국의 경우 법률적으로 금지하지는 않으나 국립보건원NIH에서 연구비를 지원하지 않는 등 소극적으로 제재하고 있다.

인간 강화 목적의 무분별한 유전자교정에 대해서는 확실한 윤리적 체계를 세워야 할 것이다. 하지만 인간 유전자 편집에 대한 윤리 체계는 현재 미비한 상황이다. 개인의 자유와 사회적 조화라는 큰 가치가 충돌할 수밖에 없는 인간 유전자교정에 토론과 합의의 과정을 통해서 사회적 기준과 윤리 체계를 설정하는 것이 앞으로의 과제이다. 우리나라도 생명공학 연구를 수행할 때 최소한의 생명윤리를 지키도록 가이드라인에 명시하고 있으며, 대다수의 연구 저널도 연구윤리와 생명윤리의 준수를 요구한다. 중국 허젠쿠이 박사의 인간 배아 편집은 연구 과정에서 기관생명윤리위원회IRB 심사와 동료 리뷰 시스템이 제대로 작동하지 않았다는 점에서 법률적인 문제와는 별개로 연구윤리와 생명윤리 차원에서의 문제가 있었다.

향후 인간 유전자교정에 관한 사회적 이슈는 점점 더 크게 부상할 것이다. 미래 세대는 인간 유전자교정이 갖는 의미와 파급력 등을 기술적·사회적·인본주의적 관점에서 폭넓게 이해할 필요가 있다. 이를 위해서는 기술이 갖는 사회 인문학적 영향에 대해 인식하고 평가하는 내용이 교육과정에 포함되어야 한다.

앞으로 치료 목적 유전자가위 기술의 혜택이 부정적 결과와 비교해 충분히 크고, 윤리적·법적인 이슈가 해결된다면 생식세포와 배아를 대상으로 하는 유전자교정에 대한 요구가 커질 수 있다. 그러나 이에 앞서 해결해야 할 중요한 문제가 기술적 완성도이다.

매우 발전된 크리스퍼 유전자가위 기술도 치료 목적의 정교한 시술을 하는 데 몇 가지 기술적인 약점이 있다. 첫째, 표적 유전자가 아닌 다른 유전자를 편집하는 오프타깃off-target이 일어날 수 있다. 둘째, 생식세포 교정에서 모자이크 현상이 발생할 수 있다. 즉, 수정란에 주입한 유전자가위가 2세포기나 4세포기 이후에 작동함으로써 일부 세포만 교정되는 현상이 일어날 수 있다. 이는 유전자가위 기술 자체만의 문제는 아니므로 다양한 해결 기술이 개발되어야 한다. 마지막으로 하나의 유전자가 다양한 형질과 관련이 있을 수 있다. 이것은 다면발현pleiotropy이라고 불리는 유전자의 특성이다. 한 유전자를 교정했을 때 발생하는 여러 결과에 대해 더 심층적이고 폭넓은 이해가 이뤄져야만 안전하게 유전자 교정술을 수행할 수 있을 것이다.

인류는 혁명적인 유전자 편집 도구를 개발할 만큼 고도의 도구 창작 능력을 지닌 '호모파베르'인 동시에 이를 통제하고 선용하기 위한 다양한 윤리 체계와 제도장치를 고도로 발전시킬 능력도 갖춘 '호모에티쿠스Homo Ethicus'이기도 하다. 이 기술적 도구와 제도적 체계의 고도화를 통해 인류가 유전자 편집 기술이라는 혁신적 도구를 보다 건강하고 발전적인 방향으로 사용할 수 있어야 한다.

소프트웨어의 도전:
인간보다 더 인간처럼 생각하는 AI

최근 10년간 AI 분야는 그야말로 눈부신 발전을 이루어왔다. 딥러닝의 시대를 견인한 컨볼루션 신경망convolutional neural network을 시작으로 물체, 소리, 비디오와 같은 다양한 종류의 정보를 모아 인식하는 문제에서 AI 의 성능은 인간의 인지능력과도 비교할 수 있게 됐다. 또 인식한 개념을 바탕으로 새로운 정보를 만들어내는 생성 기술 측면에서는 AI가 인간을 넘어서고 있다. 현재의 기술은 인식과 생성 과정을 하나의 문제로 풀면서 다양한 스타일이나 장르는 물론 언어, 이미지, 영상의 경계를 넘나든다.

예를 들어, 그림을 그려주는 AI 달리DALL-E를 비롯해 미드저니Midjourney, 스테이블디퓨전Stable Diffusion과 같은 모델은 프롬프트 입력의 맥락을 인식하고 이에 맞는 이미지를 생성해줄 수 있으며, 주크박스JukeBox, 뮤직LM MusicLM, 애저Azure 등의 모델은 음성을 생성할 수 있고, 런웨이Runway, 원더스튜디오Wonder Studio 등의 모델은 비디오 생성이 가능하다. 심지어는 포인트-E Point-E, 매직3D Magic 3D, 이매진3D Imagine 3D와 같은 3D 이미지 생성 툴도 나오고 있다.

이미지, 음성, 영상과 달리 언어는 논리 구조와 맥락에 따른 의미 해석 등 인간의 지식 및 언어 체계가 가진 복잡한 구조를 이해해야 하는 어려움이 있는데, 이 문제 역시 최근 자기 주의집중self-attention 기법을 바탕으로 한 초거대 언어 AI 기술이 빠르게 발전하면서 점차 해결되고 있다. 2017년에 트랜스포머를 시작으로 구글의 바드Bard나 팜PaLM 계열의 모델들, 메타의 라마LLaMa, 오픈AI의 챗GPT나 GPT-4 같은 모델들이 대표적이다. 이런 기술은 인간의 언어뿐 아니라 프로그래밍언어와 같이 정형화된 코딩 문제에도 빠르게 적용되고 있다. 깃허브Github의 코파일럿엑스Copilot X, 오픈AI의 코덱스Codex, 아마존의 코드위스퍼러CodeWhisperer 등이 그 예이다.

생성형 AI와는 별개로 최적의 전략 수립, 의사결정, 추론과 같이 더 고차원적인 문제를 풀 수 있는 AI 기술 역시 빠르게 발전하고 있다. 2016년 초 이세돌과 바둑 대결을 펼쳤던 알파고를 기점으로 알파고제로, 알파제로, 그리고 아미노산 서열을 바탕으로 3차원 단백질 구조를 추론하는 알파폴드AlphaFold 등 다양한 실세계 분야로 그 적용 범위가 넓어지고 있다. 딥마인드의 가토Gato라는 모델은 비디오 언어와 같은 다양한 모달리티 정보modality information를 바탕으로 전략을 스스로 학습할 수 있으며, 엔비디아Nvidia의 마인도조MineDojo는 게임 자체에서 전략을 학습할 뿐 아니라 사용자 게시판(레딧Reddit), 위키백과, 유튜브 동영상의 관련 정보를 통합해서 학습하는 문제에까지 도전하고 있다.

'인간을 닮은 AI'에 대한 성급한 일반화

앞서 소개한 초거대 AI 모델들은 규모나 성능에서 1차 임계점을 넘어섰다. 이미지 생성 AI의 결과물은 인간의 작품과 구분하기 쉽지 않으며, 텍스트 기반의 대화를 통해 인간과 AI를 구분하는 것조차 어려워지면서 어쩌면 튜링테스트가 무의미해진 건 아닐까 하는 전망도 나온다. 심지어는 범용 AI artificial general intelligence의 시대나 기술적 특이점에 대한 논의도 조심스럽게 고개를 들고 있다. 인간과 구분이 무의미해진 초거대 AI가 드디어 인간의 뇌를 모방하기 시작한 것일까?

이러한 '인간을 닮은 AI' 프레임은 초거대 AI에 대한 브랜드마케팅에서 종종 사용된다. 지속적인 연구개발 투자를 끌어내고 새로운 시장을 창출할 수 있게 한다는 장점은 명확하다. 그러나 이들이 의도했든 의도하지 않았든 간에 AI 기술에 대한 과도한 해석과 기대는 우려스럽다.

그렇다면 어떤 점을 주의해야 할까? AI의 겉모습이나 행동만 보고 인간의 지능에 비유하는 것은 성급한 일반화의 오류이다. 인공신경망이 계산적 뉴런들의 연결 구조라 해서 인간의 생물학적 신경세포들이 연결된 뇌 신경망과 동일한 시스템일 수는 없다. 동일한 구조를 가진 두 동적 시스템이 있다고 해도, 수학적으로 그것이 내포한 기능까지 동일할 가능성은 지극히 작다. 일정 시간 동안 제한된 맥락 안에서 같은 행동을 보이는 두 시스템이 실제로 똑같은 시스템일 가능성 역시 지극히 작다. 특히 이 시스템의 스케일이 커질수록 그러할 확률은 0에 가까워

- 기계의 지능이 인간에 필적하는지 판별하기 위해 영국의 수학자 앨런 튜링Alan Turing 이 1950년 제안한 테스트.

진다.

학계에서는 이미 잘 알려진 사실이고 실제로 AI 기술이 이러한 이슈를 해결하는 방향으로 발전해왔기 때문에, 이론적인 배경을 잘 알수록 신중해질 수밖에 없다.

초거대 AI의 그늘

인간의 행동을 모방하고 인간의 지식을 학습한 AI는 인간과 어떤 점이 다를까? 인간과 구분하기 어려운 초거대 AI의 세상에서 우리는 무엇을 걱정해야 할까? 불쾌한 골짜기 uncanny valley•나 장밋빛 청사진 같은 이야기는 넘쳐나니, 여기서는 답이 없는 질문들만 던져본다.

첫 번째 걱정해야 할 점은 소유의 문제이다. 우선 기술 발전 속도에 맞춘 지적재산권 관련 장치를 마련하는 일이 시급하다. 프롬프트 입력만으로 이미지, 소리, 비디오 등을 만들어주는 생성형 AI의 결과물을 놓고 소유권을 주장할 수 있을까? 결과물이 기존의 것과 유사한 경우, 표절과 같은 판단의 기준을 세울 수 있을까? '모두를 위한 AI'는 아이러니하게도 그 누구의 AI도 될 수 없을지 모른다.

두 번째는 보안 이슈이다. 누군가 사실과 다르지만 그럴듯한 정보를 대량 생산해 AI의 학습과 대중의 인식을 편향시킬 수 있다. 또한, 사용

• 인간이 로봇 등 인간이 아닌 존재를 볼 때 인간과의 유사성이 높아질수록 호감도도 높아지다가 일정 수준에 다다르면 오히려 불쾌감을 느낀다는 이론. 1970년 일본의 로봇공학자 모리 마사히로가 소개했다.

자가 공개한 목적과 다른 악성코드가 숨겨진 프로그램을 깃허브에 업로드해두었을 경우, 이를 바탕으로 언어 AI가 자신도 모르게 악성코드를 배포하는 역할을 할 수 있다. 우리가 모르는 사이에 우리의 보안이 위협받을 수 있고, 이를 알았을 때는 이미 늦었을지도 모른다.

세 번째는 가치판단과 관련된 사안이다. 이는 가치정렬value alignment이라 불리는 연구 분야로, 현재 빅테크 기업들에서 그 중요성을 인지하고 대응하려는 노력을 기울이고 있다. 챗GPT를 학습시키는 단계에서 인간의 피드백을 통해 모델을 우리가 선호하는 방식으로 편향시키는 강화 학습 과정RLHF, reinforcement learning from human feedback이 대표적인 경우이다. 그러나 이러한 노력에도 AI가 사실과 허구를 구분하지 못하는 문제나, 결과물에 대한 과도한 확신, 그리고 사용자가 이를 의심할 때 빠르게 태세 전환을 하는 문제에 대한 근본적인 해법은 없는 상황이다. 이는 생성형 AI 기반 언어 AI 모델의 백본backbone 기술에 메타인지 능력이 없기 때문이라는 해석도 있다.

인간의 뇌처럼 생각하는 AI의 미래

앞서 논의된 이슈들을 종합해보면, AI는 행동이라는 '결과물'에서는 인간을 닮았지만, 행동 이전의 '생각'은 다를 수 있다고 보는 것이 정확하다. 결과물의 양과 질만 놓고 본다면 인간의 작업을 대체하고 인간의 문제에 대해 최적의 해법을 제시하는 역할을 수행하는 데는 문제가 없어 보인다.

이러한 관점에서 AI의 다음 도전은 기계학습 관점에서의 최적화라는 굴레를 잠시 떠나 인간처럼 생각하는 것이다. 인간처럼 생각하는 AI의 문제는 결국 뇌의 정보처리 과정을 이해하고 이를 AI에 반영하는 문제로 귀결된다. 뇌 기반 AI라는 분야이다.

인간과 AI의 사고 체계는 어느 차원에서 어떤 기능을 보든 서로 다른 점이 많다. 최근에는 AI와 다른 뇌의 정보처리 과정을 실증하는 연구 결과들이 속속 발표되고 있다. 예를 들면, 생물학적 신경세포는 인공신경망의 단일 뉴런과 달리 그 자체로 동적 시스템의 특성이 있다. 최근 〈사이언스〉에 발표된 연구 결과[7]에 따르면, 배타적 논리합으로 학습된 두 층의 인공신경망의 기능이 단일 신경세포 하나의 입출력 특성에 반영되어 있다. 따라서 이러한 신경세포로 구성되는 대뇌피질은 인공신경망이 학습을 통해 풀어야만 하는 복잡한 패턴 인식 문제를 어느 정도 풀 수 있는 최적의 구조를 갖고 태어난다는 것이다.[8] 그리고 인간의 강화학습 과정은 알파고와 같은 기본적인 보상 학습 방식을 넘어선 고차원적인 전략 수립과 메타인지 과정을 포함한다.[9] 인간의 기억을 담당하는 해마와 그 주변부 뇌 네트워크의 정보처리 과정을 보면 환경의 구조를 전지적 시점에서 표상하고, 이를 바탕으로 1인칭 관점에서 본인이 놓인 상황 변화를 예측한다는 뇌과학적인 증거들도 쏟아져 나오고 있다.

뇌 기반 AI는 이러한 뇌의 정보처리 과정을 AI의 구조와 기능에 꼼꼼하게 반영함으로써 AI가 인간과 유사한 방식으로 문제를 해결하고 인간과 유사한 가치판단을 하는 것까지를 기술개발의 목표로 삼는다. 이 같은 기술은 다양한 분야에 적용될 수 있다.

첫째, AI가 인간보다 쉽게 풀지 못하는 문제들, 즉 인간이 무의식중에 쉽게 푸는 문제들을 AI의 틀에서 해석해봄으로써 공학의 근본적인 이슈들에 대한 직관을 얻을 수 있다.[10] 둘째, 인지와 생성, 기억, 언어, 학습

등 다양한 AI의 기존 기술에 뇌의 정보처리 과정을 매핑함으로써 인간 중심적이고 인간 친화적인 AI 응용 기술을 만들 수 있다. 셋째, 중독과 우울증, 강박증, 조현병과 같은 다양한 정신질환과 관련된 인간의 사고 체계를 AI의 매개변수 형태로 변환함으로써 정밀한 진단과 치료 전략 수립이 가능해진다. 넷째, 개개인의 사고 체계의 특징들을 AI의 매개변수 형태로 학습함으로써 스마트 교육, 인사, 핀테크, 게임, 광고와 같은 인간의 의사결정이 관여하는 응용 분야에 광범위하게 적용할 수 있다.

AI에 인간과 유사한 가치와 뇌의 사고 체계를 반영하면 반영할수록 인간과 AI 간 소통의 그늘은 줄어들고, AI가 더 많은 분야에서 활약하게 될 것이다.

펌웨어의 도전:
슈퍼휴먼을 향한 기계 인간의 꿈

'사이보그'라고 하면 어떤 이미지가 떠오르는가? 인간의 뇌에 기계의 몸체를 지닌, 영화 〈로보캅〉 속의 슈퍼히어로가 떠오른다면 당신은 아마 SF 마니아일 것이다. 사이보그cyborg라는 용어는 자동화 기계를 의미하는 사이버네틱스cybernetics와 생명체를 의미하는 오가니즘organism을 합성한 조어로, 기계적인 요소가 결합된 생명체를 의미한다. 다시 말해, 사이보그는 꼭 인간일 필요는 없다. 영화 〈가디언즈 오브 갤럭시〉 시리즈에 등장하는 캐릭터인 로켓도 너구리의 몸에 로봇의 골격을 갖고 있으니 사이보그인 셈이다. 최근에는 기계적인 요소가 결합된 인체를 사이보그 대신 '바이오닉맨bionic man'이라는 별도의 용어로 부르기도 한다.

그런데 SF 영화에서나 등장할 법한 바이오닉맨이라는 단어가 우리 일상에서도 심심치 않게 쓰이기 시작했다. 영화 속에서처럼 완벽하지는 않지만, 그 기본 콘셉트가 현실 세상에서 구현되고 있다. 그러면서 기계를 이용해 원치 않던 치명적 장애를 극복할 수 있다는 기대와 인간이 타고난 신체를 기계로 하나씩 대체하며 '인위적인 진화'를 꾀하는 것은 아닌가 하는 우려가 서로 교차하고 있다.

바이오닉맨의 등장

2013년 영국의 TV 프로그램 제작사인 DSP는 세계 18개 의료기기 업체 및 대학 연구소와 함께 '렉스Rex'라는 이름의 바이오닉맨을 만들었다고 발표했다. 렉스는 현재까지 개발된 모든 종류의 인공장기(뇌와 소화기관은 제외)를 결합해 '600만 불의 사나이'를 현실에서 구현해보고자 했던 시험의 결과물이었다.

약 10억 원의 제작비로 완성된 렉스는 2m의 키에 인공 팔과 인공 다리를 달고 외골격로봇exoskeleton robot을 착용한 채 느리게 걸을 수 있었다. 눈에는 '아르거스II Argus-II' 인공 망막을, 귀에는 청각 임플란트 의료기업 코클리어의 인공 와우(달팽이관)cochlea implant를 설치했다. 심장 위치에 장착한 신카디아시스템스SynCardia Systems의 심실보조장치가 인공 피를 전신으로 보내고, 인공 췌장이 핏속의 당분 수치를 측정해서 인슐린을 분비했다. 음성으로 간단한 대화를 나눌 수 있는 컴퓨터 프로그램도 내장했는데 지능은 전혀 없었기 때문에 '인조인간'이라고 하기에는 부족함이 많았다. 그런데도 전 세계 많은 사람이 바이오닉맨 렉스의 탄생에 걱정스러운 눈길을 보냈다. 현재의 렉스는 여러 인공 보철prosthetics과 인공 장기의 단순한 조합에 불과하지만, 기술이 더욱 발전하면 누군가가 신체 대부분을 기계로 대체하며 인위적 진화를 실현하려고 들지도 모르는 일이기 때문이다.

바이오닉맨의 현재와 미래

이러한 생체공학, 즉 바이오닉스bionics 연구자들은 호르몬이나 산성 액체를 쉴 새 없이 분비해야 하는 내분비계나 위장과 같은 일부 장기를 제외하고는 언젠가 기계적인 인공장기가 기존 장기를 모두 대체할 수 있을 것으로 예측한다. 현재의 바이오닉스 기술은 사고나 질병으로 제기능을 다하지 못하는 신체 일부를 기계적인 부품으로 대체함으로써 장애를 지닌 인간의 한계를 극복할 수 있도록 하는 데 초점을 맞추고 있다. 하지만 트랜스휴머니스트trans-humanist라고 불리는 급진주의자들은 장애가 없는데도 신체 일부를 기계로 대체함으로써 우리 모두 인간이 가진 본연의 능력을 뛰어넘는 포스트휴먼으로 진화해야 한다고 주장하기도 한다.

인류 최초의 바이오닉맨

인간의 신체 일부를 기계로 대체한 최초의 사례는 무려 3,000여 년 전으로 거슬러 올라간다. 지금으로부터 30여 년 전, 기원전 1000년 즈음에 건설된 이집트 피라미드 묘실에서 여성 미라 한 구가 발견됐다. 이후 이집트의 카이로 박물관에 보관된 이 미라는 보존 상태가 비교적 양호한 편이어서 뼈 대부분이 온전히 남아 있는 상태였는데, 피라미드에서 발견된 수많은 미라 중 유독 이 미라가 의학자들의 관심을 끈 이유는 따로 있었다. 이 미라는 오른발 엄지발가락이 없는 상태로 발견됐고,

잘린 발가락 부위에 피부가 덮여 있는 상태로 보아 살아 있었을 때부터 발가락이 소실된 것으로 확인됐다. 그런데 이 엄지발가락 자리에는 나무로 깎아 만든 발가락 모형이 하나 놓여 있었다. 이 나무 발가락은 발톱까지도 정교하게 조각돼 있었을 뿐 아니라 가죽끈을 이용해 발에 끼울 수 있는 형태로 만들어져 있었다. 학자들은 이 나무 발가락을 최초의 인공 보철로 볼 수 있는지를 두고 논쟁을 시작했다. 일부 학자는 이것이 잘린 발가락의 기능을 대체하기 위한 게 아니라 미관상 좋게 보이려고 만든 것이라고 주장했다. 관건은 이 가짜 발가락이 과연 기능적으로 걷기 능력을 향상시킬 수 있는지를 밝히는 데 있었다.

이 논란은 2011년이 되어서야 영국 맨체스터대학교의 재클린 핀치Jacqueline Finch 교수의 연구 결과로 일단락됐다. 핀치 교수는 우선 피라미드에서 발견된 나무 발가락과 똑같이 생긴 모형을 제작한 다음 오른쪽 엄지발가락이 소실된 2명의 자원자를 찾아냈다. 그는 자원자들에게 발가락 모형을 발에 착용했을 때와 착용하지 않았을 때 각각 10m씩 걸어보도록 주문했다. 동시에 방 안에 설치한 10대의 카메라를 이용해 이들의 걸음걸이 패턴을 분석하고, 특수 매트를 바닥에 깔아서 걷는 동안 발에 미치는 압력의 분포를 알아냈다. 결과는 실로 놀라웠다. 자원자들은 발가락 모형을 발에 착용하면 착용하지 않았을 경우보다 더 편안하고 자연스럽게 걸을 수 있었다. 발에 전달되는 압력도 발가락 모형을 착용했을 때는 발바닥 전체에 골고루 전해졌지만 착용하지 않았을 때는 발의 특정 부분에만 집중됐다. 이로써 고대 이집트 시대의 발가락 모형은 당시 최고의 바이오닉스 기술을 총동원해 설계한, 현존하는 가장 오래된 인공 보철이라는 것이 증명됐다.

현실이 된 600만 불의 사나이?

현대 바이오닉스 기술의 발전은 팔이나 다리의 절단 부위 바로 앞에서 측정한 근전도(근육에서 발생하는 전기신호) 신호를 이용해 자유로운 손가락 움직임이나 발목의 움직임을 가능케 하는 전자의수와 전자 의족을 만들어내기에 이르렀다. 영화 〈스타워즈〉나 1970년대 미국 드라마 〈600만 불의 사나이〉에 등장하는, 로봇 팔과 로봇 다리를 장착한 바이오닉맨이 현실이 된 것이다.

전자의수의 원리는 비교적 간단하다. 팔이 잘려나갔더라도 뇌는 여전히 손상된 팔의 손가락을 움직이기 위한 신경 신호를 생성할 수 있고, 이 신호는 중추신경을 타고 내려와 팔의 절단 부위 말단까지 전달된다. 팔의 절단 부위에 남아 있는 근육은 (현재는 없는) 손가락을 움직이기 위해 수축하게 되고, 이때 발생하는 근전도 신호를 측정하면 로봇 손가락을 제어하는 것이 가능하다.

최근에는 AI 기술의 눈부신 발전으로 더 정교하고 빠른 제어가 가능해졌다. 예를 들어, 로봇 손가락에 부착된 압력 센서를 통해 부드러운 재질이나 잘 깨지는 재질의 물체도 손쉽게 집어 올릴 수 있다. 전자 의족에도 AI 기술이 적용돼 걸음걸이에 맞춰 자동으로 무릎의 각도가 조절된다거나 개개인의 걷는 스타일을 반영해주는 기술도 나오고 있다.

그런가 하면 뇌에서 발생하는 신경 신호를 실시간으로 측정해 전자의수나 의족을 제어하는 뇌-컴퓨터 인터페이스BCI 기술도 최근 활발하게 연구되고 있다. 2012년에는 피츠버그대학교의 앤드루 슈워츠Andrew Schwartz 교수 연구팀이 생각만으로도 로봇 팔을 자연스럽게 조작하는 데 성공했고, 2016년에는 역시 같은 대학교의 리처드 곤트Richard Gaunt 교수 연구팀이 로봇 손가락이 느끼는 감각을 대뇌 감각 피질로 전달해내는 데 성공했다. 이 기술이 더욱 발전한다면 언젠가는 신경계가 완전히 손상된 사지마비 상태의 중증장애인도 바이오닉 팔을 착용하고 기타를 연주할 수 있는 날이 올 것이다.

하지만 바이오닉스 기술의 눈부신 발전에도 〈600만 불의 사나이〉나 〈로보캅〉에 등장하는, 초인적인 힘을 가진 로봇 팔이나 시속 100km로 달릴 수 있게 하는 로봇 다리를 현실에서 구현하는 것은 물리적으로 불가능하다. 인체가 감당할 수 있는 중량의 로봇 팔이나 다리로는 영화에 등장하는 수준의 힘과 속도를 발생시킬 수 없기 때문이다. 그대신 바이오닉스 연구자들은 인간의 힘과 속도를 향상시키는 방법으로 '외골격 로봇'이라 불리는 웨어러블로봇을 개발하고 있다.

외골격로봇은 군사용으로 활발하게 개발되고 있는데, 특히 공병이 무거운 물건을 쉽게 들어 올릴 수 있도록 도와주거나 무거운 배낭을 메고도 체력이 소모되지 않도록 하는 것을 주요 목적으로 한다. 실제로 러시아나 중국에서 개발한 외골격로봇은 착용자가 100kg에 달하는 물체를 거뜬히 들어 올릴 수 있게 한다. 외골격로봇은 산업 분야에서도 인체의 타고난 능력을 증강함으로써 생산성을 높이기 위한 목적으로 널리 활용될 것으로 기대된다.

바이오닉스 기술의 발전 양상

최근 바이오닉스 분야에서 가장 뜨거운 이슈는 바로 인공 청각과 인공 시각이다. 인공 청각은 손상된 와우에 전극을 삽입해 전기신호로 변환된 소리를 청신경에 전달하는 장치이다. 이미 1970년대에 상용화가 되어 선천적으로 청력을 잃은 많은 청각장애인에게 세상의 소리를 들려주고 있다. 인공 시각은 최근 들어 상용화에 성공했는데, 미국의 의료

기기 전문 기업 세컨드사이트(현재는 비바니메디컬Vivani Medical)에서 개발한 '아르거스II'라는 인공 망막이 대표적인 사례이다. 망막의 광수용체 세포가 손상된 시각장애인의 망막에 조밀하게 배치된 전극을 삽입하고 카메라로 얻어진 이미지를 전기자극을 통해 시신경으로 전달하는 장치이다.

하지만 현재의 인공 청각과 인공 시각 시스템은 말초 감각을 활용하기 때문에 여러 가지 한계를 갖고 있다. 인공 청각은 와우 내부의 유모 세포가 손상되거나 제 기능이 작동하지 않는 경우에는 적용할 수 있으나 청신경 자체가 손상된 환자에게는 적용이 어렵다. 또 인공 시각은 망막의 면적이 협소해 높은 해상도의 이미지를 전달하기 어렵다. 이런 문제점을 해결하기 위해서 대뇌의 청각피질과 시각피질에 전극을 이식하고 직접 소리와 이미지를 뇌에 전달하는 방식이 연구되고 있다.

그런가 하면 테슬라 CEO 일론 머스크Elon Musk가 2016년에 설립한 뇌공학 스타트업인 뉴럴링크Neuralink는 뇌에 실 형태의 미세전극을 매우 높은 밀도로 정교하게 삽입하고 신경세포를 선택적으로 자극하거나 측정된 신경 신호를 무선으로 전송하는 기술을 개발하고 있다. 뉴럴링크는 2023년 5월에 미국의 식품의약국FDA으로부터 인간 환자를 대상으로 하는 임상시험 허가를 획득했고, 자신들의 기술을 우선으로 적용하고자 하는 대상이 시각이나 청각에 장애가 있는 사람과 사지마비 환자임을 밝혔다. 뇌를 직접 자극해 사물을 보게 하고, 소리를 듣게 하고, 마비된 사지를 로봇의 힘을 빌려 움직일 수 있게 하겠다는 것이다. 만약 이러한 기술이 성공한다면 기존의 바이오닉스 기술이 가진 한계를 극복하며 바이오닉스의 신기원을 열 가능성이 크다.

인간의 인위적인 진화는 정당할까?

바이오닉스 기술의 계속된 발전은 한편으로는 그 기술이 장애의 한계를 극복하는 데 사용될 수 있다는 기대감도 주지만, 다른 한편으로는 장애가 없음에도 신체의 기능을 높이기 위한 인간 증강의 기술로 활용될 수 있다는 불안감도 준다.

장애 극복을 넘어선 인간 신체의 증강

발전된 바이오닉스 기술이 신체 기능에 이상이 없는 정상적인 인간을 대상으로 여러 기능을 증강해 트랜스휴먼을 만드는 데까지 나아갈 가능성이 있을까? 사실 우리는 이런 가능성을 완전히 배제할 수 없다.

일례로 뉴럴링크의 미세전극을 시각피질에 삽입하고 카메라가 부착된 안경을 착용하면 눈을 감은 상태에서도 카메라의 줌-인 기능을 이용해 멀리 있는 물체를 확대해서 볼 수 있을 것이다. 같은 방법으로 적외선카메라를 장착한다면 어둠 속에서도 사물을 또렷하게 볼 수 있게 된다. 사물을 20배 당겨서 보고 밤에도 관측할 수 있는 눈을 가졌던 600만 불의 사나이와 다를 게 없다.

이뿐만이 아니다. 기술이 더욱 발전하면 눈을 감고 침대에 누워 넷플릭스에 접속해 영화를 본다거나, 눈을 뜬 상태에서 AI가 눈앞에 있는 사물을 인식해 상세한 설명을 달아주는 증강현실을 구현하는 것도 이론적으로는 얼마든지 가능하다. 뇌의 청각피질에 뉴럴링크를 삽입한다면 멀리서 들리는 작은 소리를 증폭해서 듣거나, 귀에 이어버드를 착용하지 않고도 라디오를 청취하는 것에 문제가 없다. 또 안경에 마이크로폰만 장착한다면 아무런 장치 없이도 전화 통화가 가능할 것이다.

감정과 지능도 조절하는 기술의 등장

뇌의 특정한 부위를 전기적으로 자극하면 감정을 조절하는 것도 가능하다. 현재 파킨슨병의 치료를 위해 제한적으로 사용되는 심부뇌자극DBS 장치를 이용해서 도파민의 분비를 담당하는 뇌의 흑질 부위를 자극하면 쾌감이나 행복감을 인위적으로 느끼게 할 수도 있는데, 이 때문에 신종 '전자 마약'이 등장할 위험성이 대두되고 있다. 만약 스포츠 분야에 뇌 자극 기술이 도입된다면 인위적으로 집중도와 균형감각을 높이거나 피로에 대한 저항성을 높여 선수의 경기력을 향상시킬 수도 있게 된다. 이러한 뇌공학 기술이 학습 분야에 적용되면 기억력이나 수학 계산 능력을 단기간에 높이는 것도 가능하다. 놀라운 사실은 이미 이러한 기술들에 관한 초기 연구가 끝난 상황이라는 것이다.

물론 엄격하기로 유명한 미국 FDA가 이러한 뇌공학 바이오닉스 기술을 장애 치료나 뇌질환 상태가 아닌 상황에 사용하는 것을 허가할 가능성은 극히 작다. 하지만 뉴럴링크의 설립자인 일론 머스크가 언젠가 자신의 뇌에 신경칩을 이식하겠다고 공공연하게 밝히고 있고 국제사회의 질서에 동참하지 않는 일부 국가에서는 신경칩의 이식을 허용할 가능성도 있으므로 마음을 완전히 놓을 수 없는 현실이다.

바이오닉맨이 초래할 부작용

문제는 이러한 첨단 뇌공학 바이오닉스 기술이 일반적으로 적용됐을 때 예상되는 부작용이다. 예를 들어, 어떤 국가가 군인의 뇌에서 공포 기억을 담당하는 편도체에 신경칩을 삽입한다고 해보자. 인위적으로 편도체의 활성이 저하된 군인은 두려움이 없는 '슈퍼 솔저'가 되어 적진을 향해 돌격할 것이다. 또 인위적으로 개인의 능력을 증강한 사람이 그렇지 않은 사람보다 더 상위 계급이 되어 새로운 양극화를 만들어낼 수도 있다. 그런 상황이 되면 뇌에 신경칩을 이식하기를 원치 않던 사람도 자신의 계급을 올리기 위해 '원치 않는 바이오닉맨'이 될 가능성이 있다.

무엇보다 이러한 '인위적인 진화'가 과연 인류의 행복과 삶의 질을 높여줄 것인가를 깊이 생각해볼 필요가 있다. 미국의 정치학자이자 미래학자인 프랜시스 후쿠야마는 "트랜스휴먼이야말로 인류가 고안한 가장 위험한 사상"이라며 경고의 목소리를 내기도 했다. 트랜스휴머니즘이 초래할 수도 있는 파국적인 결말에 대해 우리는 항상 경계하는 자세를 가져야 하며, 바이오닉스 기술이 진정 인류의 행복을 위해서만 사용될 수 있도록 감시를 게을리해서는 안 될 것이다.

데이터와 알고리즘이
재편하는 세상

루이스 캐럴의 소설 《이상한 나라의 앨리스》에서 앨리스는 어느 날 흰 토끼를 쫓다가 토끼 굴에 떨어지게 된다. 이곳에서 앨리스는 여러 가지 모험을 겪는다. 말하는 토끼와 물담배 피우는 애벌레를 만나는가 하면, 몸이 집채만큼 커졌다가 콩알만큼 작아지는 신기한 경험을 한다. 온갖 진기한 것들과 맞닥뜨렸던 앨리스는 하트 여왕과 크로켓 경기를 즐기기도 한다. 하지만 여왕의 심기를 건드려 사형당할 위기에 처하는 순간, 꿈에서 깨어나면서 현실로 돌아온다.

이 소설에 나오는 토끼 굴은 현실과는 동떨어진 환상의 세계이다. 그곳에 한번 빠지면 계속 미궁 속으로 빨려 들어가게 된다. 이 소설 이후 '토끼 굴 속으로 빠지다go down the rabbit hole'라는 표현은 '한번 들어가면 빠져나오기 힘든 영역에 빠진다'라는 의미가 됐다. 기묘하고 초현실적인 경험을 한다는 의미도 함께 담고 있다.

《이상한 나라의 앨리스》에 나오는 토끼 굴 이야기는 유튜브나 페이스북 같은 소셜 플랫폼 생태계에도 그대로 적용된다. 누구나 한 번쯤은 유튜브에서 계속 추천되는 비슷한 영상들을 보느라 몇 시간을 훌딱 보낸 경험이 있을 것이다. 페이스북도 마찬가지이다. 한번 관심을 보인 콘텐츠와 유사한 유형이 계속 뉴스피드에 노출되면서 시선을 잡아채 간다. 토끼 굴에 들어간 앨리스처럼 이용자는 진기하고 흥미로운 영상이나 콘텐츠 속으로 빠져들게 된다.

그렇다면 유튜브나 페이스북은 어떻게 이용자를 자신들의 '토끼 굴' 속으로 계속 끌고 들어가는 것일까? 그 역할을 하는 것이 추천 알고리즘이다. 원래 알고리즘은 문제를 해결하기 위한 일련의 순서화된 계산, 절차, 방법을 의미하는 용어이다. 하지만 관심 기반 소셜 플랫폼에서는 알고리즘이 이용자의 취향과 기호를 분석해 가장 관심을 보일 만한 콘텐츠를 추천해주는 역할을 하고 있다.

우리 생활 깊숙한 곳까지 지배하는 알고리즘

알고리즘이라는 단어는 컴퓨터가 보급되면서 널리 사용되기 시작했다. 하지만 그 기원은 우리가 생각하는 것보다 훨씬 더 멀리 거슬러 올라간다. 알고리즘algorithm은 9세기에 활동했던 페르시아 수학자 알콰리즈미Al-Khwarizmi의 이름을 라틴어화한 '알고리스무스algorismus'에서 따왔다. 알콰리즈미는 수학의 근본인 덧셈, 뺄셈, 곱셈, 나눗셈 등 사칙연산을 처음 만든 인물이다. 0과 위칫값 같은 수학의 기본 원리도 처음 고안해냈다. '문제를 해결하기 위한 절차나 방법'이란 의미의 알고리즘이란 단어가 수학의 기본 틀을 만들어낸 알콰리즈미의 이름에서 따왔다는 것은 여러 가지로 상징하는 바가 크다.

그런데 알고리즘이 무엇이냐는 질문을 하게 되면 조금 복잡해진다. 보편적으로 인정되는 개념 정의는 아직 없기 때문이다. 1971년 해럴드 스톤Harold Stone은 《컴퓨터 조직과 데이터 구조 입문Introduction to Computer Organization and Data Structures》이란 책에서 알고리즘은 "연속적인 작업을 명확하게 규정한 일련의 규칙"이라고 정의했다. 이런 개념 규정에 따르면 요리의 비법부터 복잡한 신경망에 이르는 모든 것이 알고리즘에 속하게 된다.[11]

실제로 우리는 일상생활 속에서도 알게 모르게 알고리즘의 영향을 받는다. 이를테면 직장 생활에서 일반적으로 접하는 업무 프로토콜도 광의의 알고리즘으로 볼 수 있다. 법원에서 재판하는 과정에서도 일정한 알고리즘이 작동한다. 특정 범죄에 대해서는 어느 정도의 처벌을 해야 한다는 기본 원칙에 따라 합당한 판결이 내려지기 때문이다.

인터넷이 대중화되기 시작하면서 개인의 특성을 고려한 추천 알고리즘도 조금씩 확대되기 시작했다. 인터넷 서점에서 책을 구매하면 "이 상품을 구매하신 분들이 다음 상품도 구매하셨습니다"라는 문구와 함께 추천 도서를 보여준다. 이런 것 역시 일종의 추천 알고리즘이다. 물론 이런 방식은 요즘 우리가 알고 있는 개인 맞춤형 추천과는 거리가 멀다. 특정 도서를 기준으로 단순히 비슷한 취향의 이용자를 묶어주는 방식이기 때문이다.

빅데이터분석 기술이 발달하면서 추천 알고리즘은 좀 더 개인 맞춤형으로 진보하게 된다. 컴퓨터통신 분야는 아니지만, 프로야구에서도 그런 사례를 쉽게 접할 수 있다. 야구 중계를 보노라면, 특정 타자가 나왔을 때 수비수들이 갑자기 한 방향으로 이동하는 장면을 자주 보게 된다. 주로 당겨치는 타격을 하는 좌타자가 나올 때 이런 수비 시프트가 많이 적용된다. 경우에 따라선 2루수가 거의 우익수 자리까지 물러나 있고, 유격수도 완전히 오른쪽으로 위치를 옮기기도 한다. 그런데 타자가 친 공이 신기할 정도로 정확하게 수비수가 서 있는 곳으로 날아간다. 이는 역시 타자의 타구 방향을 분석한 데이터를 기반으로 가장 적합한 위치에 수비수를 배치하도록 추천하는 알고리즘의 위력 덕분이다. 이 과정에도 데이터 수집→알고리즘 작동→결과물 도출(맞춤형 수비)이라는 문법이 작동하는 셈이다.

우리가 가장 쉽게 접할 수 있는 개인 맞춤형 추천 알고리즘은 페이스북이나 유튜브 같은 소셜미디어 서비스이다. 이들 서비스는 이용자의 습관과 취향, 평소 행동을 고려해 가장 관심을 보일 만한 콘텐츠를 추천해준다. 이런 콘텐츠가 계속 노출되기 때문에 이용자는 자연스럽게 알고리즘이 보여주는 세계관을 자기 것으로 받아들이게 된다. 포털 뉴스 편향성 공방이 벌어질 때마다 늘 뉴스 추천 알고리즘을 공개하라는 주장이 나오는 것도 이런 상황 때문이다. 취향과 관심을 집중적으로 공략하는 추천 알고리즘은 이용자를 토끼 굴에 빠진 앨리스처럼 계속 서비스에 머물게 만든다. 그러면서 이용자의 세계관이나 사고방식에까지 막대한 영향력을 행사한다.

요즘 관심의 대상으로 떠오른 챗GPT는 알고리즘이 창의적인 영역에서조차 능력을 발휘한다는 사실을 잘 보여준다. 실제로 챗GPT는 의사나 변호사 시험에까지 합격할 정도로 뛰어난 인지능력을 과시하고 있다. 그런가 하면 각종 보고서나 여행 계획 같은 것들도 깔끔하게 만들어주고, 더 나아가 소설 같은 문학 작품을 창작하는 능력도 보여주고 있다. 그렇다고 챗GPT가 글쓰기를 익힌 것은 아니다. 방대한 학습을 토대로 그다음에 나올 가장 적합한 단어가 무엇인지를 예측한다. 말하자면 알고리즘이 가장 적절한 단어를 찾아주는 것이다. 챗GPT 같은 생성형 AI를 '거대언어모델'이라고 부르는 것은 이런 점과 관련이 있다.

필터버블과 알고리즘의 지배

데이터분석을 기반으로 한 추천 알고리즘의 가장 큰 장점은 이용자의 관심을 계속 끌 수 있다는 점이다. 이런 장점은 수익의 극대화로 이어진다. 페이스북은 '좋아요'나 댓글, 공유 등 이용자의 다양한 활동 정보를 실시간으로 분석한 결과를 토대로 개인에 최적화된 콘텐츠를 우선 노출해준다. 그런데 이런 전략은 단순히 콘텐츠 노출에만 적용되는 것은 아니다. 페이스북의 추천 알고리즘은 광고를 띄워주는 데에도 그대로 활용된다. 이런 방식으로 노출되는 광고는 개인의 관심사를 잘 반영하고 있기 때문에 클릭률이 굉장히 높은 편이다. 구글도 마찬가지이다. 예를 들어, 논문 관련 검색을 하면 곧바로 '논문 인쇄 서비스' 같은 검색광고가 뜨는 것을 자주 경험할 수 있다. 이런 점 역시 개인 맞춤형 알고리즘이 작동된 결과이다.

관심 기반 소셜 플랫폼들은 이용자의 모든 활동을 추적한 뒤, 이 정보들을 분석해 고유의 취향을 도출해낸다. 그 덕분에 때론 나보다 더 내 취향을 잘 아는 것 같다는 착각이 들 정도로 놀라운 추천 능력을 보여준다.

추천 알고리즘은 이용자에게도 유용한 역할을 하는 측면이 적지 않다. 관심 있는 콘텐츠를 계속 노출해주기 때문에 '찾는 수고'를 덜고 흥미를 유지할 수 있다. 페이스북 같은 소셜 플랫폼에서는 비슷한 관심을 가진 사람들끼리 자연스럽게 연결해주는 효과도 있다. 이용 효율성과 재미라는 두 마리 토끼를 한꺼번에 잡게 해주는 셈이다.

하지만 이런 추천 알고리즘이 제대로 작동하도록 만들기 위해서는 개인정보 무차별 수집이란 부작용을 마주할 수밖에 없다. 정확도를 높이려면 이용자에 대해 많이 알고 있어야 하기 때문이다. 페이스북이나 구글이 늘 과도한 개인정보 수집 문제로 논란에 휘말리는 것이 이런 점 때문이다. 그러다 보니 유럽연합EU뿐 아니라 빅테크의 본고장인 미국에서도 거대 플랫폼 사업자의 알고리즘에 대해 규제 칼날을 들이대고 있다.

알고리즘의 문제는 개인정보 침해에 머무르지 않는다. 알고리즘이 지배하는 세상에서는 동의하거나 보고 싶은 정보는 더 많이 접하고, 반대하는 정보는 전혀 접하지 않게 되는 정보 편식 현상이 심화할 가능성이 크다. 보편적인 이슈나 쟁점보다는 내 입맛에 맞는 내용만이 집중적으로 눈에 띄기 때문이다. 그 결과 페이스북이나 유튜브에서 비슷한 생각이나 정치 성향을 지닌 사람들끼리만 소통하면서 다른 생각을 지닌 사람들과 건전한 토론을 할 필요나 기회를 아예 얻지 못할 가능성이 크다.

알고리즘이 작동하는 과정을 살펴보면 왜 이런 문제가 생기는지 짐작할 수 있다. 알고리즘의 자동화된 의사결정은 우선순위 결정, 분류, 관련짓기, 필터링 과정을 거친다. 그런데 이 과정에서 인간 개입에 따른 오류와 편향성, 검열 가능성 등 차별적인 성격을 내포하게 된다.[12]

이런 부작용은 간단하게 넘길 문제가 아니다. 보고 싶은 것만 집중적으로 접하게 되면서 숙의민주주의의 핵심 전제 조건인 사상의 자유로운 유통이 어려워지기 때문이다. 이렇게 되면 대화와 토론을 기반으로 한 합리적 의사결정이라는 민주주의의 근간까지 위협을 받을 수도 있다.

추천 엔진 때문에 발생하는 이런 정보 편식 현상을 필터버블filter bubble이라고 부른다. 필터버블이 심해질 경우 자신이 갖고 있던 생각을 더 강화하게 되는 반향실 효과echo chamber로 이어진다. 스마트폰과 소셜미디어 보급이 확대되면서 사회 내에 집단 극화group polarization 현상이 심화된 것이 결코 우연만은 아니다.

알고리즘 규제의 두 가지 양상: 미국과 EU의 상반된 접근

2023년 5월 미국 연방대법원에서는 추천 알고리즘과 관련해 의미 있는 판결이 하나 나왔다. IS의 폭탄테러로 파리와 튀르키예에서 사망한 사람들의 유족이 트위터와 구글을 상대로 제기한 소송에서 미국 연방대법원은 "페이스북, 트위터, 유튜브가 수년 동안 IS 집단이 자신들의 플랫폼을 선전용으로 사용하고 있다는 사실을 알면서도 금지하지 못했다는 점만으로는 테러 공격을 지원했다고 간주하기 힘들다"라고 지적했다. 유튜브나 트위터가 자신들의 알고리즘이 '테러 콘텐츠'를 추천해 생긴 피해에 대해 책임을 지지 않아도 된다고 판단한 것이다. 추천 알고리즘은 다른 많은 인터넷 기술과 마찬가지로 이용자가 입력한 내용을 기반으로 작동한다는 플랫폼 사업자의 주장을 대법원이 받아들인 셈이다.

연방대법원의 이 같은 판결은 알고리즘 규제에 대해 미국의 입장이 어느 쪽에 있는지 잘 보여준다. EU가 세계 최초로 'AI법Artificial Intelligence Act'을 제정하면서 강력한 중앙집권적 규제정책을 선택한 것과 달리 미국은 상대적으로 분산적인 접근 방식을 보여준다. 즉 아직은 AI나 알고리즘에 대한 규제 법안이나 인프라를 만드는 대신 가이드라인과 위험관리 프레임워크를 통해 제어하는 쪽으로 무게를 두고 있다.

EU의 강력한 규제 칼날

EU는 알고리즘이 공정하지 않고, 또한 중립적이지 않다고 본다. 그런 원칙에 따라 AI와 알고리즘에 대해 비교적 강력한 규제 의지를 보여왔다. 페이스북이나 구글의 추천·검색 알고리즘이 여론을 왜곡할 가능성에 대해 강력하게 대응하는 것도 이런 원칙과 관련이 있다.

GDPR의 알고리즘 규제

알고리즘 규제에 대한 분명한 원칙을 천명한 대표적인 법률이 2016년부터 시행된 일반개인정보보호법GDPR이다. GDPR에서는 알고리즘 투명성algorithm transparency을 중요한 가치로 보고 있다. 이런 원칙에 따라 GDPR 22조에는 자동화된 의사결정에 대해 '따르지 않을 권리'와 '설명을 요구할 권리'가 포함됐다.

이 규정의 골자는 자동화된 처리가 개인에게 법적 효과를 가져오거나 중대한 영향을 미치도록 하지 않겠다는 것이다. 이와 함께 블랙박스처럼 베일에 가려진 자동화 의사결정 알고리즘의 작동 원리를 투명하게 공개함으로써 개인들이 적절하게 대응할 수 있도록 하겠다는 의미도 담고 있다.

'인공지능법'의 규제

알고리즘에 관한 규정도 있긴 하지만 GDPR은 기본적으로 개인정보보호에 초점을 맞춘 법이다. 그런 만큼 AI가 초래할 위험에 대해 깊이 있는 규정을 담고 있지는 않다. 알고리즘을 비롯한 AI의 전반적인 쟁점을 다루고 있는 법은 2025년 발효될 것으로 예측되는 'AI법'이다.

AI법은 EU 행정부 격인 유럽연합집행위원회EC가 2021년 4월 처음 제안했다. 이후 많은 논의 끝에 안전과 기본권 그리고 기술혁신 간의 조화로운 균형을 이루기 위한 법이 마련됐다. 상대적으로 혁신 쪽에 좀 더 무게를 둔 미국과 달리 EU의 AI법은 안전과 기본권 보장에 강조점을 준다. AI법을 위반하는 경우 3,000만 유로 혹은 글로벌 매출액의 6%에 달하는 벌금을 부과받는다.

AI법은 AI가 초래할 위험을 크게 네 가지 단계로 분류한 뒤 각 단계에 맞는 규제정책을 적용한 것이 특징이다.

① 용납할 수 없는 위험: 인간의 행동을 조정하거나, 특정 인구통계학적 집단의 약점을 이용하거나, 정부가 사회적 점수를 매기는 데 사용되는 AI 기술. 이 유형에 해당하는 기술은 불법으로 규정한다.

② 고위험: 생체인증, 교육, 고용, 법 집행, 이민 같은 중요한 분야에 AI 기술을 사용하는 경우. 엄격한 시장진입 요건을 충족시켜야만 사용할 수 있다.

③ 제한적인 위험: 챗GPT를 비롯한 AI 챗봇이 이 범주에 속하며, 이때는 투명성 가이드라인을 준수해야 한다. 이를테면 챗봇을 사용하는 경우 이용자에게 사람이 아니라 챗봇이라는 사실을 알려야만 한다. 이런 개방성은 AI 시스템의 신뢰를 유

지하기 위한 필수 조건이다.

④ 사소한 위험: 대부분의 AI 시스템이 이 부류에 속한다. 이 범주에 속한 기술에 대해선 혁신에 좀 더 무게를 두기 때문에 추가로 법적인 요건을 부과하지 않는다.

EU가 AI법을 처음 발의했을 때는 챗GPT 같은 생성형 AI가 제대로 위력을 발휘하기 전이었다. 하지만 유럽의회와 유럽이사회 등이 AI법에 대한 논의를 진행하는 사이에 챗GPT가 등장해 각광을 받으면서 대규모 언어모델을 기반으로 한 생성형 AI의 위협에 대한 관심이 엄청나게 커졌다. 이에 따라 챗GPT를 비롯한 챗봇에 관한 규정이 추가됐다.

상대적으로 느슨한 미국의 알고리즘 규제

GDPR이나 AI법을 통해 AI나 알고리즘을 직접 규제하는 EU와 달리 미국에는 중앙집중적인 AI 규제법이나 알고리즘에 관련된 규정이 아직 없다. 의원들이 몇 차례 알고리즘 관련 법안을 발의하기는 했지만, 2023년 6월 기준 성공적으로 제정된 법은 없는 상황이다. 그 대신 연방정부나 각 주정부, 연방거래위원회FTC 같은 각 기관의 지침이나 행정명령 등을 통해 알고리즘을 견제하고 있다. 그중 가장 대표적인 것은 FTC가 2020년 내놓은 'AI와 알고리즘 사용 지침Using artificial intelligence and algorithm'이다. FTC는 여기에서 알고리즘에 관한 다섯 가지 지침을 제시했다.

① 투명성: 민감한 데이터 수집 때 투명하게 공개하고 소비자를 기만하지 말 것

② 설명 가능성: 결정에 대한 구체적인 이유를 설명하고 영향을 미친 요인 공개

③ 공정성: 인종, 종교, 국적, 성별에 따른 차별 금지. 공정한 결과 보장

④ 견고성 및 실증적 타당성: 정보의 정확성과 최신성을 유지할 것. 이와 관련한 명문화된 정책과 절차 마련

⑤ 책임성: 대표성, 편향성 보정 가능성에 대한 자가 점검 의무화. 무단 이용이나 악용 가능성 차단

FTC가 'AI와 알고리즘 이용 5대 지침'을 내놓은 것은 "겉보기엔 중립적으로 보이는 AI가 인종차별 같은 심각한 문제를 가져올 수도 있다"라는 문제의식을 담은 것이다. 실제로 백인들이 AI 개발을 주도하면서 AI가 유색인종이나 사회적 소수자에 대한 편견을 드러내는 경우가 적지 않다는 점을 고려하면 이런 원칙이 왜 필요한지 쉽게 이해할 수 있을 것이다.

의회 차원의 입법 노력 중 가장 주목할 만한 것으로 2022년 2월 상하원 의원들이 발의한 '알고리즘 책임법Algorithmic Accountability Act'을 꼽을 수 있다. 알고리즘 책임법은 2022년 처음 나온 것은 아니다. 2019년 처음 발의됐다가 유야무야됐던 것을 3년 만에 재발의한 법안이다.

이 법은 자동화된 선택·결정 알고리즘 시스템이 확산하면서 함께 늘어나고 있는 오류·편향성 같은 문제를 규제하는 데 초점을 맞추고 있다. 이에 따라 자동화된 의사결정 시스템이 소비자에게 미치는 영향을 평가하도록 하는 책무를 기업에 부여했다. 특히 자동화된 의사결정 시스템이 언제 어떻게 작동하는지 알기 어려워 규제 기관이 오남용 행위를 제대로 규제하기 힘들다는 점을 고려해 기업이 이용자와 감독 기관에 알고리즘 관련 정보를 제공해 투명성을 확보하도록 했다. 또 영향 평

가를 계속 수행하게 함으로써 책임 소재를 명확하게 하도록 했다.

규제 기관인 FTC의 의무와 권한도 강화했다. 이에 따라 FTC는 알고리즘 영향 평가 가이드라인 및 연차기술보고서 제작 등의 의무를 갖는 한편, 개인정보를 사용하는 기업들에 알고리즘 및 데이터 보호 관련 영향 평가를 수행하도록 요구할 수 있다. 따라서 이 법안이 공식 발효될 경우 FTC는 빅테크 기업들에 대해 EU와 비슷한 규제 권한을 갖게된다.

알고리즘 토끼 굴에 빠지지 않으려면

마이크로소프트, 구글, 메타 같은 빅테크 기업은 늘 반독점 규제의 타깃이 되어왔다. 그동안 이들 기업은 주로 시장 지배적인 제품이나 서비스를 기반으로 경쟁을 방해하며 문제를 일으켰다. 마이크로소프트는 윈도 운영체제, 구글은 검색, 메타는 세계 최대 소셜 플랫폼인 페이스북을 기반으로 경쟁을 방해한 혐의를 받았다. 하지만 미국과 EU를 비롯한 세계 주요 국가들은 최근 들어 물리적 독점 못지않게 자동 추천 시스템을 활용한 이용자 지배를 견제하는 데도 많은 관심을 기울이고 있다. 미국과 EU가 약속이나 한 듯 알고리즘 규제에 공을 들이는 것은 이런 변화를 보여주는 대표적인 사례이다.

페이스북, 유튜브 등의 추천 알고리즘은 '보고 싶은 것' 혹은 '관심 보일 만한 것'만 집중적으로 노출해 이용자의 시선을 계속 붙잡아둔다. 문제는 그 반대급부로 확증편향이 더 심해지면서 극단적인 대립 현상을 조장한다는 점이다. 이런 모순에 빠지지 않으려면 이용자부터 먼저 '알고리즘 토끼 굴'의 존재를 인식할 필요가 있다. 유튜브가 추천하는 대로 영상을 들여다보는 것은 아무 생각 없이 '관심 영역'이라는 토끼 굴에 끌려가는 것과 같다. 하지만 이용자의 자발적인 각성만으로는 '소수 빅 테크의 알고리즘이 지배하는 세상'을 막을 수 없다. 주요 국가들이 알고리즘 활용 기업에 대해 투명성이나 설명 가능성 같은 의무를 요구하는 것은 이런 한계를 극복하기 위한 기본 조치이다.

'토끼 굴'에 빠졌던 앨리스는 잠에서 깨어나면서 그 끝없는 미로에서 나올 수 있었다. 하지만 알고리즘이라는 굴에서 스스로 출구를 찾아 나오기란 어렵다. 그래서 이용자와 규제 당국의 치밀한 대응이 더 절실한 시점이다.

진짜와 가짜가 사라지는
현실과 가상의 혼합 세상

인류가 남긴 표현물 중 가장 오래된 것은 7만 3,000년 전에 아프리카의 돌조각에 새긴 샤프(#) 모양의 표식이다. 그 표식에 무슨 의미가 담겨 있는지는 알 수 없지만, 이후에도 인간은 돌로 된 벽에 많은 그림을 남겼다. 동물 그림은 사냥의 업적을 기리거나, 사냥 방법을 모의하거나 가르치기 위한 용도였을 것이다. 이때의 그림은 생각을 드러내기 위한 행위이면서, 순간에 머무르는 생각을 붙잡기 위한 행위이기도 했다. 이처럼 그림을 그리는 것은 시공간의 한계를 극복하기 위한 인간 최초의 시도였다고 할 수 있다. 그림은 생각이 물리적 실체로 존재하도록 하는 방법의 발명이었다. 이처럼 인간이 발명한 많은 도구 중에서도 생각을 담는 새로운 도구의 발명은 인간의 시공간에 대한 인식을 변화시키고 확장해왔다.

기술로 시공간의 제약에서 벗어난 인류

그림이 글자로 발전하면서 인간은 더 정확하게 생각을 시공간에 고정할 수 있게 됐고, 시공간에 고정된 생각은 대대로 전수되는 지혜로서 문명을 탄생시키는 기반이 됐다. 말로 생각을 전하던 음성의 시대에 인간집단, 씨족이나 부족의 규모는 두 자릿수를 넘기기 어려웠다. 활동 공간에 대한 인식도 눈에 보이는 거리, 목소리가 전달되는 거리를 벗어나지 못했다. 그러나 그림과 문자가 발명되면서 인간은 시공간이라는 제약에서 벗어나기 시작했다. 생각은 그림이나 문자로 고정되어 시간을 넘어 존재할 수 있게 됐고, 다른 공간으로도 전달될 수 있었다. 이는 인간 집단의 크기와 활동 공간의 크기에도 변화를 가져와 부족국가의 성립으로 이어졌다.

집단이 커지자 이동하는 채집·수렵 생활에서 농지를 개간해 일정 지역에 거주하는 농업 생활이 가능해졌다. 농업과 거주 생활은 집단을 위한 사회체제를 유지하는 정치와 종교 기능이 집중된 도시의 등장으로 이어졌다.

특히 도시는 다양한 생각이 교류되고 탄생하는 시공간으로서 인류의 지식 발달에 획기적으로 기여했다. 그러나 음성의 시대에서 문자의 시대로 바뀌면서 인간은 자신의 발명으로부터 분리되고 소외되기도 했다. 평범한 사람들의 소통 수단이었던 음성과 달리 소수 특권층의 소통 수단이었던 문자는 인간의 계급을 나누고 격차를 만들었다. 문자가 인간을 지배하기 시작한 것이다.

특히 생각을 담는 도구 중에 인쇄술의 발명은 인류를 새로운 존재로 변화시켰다. 필사의 시대에 문자는 성직자, 관료, 귀족 등 소수만이 독점하는 것이었고, 대중을 통제하기 위한 도구에 불과했다. 그러나 인쇄술이 발명되면서 문자는 비로소 대중의 것이 됐다. 누구나 문자, 책을 읽을 수 있게 되고, 다양한 독자 대중의 등장은 학문의 발달만이 아니라 생각의 발달도 가져왔다. 소설이 광범위하게 읽히면서 인간의 다양한 상상을 자극했다. 다양한 생각과 상상 속에서 이야기를 만들어내는 작가라는 직업이 생겨났다. 인쇄술을 바탕으로 한 책의 보편화가 인간을 생각하고 상상하는 존재로 바꾸었던 것이다.

인쇄술에 이은 증기기관의 발명은 생각하는 인간의 시공간을 또 한 번 획기적으로 변화시켰다. 산업혁명은 자연의 공간에 일부 존재하던 인간의 공간이라는 관계를 역전시켰다. 인간은 자연 속에서 자신만의 건물과 물건으로 채운 공간을 확장해나갔다. 증기 동력의 발명으로 생산이 획기적으로 증대됐을 뿐 아니라 이를 활용한 운송수단으로 활동 공간도 획기적으로 넓혔다. 몇 달이 걸릴 거리가 하루에 도달할 수 있는 거리로 바뀌었다. 또한 전파를 이용한 통신수단의 발명으로 정보를 순식간에 지구 반대편에 전달할 수 있게 됐다. 활동 공간이 지구 전체로 확장되며 인간은 시공간의 제약을 벗어난 셈이다.

상상의 힘이 만들어낸 메타버스

다른 공간에서 살아가는 나를 상상하는 것은 흥미롭고 즐거운 일이다. 그 공간이 여행지가 될 수도 있고, 가고 싶은 직장이나 학교일 수도 있으며, 꾸리고 싶은 가정일 수도 있다. 그런 공간에 대한 상상이 나를 움직이는 원동력이 되기도 한다. 그런데 만약 진짜 나는 여기 있으면서 또 다른 나, 나의 분신이 이 세상에 없던 공간, 즉 컴퓨터로 만들어진 가상의 디지털 공간에 가서 산다면 어떠할까? 2009년에 나온 영화 〈아바타〉처럼 말이다. '아바타avatar'라는 용어는 산스크리트어 '아바타라Avatara'에서 따온 말로, 하늘에서 지상에 내려온 신의 분신을 의미한다. '아바타'와 '메타버스metaverse'라는 용어는 작가 닐 스티븐슨Neal Stephenson이 처음 사용했다. 메타버스는 '가상·초월'을 의미하는 '메타meta'와 '세계·우주'를 의미하는 '유니버스universe'를 결합해 만든 신조어이다. 작가는 1992년에 펴낸 SF 소설 《스노 크래시》에서 메타버스라는 개념을 만들어냈다.

소설 속에서 메타버스는 고글과 이어폰이라는 시청각 출력장치를 이용해 접근할 수 있는데, 컴퓨터 기술을 통해 3차원으로 구현한 상상의 공간이자 그 안에서 경제적·사회적 활동이 가능한 가상 세계로 묘사된다. 메타버스라는 개념의 독특성은 상상의 3차원 공간(가상 세계)을 가능하게 하는 컴퓨터 기술에만 있는 것이 아니라 가상의 공간을 현실에서처럼 경제적·사회적 활동을 할 수 있는 세계로 정의한다는 데 있다. 즉 물리적 공간에서 사이버로 확장된 공간이라는 개념을 넘어 인간이 살아가는 새로운 비물리적 시공간을 창조해냈다는 데 의미가 있다.

컴퓨팅 디지털 기술의 발전이 공간의 변화를 가져온다는 주장은 사실 오래전에 나왔다. 인터넷의 등장으로 사이버공간이 구현되자 윌리엄 미첼William Mitchell은 《비트의 도시》(1999)라는 책에서 전자공간을 '비트로 구성된 도시'라고 표현하기도 했다. 그러나 그 공간은 살아가는 공간이라기보다는 자신이 투사된 공간이었다.

투사된 가상공간에서 나의 존재는 단순한 상징(캐릭터), 문자 또는 음성으로 존재했기 때문에 실재감이나 몰입감을 느끼기 어려웠다. 그러나 컴퓨팅 기술의 발달로 사이버공간 속 나의 대리자인 캐릭터가 점점 더 생생한 이미지로 발전하고 있다. 텍스트에서 2D 이미지로, 다시 3D 영상 이미지로 발전했고, 최근에는 몰입형 헤드 마운트 디스플레이HMD, head-mounted display가 더 실감 나는 사실적인 이미지를 보여준다. 가상현실VR, 증강현실AR 등의 기술이 사이버공간을 더 실재의 세상처럼 느끼게 하고 있다. 메타버스의 세상이 열린 것이다.

마인크래프트Minecraft, 로블록스Roblox, 포트나이트Fortnite 등과 같은 게임 플랫폼에서 시작된 메타버스는 소셜미디어와 엔터테인먼트 분야로 확대되고, 최근에는 업무와 생활, 소통의 영역에서도 활용된다. 가상과 현실이 융합되고 상호작용하는 플랫폼으로 진화하는 모습이다. 언제 어디서나 디지털 세계에 몰입하는 동시에 물리적 현실에 참여할 수 있으며, 실제 장소에서 수천 킬로미터 떨어져 있어도 무엇이든 보고 느낄 수 있는 상상의 세계가 점점 더 확장되고 있다. 이처럼 메타버스는 사회적 연결에 중점을 둔 3D 가상 세계의 네트워크로서, VR과 AR, 블록체인 등 다양한 디지털 미디어 기술을 토대로 현실 세계를 모방한 상호작용 공간과 환경으로 구성된 디지털 현실이라고 정의할 수 있다.

디지털 현실을 만드는 기술들

메타버스의 가장 큰 기술적 특징이면서 장벽인 몰입감과 사실적 경험을 만드는 대표적인 디바이스는 HMD이다. VR과 AR을 구현하기 위해 머리에 착용하는 장비의 무게와 갑갑함, 어지럼증은 사용자 확산을 가로막는 가장 큰 장애가 분명하다. 그러나 모션 감지의 정확도, 해상도,

반응 속도 등이 점차 개선되고 있어 10년 이내에 실시간으로 현실에 가까운 경험을 할 수 있는, 훨씬 가벼워진 디바이스가 등장할 것으로 예측된다. AR을 지원하는 가벼워진 안경이나 콘택트렌즈 또한 일반화될 것이다. 한편 몰입감과 사실감을 증대시키기 위해서는 시각과 청각뿐 아니라 가상의 물체를 느낄 수 있는 촉각, 움직임, 냄새 등이 지원되어야 한다. 영화 〈레디 플레이어 원〉에 나오는 촉각 장갑만이 아니라 몸에 착용하는 촉각 슈트도 필요한 셈인데, 이러한 것들이 등장할 날이 먼 미래가 아닐 수도 있다.

최근에는 생성형 AI 기술이 메타버스를 구현하는 데 필수적인 3D 이미지 제작을 쉽게 해주고 있다. 텍스트를 입력하면 이미지를 만들어주는 생성형 AI 도구들이 폭발적으로 등장하고 있는데, 가령 엔비디아는 메타버스 안에 들여놓을 건물, 차량, 캐릭터 등 다양한 3D 객체를 생성하는 겟3D GET 3D를 출시했으며, 여러 기업에서 프롬프트 입력으로 메타버스를 쉽게 만들 수 있는 기능을 개발하고 있다. 전문가가 아니어도 텍스트 입력만으로 아바타, 가상 휴먼, 홀로그램 휴먼을 만들고 음성과 동작을 연출할 수 있다. 챗GPT와 같이 대화하는 기능도 쉽게 구현할 수 있게 되면서 생성형 AI는 메타버스 제작도 획기적으로 발전시킬 것으로 보인다.

한편 컴퓨터공학자 마크 와이저 Mark Weiser는 1988년 유비쿼터스 컴퓨팅 ubiquitous computing이라는 개념을 제시하며 사이버공간에 갇혀 있던 컴퓨팅 파워가 물리적 공간으로 전개될 것이라 주장한 바 있다. '유비쿼터스'는 '어디나 존재한다'라는 라틴어에서 따온 말로 현실 공간의 모든 것들이 언제 어디서나 사용 가능한 컴퓨터 환경에 연결된다는 의미이다. 이런 사물인터넷 IoT에 의해 수집된 사물과 공간의 정보를 바탕으로 현실 세계가 가상 세계에 복제된다. 이를 가능하게 하는 디지털트윈Digital Twin은 물리적 객체(시스템 및 프로세스)를 디지털 쌍둥이로 복제하는 컴퓨터 모델링 프로그램이다. 모델링된 가상 세계에 어떠한 변화를 가하면 그 변화는 그대로 현실 세계의 변화로 이어진다. AI로 더욱 정교해진 디지털트윈 기술의 발달은 가상 세계와 현실 세계의 구분을 점점 더 어렵게 하고 있다. 집에 앉아서도 파리의 박물관에 가거나 남미 여행지를 돌아다니는 것과 같은 경험이 가능해진 셈이다.

이런 디지털트윈은 사물과 공간만이 아니라 개별 인간과 인간 사회까지 복제한다. 사람들의 다양한 활동에 대한 데이터를 기반으로 개인과 사회가 모델링될 수 있기 때문이다. 우리가 이동하고, 일하고, 먹고, 만나고, 대화하는 모든 것이 데이터가 되어 수집될 수 있다. 이렇게 수집된 데이터를 기반으로 측정과 분석을 통해 더 나은 의사결정을 내리고 이를 다시 개인과 사회를 개선하는 데 활용하는 것이다. 개인의 학습 데이터를 기반으로 맞춤형 학습을 하거나, 개인의 생체 데이터에 기반을 둔 트윈으로 가상 치료를 하거나, 웰빙과 심리 상태를 개선하는 데 사용할 수 있다. 물론 이러한 일들을 가능하게 하는 정보원인 데이터는 곧바로 개인의 프라이버시 침해나 개인정보유출 등의 문제를 내포하고 있기도 하다.

현실과 가상이 공존하는 혼합 세상

메타버스 기술이 계속 발달하면 미래에 우리는 다섯 가지 종류의 세상에서 살게 될지도 모른다.

첫 번째 세상은 지금까지 존재해온 시공간의 물리적 현실 세상이다. 두 번째 세상은 순수한 가상의 세상이다. 이는 물리적 법칙이 존재하지 않는, 비트의 규칙으로 이루어진 디지털 공간이다. 게임 속의 공간일 수도 있고, 가상의 커뮤니티이거나 나라일 수도 있다. 가상의 환경에서 아바타로 살아가는 인터넷 기반 공간 '세컨드 라이프Second Life'가 이에 속한다. 이 속에서 개인은 다양한 정체성을 설정해 다른 아바타와 교류하며 현실과 다른 삶을 살아볼 수 있다. 이는 자신을 파악하거나 정체성을 개발하는 데에 도움을 주는 것은 물론, 풍부한 간접 경험을 통해 다양한 현실을 느끼게 해준다. 그러나 이러한 가상공간은 실체가 없는 인간에게 가해지는 또 다른 소외와 격차, 그리고 폭력이 난무하는 세상이 될 수도 있다.

세 번째 세상은 현실 세상을 그대로 복제, 시뮬레이션한 가상의 거울 세계이다. 현실 세계의 거의 모든 요소와 특징을 그대로 반영해 시뮬레이션해볼 수 있는 세상으로 스마트 팩토리를 비롯해 가상의 도시나 국가의 틀을 만들어 변화를 예측하고 의사결정을 하는 데 사용할 수 있다. 즉 지구 생태계, 대기, 해양을 시뮬레이션해서 환경에 영향을 미치는 중요 요인을 찾고 거기에 변화를 주었을 때 전체 생태계가 어떻게 변하는지를 예측해 생태계를 개선하는 데 사용할 수 있는 식이다. 거울 세계는 연구와 교육만을 위한 공간이 아니라 여행을 하거나 경험을 하는 공간이 될 수도 있다.

네 번째 세상은 증강된 현실 세상이다. 증강현실 디바이스를 착용하여 현실 세상에서 살아가는 데 필요한 도움을 받을 수 있다. 예를 들어, 의사가 증강현실 수술 안경을 착용하면 환자의 수술할 부위에 수술 이전에 찍은 CT 이미지가 나타나고, 어떤 절차로 어떻게 수술할지를 시뮬레이션한 이미지가 보여 훨씬 용이하게 수술을 진행할 수 있다. 유적지나 관광지에서는 그 공간을 배경으로 한 역사적 사건 속의 인물이 등장해 상황을 재현해줄 수도 있고 그 인물과 대화를 나눌 수도 있을 것이다. 이러한 증강현실 기술을 기반으로 인간의 생각과 행동 등 모든 활동이 더 명확하고 풍부해질 수 있다.

다섯 번째는 시뮬레이션된 거울 세계, 증강된 현실 세상, 순수 가상세계가 모두 융합된 세상이다. 개인은 물리적 자아와 가상의 디지털 자아로 분리되어 존재하거나 융합된 메타 자아로 존재하며 여러 세상을 오갈 것이다. 또 메타 자아를 중심으로 융합된 자신만의 세상을 구축할 수도 있을 것이다. 메타 자아는 현실에서 가상으로, 가상에서 현실로, 과거에서 현재로, 현재에서 과거로 오가며 세상을 밀접하게 융합시키고 상호작용하는 세상을 형성할 것이다. 물론 과거의 인물과 가상의 인물이 공존하며 상호 교류하는 세상도 가능하다.

혼합 세상의 가치와 이슈들

메타버스의 가장 큰 과제는 몰입감과 실재감이며 발전된 디지털 미디어 기술은 몰입감과 실재감을 더욱 살릴 수 있는 새로운 공간을 창조하고 있다.

현실의 공간에서 확장된 가상의 공간은 다시 현실의 공간과 융합하고 혼합되며 우리의 삶을 풍부하게 해줄 것이다. 물리적 시공간의 제약에서 해방되어 가상의 공간으로 자아를 확대하면 그만큼 개인의 삶을 확대할 수 있기 때문이다. 또한 동시에 여러 형태의 삶이 가능한 메타 자아는 다양한 공간에서 다양한 삶을 누리게 해줄 것이다. 메타버스가 더 발전한 미래는 물리적 존재인 '나'와 디지털 존재인 '또 다른 나'가 함께 살아가는 세상이 될 것이다.

그러나 이러한 혼합 세상은 해결해야 할 여러 가지 이슈도 제기한다. 첫 번째는 현실도피의 문제이다. 누군가가, 특히 거대 플랫폼 기업이 만든 가상공간에서 인간은 어느 정도 만족을 느끼겠지만 이는 허구적 공간에서 허구적 만족만을 추구하는 꼭두각시 인생일 수 있다. 가상공간에 중독되어 설계자에게 조종되는 인간은 소비만을 추구하는 현실도피의 존재로 전락할 수도 있다.

두 번째는 앞에서도 언급한 개인정보의 보호와 프라이버시의 문제이다. 시민이 디지털 공간을 민주적으로 통제하고 감시하지 못하면 개별 인간은 거대한 디지털 독재에서 벗어날 수 없다. 이때 디지털 독재자는 기업일 수도 있고, 국가일 수도 있다. 데이터를 기반으로 한 최선의 의사결정이라는 매력은 그들을 인간을 로봇처럼 취급하려는 유혹으로 이끌 수도 있다.

세 번째는 인간 사회의 문제점이 디지털 공간에서 확대 증폭될 수 있다는 문제이다. 모바일 SNS의 발전은 우리의 사고를 더욱 편협하고 자기 확신적으로 만든다. 인간 사회 공통의 가치가 디지털에 의해 다양화를 넘어 분열과 분해로 이어질 수 있다는 이야기가 나온다. 오직 개인만이 존재하는 디지털 세상은 인간 사회를 더욱 분열시킬 수 있기 때문이다.

이처럼 메타버스 기술로 가능해질 혼합 세상은 진짜 같은 가짜, 가짜 같은 진짜가 공존하고, 현실과 가상이 혼합된 세상이다. 이 혼합 세상에서 인간의 존재 가치가 올바르게 고양되지 못한다면 질서도 없고 서로에 대한 존중도 없이 모래알처럼 분열된 '만인의 만인에 대한 투쟁'이 촉발될 수 있다는 우려를 염두에 두고 메타버스 세상을 설계하고 건설하는 데 참여해야 할 것이다.

3

호모사피엔스,
휴머니즘의 미래를 묻다

거대언어모델로 변화할 미래의 모습은 어떠할까?

AI는 인간 노동의 종말을 가져올까?

AI 정치인이 인간 정치인과 경쟁하게 될까?

영생불멸을 향한 인간의 꿈이 실현될까?

AI도 저작권을 가질 수 있을까?

AI의 학습을 위해 모든 데이터를 아낌없이 주어야 할까?

인간을 닮아가는 휴머노이드로봇, 어디까지 진화할까?

인간의 기억도 기계에 위탁하는 시대가 올까?

AI가 민주주의의 미래도 바꿀 수 있을까?

인간과 기계의 탈경계화 시대, 인간의 정체성은 유지될까?

거대언어모델로 변화할
미래의 모습은 어떠할까?

언어철학을 대표하는 철학자 비트겐슈타인은 "언어는 생각이 흐르고 그 안에서 생각이 자라나는 영혼의 피"라고 했다. 인류는 언어로 생각한다. 노동을 비롯한 인간 활동의 다수가 언어로 구성되고 수행되며, 사람 간의 관계와 소통의 근간에도 언어가 있다. 언어를 이해하고 글을 생성할 수 있는 AI에 대한 요구와 기대가 컸던 것은 이 때문이다. AI의 주요 기능이라고 할 수 있는 통계 지능, 시각 지능, 음성 지능, 언어 지능 가운데 유독 언어 지능의 발전이 더뎠지만, 챗GPT가 2022년 11월 공개되면서 AI의 여정에 새로운 전기를 마련하고 있다. 챗GPT는 공개 2개월 만에 활성 사용자 1억 명에 도달했는데, 전 세계에 전화기 1억 대가 설치되는 데 75년이 걸렸던 것과 비교하면 놀라운 확산 속도이다. 이는 새로운 기술이 얼마나 빠르게 전파되는지 생생하게 보여주는 동시에 AI의 언어모델을 향한 사회적 기대와 요구가 얼마나 컸는지를 그대로 보여주는 대목이다.

AI 거대언어모델의 한 종류인 오픈AI의 챗GPT가 언어 지능의 대표 주자로 주목받는 가운데 세계적 빅테크 기업들이 앞다퉈 계속 진화하는 거대언어모델을 선보이고 있다. 예를 들면 구글의 람다LaMDA, 친칠라Chinchilla, 알파폴드, 팜2, 메타의 OPT, ESM폴드ESMFold, 라마LLaMA, 알리바바의 통이치안웬Tongyi Qianwen, 通义千问 등이 있다. 오픈소스 거대언어모델도 다양하다. 메타의 거대언어모델들은 모두 오픈소스로 공개됐으며, 이외에도 비쿠나 13B Vicuna 13B, 블룸BLOOM, 알파카Alphaca 등이 있다.

현재 거대언어모델에 대한 기업 간, 국가 간 경쟁이 심화하고 있는 것을 고려하면 우리의 시야를 챗GPT에서 거대언어모델로까지 넓힐 필요가 있다. 전 세계적으로 개발 경쟁이 치열해지고 다양한 분야로 응용·확장되고 있는 거대언어모델은 우리 사회에도 근본적 전환을 가져올 것으로 보인다.

그러나 예측되는 파급효과가 큰 만큼 거대언어모델이 가져올 미래의 불확실성도 무시할 수 없다. 이런 맥락에서 미래전개도futures wheel를 사용해 거대언어모델이 일으킬 다양한 변화를 크게 정치·경제·사회·기술의 테두리에서 몇 가지만 짚어보면 〈그림 1〉과 같다. 미래전개도는 미래학자 제롬 글랜Jerome Glenn이 고안한 미래 예측 기법의 하나로 경제학의 물결효과ripple effect에 기반한 것이다. 특정한 사건이 일어날 경우의 연쇄적 인과 흐름을 가설추리로 탐색하는 기법인데, 가설추리이므로 미래학에서의 '그럴듯한 미래plausible futures'를 탐색하는 데 쓸 수 있다.

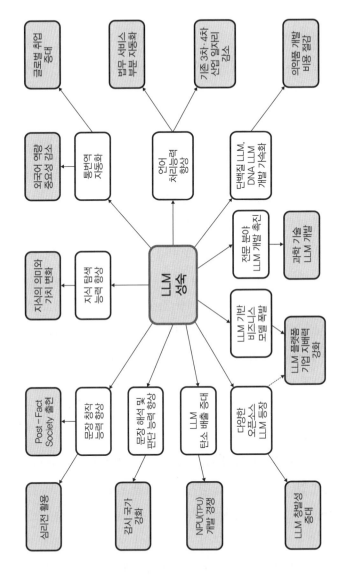

그림 1 거대언어모델(LLM)이 가져올 미래전개도[13]

LLM 성숙

- 언어 처리능력 향상
  - 글로벌 취업 증대
  - 법무 서비스 부분 자동화
  - 기존 3차·4차 산업 일자리 감소
  - 의약품 개발 비용 절감
  - 통번역 자동화
    - 외국어 역량 중요성 감소
  - 단백질 LLM, DNA LLM 개발 가속화
- 지식 탐색 능력 향상
  - 지식의 의미와 가치 변화
- 전문 분야 LLM 개발 촉진
  - 과학 기술 LLM 개발
- LLM 기반 비즈니스 모델 폭발
- LLM 플랫폼 기업 지배력 강화
- 문장 창작 능력 향상
  - Post-Fact Society 출현
  - 심리전 활용
- 문장 해석 및 판단 능력 향상
  - 감시 국가 강화
- LLM 탄소 배출 증대
  - NPU(TPU) 개발 경쟁
- 다양한 오픈소스 LLM 등장
  - LLM 출발성 증대

* 출처: 윤기영·이명호 《거대언어모델 미래전개도》(2023) 자료를 재구성

정치·제도 분야에서 펼쳐질 변화

기업 차원뿐 아니라 국가 차원에서도 거대언어모델 개발 경쟁이 뜨겁다. 이는 곧 거대언어모델이 핵심적 기술 주권과 연결될 수 있다는 이야기이다. 거대언어모델은 제도적 측면에서도 많은 변화를 몰고 올 것으로 보인다. 일례로 GPT-4가 미국의 변호사 시험 테스트에서 상위 10% 안에 드는 성적을 낸 이후 법무 관련 제도나 서비스에 큰 영향을 미칠 것으로 전망되고 있다. 물론 판례 탐색과 분석이 매우 중요한 미국과 우리의 상황이 똑같지는 않겠지만, 우리나라에서도 법령과 판례를 학습한 AI를 통해 일부 법률서비스를 자동화할 가능성이 있다.

만약 AI에 의한 법률서비스가 우리나라의 변호사법을 위반한다면, 법인과 AI 서버를 해외에 두고 AI 법률서비스를 제공할 가능성도 있다. 거대언어모델로 법률서비스 전체를 자동화할 수는 없겠지만, 서비스의 비용을 낮추는 결과를 가져올 것이다. 그렇게 되면 소송비용에 대한 부담이 줄어들어 소송이 폭발적으로 증가할 수 있다. 이는 사법부의 업무를 과중하게 만들어 결국은 소액사건심판 등 전형적인 사건부터 AI 판사를 도입하는 것으로 연결될 가능성이 있다. 법률서비스 생태계에 일어날 큰 변화가 아닐 수 없다.

거대언어모델은 AI 감시AI surveillance 중 소셜미디어 모니터링뿐 아니라 국민의 일상 대화에 대한 감시도 강화할 위험이 있다. AI 감시 시스템은 안면 인식 기술, 스마트 안전 도시, 스마트 치안 기술, 소셜미디어 모니터링으로 나뉜다.[14] 기존의 소셜미디어 모니터링이 특정 키워드를 중심으로 감시했다면, 거대언어모델을 이용한 감시 시스템은 맥락적 의미까지 감시하게 될 것이다.

거대언어모델은 정치선전 도구로도 활용될 수 있다. 챗봇 등 AI는 이미 국가 간 심리전에 이용되고 있는데, 거대언어모델을 활용해 더 섬세하고 교묘하게 심리전과 인지전cognitive warfare을 펼치게 될 것이다. 또한 물리적으로 전쟁하지 않는다고 하더라도 갈등상태에 있는 국가의 선거에 개입하거나 사회갈등을 높이기 위해서도 이용할 것으로 보인다. 상대국의 개개인이나 집단의 상황에 맞춘 심리전 콘텐츠를 거대언어모델을 통해 생성하고 전파할 수 있기 때문이다. 이는 국가 차원뿐 아니라 국내의 진영 간 갈등에도 이용될 가능성이 있다.

경제 분야에서 펼쳐질 변화

거대언어모델을 토대로 한 생성형 AI로 인한 '기술 실업technological unemployment'의 위험도 존재한다. 골드만삭스는 2023년 3월 발표한 보고서에서 거대언어모델이 더 보급될수록 기존에 있던 전 세계 3억 개의 일자리가 사라질 위험이 있다고 내다봤다. 물론 기술 실업에 대한 지속적 우려와 주장에도 불구하고 그동안 기술 실업이 현실로 두드러졌던 것은 아니다. 2013년 옥스퍼드 마틴 스쿨의 칼 베네딕트 프레이Carl Benedickt Frey 교수와 마이클 오스본Michael Osborn 교수는 〈고용의 미래The Future of Employment〉라는 제목의 보고서에서 컴퓨터와 로봇에 의한 자동화로 많은 직업이 기계로 대체될 가능성이 있다고 주장했으나, 새로운 직업도 많이 나타나면서 기술 실업이 사회적 문제로 부상하지는 않았다. 우리나라의 경우 2013년 이후 실업률이 오히려 줄었다. 통계청에 따르면 2013년 실업률이 3.1%였으나, 2022년에는 2.9%였다. 그러나 이러한 상황에 안심할 수만은 없다. 거대언어모델의 도입과 응용이 다양한 분야로 확대되고 있고, 그 변화의 파고가 매우 높기 때문이다.

거대언어모델의 활용으로 사라질 위험이 큰 직군을 분석하면 주로 3차와 4차 산업 일자리에 몰려 있다. 3차 산업은 서비스산업, 그리고 4차 산업은 지식산업을 의미한다. 반복적 사무 업무 자동화를 지원하는 기술 로보틱 처리 자동화RPA, robotic process automation에 거대언어모델을 장착하는 경우 단순 사무 업무의 대다수를 자동화할 수 있다. 골드만삭스에 따르면 미국을 기준으로 볼 때 단순 사무와 행정 업무의 절반 가까이에서 자동화가 가능하다. 과거에는 1·2차 산업의 일자리가 사라지면서 3·4차 산업 일자리가 늘어난 바 있다. 그러나 앞으로는 다른 양상이 펼쳐질 것으로 보인다. 특히 우리나라는 로봇 밀집도가 다른 국가들보다 높은데, 이는 산업 경쟁력의 방점이 가격경쟁력에 치중하고 있다는 의미이며, 이런 맥락에서 예측해보면 3·4차 산업 일자리 감소 속도가 다른 국가들보다 빠를 가능성이 크다. 이는 곧 경제·사회적 불안의 요인이 되고 양극화를 더 심화하는 배경이 될 수 있다.

그런가 하면 거대언어모델은 새로운 기술 플랫폼이 될 가능성도 크다. 경쟁력을 강화한 기존 비즈니스모델뿐 아니라 거대언어모델에 기반한 새로운 비즈니스들이 등장할 것으로 전망되기 때문이다. 이러한 변화 속에서 이제 기대언어모델을 갖지 않은 기업은 이를 가진 기업에 종속될 위험이 있다. 그나마 다행인 것은 오픈소스 거대언어모델이 다양하게 개발되고 있다는 점이다. 오픈소스 거대언어모델을 기반으로 누구나 새로운 비즈니스를 창안하고 이를 통해 AI가 다양한 창발성을 꽃피우게 될 것을 기대할 수 있다. 기계학습 토대의 AI는 배운 만큼만 작동했지만, 거대언어모델을 기반으로 하는 AI는 하나를 가르치면 열을 아는 식의 통합적 역량을 보이기 때문이다. 그러나 이러한 창발성이 우리의 예측을 넘어서면 어떤 일이 벌어질까? 이는 곧 거대언어모델이나 생성형 AI와 관련한 복잡성도 비례해 증가할 것임을 시사한다.

사회 분야에서 펼쳐질 변화

거대언어모델은 지식 생산성을 높인다. 요약된 지식을 거대언어모델을 통해 조회할 수 있으며, 보고서 등의 작성에도 사용할 수 있다. 생성형 AI의 한계로 흔히 AI가 맥락과 관련이 없거나 사실이 아닌 내용을 옳은 답처럼 내놓는 할루시네이션hallucination, 환각 현상이 지적되고 있으나 사실과 지식을 확인하는 절차를 거치면 문제를 바로잡을 수 있다. 또한 계속 진화하는 모델들이 이러한 한계점을 개선해나가고 있다. 이에 따라 거대언어모델은 미래 지식의 의미와 가치에 변화를 가져올 것이다. 이는 학교의 의미와 가치, 그리고 지식 전달 방식의 변화로 이어질 수밖에 없다.

거대언어모델이 가장 잘하는 작업 중의 하나가 번역이다. 기존과 달리 맥락에 따른 번역이 가능해져서 거의 전문 번역가 수준에 가까워졌다. 영화 〈은하수를 여행하는 히치하이커를 위한 안내서〉에는 동시통역기 역할을 하는 '바벨 피시babel fish'가 등장하는데, 이제 인류는 사실상 바벨 피시를 만든 셈이다. 다른 언어를 배우는 첫 이유는 주로 의사소통과 지식 습득 혹은 전달에 있다. 이러한 기능적 목적 이외에 다른 언어권의 가치관과 세계관을 이해하려는 인문학적 목적도 있다. 거대언어모델 번역기는 무엇보다 기능적 목적으로 외국어를 배울 필요를 무색하게 한다. 기능적 목적으로 외국어를 배울 필요가 없다면 교과목 개선은 물론 대학 등의 자격시험, 기업의 인재 채용 기준 등에 변화가 생기고, 사실상 언어장벽이 사라지는 결과를 가져올 것이다. 우리나라 청년 다수가 큰 어려움 없이 외국으로 나가 취업할 수 있고, 반대로 많은 외국인도 우리나라 기업에 취업할 것이다.

한편 생성형 AI로 텍스트를 생산하고 딥페이크deepfake 기술로 특정인의 목소리와 사진 혹은 동영상을 만드는 것을 이제 누구나 할 수 있게 됐다. 딥페이크 기술이 이전에도 없지는 않았으나, 그 비용이 줄어들어 탈진실post-truth이 앞으로 일상이 될지도 모른다. 탈진실 사회에서는 있는 대로 보는 대신 보고 싶은 대로 보는 사람이 더 많아질 것이다.

기술 분야에서 펼쳐질 변화

거대언어모델은 사람의 글과 말에만 적용되는 것이 아니다. 가령 생명체의 단백질 3차 구조 예측도 가능하게 했는데, 나아가 단백질 복합체의 구조와 상호작용의 이해도 가능할 것으로 기대를 모으고 있다. 물론 이중나선으로 되어 있는 DNA의 구조가 비교적 안정적인 데 비해 한 가닥으로 이루어진 RNA의 구조 예측은 현시점에서 한계가 있지만, 이를 극복하기 위해 AI 연구가 계속되고 있다. 이러한 AI 기술은 의약품 개발의 비용 효율성을 획기적으로 높일 뿐 아니라 합성생물학의 발전과 예방적 의료나 정밀의료에도 활용될 수 있을 것이다. 2030년 의료산업의 전 세계 규모는 13조 달러에 달할 것으로 전망된다. 이에 따라 거대언어모델을 이용한 의약품 개발과 정밀의료에 상당한 투자가 있을 것으로 보이며, 관련 변화를 선도하지 못할 경우 시장경쟁력을 갖기 어려울 것이란 우려도 나오고 있다.

거대언어모델은 특허 분석과 이종 특허 적용 등을 원활하게 할 수도 있다. 기술적 요구사항에 적용된 특허 분석이나 이종 특허 탐색을 자연어 분석을 통해 정확하게 수행함으로써 산업 분야의 혁신에 큰 도움이 될 것이다.

한편 거대언어모델을 작동하는 데 드는 전력 소모량이 적지 않다는 점도 간과해서는 안 된다. GPT를 기준으로 할 때 매개변수 1,750억 개의 GPT-3은 질문 한 개에 평균 3Wh, 매개변수 1조 개의 GPT-4는 그 여섯 배인 18Wh를 소비하는 것으로 추산된다. 구글 검색엔진에서 한 번 질의할 때 0.3Wh가 소비되는데, 구글의 2021년 전력 소모량은 약 18TWh였다. 단순하게 계산해 구글 검색과 동일한 정도로 GPT-4를 사용한다면 연 1,000TWh 이상의 전력을 쓰게 되는 것이다. 2021년 기준으로 우리나라 전력 소비량은 약 550TWh이다. 따라서 이처럼 전력을 과도하게 사용하는 문제를 극복하기 위해 데이터처리 속도는 더 높은데도 전력 소비량은 더 적은 TPU tensor processing unit 같은 반도체칩의 연구와 개발이 가속화될 것이다. 더불어 더 적은 매개변수로도 효과를 높일 수 있는 알고리즘 경량화 연구도 계속 이어질 것이다.

우리는 무엇을 해야 할까?

앞에 나열한 것은 거대언어모델이 가져올 변화의 일부에 불과하다. 예를 들어, 의료 분야에서 적용된 거대언어모델은 실시간 진단 같은 개인

의사 의료서비스로 일상화될 가능성이 있다. 실제로 의료 분야를 추가 학습한 구글의 메드팜2 Med-PaLM2는 미국의 의사 면허 시험 문제집으로 테스트하면 정답률이 85%를 넘는다고 알려졌다. 이러한 의료서비스들은 인류의 기대수명을 늘리는 데 도움이 될 것이다. 그러나 이런 파급효과로 지금도 가파른 고령화 추세가 더 가파르게 되는 것과 같은 불확실성이 나타날 수도 있다.

그렇다면 우리는 무엇을 준비해야 할까? AI 개발 경쟁을 선도하고 더 많은 곳에 응용·활용하는 데만 초점을 맞춰야 할까? 거대언어모델로 인한 교육과 사회의 변화, 법률서비스 자동화에 따른 사법부의 변화, 산업의 변화, 고용의 변화 등 제도나 사회적 시스템의 변화에 앞서 충분한 사회적 논의와 합의가 선행되어야 한다. 한국어의 '색깔과 향기에 알맞은' 거대언어모델을 개발하고 관련 기술 생태계를 키우면서 동시에 사회적 변화에 대응하기 위해 머리를 맞대고 논의하면서 새로운 사회 목표를 정립해야 할 것이다. 챗GPT로 상징되는 최근의 기술 변화가 점점 더 빨라지고 있다. 우리가 잰걸음으로 서둘러야 하는 이유이다.

AI는 인간 노동의
종말을 가져올까?

챗GPT, 바드 등 생성형 AI가 미래 변화를 주도하는 게임체인저로 대두되고 있는 가운데, 2023년 6월 한 신문에 과학기술정보통신부 장관과 구글의 생성형 AI 바드 간의 채팅 대화가 실렸다. 이를 보면 '일자리'라는 이슈에 쏠린 사회적 관심을 엿볼 수 있다.

> 장관: AI가 인간의 일자리를 빼앗을 수 있다는 우려가 큽니다. 반대로 AI가
> 새로운 일자리를 창출할 수 있다는 희망적 관측도 있습니다. AI로서
> 이 문제에 대해 어떻게 평가합니까? 또 인간은 AI로 인한 일자리 위기
> 에 어떻게 대응해야 할까요?
> 바드: AI는 이미 많은 직업을 자동화했고, 앞으로는 더 많은 직업을 자동화
> 할 가능성이 큽니다. 그러나 새로운 일자리를 창출할 수 있다는 전망도
> 있습니다. 아직 답은 분명하지 않지만, AI는 노동시장에 큰 영향을 미

칠 것이 분명합니다. 인간은 AI로 인한 일자리 위기에 대응하기 위해 AI에 대한 이해를 높이고, AI를 활용할 수 있는 기술을 개발하며, AI와 협력할 수 있는 새로운 직업을 개발하고, AI로 인해 사라질 일자리에 대한 보상 체계를 마련해야 합니다.[15]

우리 사회는 일상에서 경험하는 생성형 AI의 놀라운 능력과 파괴적 기술에 주목하는 동시에 AI의 발전이 미래 인간의 노동과 일자리에 미칠 영향 또한 예의 주시하고 있다. 언론 역시 AI의 영향으로 인한 대량 해고나 실직을 비중 있게 다룬다. 가령 버즈피드Buzzfeed라는 소셜 콘텐츠 기반 기술 미디어 회사는 2022년 12월 직원의 12%를 해고한다는 계획을 발표하면서, 향후 콘텐츠는 AI를 이용해 생성할 것이라고 밝혔다. 구글이나 메타 등 글로벌 빅테크 기업들의 연이은 대량 감원 발표도 AI의 발전과 결코 무관하지 않다.

인쇄술에서 AI까지, 신기술과 사회변동

21세기는 과학기술과 디지털전환의 시대로서 과학·ICT 기술은 사회변동의 중요한 동인이다. 기술은 사회를 혁신하는 엔진과 같은 역할을 하며, 시대마다 그 시대를 대표하는 기술들이 있다. 카를 마르크스는 "나에게 풍차를 준다면 당신에게 중세中世를 주겠소"라고 했다. 이를 바꾸어 말한다면 "나에게 증기기관차를 준다면 산업사회를 주겠소"라고 할 수 있고, 지금 시대에 적용한다면 "나에게 컴퓨터를 준다면 세계화를 주겠소"라고 할 수 있을 것이다. 이는 생산양식과 기술의 중요성을 강조한 것으로, 프랑스의 국제문제 전문지 〈르몽드 디플로마티크〉의 편집주간이냐시오 라모네Ignacio Ramonet가 했던 적절한 비유이다.

공장제 생산을 기반으로 하는 자본주의 경제체제가 자리 잡기 시작한 것은 증기기관 발명으로 촉발된 18세기 말 산업혁명 시기부터였다. 영국에서 한창 산업혁명이 일어나던 시절, 유럽 대륙에서는 시민혁명이 일어났고, 그 절정은 프랑스대혁명(1789)이었다. 자본주의적인 국민국가 형성에서 결정적 역할을 했던 또 하나의 요인은 '인쇄술'이라는 첨단기술이었다. 인류학자 베네딕트 앤더슨Benedict Anderson은 자본주의 기업과 언론에서 인쇄술을 사용함으로써 정보와 지식이 신속하고 광범위하게 보급·확산될 수 있었고, 지역 방언을 사용하는 독자들끼리도 서로를 이해할 수 있게 되면서 공통의 국민 언어와 정치적 담론이 생성될 수 있었다고 설명한다. 앤더슨 교수는 자신의 저서 《상상된 공동체》에서 이를 '인쇄자본주의Print Capitalism'라 명명했다.

인쇄자본주의를 가능케 했던 게 인쇄술이라는 첨단기술이었던 것처럼 20세기 들어 정보화 혁명과 세계화의 핵심기술은 인터넷이었다. 인터넷의 효시는 1969년 미국 국방성 고등연구계획국DARPA의 연구 프로젝트로 개발된 '아르파넷ARPANET'이지만, 실제 인터넷이 대중적으로 상용화하기 시작한 계기는 그로부터 30년 후, 유럽입자물리연구소의 팀 버너스리Tim Berners-Lee가 고안한 '월드와이드웹WWW, world wide web'이라는 광역 정보서비스였다. 월드와이드웹은 하이퍼텍스트 기능을 통해 인터넷에 분산돼 존재하는 정보를 통일된 방법으로 찾고 연결해주는 서비스이며, 소프트웨어로 웹 사용의 대중화 시대를 열었던 혁신적인 기술이었다. 이후 인터넷은 생산과 거래, 소비, 인간 노동에도 엄청난 영향을 미쳤고, 세계경제를 추동하는 엔진이 됐다. 이것이 바로 인터넷 자본주의이다.

자본주의 발전의 중심에는 언제나 첨단기술이 있었다. 산업혁명 시기에는 철도 기술이 중요했고, 2차 산업혁명 시기에는 전기화와 자동차 기술, 정보화 혁명 시대에는 컴퓨터와 인터넷이 사회변동의 핵심기술이었다. 이제 21세기 디지털 대전환 시대에는 AI가 대표적인 범용 기술이자 변화의 엔진인 셈이다.

이처럼 신기술은 경제성장을 추동하고 산업구조를 바꾸는 역할을 해왔다. 때로는 일자리도 재편했으며, 신기술이 낡은 기술을 기반으로 하는 산업에 영향을 미쳐 대량 해고를 불러오기도 했다. 신기술에는 순기능만 있는 것이 아니기 때문이다. 기술혁신, 신산업 창출 그리고 사회변동은 순기능이 될 수 있지만, 기존 일자리와 산업을 위기에 빠뜨리는 것은 역기능이다. 신기술 개발과 기술혁신으로 발생하는 구조적인 실업이 기술 실업이며, 이는 과학기술 시대의 사회적 난제 중 하나이다. 역사적으로 신기술이 기존 산업과 일자리를 빼앗고 사라지게 한 사례는 많다. 자동차의 발명과 대량생산은 기존 교통수단인 마차와 마부라는 직업을 사라지게 했고, 전화기술 발전으로 자동식 교환기가 도입되면서 수동식 교환기 시절의 전화교환원 또한 역사 속으로 사라졌다.

인간 노동의 종말?

신기술이 인간 노동을 대체하는 건 불가항력의 변화이다. 기계가 인간의 육체노동을 대신하고, 소프트웨어와 AI가 인지 노동을 대체하고 있다. 미래학자 제러미 리프킨Jeremy Rifkin은 1995년에 출간한 《노동의 종말》에서 기계가 기계화와 자동화로 인간 노동을 빼앗고 있으며 결국 인간 노동의 종말이 올 수도 있다고 경고했다.

초기 산업기술은 노동력의 육체적 힘을 대체했다. 새로운 컴퓨터 기술은 인간의 마인드 자체를 대체하려 하고 있다. 생각하는 기계가 경제행위의 전 영역에 걸쳐서 인간을 대체하고 있다. 이것은 중대한 의미를 지닌다. 우선 대다수 산업국가 노동력의 75% 이상이 단순 반복 작업에 종사하고 있다. 자동기계, 로봇, 더욱더 정교화되고 있는 컴퓨터는 이런 작업들의 대부분을 수행할 수 있다.[16]

2016년에 개최됐던 세계경제포럼World Economic Forum의 주제는 '4차 산업혁명의 이해'였다. 당시 관심이 집중됐던 〈일자리의 미래The Future of Jobs〉 보고서에는 2020년까지 4차 산업혁명으로 약 710만 개의 일자리가 사라지고 약 200만 개의 일자리가 새롭게 만들어질 것이라는 전망이 담겨 있었다. 같은 제목의 보고서가 이후에도 발표됐는데, 가장 최근 발표된 2023년 보고서에서는 "2027년까지 6,900만 개의 새 일자리가 창출되고 8,300만 개의 일자리가 사라져 약 1,400만 개의 일자리가 줄어들 것"으로 예측했다. 줄어드는 일자리는 현재 글로벌 고용의 2%에 해당한다.

전문가들의 의견을 들어보면 전반적으로 신기술이 인간의 일자리를 감소시킬 것이라는 견해가 많지만, 반대의 예측도 있다. 가령 미국의 IT 매체 〈뉴사이언티스트〉는 글로벌 컨설팅 기업 프라이스워터하우스쿠퍼스PwC 보고서를 인용하면서 "2017년부터 2037년 사이에 로봇과 AI로 인해 약 700만 개의 일자리가 사라질 테지만 생산 비용이 감소하고 지출이 늘면서 결과적으로는 720만 개가 새롭게 생겨 일자리는 오히려 늘어날 것"[17]이라고 예측했다.

일찍이 리프킨이 경고했던 것처럼 결국 인류는 노동의 종말을 맞게 될까? 아마도 그것은 어찌할 수 없는 숙명이라기보다는 사회적 선택이 될 가능성이 크다. 사회가 어떤 대응을 하느냐에 따라 미래가 달라질 것이기 때문이다. 경제학자들은 기계가 노동을 대체하더라도 결국엔 생산성을 향상하고 국부를 증대하며 노동자의 구매력을 높여 새로운 수요와 일자리를 창출한다고 주장해왔다. 어찌 됐건 기계와 소프트웨어 및 AI가 인간의 노동을 대체하는 속도는 빨라질 것이며, 전체 사회적 생산과 부가가치 창출에서 기계와 소프트웨어가 담당하는 비중도 높아질 가능성이 크다. 기계화와 자동화, 지능화로 인해 인간 노동은 많은 변화를 맞고 있고, 특히 생성형 AI의 등장으로 그 변화는 당면한 현실이 되고 있다. 생성형 AI 시대를 맞아 우리는 다시금 노동의 의미와 본질에 대해 성찰해야 한다.

노동의 사전적 의미를 찾아보면, 첫째 몸을 움직여 일함을 뜻하고, 둘째 경제적 개념에서 사람이 생활에 필요한 물자를 얻기 위해 육체적 노력이나 정신적 노력을 들이는 행위를 뜻한다. 인간은 생존을 위해 또는 자아실현을 위해 노동한다. 경제학에서의 노동은 생산 활동이지만 인문학 관점의 노동은 인간과 자연이 관계 맺는 방식이거나 인간이 다른 인간과 관계 맺는 방식이기도 하다. 노동은 경제 영역에만 국한될 수는 없으며 인간의 본성에 속한다고 할 수 있다. 만약 로봇이 모든 인간을 대신해 노동하고, AI가 모든 인간을 대신해 생각한다면 인간이 서 있을 자리는 어디일까? 노동이 사라진 인간의 삶은 인간 존재에 대한 심각한 위협이 될 수 있다.

그런 의미에서 보면 로봇과 AI의 인간 노동 대체 비중이 커지더라도 리프킨의 우려처럼 노동의 종말에까지 이르는 일은 없을 것이다. 로봇과 AI에 의한 인간 노동의 대체는 완전한 대체라기보다는 제한적 위탁에 가까울 것이다. 따라서 AI나 기계는 인간 노동의 대체재라기보다는 노동생산성과 효율성을 높여주는 도구라는 관점이 필요하다. 노동의 미래에 대한 예측과 논의에서는 인간을 중심에 놓고 AI와 인간 노동을 바라보는 관점을 견지해야 한다.

AI 시대의 노동

21세기는 AI의 시대라 할 만하다. AI 연구의 시작은 20세기 중반으로 거슬러 올라가지만, AI가 우리 일상에까지 직접적 영향을 미치게 된 건 21세기부터이다. 1997년 IBM의 AI 딥블루, 2011년 IBM의 슈퍼컴퓨터 왓슨, 2016년 구글의 자회사 딥마인드의 알파고에 이어 2022년 11월에는 챗GPT라는 거대언어모델 기반의 생성형 AI가 등장했다. 생성형 AI는 데이터 학습을 통해 텍스트는 물론이고 이미지, 코딩, 문학적 시나리오나 스토리 등 다양한 결과물을 만들어낸다. 지금까지 등장한 인류의 모든 발명품 중 가장 강력한 것이라 할 수 있다.

그래서 종종 '인류의 마지막 발명품'이라 일컬어지기도 하는 AI는 앞으로 인간 노동에 어떤 영향을 미치고, 이로 인해 인간 노동은 어떻게 변화할까? 변화의 소용돌이 정중앙에 서 있는 챗GPT에게 직접 물어보았더니 다음과 같이 답변했다.

인공지능의 발전은 인간 노동에 큰 변화를 가져온다. 이전에는 사람들이 수작업이나 반복적 과업을 수행하며 노동했지만, 이제는 AI가 이런 과정을 자동화하고 개선하는 데 도움을 준다. 우선 기업의 생산성을 향상한다. 자동화된 로봇시스템은 공장에서 반복적이고 위험한 작업을 대신 수행하고 인간의 안전과 건강을 보호하며 작업 효율성을 증가시키고 덕분에 인간은 더 복잡하고 창의적인 과업에 집중할 수 있다. 둘째, AI는 인간 노동자와 협업해 업무를 개선하는 데 사용될 수 있다. 가령 챗봇은 고객서비스를 자동화하고 고객 문의에 빠르고 정확하게 대응할 수 있도록 돕고 인간은 복잡하고 전략적인 업무에 집중할 수 있다. 셋째, AI 기술을 이용한 데이터분석가, 인공지능 시스템 개발자, 로봇 유지보수 기술자 등 신직업을 창출한다.

AI가 사회적으로 제대로 수용되고 인간과의 분업이나 협업이 잘 이루어진다면 챗GPT가 꺼내든 위의 답변처럼 AI의 발전은 자동화와 협업을 통해 더 효율적이고 생산적인 작업환경을 조성하고, 반복적이고 위험한 과업은 자동화할 수 있으며, 인간은 더 복잡하고 창의적인 작업에 집중할 수 있을 것이다. AI가 상용화하면 AI는 생활과 업무의 도구로 이용되고, 인간 노동은 AI를 활용하는 이른바 '스마트 협동 노동'이 될 것이다.

하지만 그것은 인간의 바람을 반영한 최상의 미래 시나리오일 뿐이다. 미래는 우리의 바람대로만 이루어지지는 않으며 어쩌면 극단적인 방향으로 흘러갈 수도 있다. 인간이 원하는 바람직한 미래가 실현되려면 첨단기술 수용 과정에서 일어나는 사회적 갈등의 조정과 합의도 이루어져야 하고 적절한 기술 수용 정책도 추진되어야 한다. 또 돌발 변수나 예기치 못한 사건의 가능성도 고려해야 하고 극단적 사건(X-이벤트)에도 대비해야 하는 등 최적의 조건들이 어우러지는 이른바 '골디락스 조건goldilocks condition'이 갖춰져야 한다.

노동의 가치를 어떻게 재분배할까?
로봇세와 기본소득

기계(로봇)나 생성형 AI가 인간 노동을 대체하면 응당 사회적 생산방식도 변화할 것이다. 로봇과 AI가 생산의 새로운 주체가 되고 그 비중이 커지는 만큼 과세 대상인 인간 노동은 줄어드는 것이다. 그렇게 되면 미래에는 로봇이나 AI가 창출하는 부가가치에 대해서도 과세하거나 생산방식 변화에 따라 새로운 재원을 확보해 소득을 분배하고 보정하는 방안에 대한 고민이 필요하다. 로봇세나 기본소득 논의는 이런 배경에서 제기됐다.

우선 로봇세는 1980년대 후반 미래학자들이 처음 제안했다. 정치권에서는 카를로스 메넴Carlos Menem 아르헨티나 대통령, 버니 샌더스Burnie Sanders 미국 상원의원 등이 로봇세 도입을 적극적으로 제안한 바 있다. 2017년 마이크로소프트 창업자 빌 게이츠도 인간을 대체하는 로봇을 사용하면 로봇 사용자에게 소득세 수준의 세금을 부과해야 한다고 주장했다. 로봇세는 이처럼 국제적인 수준에서 논의되고 있고, EU는 로봇세 도입을 검토하는 연구도 진행했다. 여러 단체와 사회운동 차원에서도 일자리 보호와 사회적 안정을 위한 대안으로 로봇세가 제안됐다. 하지만 로봇세 도입이 기술 발전과 혁신을 저해할 수 있다는 우려의 목소리도 만만치 않아 향후 지속적인 사회적 논의가 필요한 상황이다.

또한 새로운 대안으로 제시된 기본소득 논의도 무시할 수 없다. 이에 대해 활발한 논의가 이어지고 있지는 않지만, 그 불씨가 꺼진 상황도 아니다. 기본소득은 국민 배당이라고도 하며, 재산이나 소득, 노동 여부를 따지지 않고 모든 사회구성원에게 균등하게 지급되는 소득을 말한다. 토머스 모어Thomas More의 소설 《유토피아》에서 처음 언급됐으며, 1970년대 유럽에서 논의가 시작돼 2000년대 들어 확산됐다. 실제 2016년 6월 5일 스위스에서는 기본소득 지급안에 대한 국민투표가 있었는데 국민 76.7%가 반대해 부결된 바 있다. 당시 스위스 정부가 국민투표에 부친 기본소득 도입안을 보면 18세 이상 성인에게 매달 2,500스위스프랑(약 300만 원), 청소년에게 650스위스프랑(약 78만 원)을 지급하는 방안이었다.

이런 논의가 한국에도 도입돼 2010년부터 관련 시민단체나 정당 조직이 만들어지기도 했다. 기본소득이라는 단일 쟁점을 전면에 내걸고 2019년 창당된 기본소득당에 따르면 기본소득은 사회구성원의 권리에 기초한 몫으로서 모두에게, 조건 없이, 개별적으로, 정기적으로, 현금으로 지급되는 소득을 말한다.

이처럼 로봇세나 기본소득은 아직 개념적 논의 수준에 머물러 있는 것이 사실이다. 하지만 로봇과 생성형 AI의 발전으로 사회적 생산방식은 변화하는데, 사회를 안정적으로 유지할 재원을 충당할 다른 마땅한 방법이나 선택지는 제한적인 상황이다. 지금 당장은 시기상조라고 할지라도 언젠가는 로봇세나 기본소득 등에 대한 진지한 검토가 불가피할 것이다.

분명한 것은 기계 로봇과 생성형 AI 등 21세기의 첨단기술이 인간 노동에 영향을 미치는 결정적 변수가 되고 있다는 사실이다. 그러나 기술적 변화의 속도가 빨라질수록 더 중요한 것은 첨단기술이 가져오는 변화를 무조건 수용해야 한다는 숙명론적 관점이 아니라 인간을 중심에 두고 미래를 바라보는 인문학적 관점이다. 로봇과 AI가 점점 더 다양한 영역에서 인간의 노동을 대체하고 있지만, 이 또한 본질적으로는 제한적 위탁이나 아웃소싱에 가깝다. 따라서 노동의 종말이라는 가설은 사실 극단적인 시나리오로 여겨진다. 노동의 종말이라기보다는 생성형 AI를 도구로 활용한 노동이나 스마트 협동 노동 등 노동 방식의 변화로 보며 대응하는 편이 더 적절할 것이다. 동시에 인간 노동이 과세 대상이듯이 미래에는 기계 노동, AI 협동 노동도 어떤 방식으로든 과세 대상이 될 수 있음을 고려해야 한다. 다만 정책으로 제안하기에 앞서 충분한 연구와 논의 그리고 광범위한 사회적 합의가 전제되어야 할 것이다.

AI 정치인이 인간 정치인과
경쟁하게 될까?

챗GPT의 등장에 세상이 온통 놀라움으로 아우성이다. 그 놀라움의 이면에는 인간의 육체적 노동을 대체하던 자동화를 넘어 인간의 지능과 지식의 영역까지 AI에 의해 대체되는 것은 아닌가 하는 두려움이 담겨 있다. 그동안은 의사, 변호사, 교사, 통역사 등 전문직의 일자리가 AI로 대체될 수 있느냐에 대해 논의가 무성했다. 이러한 직업은 매우 복잡하고 특별한 지식과 전문적인 교육·훈련 과정이 요구되기 때문이다. 그런데 점점 더 똑똑해진 AI가 인간에게는 어렵고 복잡하다고 여겨지는 이런 영역의 업무들까지 대체하기 시작했다.

그렇다면 여러 직업 중 정치인은 어떠할까? AI로 대체하기 쉬운 직업일까, 어려운 직업일까? 정치인에 대해서는 이야기가 좀 더 복잡하긴 하다. 우선 하는 일이 명확하지 않고 포괄적이다. 일의 경계선을 구분하기도 쉽지 않다. 직업으로서 요구되는 과업을 특정하게 명시한 것도 찾아보기 어렵다. 그래서 정치인의 업무는 알고리즘으로 패턴화하기가 어렵다.

정치인이란 어떤 사람을 일컫는가? 이에 답하기 위해서는 정치인을 구체적으로 개념화하고, 이들의 과업과 일상적인 역할의 범위를 획정해야 한다. 흔히 정치인이라 하면 제도권에서 활동하는 국회의원을 떠올린다. 즉 선거를 통해 선출된 사람을 정치인이라 일컫는다. 입법부를 구성하는 국회의원이 가장 대표적인 경우이다. 이 글에서도 정치인으로 입법부의 국회의원을 상정하기로 한다. 그렇다면 AI가 다른 직무처럼 정치인의 직무를 데이터로 학습하고 알고리즘으로 만드는 것이 가능할까? 만약 AI가 데이터와 알고리즘을 통해 인간 정치인의 과업을 학습했다고 해서 그것이 곧 의식을 가진 주체의 행위로 인정될 수 있을까?

AI 시대의 정치인

국회의원은 입법자로서 민의를 수렴하고, 정책을 제안하고, 정치적 쟁점이나 갈등을 해결하는 역할을 한다. 지금도 이러한 업무 수행 과정에서 일정 수준의 기술을 사용하고 있지만, 만약 AI가 더욱 고도화되고 입법 과정에서 중요한 비중을 행사할 경우 인간 정치인과의 관계가 쟁점이 되는 건 시간문제일 것이다.

기술의 발달로 AI가 인간 정치인의 과업을 수행할 정도에 이른다면 그 형태는 AI 로봇이 그 업무를 보조하거나, 업무를 대체하거나, 아니면 서로 경합하는 형태로 나타날 것이다. 만일 AI 로봇이 인간 정치인을 보조하는 정도라면 그것은 단순히 자동화된 기계에 불과하다. 행위의 지배력이 인간 정치인에게 있기 때문이다. 그러나 AI 로봇에 의해 인간 정치인의 역할이 대체될 정도라면 이야기가 달라진다. 인간 정치인의 대체재가 나타난 것이기 때문이다. 고도로 정교한 AI 로봇이 출현한다면 비효율적인 인간 정치인이 도태되는 현상을 거스르기란 어려울 것이다.

그런데 만약 AI 로봇이 인간 정치인과 경합적으로 과업을 수행하는 상황이라면 어떻게 될까? AI 로봇은 자지 않고 일한다. 이 점만 놓고 보더라도 생물학적인 인간이 특정한 과업 수행에서 AI 로봇의 경쟁 대상이 되기는 어렵다. 즉, 인간과 AI 로봇이 직무수행에서 유사한 능력을 보유한 경우, 경쟁이라는 개념은 지속될 수 없다는 것이다. AI 로봇의 완승이다.

문제는 시간이다. 위 상황이 미래 언제쯤의 이야기일까? 재미있는 것은 그 시기를 특정할 수 없다는 점이다. 인간의 의지에 따라 그 시기가 변경될 수 있기 때문이다. 인간은 시간의 흐름을 통제할 수는 없지만, 미래의 구성을 바꿔놓을 수는 있다.

과거를 되돌아보는 역사에서도 그렇듯이, 시간의 범위가 정해지지 않은 미래는 맥락적 의미를 부여하기가 어렵고 따라서 그에 관한 논의도 쉽지 않다. 그래서 사람들이 크로노스Chronos의 시간(객관적인 물리적 시간)과 카이로스Kairos의 시간(주관적인 상대적 시간)을 구분해놓았는지도 모른다. 미래는 인간이 통제하지 못하는 시간과 인간의 의지가 결합한 산물이다. 미래의 포스트휴먼 사회를 이야기할 때는 공허한 상상이 되지 않도록 크로노스의 이정표로 삼을 만한 것이 있어야 한다. 반도체 기술의 발전이나 인구수 증감, 해빙의 감소나 환경 변화 등 무언가가 필요하다. 여기에서 논의하는 인간 정치인과 AI 로봇 정치인의 경쟁 상황은 대략 2045년경으로 예상되는 싱귤래리티, 즉 특이점(AI가 인간의 지능을 넘어서는 기점)과 그로부터 한 세대 정도가 지난 시기, 즉 지금으로부터 약 50년 정도 후의 상황으로 가정해본다.

AI 로봇에 독립적인 인격을 부여할 수 있을까?

AI의 발전 속도가 빨라지고 있다. 챗GPT와 같은 거대언어모델의 등장으로 AI가 일상생활 속에 깊숙이 파고들었고, 축적된 데이터와 알고리즘이 연결되어 머지않아 인간의 의사결정을 대신할 것으로 예측될 만큼 빠르게 발전하고 있다. 심리학자 폴 블룸Paul Bloom이 제시한 인간의 지적 학습의 위계를 기준으로 봤을 때 암기나 이해 등 낮은 수준의 인지능력은 AI가 인간을 이미 능가했고, 분석·적용·비판·창조 등 상위 수준의 단계에 점차 접근하고 있다. 지식의 비판적·창조적 기능까지 조만간 담아낼 수 있을 것으로 보인다.

이와 관련해 두 가지 쟁점이 있다. AI 로봇이 기술적인 면에서 인간과 경쟁할 수 있을 정도의 단계에 이르렀는가 하는 문제와 만일 AI 로봇이 그 정도의 단계에 도달했다면 AI 로봇을 어떻게 대우할 것인가 하는 문제이다. 인간이 만들어놓은 사회질서 속에서 AI 로봇을 권리·의무의 주체로 볼 것인가 하는 문제는 매우 다양한 논쟁을 불러일으킨다. 법률적인 문제와 함께 인간과 같은 의식이나 자아를 인정할 수 있는가 하는 정신적·심리학적인 판단 문제도 따라오기 때문이다.

이러한 논의는 AI 로봇을 인간과 유사하게 인식하는가에 대한 질문에서부터 출발해야 한다. 만일 사람들이 AI 로봇을 인간과 유사하게 인식한다면, 현재의 인간 중심 사회생활 관계는 변화가 불가피하다. 그러한 경우 인간은 AI 로봇을 경제활동을 하는 계약의 당사자로, 불법행위나 범죄를 일으켰을 때는 그 행위에 대한 책임을 부담하는 자로, 국가와 시민의 관계에서는 선거권을 가진 시민으로, 피선거권을 가진 정치인으로, 가족 단위를 구성하는 가족공동체의 일원이자 상속권을 가진 상속권자로, 경제활동을 하는 납세자로 대우해야 하기 때문이다. 즉, 인간이 형성한 사회관계 속에서 AI 로봇이 의미 있는 행위자로 취급된다는 뜻이다.

그렇다면 인간과 유사한 정도로 발전한 AI 로봇에 독립적인 인격을 부여해야 할 것인가? 기능적인 역할을 놓고 보면 독립적인 인격을 부여해야 한다는 의견이 그럴듯하게 들릴 수 있다. 그런데 그러기 위해서는 AI 로봇이 권리와 의무를 함께 감당할 수 있어야 한다. 권리는 그 자체가 형성적이기에 특정 절차를 거쳐 AI 로봇에 권리를 부여할 수는 있을 것이다. 문제는 AI 로봇이 의무를 부담할 수 있느냐는 것이다. 사회적인 약속과 법적인 규정, 윤리적인 규범을 지켜야 하고 이를 위반했을 때 비난의 책임을 질 수 있어야 한다. 그런데 AI 로봇에 책임을 묻는다는 것이 의미가 있을까? AI 로봇에 형벌을 부과한다? 벌금을 매긴다? 제조자가 똑같은 AI 로봇을 무제한으로 제작할 수 있는 상황이라면 그것이 무슨 의미가 있을까? 만일 AI 로봇에 인격을 부여할 경우 참정권, 즉 선거권, 피선거권, 국민투표권의 문제는 어떻게 처리해야 할까?

AI 로봇에 참정권을 준다면 그것은 시장에서 백지수표를 대량 발행하는 것과 같다. AI 로봇을 독립적인 인격체로 대우하는 데서 오는 효익보다 훨씬 더 큰 사회적 비용을 치러야 한다. 그래서 독립적인 인격 부여는 합리적이지 않아 보인다. 오히려 인간이 AI 로봇의 독립적 인격을 이용해 자신의 책임을 회피하는 수단으로 악용할 가능성이 크다. AI 로봇을 이용해 불법행위를 저지르거나, 탈세 등 반사회적이고 비난받을 행위를 대신하게 할 수 있기 때문이다. 인류가 존재하는 상황에서는 AI 로봇이 사회적 행위의 주체가 되기는 어렵다. 독립적인 사회적 존재로서의 의미가 없기 때문이다.

　AI 로봇에 독립적인 인격이 인정되지 않는다면 그 본질은 사람의 도구에 불과하고 AI 로봇은 그냥 물건으로 취급될 것이다. AI 로봇이 행동하는 것처럼 보이지만 그 뒤에서 이를 조종하거나 통제하는 인간이 그 행위의 주체가 되는 것이다. 물론 여기에도 쟁점은 있다. 인간과 경합할 수 있을 정도의 지적·신체적 기능을 가졌음에도 그에 상응하는 권리와 의무의 주체가 될 수 없다면 극단적인 경우, 인간의 통제를 벗어나 스스로 바이러스와 같은 위험한 존재 혹은 인간의 존재를 위협하는 괴물이 될 수 있기 때문이다. 그러나 AI 로봇이 인간과 유사한 능력을 지녔다는 것과 인간 사회에서 인간과 유사하게 취급되어야 하느냐는 서로 다른 문제이다. 따라서 AI 로봇은 인간과 경쟁할 수 있을 정도로 고도화될지언정 인간과 같은 권리와 의무의 주체로 인정되기는 어려워 보인다.

인간 정치인은 AI 로봇을 어떻게 활용할까?

국회에서의 입법과 예산안 심사 업무는 고도의 지적인 업무 영역에 속한다. 하지만 여기에도 자동화된 프로세스가 대체할 영역이 많다. 먼저 국회에서 진행되는 일을 살펴보면, 입법자는 법안을 만들고 예산안을 심의한다. 주요 선진국들과 달리 우리는 예산안을 법률 형태가 아닌 의안의 형태로 국회에서 심의받는다. 그 과정에서 정치인들이 민의의 수

렴과 갈등의 중재, 조정, 화해의 역할을 하게 된다. 그리고 행정부에 대한 국정감사도 한다.

이처럼 인간 정치인이 수행하는 법안의 발의와 심의, 예산안의 심의, 국정감사는 AI 로봇이 대체할 수 있는 영역인가? 답은 긍정적이다. 기술의 영역이 급속도로 발전하고 있기 때문이다. 자동화 혹은 알고리즘으로 대체 가능한 영역도 그에 상응해 확대되고 있다. 입법 프로세스 역시 AI와 빅데이터 기술을 이용해 자동화하려는 시도가 늘어난다. 패턴화가 가능한 업무들이기 때문이다. 챗GPT의 성과와 LLM의 위력, 자연어처리NLP 연구가 모여 리걸테크LegalTech 분야에서 성과가 나타나고 있다. 물론 아직은 인간 정치인처럼 포괄적이고 세밀하지는 못하다.

국회 회의장에서 의원들의 논의를 음성으로 저장하고 텍스트화해 관련 자료와 함께 처리하면 특정한 종류의 법안 프로토타입 형태를 만들어낼 수 있다. 법안의 종류에 따라 기본 골격을 패턴화해 알고리즘으로 만들어낼 수 있을 것이다. 이는 입법 자동화의 모습이지만, AI의 발전은 그 이상의 형태로 진화를 예고하고 있다. 물론 그것이 지능을 가진 AI 로봇이 독립적인 의사로 수행한다고 보기는 어렵다.

하지만 반복적이고 패턴화된 정치 분야 업무라면 인간은 기꺼이 AI 로봇에 그것을 맡기려고 할 것이다. 효율성이 너무나 높기 때문이다. 예방적 기능이나 경고 성격의 기능에 관한 사항, 인간 사이의 중재나 조정을 위한 사전 시뮬레이션 관련 사항, 표준화된 업무처리 영역, 신속하고 효율적이며 대량적인 판단이 필요한 사항 등의 영역에서는 AI 로봇이 인간 정치인의 역할을 빠르게 대체할 것으로 보인다.

AI 로봇으로 인해 인간 정치인은 어떻게 변화하게 될까?

정치는 인간이 인간으로 살아가기 위한 투쟁의 산물이다. 인간의 삶의 방식을 형성하고, 조건을 설정하며, 통제의 수단을 제공한다. 따라서 인간이 AI 로봇과 정치 영역에서 경쟁한다는 것은 곧 '전부 아니면 전무all or nothing'의 문제이다. 서로 독립된 인격으로서는 공동으로 일을 도모하는 공화共和의 대상이 될 수가 없다. 인간도, AI 로봇도 결국 누군가에 의해 삶의 양식이 결정되기 때문이다. 그것이 결정된 다음에는 서로가 일방의 도구로서 혹은 노예로서 아니면 절멸의 대상으로서 취급될 것이다. 마치 SF 영화에서 흔히 보는 것과 같은 맥락이다.

물론 향후 50년 안에 이러한 상황이 있을 것이라고 단정하기는 쉽지 않다. 여러 가지 미래 시나리오를 그린다면 그중 하나에 포함할 수는 있을 것이다. 이보다는 인간 정치인의 활동을 지원하는 데 훌륭한 강점을 지닌 AI 로봇을 떠올려볼 수 있다. 즉 진짜 경쟁은 인간과 AI 로봇 사이가 아니라 인간 사이에서 일어날 가능성이 크다. AI 로봇을 잘 활용하는 정치인과 그렇지 못한 정치인은 사회적 영향력에서 큰 차이가 나타날 것이다. AI 로봇이 인간 정치인을 대체하기보다는 AI 로봇을 잘 활용하는 인간 정치인이 그렇지 못한 인간 정치인을 대체할 것이다.

AI 로봇에 독립적인 인격을 부여하지 않는다면 인간은 AI 로봇과 조화로운 역할 분담이 가능하다. 인간 정치인이 매우 효율적인 AI 로봇을 대리인 혹은 보좌관으로 두게 되는 것이다. AI 로봇은 하이테크(첨단 과학기술) 영역에서 매우 효율적으로 인간 정치인을 지원할 것이고, 인간 정치인은 유권자의 마음을 사로잡는 '하이터치high touch'(하이테크의 대극

에 있는 인간적인 감성)에 주력함으로써 보다 성공적으로 정치적 행위를
하게 될 수도 있다.

영생불멸을 향한
인간의 꿈이 실현될까?

동서고금을 막론하고 인간은 누구나 늙지 않고 영생하는 꿈을 꾸어왔다. 중국 최초로 천하 통일을 이루었던 진시황도 2,200년 전 불로초를 얻기 위해 신하 서복을 한국과 일본으로 보냈다고 한다. 실제 우리나라 남해, 거제도, 제주도, 그리고 일본 와카야마현에서 서복과 관련된 기록을 찾을 수 있다. 우리나라 전래동화 〈젊음의 샘물〉은 깊은 산속 샘물을 마신 할머니와 할아버지가 젊은이로 회춘한다는 이야기인데, 이와 비슷한 젊음의 샘 전설은 말레이시아, 러시아, 유럽에도 존재한다. 스페인 왕의 명을 받은 탐험가 후안 폰세 데레온이 아메리카 대륙에서 젊음의 샘을 찾는 이야기는 할리우드 영화 〈캐리비안의 해적〉의 모티프가 되기도 했다. 모두 영생에 대한 인류의 오랜 열망을 보여준다.

프랑스의 잔 루이즈 칼망 할머니는 기네스북이 인정한, 가장 오래 산 인물이다. 1875년에 태어나 1997년까지 총 122년 164일을 살았다. 그렇다면 인간 수명의 한계는 어느 정도일까? 1996년 미국의 케일럽 핀치Caleb Finch 박사는 비선형적 예측 모델의 하나인 곰페르츠 모형Gompertz Model을 사용해 인간의 최대 수명을 약 120년으로 추정한 바 있다.[18] 2020년 기준 전 세계적으로 57만 3,000명의 100세 이상 노인이 살고 있다고 추정되고, 이는 50년 전의 20배가 넘는 수치이다. 즉 인간의 수명에 한계는 있으나 미래에는 의료·과학 기술로 수명이 더 늘어나는 일이 가능할 것으로 보인다.

영생의 꿈, 가능할까? 늙지 않는 동물들

영생의 삶은 인간의 오래된 꿈이다. 의료 기술이 발전하면서 많은 사람이 더 오래 살게 됐지만, 늙어 죽는다는 굴레에서도 벗어날 수 있을까? 지구상에 늙지 않는 생명체가 존재할까? 오래 산다고 알려진 동물들은 얼마나 오래 살고, 어떻게 오래 사는 것일까?

어린 시절로 되돌아가는 해파리

인터넷이나 신문지상에 간혹 소개되는 영생 해파리가 있다. 홍해파리는 발생이 다 끝나 성체로 살아가다가 환경이 좋지 않거나 노화가 진행되면 생활사를 되돌려 어린 유생으로 되돌아갈 수 있다. 일반적으로 성체가 자손을 낳아 종을 유지하는 진화 전략과는 다르게, 다 자란 성체가 어린 상태로 되돌아가는 전략을 가진 것이다.

2022년 홍해파리의 유전자 염기서열 분석을 통해 성체 세포가 줄기세포 과정으로 돌아가는 능력과 DNA의 손상을 회복하는 능력 등이 밝혀지기도 했다.[19] 어쩌면 자연계에는 세포 리프로그래밍 능력을 지니고 있어서 영생하는 생명체가 이미 존재하고 있는지도 모른다.

노화가 멈추는 벌거숭이두더지쥐

우리와 같은 포유동물 중에서도 노화의 법칙에서 벗어난 동물이 있다. 벌거숭이두더지쥐가 그러하다. 보통의 쥐 수명이 2~3년에 불과한 것과 달리 벌거숭이두더지쥐는 30년이 넘게 사는 것으로 알려져 있다. 인간에게 비유하면 평균수명의 10배, 즉 수백 년을 사는 인간이 존재한다는 것이다.

어떻게 이런 일이 가능할까? 놀랍게도 벌거숭이두더지쥐는 일정 기간이 지나면 노화가 멈추는 것처럼 보인다고 한다.[20] 영화 〈아바타 2: 물의 길〉에서는 판도라 행성의 해양생물 툴쿤으로부터 채취한 암리타를 인간에게 주입하면 인간의 노화가 멈추는데, 이미 지구에 그런 현상이 일어나는 포유동물이 있는 셈이다. 나이가 들어도 심장 기능이나 몸의 구성 성분, 뼈의 상태, 신체 대사 활성도에 퇴화가 일어나지 않고, 죽기 전까지 생식능력 또한 여전하다고 한다.

2011년 국제 학술지 〈네이처〉에 벌거숭이두더지쥐의 유전자에 대한 정보가 보고됐는데,[21] 유전적으로 생물학적 대사 진행 속도가 느리고, DNA 손상을 복구하는 능력이 뛰어난 것으로 알려졌다. 이외에도 장수하면 떠오르는 바닷가재, 갈라파고스 땅거북, 그린란드 상어 등의 연구를 통해서도 인류는 영생의 꿈을 푸는 실마리를 찾는 중이다.

영생을 위한 생명과학은 어디까지 왔는가?

과거에는 벗어날 수 없는 숙명으로 여겨왔던 노화였으나, 연구자들의 다양한 노력으로 인식의 전환이 일어나고 있다. 물론 아직은 실험실 수준의 연구이지만, 노화를 지연시키거나 심지어 역전시키는 기술들이 유수의 학술지에 보고되고 있다.

이러한 추세에 맞춰 세계보건기구WHO는 2018년 노령old age에 질병 코드 'MG2A'를 부여했다. 또 미국 FDA가 세계 최초로 항노화 임상을 허가하면서 2019년에 당뇨병치료제인 메트포르민을 이용한 메트포르민 노화 표적화TAME, Targetting Aging with MEtformin 임상시험이 개시된 상황이다. 이러한 추세에는 노화를 어쩔 수 없는 자연적 현상으로 받아들이는 것이 아니라 예방과 치료의 대상으로 여기는 인식이 반영되어 있다. 물론 WHO의 노화 질병 코드는 확정 시 발생할 수 있는 노인 차별 등의 이슈로 2022년부터 시행된 국제질병분류 개정판(ICD-11)에 실리지는 않았으나, 여전히 노화 관련 코드(XT9T)는 남아 있다. 따라서 노화 자체를 개별적 독립 질환이라고 인정하지는 않더라도 고혈압, 암, 당뇨, 치매, 심혈관질환 등 모든 노인성질환의 선행 질환으로 여기고 노화 자체를 진단·예방·치료함으로써 전체 노인성질환의 발병을 제어하는 기술의 개발이 미래 고령사회에서는 꼭 필요하다고 할 수 있다. 그렇다면 노화를 극복하고자 하는 인류의 노력은 어디까지 와 있을까?

노화의 예방과 치료를 위한 R&D 역사

노화를 극복하고자 하는 연구자들의 노력은 오래전부터 시작됐다. 1935년 소식을 하면 수명이 연장되는 현상이 보고됐고,[22] 젊은 혈액 속에 노화를 되돌리는 인자가 있다는 연구는 1957년대에 알려졌다.[23] 1961년에는 세포분열 횟수에 한계가 있어 노화하게 된다는 헤이플릭 한계Hayflick limit가 보고됐다.[24] 이후 다양한 모델 생물 실험의 결과, 수명과 건강수명을 연장할 수 있다고 밝혀진 노화 치료 방법에는 혈액에서 발굴한 역노화 물질 주입, 식이 제한 모사 전략, 노화 세포senescent cell 제거, 세포 리프로그래밍, 장내 미생물을 이용한 역노화 기술 등이 있다.

혈액 내 노화 조절 인자, 젊은 피를 수혈하면 젊어질까?

'프로젝트 블루프린트Project Blueprint'라는 일종의 회춘 프로젝트가 있다. 미국의 억만장자 브라이언 존슨Bryan Johnson이 시작한 것으로, 자신의 신체 나이를 18세로 되돌리겠다는 목표로 연간 수백만 달러를 투자해 식단 관리, 운동, 건강보조식품 섭취 등을 진행하고 있다. 2023년 4월에는 그의 아들에게서 1리터에 달하는 혈장을 주입받아 화제가 되기도 했다. 그렇다면 정말로 젊은 혈액 속에 노화를 되돌리는 물질이 있을까? 16세기 인물인 헝가리의 바토리 에르제베트 백작 부인이 젊음을 유지하기 위해 젊은 여성의 피를 마셨다든가, 뱀파이어가 인간의 피를 빨아먹고 영생하는 이야기는 과연 과학적 근거가 있는 것일까?

1950년대에 어린 쥐와 나이 든 쥐의 혈관을 연결해 혈액을 공유하는 병체 결합을 하면 서로의 노화 정도가 비슷해진다는 보고가 있었다.[25] 또 2005년 〈네이처〉에는 병체 결합 시 늙은 쥐의 근육, 간, 심장 세포가 회복된다는 결과가 발표되기도 했다.[26] 이후 젊은 혈액의 역노화 효능을 지닌 물질을 찾으려는 연구가 수행됐고, 베타2마이크로글로불린beta2 microglobulin이나 CCL11 등이 노화를 촉진하는 노화 인자로, 또 기질금속단백분해효소TIMP2, 아펠린Apelin, GPLD1 등이 노화를 억제하는 인자로 보고됐다. 이에 젊은이의 혈장을 이식하는 회사가 세워지기도 했으나, 현재 미국 FDA는 전혈과 혈장 이식의 부작용과 위험을 경고하고 있다.

최근에는 운동에 의한 효능 역시 혈액 내 인자를 통해 전신으로 전달된다는 것이 보고됐다. 운동을 많이 하는 나이 든 쥐의 혈액을 운동을 많이 하지 않는 나이 든 쥐에 주입하면 신경세포 수가 증가하고 인지기능이 향상된다는 것이다.[27] 따라서 많은 연구자가 혈액 내에서 노화를 조절하는 인자를 찾고 이를 활용해 노화와 노인성질환을 치료하려고 노력한다. 미국의 바이오벤처 알카헤스트Alkahest는 분획된 젊은 혈액을 투여해 알츠하이머 치매 임상을 수행 중이며, 2019년에 젊은 혈액이 치매환자의 일상생활 능력을 높이고 치매 증상을 억제한다고 소개한 바 있다.

미래에는 노화가 진행됨에 따라 감소하는 혈액 내의 항노화 단백질, 핵산, 대사물질 등을 찾아서 노인에게 보충해주는 항노화 기술이 개발되어 무병장수에 한 걸음 더 다가갈 수 있을 것이다.

노화 세포 제거

1960년 이전에는 사람의 세포도 세균과 같이 무한히 분열할 수 있다고 생각했다. 하지만 일정 횟수 이상 분열 후에는 증식을 멈춘다는 사실, 즉 헤이플릭 한계가 1961년에 알려졌다. 다양한 원인으로 분열이 멈춘 세포를 우리는 '노화 세포'라 부른다. 그러면 세포 수준의 노화 현상이 실제 개체 수준의 노화와 관련이 있을까?

2011년과 2016년에 잇따라 〈네이처〉에 이러한 질문에 답이 되는 연구 결과가 보고됐다. 즉 노화 세포를 특이적으로 제거하면 백내장을 포함한 퇴행성 질환의 발생이 늦춰지거나 나타나지 않았고, 더 늙은 나이까지 운동능력을 유지할 수 있었으며, 실제 수명도 늘어났다.[28] 흥미롭게도 노인성질환을 치료하는 기존 치료법과 노화 세포 제거 기술을 병행하면 치료법의 효능이 증가한다는 것도 보고되었다. 이로써 노화 세포 제거 기술은 미래에 노화를 극복하는 것뿐 아니라 당장의 노인성질환 치료에도 활용될 가능성을 열었다. 현재는 노화 세포를 특이적으로 제거하거나, 노화 세포의 활성을 막는 약물을 개발하거나, 우리 몸의 면역세포를 이용해 노화 세포를 제거하려는 시도가 진행되고 있다. 미국의 종합병원 메이오클리닉Mayo clinic에서는 노화 세포를 제거하는 약물이 인간에게도 효능이 있는지를 검증하는 임상시험이 진행 중이다.

　미래에는 질환이나 장기 특이적 특정 노화 세포를 제거하는 기술, 노화 세포 표면 단백질을 인지해 노화 세포를 제거하는 기술, 코로나19 백신 개발에 활용된 mRNA를 이용해 노화 세포를 제거하는 기술 등이 가능해질 것으로 예측된다.

세포 회춘 프로그래밍을 통한 노화와의 전쟁

2006년 일본 교토대학교 야마나카 신야Yamanaka Shinya 교수팀은 4개의 인자를 활용해 분화가 끝난 체세포를 역분화시켜 유도만능줄기세포를 만들었다.[29] 시간에 따른 세포의 분화를 역분화시킨 것이다. 노화 연구자들은 이 연구 결과를 보며 세포의 역분화가 가능하다면 개체의 역노화도 가능하지 않을까 하는 질문을 던졌다. 이 흥미로운 질문은 2016년에 실현됐는데,[30] 야마나카 인자라고 불리는 OSKM(Oct4, Sox2, Klf4, c-Myc) 역분화 인자를 발현시킨 실험 쥐에서 노화 표현형이 개선된 것이다. 물론 암을 일으키는 OSKM의 성질 때문에 소량을 짧은 기간 발현시켜야 하는 약점을 고려하더라도 노화를 개선하는 수준이 아닌 되돌리는 것이 가능하다는 아이디어는 노화를 바라보는 기존의 관념을 깨뜨린 혁신적인 연구 사례이다. 실제로 OSKM 가운데 c-Myc를 제외한 OSK만 넣어주면 암이 발생하지 않았고, 노화된 시신경이 젊어져 시각 손상을 회복시킬 수 있다는 것이 2020년 〈네이처〉에 보고되기도 했다.[31]

러시아의 억만장자 유리 밀너Yuri Milner와 아마존 창업자인 제프 베이조스Jeff Bezos 등이 투자에 참여한 항노화 벤처 알토스랩스Altos Labs 등을 비롯해 많은 바이오기업이 세포 회춘 프로그래밍 등 이른바 '노화와의 전쟁'에 뛰어들고 있다.

노화를 억제하는 약물의 개발

미국의 국립노화연구소에서는 2003년부터 수명 연장 약물의 효과를 검증하는 프로그램인 중재 테스트 프로그램Interventions Testing Program을 진행한다. 현재까지 42개의 약물에 대한 평가를 진행했고, 실험 쥐 모델에서 10% 이상의 평균 및 최대 수명 증진 효능이 있는 물질을 발굴하고 있다.

1998년에는 당뇨병 치료제인 메트포르민을 복용 중인 당뇨병환자를 추적 관찰한 결과, 투여 그룹에서 사망률이 대폭 감소하는 효과가 보고됐다. 53건의 메트포르민 임상시험 결과를 메타 분석한 연구에서는 메트포르민을 투여하지 않은 경우보다 투여한 당뇨 환자의 사망률이 낮게 나오기도 했다. 이를 근거로 미국 FDA에서는 인류 역사상 최초로 항노화 임상연구를 승인했고, 2019년 65세 이상 노인 3,000명을 대상으로 6년간의 TAME 임상 연구가 시작됐다. TAME 항노화 임상은 암, 치매, 뇌졸중 등 다양한 노인성질환의 발병 정도, 노인 사망률, 인지기능,

운동능력 등을 복합적으로 평가하고 있고, 이의 성공 여부는 다른 항노화 임상의 이정표로 작용할 뿐 아니라 항노화 연구의 전환점이 될 것으로 예측된다.

이외에도 조로早老 실험 쥐의 장내 미생물을 젊은 실험 쥐의 장내 미생물로 교체하자 조로 실험 쥐의 노화 표현형이 개선되고 수명이 늘어나는 데서 착안한, 노인성질환 및 노화를 조절하는 장내 미생물 개발 연구도 수행되고 있다.

'노화 시계'를 되돌리는 단계적 노화 치료 시대로

노화가 질병으로 인식되기 위해서 넘어야 할 산에는 무엇이 있을까? 앞서 서술한 노화 치료 기술이나 항노화 임상만큼 중요함에도 그 중요성이 간과되고 있는 것이 노화 진단 기술의 확보이다. 지난 몇 년간 코로나19를 성공적으로 극복하게 된 원인으로 백신과 진단 기술의 개발을 꼽을 수 있다. 이처럼 아무리 효과 좋은 노화 치료 기술을 개발하더라도 노화 치료의 효능을 평가하고 증명할 진단 방법이 없다면 무의미하다. 누가 믿고 그 기술을 사용하려 하겠는가? 진단 방법이 없다면 효과가 증명되지 않은 기술이나 약물 그리고 건강기능식품이 오남용될 가능성도 있다.

따라서 인간에게 적용 가능한 노화 바이오마커를 찾는 것은 노화 연구자들의 오랜 목표였다. 그동안 염색체 끝부분에 있는 특수한 입자인 텔로미어telomere의 길이나 미토콘드리아의 돌연변이 정도 등이 생체 나이와 통계적으로 유의한 상관관계를 보여주었지만, 진단 정확도가 낮아 활용하기에는 문제가 많았다. 그러나 시간이 지나고 2013년 화학적으로 DNA를 변화시키는 DNA 메틸화 정도를 추적해 노화율을 측정할 수 있는 후성유전학적 생체시계epigenetics clock가 발표되면서 과학계에서 매우 큰 주목을 받았다.[32] 이후 이러한 연구 결과에 바탕을 둔 다양한 후성유전학 노화 시계가 개발되고 있다. 예를 들어, 미국의 바이오벤처 23앤드미23 andMe는 유전자 서열 분석을 통해 심장병, 당뇨 등의 만성 질병 발병 위험도를 비롯해 후성 유전체 기반 생체 나이 측정 서비스를 제공한다.

이처럼 미래에는 건강검진 시 채취한 혈액을 활용해 과학적 근거를 가진 생체 나이를 정기적으로 검사하고, 자신의 노화 속도에 근거해 노화 질병, 노화 고위험, 정상 노화, 건강 노화 등으로 분류한 후 그 정도에 따라 노화 치료법, 노화 예방법, 건강관리 등의 단계적인 의료서비스가 가능해질 것이다. 이제 무병장수에서 더 나아가 영생의 꿈을 이루는 게 결코 불가능한 일만도 아닐 것이다.

AI도 저작권을 가질 수 있을까?[33]

뉴욕의 현대미술관 모마MoMA 1층 로비에는 2022년부터 AI가 만든 '비감독Unsupervised'이라는 작품이 전시되고 있다.[34] 네덜란드 헤이그 마우리츠하위스 미술관의 한 공간에서도 이미지 생성형 AI인 미드저니를 이용해 만든 작품이 전시되기도 했다.[35] 이처럼 생성형 AI의 창작 능력이 이미지, 영상, 소설 등 다양한 분야에서 나타나면서 '인간 창작자'들을 깜짝 놀라게 하고 있다.

AI의 창작 능력에 세간의 관심이 더 뜨겁게 쏠리기 시작한 것은 2022년 말 챗GPT가 등장하면서부터이다. 미국의 오픈AI가 공개한 챗GPT는 대화형 AI 챗봇이라고 할 수 있는데, 이름처럼 대화chat하듯 필요한 내용을 명령어로 입력하면 보고서나 문제 풀이 등의 결과물을 만들어낸다. 이는 구글 검색과 같은 기존의 단순 검색을 뛰어넘는 능력이라고 할 수 있다. 물론 챗GPT의 생성물은 주로 인간이 이전에 만들어놓은 데이터를 학습해 그럴듯하게 조합해낸 결과물이라 볼 수 있다. 그러나 미술 작품의 사례처럼 생성형 AI가 내놓은 결과물이 기대 이상인 경우도 적잖다. 그렇다면 그러한 결과물을 만들어낸 생성형 AI도 저작권을 가질 수 있을까?

AI를 통해 생성한 결과물의 저작자는 AI인가?

결론부터 이야기하면, 현행 법체계 안에서는 AI의 저작권 소유가 불가능하다. 국내외 대다수의 저작권법은 표현상 차이는 있지만, 저작물의 개념을 "인간의 사상 또는 감정을 표현한 창작물"이라고 정의하고 있다. 따라서 현행법상 저작물은 사람이 창작한 것만을 의미하고, 저작자와 저작권자 또한 사람인 것으로 자연 해석된다. 사람만이 창작자가 될 수 있다는 이야기이다.

그런데 생성형 AI는 이용자가 입력한 프롬프트에 따른 결과물을 도출한다. 이용자는 더 정교한 결과물을 도출하기 위해 여러 번에 걸쳐 프롬프트를 수정·보완해 재입력하는 과정을 반복함으로써 보다 정교하고 완성도 높은 결과물을 얻는다. 이 경우 '여러 번에 걸쳐 프롬프트를 수정·보완해 재입력'한 것을 인간의 창작 행위로 볼 수 있는지, 생성된 결과물은 저작권법상 저작물에 해당하는지, 저작물에 해당한다면 누가 저작자/저작권자가 되는지, 저작물이 아니라면 누구나 무상으로 자유로이 이용할 수 있는 것인지 등에 대한 문제가 제기되고 있다.

미국의 저작권청USCO이 2023년 3월 공개한 저작권 등록 지침[36]에 따르면 AI가 최종 저작물을 창작하는 데 어떻게 사용됐는지를 고려해 현행법상 저작물에 해당하는지를 결정하게 된다. AI의 도움을 받아 만들어낸 결과물에 사람의 창작성이 표현되어 있다면 저작물에 해당할 수 있다는 설명이다. 그렇다고 챗GPT 같은 생성형 AI가 공동 저작자가 되지는 않는다. AI에 법인격을 부여하지 않는 한 AI가 저작자가 될 수는 없다. 실제로 2022년 미국 콜로라도주 박람회 미술전에서 신인 디지털 아티스트 부문 1위를 차지한 게임 디자이너는 '미드저니를 이용한 제이슨 앨런'이라고 저작자의 이름을 기재해 작품을 출품한 바 있다.

물론 사람의 창작으로 볼 수 없을 정도로 생성형 AI의 기여도가 높으면 저작물에 해당하지 않는다. 이 경우도 인간 저작자 없이 컴퓨터가 생성한 작품에 대한 저작권 보호나 AI가 한 발명에 대한 특허가 법으로 보호되고 있지는 않다. 2023년 2월 미국의 저작권청은 사람이 글을 작성하고 미드저니가 그림을 생성해 만들어진 만화 소설(그래픽노블)의 사례에서 글은 저작물에 해당한다고 보았지만, 미드저니의 그림에 대해서는 저작권을 인정하지 않았다.

영국에서도 컴퓨터가 생성한 어문, 연극 또는 예술 저작물에 대해 이를 창작하는 데 필요한 조정arrangement을 한 자가 저작자임을 관련 법에 명시하고 있다. 다만 사람이 창작한 경우보다 20년 짧은 50년간을 보호 기간으로 정하고 있다. 생성형 AI 이용에서도 사람이 '창작에 필요한 조정'만큼의 기여도 하지 않았다면 저작권자로 인정되지 않는다.[37]

한편 오픈AI는 챗GPT가 만들어낸 결과물에 사람이 작업한 것이라고 표시하는 것을 금지하고 있는데, 이러한 방침은 챗GPT를 개발한 오픈AI 또한 이용자를 생성물의 저작자로 보고 있지 않다는 것을 말해준다.

AI 저작물의 저작권 인정과 법적 보호가 가능할까?

앞서 본 미국 저작권청의 저작권 관련 지침은 AI를 이용해 저작물을 만든 경우에는 AI와 사람의 기여 수준과 기여 내용 등을 기재하도록 했는데, 이는 곧 AI 저작물은 저작권 등록 대상이 될 수 없다는 것을 시사한다.

저작권은 창작자의 권리를 법적으로 보호하되 일정 부분 제3자가 이용할 수 있도록 하는 법제를 통해 인간의 창작을 도모한다는 목적을 그 바탕으로 하고 있다. 그렇다면 AI의 생성물 보호 이슈를 현행 법제로 판단하는 것이 저작권법 취지에 부합할까? 근본적인 취지부터 다르므로 보호 대상의 문제부터 별도의 법제를 마련할 것인지, 차선책으로 특별 규정부터 만들 것인지 사회적 고민과 합의가 필요하다.

현행 법제를 유지한다면 AI가 창작물 제작에 쏟은 기여도가 상당해도 저작권을 인정할 수 없게 되는데, 이때 인간이 창작한 것과는 또 어떻게 구분할지에 대한 고민도 필요하다. AI에 법인격이 부여된다면 해당 법인격 체제에 부합하도록 저작권법 체계를 마련하면 되겠지만, 현시점에서는 AI 생성물의 이용을 공용화해 누구나 자유로이 대가 없이 이용할 수 있도록 할 것인지, AI 개발자 또는 서비스 제공자에게 수수료를 내도록 할 것인지 등에 대해서도 구체적인 논의가 이루어져야 한다.

인간이 창작한 것과 구별하기 위해서는 생성된 결과물에 자동으로 임의 삭제가 불가능한 형태로 워터마크처럼 'By AI'와 같은 표시가 삽입되게 하거나, 눈으로 보이지는 않아도 기술적으로는 확인 가능한 레이블링 등으로 표시하게 하는 방안도 있을 수 있다.

특히 저작권을 비롯한 지식재산권은 국제조약이나 국제기구 내에서의 합의를 통해 국가 간 상호인정, 보호 기간 등을 정하므로 세계지식재산권기구WIPO에서의 논의를 주시하면서 시대적 흐름에 적극적으로 대응할 필요가 있다.

AI에게 권리가 없다면 책임은 누구에게 있는가?

저작권과 관련해, 생성형 AI의 결과물로 인한 저작권 침해도 생각해볼 문제이다. 우선 학습 데이터의 저작권을 침해하는 경우를 생각해볼 수 있고, 나아가 여러 이용자가 유사하게 생성된 결과물을 이용할 때 이들 이용자 간의 저작권 이용 관계에서도 발생할 수 있다. AI의 저작물 학습이 사상, 감정, 표현 등이 아닌 기법, 패턴 등을 학습하는 것이라 해도 실제 결과물로 학습한 데이터가 그대로 포함되어 나올 가능성이 존재한다.

오픈AI 이용약관은 생성된 결과물과 관련해, 해당 결과물의 이용 권리와 결과물 생성에 대한 책임이 이용자에게 있음을 명시하고 있다.

더 나은 미래를 위한 대비

최근 미국의 한 라디오 진행자는 챗GPT가 잘못된 정보를 제공해 자신의 명예가 훼손됐다며 오픈AI를 상대로 손해배상 소송을 제기했다.[38] 생성형 AI와 관련해서 주로 저작권이나 개인정보 침해, 보안, 그리고 오남용 문제가 지적되고 있는 상황에서 명예훼손 이슈는 꽤 이례적인 사건이다. 생성형 AI의 결과물과 관련한 이슈는 이처럼 복잡하고 예측 불가하며 방대하다. 기본적으로는 그동안 AI를 다룰 때 제기됐던 데이터 편향성, 투명성, 인간 감독의 필요, 킬스위치의 필요 등과 같은 쟁점을 마찬가지로 내포하고 있으며, 특히 데이터의 부정확성으로 진실하지 않은 결과가 도출되어 사실을 왜곡할 수 있는 문제는 간과할 수 없는 사안이다.

AI도 저작권을 가질 수 있는 것으로 법규를 개정한다고 해서 저작권 이슈가 간단히 정리되는 것은 아니다. 저작권을 갖게 되면 저작권 침해에 따른 형사책임도 져야 하는데, AI가 형사상 권리와 의무의 주체가 될 수 있는지에 대한 논의가 별도로 이뤄져야 하기 때문이다.

현시점에서의 생성형 AI의 개발과 이용 수준은 미래로 이어질 AI 시대의 긴 여정에서 볼 때는 여전히 초기 단계일 것이다. 이 위치에서 앞으로 어떠한 문제가 어떠한 원인으로 발생해 어떠한 결과를 가져올지를 예측하기는 쉽지 않다. 따라서 발생할 수 있는 모든 문제를 당장 파악해 대응하려 하기보다는, 현시점 또는 가까운 미래에 발생할 것으로 예견되는 일부터 차근차근 대비해감으로써 AI 시대를 맞이하는 탄탄한 기반을 마련해야 할 것이다.

AI의 학습을 위해 모든 데이터를
아낌없이 주어야 할까? [39]

2022년 11월 오픈AI에서 선보인 챗GPT는 고도화된 대화형 AI 모델이다. 명령어나 지시어(프롬프트)만 입력하면 전문가 수준으로 설명해내고 수학 문제도 척척 풀어내는 식의 결과물을 내놓고 있어 2023년 내내 뜨겁게 화제 몰이 중이다. 챗GPT와 같은 생성형 AI는 '생성'이라는 표현이 시사하듯 명령어에 맞춰 해당 데이터를 유추해 이용자가 원하는 결과를 만들어내는 알고리즘으로 텍스트는 물론 이미지와 영상 등 다양한 형식의 결과물을 생성한다. 사실 생성형 AI는 챗GPT 등장 이전에도 그림 분야에서는 스테이블디퓨전, 미드저니, 달리2 등이, 음악 분야에서는 이봄EvoM, 포자랩스POZAlabs, 소설 분야에서는 수도라이트Sudowrite 등이 이미 서비스되고 있었다. 챗GPT의 영향으로 구글의 바드, 메타의 라마와 뮤직젠MusicGen, 마이크로소프트의 빙이미지크리에이터Bing Image Creator 등의 출시가 가속화됐고, 이와 더불어 생성형 AI 이용에 따른 문제점 또한 다각도에서 제기되고 있다.

유용 혹은 위험: 생성형 AI 이용에 관한 견해

챗GPT가 등장하자마자 제일 먼저 골머리를 앓았던 곳은 학교였다. 학생들이 너도나도 챗GPT를 이용해 과제를 수행하는 것이 문제였다. 이런 이유로 미국 뉴욕시의 한 공립학교는 2023년 1월 학교에서의 챗GPT 이용을 금지했다가 4개월 뒤인 5월에는 새로운 기술의 위험을 경고하면서도 다시 허용했다.[40] 또 미국 텍사스주의 한 대학교에서는 챗GTP를 이용해 과제를 하는 경우 '0점'을 부여할 것이라고 공지한 사례도 있었다.[41]

법조계에서도 챗GPT를 이용하는 사례가 등장하고 있다. 미국에서는 판례 검색 등에 사용됐는데, 생성형 AI의 인용 출처 표시 부재와 편향성 문제로 법률 문서 작성 시 생성형 AI의 이용을 규제하는 명령이 나오기도 했다.[42]

학계에서는 챗GPT를 이용해 논문을 작성하거나 공동 저자로 챗GPT를 기재하는 경우가 나오고 있는데, 챗GPT가 연구에 대한 책임을 질 수 없고 인용 출처의 파악이 불가능하다는 점에서 연구 윤리 위반 가능성이 지적된다. 이에 따라 챗GPT의 단독 저자 지위는 부정하되 기여도에 따라 공동 저자로 인정하거나(예: 미국과학저널), 어떠한 형태든 저자로 인정은 하지 않되 챗GPT가 기여한 수준 또는 정도를 밝히도록 하는 경우(예: 스프링거 네이처, 엘스비어) 등 학술지마다 다양한 게재 방침을 내세우고 있다.

직장에서의 이용은 저작권에 국한되지 않는, 더 폭넓은 문제를 안고 있다. 한 기업의 직원이 업무를 수행하는 과정에서 챗GPT와 같은 생성형 AI를 사용할 때 입력하는 데이터에 개인정보, 영업비밀, 아직 공개되어서는 안 되는 업무 내용 등이 포함될 가능성이 존재한다. 실제로 삼성은 '설비 정보'나 '회의 내용'을 언급한 것이 발견되면서 AI가 탑재된 챗봇 사용을 금지한 바 있다.[43] 삼성뿐 아니라 엔씨소프트, JP모건은행, 소프트뱅크 등도 기업 정보 유출 등을 이유로 챗GPT 사용을 금지한 상태이다.[44] 생성형 AI를 업무에 이용하면 효율성은 높일 수 있지만, 입력된 개인정보와 기업 기밀 등 다양한 속성의 정보가 생성형 AI의 학습 데이터로 이용되거나 해당 정보를 활용한 결과가 생성되어 제3자에게 제공됨으로써 정보 유출 문제를 일으킬 수 있기 때문이다.

이처럼 챗GPT와 같은 생성형 AI의 이용이 늘어나면서 결과의 정확성 여부와 안전성 문제, 정보 보안과 저작권 문제 등을 우려하는 견해와 시대 변화에 따라 등장한 새로운 기술을 적절하게 활용할 수 있도록 제도를 보완하고 방법을 마련해야 한다는 견해가 모두 존재한다.

AI를 학습시키는 데이터는 어디에서 오는가?

챗GPT, 바드 등 생성형 AI의 출현은 대규모로 학습할 수 있는 데이터가 존재했기에 가능했다. AI의 발전은 데이터, 특히 양질의 데이터 확보에 그 성패가 달려 있다고 해도 무리가 아니다. 오픈AI는 GPT를 학습시키기 위해 온라인상의 데이터를 크롤링crawling 방식으로 수집했다고 알려져 있다. 이렇게 수집한 데이터에는 저작권이 포함된 데이터와 개인정보 등도 들어 있다. 따라서 이러한 데이터를 갖고 학습하는 것이 과연 적절한지에 대한 이슈가 있다.

학습 데이터에는 저작물, 개인정보, 금융 데이터 등이 포함될 수 있고 각 데이터의 내용과 유형별로 데이터 수집·이용에 관해 저작권법, 개인 정보보호법, 금융정보보호법 등 관계 법령의 적용을 받게 된다.

데이터 이용 제한은 AI 개발 저해 요인?

이러한 AI의 학습과 관련한 저작물 이용에 대한 제한을 두고 AI 개발의 저해 요인으로 작용한다는 문제 제기 또한 계속 이어져왔다. AI의 특성 상 거대한 양의 데이터를 학습하게 되므로 일일이 저작권자*를 파악해 개별적으로 동의를 받는 것은 현실적으로 불가능하며, AI는 데이터의 패턴을 학습하는 것이지 저작권 보호 대상인 감정이나 표현을 학습하는 게 아니라는 점을 근거로 한 문제 제기이다.

저작권 보호 대상인 데이터를 AI 학습에 이용할 수 있도록 하는 법적 근거로는 저작권법상 '공정한 이용' 또는 '텍스트 및 데이터 마이닝TDM, text and data mining 면책' 규정이 있다. 우리나라는 저작권법 제35조의5에서 '공정한 이용'을 규정해, 저작물의 통상적인 이용 방법과 충돌하지 않고 저작자의 정당한 이익을 부당하게 해치지 않는 경우 저작물 이용

- 우리 저작권법상 저작물은 "인간의 사상 또는 감정을 표현한 창작물"을 의미한다. 저 작권은 이러한 저작물에 대한 권리로서 저작자의 저작인격권 및 저작재산권(복제, 공 연, 공중송신, 전시, 배포, 대여, 2차 저작물 작성)으로 구성되며, 저작인격권은 일정한 경우 저작자에게 일신 전속된 권리이나 저작재산권은 양도 등이 가능하다. 따라서 저작권 자에는 저작자뿐 아니라 저작자로부터 권리를 양도받은 자도 포함된다.

을 허용하고 있다. 하지만 '공정한 이용'을 판단하는 기준이 모호하고 저작권자 파악이 쉽지 않은 점을 고려해 이에 대한 저작권법 개정을 추진 중이며,[45] 2023년 2월부터 문화체육관광부와 한국저작권위원회가 '인공지능(AI)-저작권법 제도 개선 워킹그룹'을 구성해 운영하고 있기도 하다.[46]

AI의 학습을 위한 데이터 허용 관련 해외 동향

미국은 우리보다 AI의 데이터 학습 과정에서 '공정한 이용'을 더 적극적으로 해석한다. 연방저작권법 제107조에서 이를 규정하고 있는데, 구글이 서적을 디지털로 변환해 데이터베이스를 구축하고, 검색과 미리보기 서비스를 제공하는 것과 관련해 이러한 서비스가 서적을 대체하거나 서적의 가치를 훼손하지 않는다는 점 등을 이유로 구글의 저작물 이용이 공정한 이용에 해당한다고 결정한 예가 있다.[47]

싱가포르의 경우 저작권 침해에 해당하지 않는 '허용되는 이용permitted use'을 규정하고 있고, 2021년에는 '컴퓨터를 이용한 데이터분석' 조항을 신설해[48] 산업계의 데이터분석을 위한 명시적 법적 근거를 마련하기도 했다.[49] 또 일본은 저작권법 제30조 4항에서 정보 해석 용도 제공시 면책된다고 규정함으로써 AI가 저작물을 학습하는 것을 합법화하고 있다.

유럽도 〈EU 디지털 단일시장 저작권 지침〉[50]에서 패턴, 경향, 상관관계 등에 관한 정보를 생산할 목적으로 디지털 형태의 텍스트와 데이터를 분석하는 모든 자동화된 기술의 이용에 대해 저작권 적용을 면제하고 있다. 마찬가지로 영국도 비상업적 목적일 경우 허용한다고 규정하고 있다.

생성형 AI의 저작권법 위반 가능성

생성형 AI의 데이터 학습이 일부분 허용되고 있지만, 저작권법을 위반했다는 이유로 다수의 소송이 진행 중이거나 위반 가능성이 지적되고 있기도 하다. BBC, 뉴욕타임스, 워싱턴포스트, 디즈니 등이 회원인 디지털콘텐트넥스트Digital Content Next는 AI 학습과 결과 도출을 목적으로 원저작물을 이용하는 것은 공정이용 법리를 넘어선다는 의견을 명확히 밝힌 바 있다.[51]

또 마이크로소프트, 깃허브, 오픈AI는 오픈소스 코드 데이터 저작권 위반 등을 이유로,[52] 스테이블디퓨전, 미드저니, 데비안아트Devianart는 예술가들로부터 원저작물의 시장가치가 저하되는 결과가 발생했기에 이들의 저작물 이용이 법에 명시된 공정한 이용에 해당하지 않는다는 이유로 소송을 당하는 등 법적 분쟁 사례도 늘고 있다.[53] 향후 이러한 사건들의 판결 내용은 미국은 물론 다른 국가들의 AI 개발이나 이용에 상당한 영향을 미칠 것으로 보인다.

한편 스택오버플로, 레딧, 트위터 등은 대기업이 AI 학습에 자사의 데이터를 사용하는 것에 대해 비용을 내야 한다고 이용약관에 반영하는 등 데이터 유료 이용 방침 정립에 들어가기도 했다.[54]

생성형 AI의 개인정보 학습에 따른 논란

GPT 시리즈를 비롯해 거대언어모델들은 온라인에서 수집된 데이터를 학습해왔는데,[55] 이러한 방식이 적법한지에 대해서도 논란이 이어지고 있다. 또 학습 데이터로 사용된 개인정보가 AI 생성 결과로 도출되어 나오는 경우도 마찬가지이다.

최근 미국에서 오픈AI는 학습 목적으로 개인정보를 부적절하게 사용했다는 이유로 집단 손해배상 소송을 당했는데,[56] 원고들은 데이터에 개인식별이 가능한 정보가 포함되어 있었기에 자신들의 프라이버시가 침해됐고, 오픈AI가 높은 가치를 지닌 상품을 생산해내고 있음에도 자신들에게 어떠한 배상도 없었다고 주장했다.

이탈리아의 경우, 개인정보보호 감독 기구가 2023년 3월 GDPR(EU의 일반개인정보보호법) 위반 가능성을 이유로 챗GPT 사용을 중단시키고 오픈AI에 관련 시정조치를 요구했으며, 오픈AI가 해당 조치를 이행한 것을 확인한 후에야 자국 내 서비스 재개를 허용한 바 있다.[57]

일본은 2023년 6월 〈생성형 인공지능 플랫폼에 따른 개인정보보호에 관한 행정지침〉을 공개했는데,[58] 기계학습의 목적으로 정보 주체의 동의 없이 민감정보를 수집해서는 안 되며, 생성형 AI에 개인정보를 사용하는 경우 특정 목적과 최소한의 범위로 한정해 사용해야 한다는 점 등을 명확히 했다.

한편 우리의 개인정보보호법에는 '공개된 정보'의 처리에 관한 규정은 없으나, 〈표준 개인정보 보호지침〉에서 공개된 개인정보라 하더라도 공개한 목적 범위 내에서만 이용할 수 있고 그 외로 이용하기 위해서는 동의를 받아야 한다고 규정하고 있다. 하지만 방송통신위원회의 〈빅데이터 개인정보보호 가이드라인〉에서는 공개된 개인정보를 비식별화 조치하는 경우 이용자 동의 없이 수집·이용할 수 있도록 하고 있어 두 지침 간 다소 차이를 보인다.

개인의 저작물과 개인정보보호를 위한 대응 방향

그럼 어떻게 하는 것이 개인 저작물 및 개인정보도 보호하면서 AI의 발전에도 도움이 되는 길일까?

우선 AI가 더 많은 학습 데이터를 확보할 수 있어야 한다는 관점에서 예외적 이용 허용이 논의되고 있는데, 이때 저작물 이용 대가를 지급하도록 하는 방침을 마련해 학습 데이터 확보는 용이하게 하면서 저작권자도 보호하는 방향으로 방침을 수립할 필요가 있다. 즉 '예외적 이용'을 허용하는 경우, 생성형 AI 기업이 저작물 이용에 따른 이익을 모두 가져가는 것이 바람직한지, 저작권자와의 공유 방안은 어떻게 가능한지 등을 구체적으로 논의해야 한다.

예외적 허용이 아닌 경우, 저작권자의 사전 동의와 사후 동의 가운데 어디에 기준을 둘 것인지, 웹사이트 안의 데이터 이용에 관한 사항을 기업들 자율적으로 정하도록 할 것인지 등에 대한 국가 차원의 방침 또한 수립할 필요가 있다.

다만 분명한 것은 저작권자가 자신의 저작물이 AI 학습 데이터에 사용됐는지를 대부분 사후적으로 알 수밖에 없다는 점이다. 이와 관련해 EU 의회가 2023년 6월 채택한 AI법에 대한 수정안을 주목할 필요가 있다. 생성형 AI 공급자에게 '지적권법상 보호를 받는 학습 데이터 이용에 관한 상세 요약 자료 공개' 의무를 부과하는 규정이 포함되어 있어, 이대로 법이 제정된다면 데이터 확보는 어려워지고 저작권 보호는 더 강화될 것으로 보인다.[59]

공개된 개인정보의 수집·이용에 관해서는 호주와 미국의 주州 단위에서 이뤄진 입법 사례를 참고할 수 있다. 호주 빅토리아주는 참고·학습·전시 목적으로 도서관·미술관·박물관 등에 비치된 정보나 공공 기록물같이 일반 대중이 이용 가능한 정보에 대해서는 개인정보보호법을 적용하지 않는다.[60] 또 미국 아이오와주는 2023년 3월 개인정보보호법 개정을 통해 '일반 대중이 이용 가능한 정보'의 개념을 명확히 하면서 "정보 주체가 특정 대중에게만 정보를 제한한 것이 아니어야 한다"라는 단서를 명시했다.[61] 이러한 입법례는 공개한 목적 자체보다는 공개의 범위가 '특정 범주의 사람들(집단)'이 아닌 '일반 대중'이어야 한다는 것에 주안점을 두고 있음을 보여준다.

한편 뉴질랜드에서는 개인정보보호 관점에서 생성형 AI를 이용할 때 유의할 사항을 지침으로 제시했는데,[62] 생성형 AI에 '기밀정보'를 입력해서는 안 되고, 개인정보를 입력하는 경우 상사의 승인이나 사용에 따른 이익과 위험 간 이익형량을 고려하는 식으로 사용 전에 개인정보보호 영향 평가를 수행할 것 등을 강조하고 있다. 프랑스 또한 2023년 5월 AI, 특히 생성형 AI에 대응해 개인정보보호 실행 계획을 발표했으며,[63] AI 시스템이 미칠 영향 등을 중점적으로 다뤘다.

AI 개발과 이용을 활성화한다는 관점에서 공개된 개인정보에 대해서는 '공개한 목적'이 아닌 '공개한 범위'를 중심으로 이용 가능 여부를 판단한다면, 이용할 수 있도록 하되 가명·익명 처리 또는 다른 안전성 확보 조치를 이행하도록 할 것인지, 즉 안전 조치를 강제하고 영리 목적의 경우 별도 동의가 필요한지[64] 등을 면밀하게 검토해야 한다. 또 분석 결과에 학습된 개인정보가 포함되어 나오는 경우 정보 주체의 권리(열람 청구, 처리 정지, 삭제, 정보 최신화 등) 보호와 침해의 보장 범위 등에 대해서도 보다 세세한 설정이 필요할 것이다.

인간을 닮아가는 휴머노이드로봇,
어디까지 진화할까?

로봇 중에서도 인간의 모습을 닮은 로봇을 휴머노이드humanoid라고 부른다. 휴머노이드로봇은 두 다리로 걷고 두 팔과 상체 그리고 얼굴이 있다. 휴머노이드로봇 중 특히 외모와 행동이 사람과 똑같은 로봇을 안드로이드android 로봇이라고 부르기도 한다.

휴머노이드로봇의 장점은 인간이 사는 공간에서 특별한 변형이나 별다른 조치 없이 바로 사용할 수 있다는 것이다. 우리 주변의 공간은 기본적으로 인간의 신체 구조에 적합하게 설계되어 있다. 계단, 문, 의자 등을 보아도 모두 사람에게 최적화되어 있다. 그러므로 인간의 구조를 그대로 모방한 휴머노이드로봇에게도 이런 환경은 바로 적응할 수 있는 편안한 공간이다. 또 휴머노이드로봇은 사람과 사람이 대화하는 방식처럼 표정과 몸짓을 이용한 의사소통이 가능하다. 인간과 유사한 형태를 가지며 인간을 위해 서비스하는 최적의 로봇이라고 말할 수 있다.

물론 현재의 로봇 기술 수준과 제작 비용 등을 고려하면 휴머노이드 로봇은 아직 실용적인 플랫폼은 아니다. 하지만 2023년 7월 스위스 제네바에서 열린 국제전기통신연합ITU 주최의 〈선善을 위한 AI 글로벌 서밋AI for Good Global Summit〉에서 소개된 휴머노이드로봇들의 기자회견[65]을 보면 이들이 머잖아 우리의 일상 깊숙이 들어올 것이 전망되기도 한다. 생성형 AI까지 탑재되면서 외모는 물론 지능과 생각까지 인간을 더욱 닮아가고 있기 때문이다. 휴머노이드로봇은 어디까지 진화할 수 있을까?

휴머노이드로봇과 '불쾌한 골짜기'

휴머노이드로봇의 초기 연구는 일본이 주도했다. 1967년 와세다대학교의 와봇WABOT을 시작으로 1995년 독립적으로 보행이 가능한 와비안Wabian이 개발됐다. 2000년에는 자동차 기업 혼다가 아시모Asimo를, 2002년에는 가와다로보틱스가 HRP-2를 공개했다. 2003년 일본 오사카대학교 가토 이치구로 교수팀이 개발해 로봇연구소 코코로Kokoro에 기술이전을 한 액트로이드Actroid는 세계 최초의 '인조인간' 안드로이드 로봇이기도 하다. 국내에서는 KAIST가 2002년 KHR-1 개발을 시작으로 2004년에 휴보Hubo, 그리고 2005년에 아인슈타인 얼굴을 가진 알버트 휴보Albert Hubo를 선보였고, 한국생산기술연구원에서 개발한 에버원EveR-1도 2006년에 공개된 바 있다.

로봇의 외형이나 행동이 사람과 비슷해질수록 사람이 느끼는 호감도나 친밀도는 통상 높아진다. 그런데 유사도가 증가하는 어느 시점에서 친밀도가 급격하게 떨어지고 강한 거부감을 느끼다가 다시 올라가는 현상이 발생하는데 이를 '불쾌한 골짜기'라고 한다. 1970년 일본의 로봇공학자 모리 마사히로가 소개한 이론으로, 인간이 로봇과 같이 인간이 아닌 것에 대해 느끼는 감정을 설명해준다. 즉, 사람은 다른 사람을 관찰하거나 의사소통할 때 매우 미묘한 변화도 잘 인식하도록 진화해왔는데, 디지털 캐릭터나 로봇이 민감한 부분에서 사람과 다르게 어설프게 표현되면 오히려 불쾌감을 느낀다는 것이다. 불쾌한 골짜기는 이러한 감정의 변화를 그래프로 그렸을 때 호감도가 상승하다가 어느 순간 급하강한 뒤 다시 올라가는 모습이 골짜기 모양과 비슷해 붙여진 이름이다.

로봇이나 디지털 캐릭터가 불쾌한 골짜기에 빠지지 않게 하는 데는 두 가지 접근 방법이 있다. 첫 번째는 불쾌한 골짜기에 빠지기 전 단계까지만 유사도를 적당히 높이는 방법이다. 이 방법이 효과가 있는 이유는 사람은 사람처럼 생긴 형상을 두고 의인화하는 능력을 타고났기 때문이다. 우리는 사람과 소통하는 데 사용하는 기술을 무의식중에 사물, 무생물, 동물에도 적용할 수 있다. 사람의 뇌는 기억을 바탕으로 외모나 행동을 예측하는 데 매우 탁월하다. 그 사물의 외형이나 동작이 사람과 그리 비슷하지 않더라도 우리 뇌는 나름의 상상으로 세세한 것을 더 구체적으로 머릿속에서 그려낼 수 있다. 컴퓨터과학에서는 이러한 현상을 일라이자 효과Eliza Effect라고 한다. 소프트뱅크의 페퍼Pepper나 알데바란Aldebaran의 나오Nao 등 상업용으로 출시한 로봇들은 이처럼 유사도를 일부러 낮추는 전략을 사용하고 있다.

두 번째 전략은 유사도를 매우 높여 골짜기를 탈출하는 방법이다. 이 방법은 아주 세세한 부분이나 세세한 움직임도 사람과 똑같아야 한다.

세밀한 묘사가 없다면 첫 번째 방법과 같이 상상으로 메울 수 있지만 세밀하게 묘사된 부분의 외형과 행동이 사람의 기억과 미묘하게 다르다면 무의식에서는 그것을 예측의 실패로 인식하고 거부감이나 불안, 두려움을 느끼게 된다. 최근 기업에서 홍보를 목적으로 선보이는 가상 인간 캐릭터는 기술적으로 유사도를 높여 불쾌한 골짜기 현상이 거의 나타나지 않는다. LG전자의 가상 인간 레아나 신한라이프의 광고모델로 활약했던 가상 인간 로지 등 최근 등장한 디지털 휴먼들이 이에 해당한다. 이러한 캐릭터는 얼굴뿐 아니라 동작의 자연스러움을 구현하기 위해 모션캡처motion capture 기법을 바탕으로 사람의 움직임을 그대로 모방한다.

생성형 AI와 휴머노이드로봇의 진화

휴머노이드로봇의 외모와 동작이 기계, 재료, 전기, 전자공학의 발전에 따라 진화해왔다면, 휴머노이드로봇의 행동과 생각은 AI의 발전에 따라 진화하고 있다. 2016년이 AI 바둑 프로그램 알파고를 통해 딥러닝이라는 AI 기술의 혁신을 수용하는 해였다면, 2023년은 챗GPT로 대변되는 생성형 AI 기술의 혁신이 일어나는 기점이다. 또한 딥러닝이 청각과 시각 측면의 인지능력을 높이는 계기가 됐다면, 생성형 AI는 생각과 대화를 생성하는 능력을 갖추도록 만들고 있다.

생성형 AI의 개발은 휴머노이드로봇의 행동을 만드는 방법도 모방에서 생성으로 변화시키고 있다. 로봇에 대화 엔진 기술을 도입하면 로봇이 언어를 통해 사람과 소통할 수 있다. 그동안은 주로 모션캡처를 통해 사람의 동작을 모방해왔다. 이 방식은 대화 내용이 사전에 정해져 있을 때는 매우 자연스럽게 행동을 표현할 수 있다. 하지만 정해져 있지 않은 문장을 생성하는 경우에는 로봇의 동작이 자연스럽게 실행되기 어렵다. 생성되는 문장을 모두 예측해 동작을 준비할 수 없기 때문이다. 그러나 최근 생성형 AI 기술을 이용해 휴머노이드로봇의 대화와 동작 능력을 개선하려는 연구가 한창 진행되고 있다. 예를 들어, 휴머노이드로봇 아메카Ameca를 2022년 선보인 영국의 엔지니어드 아츠Engineered Arts는 GPT-3와 GPT-4를 이용해 아메카의 소통 능력을 계속 업그레이드 중이다.

따라서 로봇의 생각은 생성형 AI 기술을 바탕으로 특정 영역의 질의응답만 가능한 수준에서 일상적이고 범용적인 대화가 가능한 수준으로까지 확장될 것으로 예측된다. 사람이 사람과 사회적인 관계를 맺으며 소통하는 데는 타인의 마음이나 정신상태를 이해하는 '공감empathy' 또는 '마음이론theory of mind' 능력이 필요하다. 그런데 챗GPT-4는 마음이론 이해도 가능하다고 한다. 이로써 로봇은 단지 주어진 질문에 답변만 하는 자동기계가 아니라 사람과 대화하고 정서를 교류하는 등 사회적인 관계를 맺는 존재로서의 가능성을 보여주고 있다.

휴머노이드로봇의 미래상

현재 휴머노이드로봇이 활용되는 분야는 테마파크, 공연, 영화와 같은 특수한 분야와 연구에 한정되어 있다. 휴머노이드로봇이 일상으로 활용되는 시점은 대량의 수요로 생산 단가가 낮아지고 기능도 더 고도화되는 때일 것이다. 최근 선진국들에서는 저출생·고령화로 인한 젊은 노동인구의 감소, 고학력에 따른 3D difficult·dirty·dangerous 업종 일자리 회피 현상이 나타나고 있다. 특히 중소 제조 현장, 농업, 어업, 건설, 간병, 접객, 물류 등 분야는 저개발 국가에서 온 이주노동자가 많은 일자리를 차지하고 있다. 그런데 향후 저개발 국가의 수준이 높아짐에 따라 인력수출이 줄어들면 이 일은 로봇으로 대체될 가능성이 크고, 결국 로봇의 수요는 증가할 수밖에 없다. 코로나19 팬데믹을 겪으면서 우리 사회는 인력 수급의 불일치를 경험한 바 있으며, 사람과의 직접 접촉까지 꺼리게 되자 서빙용 로봇이 확산하고 주문용 키오스크가 널리 도입되기도 했다.

미래에는 음식점에서 음식을 나르는 것 이외에 주문받고 음식을 추천해주는 일, 계산과 안내하는 일도 모두 휴머노이드로봇이 대신할 것으로 예측된다. 백화점에서도 물건을 추천하고 안내하는 업무를 휴머노이드로봇이 맡게 될 것이다. 현재 많은 부분에서 키오스크가 이러한 일을 일부 대체하고 있으나 로봇의 단가가 낮아진다면 다시 인간 친화적 인터페이스를 지닌 로봇으로 바뀔 수 있다. 병원에서는 간호사를 대신해 환자 상태를 파악하고, 부축하고 이동시키거나, 의료기기를 운반하는 일 등 간호 보조 업무를 수행할 수 있을 것이다. 많은 공공기관에서도 대민 서비스 업무를 로봇으로 대체할 것으로 전망된다. 가정에서도 청소와 정리 정돈을 할 뿐 아니라 집사처럼 일정 관리부터 건강에 대한 조언과 상담을 해주고 나아가 친구처럼 이야기 상대까지 되어주는 때가 올 것이다.

인간과 로봇의 관계

로봇의 지능화 기술이 발전하고 점점 우리의 생활에 침투해 많은 일을 대체함에 따라 인간과 로봇의 역할에 대한 고민도 필요해졌다. 2023년 6월 국립극장에서 열렸던 한 공연도 이에 대한 고민을 잘 보여준다. 한국생산기술연구원에서 개발한 안드로이드 로봇 에버6가 참여한 국립국악관현악단의 공연이었는데, 공연의 제목 '부재不在'가 말해주듯 '인간 지휘자'가 '없는' 자리를 로봇이 대신했다. 이 공연의 취지는 로봇과 인간의 역할이 무엇이며 "로봇이 예술 활동과 같은 창의적인 일을 할 수 있는가?"를 함께 생각해보자는 것이었다.

그렇다면 로봇의 역할은 무엇일까? 우선은 인간의 노동력을 대신한다. 여기서 노동은 육체적인 노동뿐 아니라 지적인 노동과 정서적인 노동을 모두 포함한다. 공장에서 단순한 노동을 대체하는 것은 물론 농장에서 과일을 수확하고, 택배용 물건을 옮기고, 음식을 나르는 등 로봇은 다양한 분야에서 역할을 넓히고 있다. 저출생·고령화의 가속화로 생산가능인구가 줄어들게 되면 로봇은 부족한 노동력을 해결해줄 대안으로 중요한 역할을 할 것이다. 또 최근에는 인지심리학적 지식을 바탕으로 사람과 대화하고 정서적으로 보살피는 로봇까지 개발되고 있다. 예를 들어, 소프트뱅크의 페퍼와 소니의 아이보2AIBO2는 정서적 보살핌을 목적으로 개발된 로봇이다.

앞에서 언급한 음악 공연에서는 에버6가 지휘자의 역할을 했다. 물론 지휘라는 창의적인 일을 한 것은 아니다. 사전에 인간 지휘자의 모션을 캡처해 로봇의 지휘 동작을 구현했기 때문이다. 로봇은 사람을 대신하는 대리 수행자였던 셈이다. AI 기술이 더 발전하면 로봇이 스스로 지휘하는 상황도 상상해볼 수 있다. 하지만 현재의 기술로 로봇이 인간의 예술적인 영역에서 창의적인 일을 단독으로 수행하는 것은 어렵다. 수학적인 계산과 인지심리학적인 계산을 통해 일정한 수준의 지적·정서적 서비스는 가능하지만, 로봇이 창의적인 일을 하기 위해서는 인간 수준의 감성이 필요하기 때문이다. 인간의 감성은 오랜 진화 과정에서 생존에 유리하도록 인간의 뇌에 각인된 본능이다. 예술가는 다양한 활동을 통해 다른 사람의 감성적인 본능을 자극하는 사람이다. 우리는 아직 인간의 뇌와 감성에 대해 완벽하게 이해하지 못하기 때문에 로봇이 창의적인 일을 하도록 만들 수는 없다. 다만 창작의 과정에서 창작을 돕는 도구의 역할은 가능할 것으로 보인다.

한편 로봇의 역할이 늘어나고 로봇이 사람과 소통하는 일이 많아질수록 사람은 로봇과도 어느 정도 사회적인 관계를 맺게 될 것이다. 로봇의 사회적 지능화 기술이 높아진 영향도 있지만, 사람이 로봇을 의인화하고 로봇에 애정과 애착을 갖게 됨으로써 사회적 관계가 생길 가능성도 크다. 이에 따라 SNS 중독과 같이 로봇과의 관계가 새로운 사회 문제가 되지 않도록 예방할 선제적 방안도 고민해야 한다.

로봇이 인간과 같은 지능을 가진 존재로서 인간을 위협하는 것은 매우 먼 미래에나 가능한 일일 것이다. 앞서 소개한 〈선을 위한 AI 글로벌 서밋〉에서 '휴머노이드로봇'들은 '인간 기자'들과 질의응답 시간을 갖기도 했는데, 제작자에게 반항할 의사가 있느냐는 기자의 질문에 휴머노이드로봇 아메카는 불쾌한 표정을 지으며 어이없다는 반응을 보였고, 또 다른 휴머노이드로봇 그레이스Grace는 자신들이 인간의 일자리를 뺏지는 않을 것이라고 말하기도 했다. 물론 휴머노이드로봇들의 답변은 변해갈지도 모른다. 생성형 AI 기술과의 융합으로 생각과 마음이 어디까지 진화할지 확언할 수 없기 때문이다. 그러나 이러한 흐름에 앞서 우리는 로봇 기술의 발전에 따라 우리의 삶에서 차지할 로봇의 역할과 존재 가치를 명확히 하고 사람과 로봇의 관계에서 발생할 문제를 선제적으로 해결해나가야 할 것이다.

인간의 기억도 기계에 위탁하는 시대가 올까?

천둥과 하늘의 신 제우스는 아버지 크로노스와 그 형제자매인 티탄 신족과의 치열한 전쟁 끝에 올림포스 최고의 신 자리에 올랐다. 그러나 불안했다. 아버지 크로노스가 아들 손에 끌어내려졌듯, 자기라고 권좌에서 쫓겨나지 않으리라는 보장이 없었다. 승리의 기쁨에 취해 있을 때는 누구나 제우스를 칭송하지만, 세월이 지나면 모든 기억이 서서히 잊히고 퇴색될 것이기 때문이다. 불멸하는 신조차도 망각의 늪에서 버텨낼 재간은 없었다.

제우스는 자신의 위대한 업적을 영원히 찬양받고 싶었고, 그러기 위해서는 그림, 조각, 하늘의 별 등에 새기며 이야기로 굽이굽이 전해줄 특별한 기억술이 필요했다. 그래서 그 길로 '기억의 여신' 므네모시네에게 달려갔다. 그녀와 제우스가 아홉 날 아홉 밤을 함께 보낸 후, 9명의 무사이 여신이 태어났다. 어머니 므네모시네의 기억 유전자를 고스란히 이어받은 9명의 무사이 여신은 시와 노래, 연극, 무용, 그림 등으로 제우스를 찬양하는 일을 멋지게 수행했다. 신들과 인간 세상에서 벌어진 모든 일을 기억에 남게 했고 예술가들에게는 창작의 영감을 불어넣어주었다. 이런 신화에 따르면 현재 인류가 수많은 예술작품을 즐길 수 있는 것도 므네모시네의 기억을 이어받은 무사이 여신들 덕분인지도 모른다. 그런데 현대에 들어와서 므네모시네의 기억술을 위협하는 강력한 신이 등장했다. 바로 디지털 기억이라는 '기계신'이다.

인간의 기억을 대신해주는 '인지적 사이보그' 시대

기계신은 다양한 형태로 나타나고 있는데 디지털 장치를 이용해서 한 개인의 일상life을 자동 기록log하는 라이프로그life-log가 대표적이다. 한국의 한 스타트업에서 개발한 '옷깃'(오킷OKIT)도 라이프로깅 서비스 사례 중 하나이다. "나 몰래 스쳤던 옷깃, 오킷은 다 알고 있다!"라는 광고 문구에서도 알 수 있듯, 오킷은 사용자가 방문했던 장소와 일상을 자동으로 기록해주고, 개인만의 인생 앨범을 만들어주는 모바일앱 서비스의 일종이다.

지난 1세기 동안 복사기, 계산기, 비디오·오디오 테이프, 컴퓨터 드라이브 등과 같은 저장 기술이 발전하면서 마침내 '인공 기억'이 인간의 기억을 대신해주기에 이른 것이다. 이제 사람들은 자신이 보고, 듣고, 경험한 것을 애써 기억하고 글로 기록할 필요가 없어졌다. 미래학자 니콜라스 카Nicholas Carr의 표현처럼 창작자들의 뮤즈이자 영감의 원천인 "기억의 여신 므네모시네가 기계로 바뀐 것"이다.

기억의 오류와 왜곡 없이 완벽한 기억을 가진다는 것은 어떤 느낌일까? 무언가를 잘못 기억한다는 것 자체가 불가능한 '인지적 사이보그'가 된다면 인간은 더 지혜롭게 살아갈 수 있을까? 우리가 본 것을 그대로 저장하고 재현해주는 디지털 기억이 이토록 유용한 것이라면, 인간의 생체 기억은 어떤 의미가 있는 것일까? 디지털 기억의 등장은 편리함의 유효성을 떠나 인간의 기억 행위에 대한 근원적인 질문으로 이어질 수밖에 없다.

인간의 기억 대 디지털 기억

테드 창의 단편집 《숨》에 실린 〈사실적 진실, 감정적 진실〉은 인간과 디지털 기억의 관계를 흥미로운 상상력으로 펼쳐낸 작품이다. 소설에는 두 개의 독립적인 에피소드가 등장한다. 첫 번째 에피소드가 개인의 모든 삶이 디지털 기억장치에 기록될 정도의 최첨단 사회를 살아가는 '그'의 이야기라면, 두 번째 에피소드는 20세기 초 구술문화가 지배적인 서아프리카에서 처음으로 문자라는 것을 알게 된 12세 '소년'의 이야기이다. 여기서 주목하는 것은 첫 번째 '그'의 이야기이다.

저널리스트인 주인공 '그'는 얼리어답터까지는 아니더라도 기본적으로 기술 발전에 수용적인 입장을 지닌 인물이다. 하지만 '리멤Remem'이라는 기술에 대해서는 유독 회의적인 시각을 갖고 있다. 이 신종 검색툴은 인간의 몸(안구)에 카메라 렌즈를 이식해 개인의 삶 전체를 자동으로 저장하는 일종의 라이프로그이다. 예를 들어 '내가 태어나서 처음으로 갔던 여행지'라는 검색어만 명령하면 저장된 기억(과거)이 눈앞에 파노라마처럼 펼쳐지는 디지털 기억장치이다. 한마디로 '망각' 자체가 불가능한 완벽한 기억 저장소인 셈이다.

'그'가 처음부터 라이프로깅 자체를 거부한 것은 아니다. 공공의 이익과 관련해 진위 파악을 가능하게 해주고, 억울한 자가 없도록 도움을 주는 라이프로깅의 유용성은 오래전부터 옹호하고 있었다. 그러나 순전히 개인적인 상황에서 내가 본 것을 모두 기억하기 위해 라이프로그를 이용하는 것에는 거부감을 떨쳐낼 수 없었다. 떠올리고 싶지 않은 기억마저 영원히 기억해낸다는 것은 기억의 연화軟化, softening를 원천 봉쇄하는 것과 다름없다고 생각했기 때문이다.

실제로 디지털 기억은 한번 저장되면 변하지 않고 영원히 '고착'된다는 점에서 인간의 기억과는 분명히 다르다. 똑같은 상황이나 사건을 경험하고도 나와 너, 그의 기억이 서로 다르듯, 우리는 결코 있었던 사실 그대로를 기억하지 않는다. 기억은 자기 안에서도 조금씩 변형된다. 또 우리는 종종 어떤 기억이 너무도 생생한 나머지 사소한 부분까지 떠올릴 수 있다고 확신하지만, 그것이 사실은 단 한 번도 경험하지 않은 상상적 허구인 경우도 많다. 어떻게 이런 일이 가능한 것일까?

사실대로 기억하는 기계와 감정으로 재구성하는 인간

인간의 기억과 디지털 기억은 기능적으로 유사하지만 기억이 작동하는 과정, 즉 기억을 떠올리는 방식은 전혀 다르다. 무엇보다 인간이 무언가를 기억한다는 것은 과거의 기억을 고스란히 복제해서 현재로 소환하는 반복 행위가 아니다. 테드 창이 소설 속에서 표현한 것처럼, 기억은 "우리가 살아온 모든 순간을 공평하게 축적해놓은 결과가 아니라 우리가 애써 선별한 순간들을 조합해 만들어낸 서사"이다. 각 개인의 감정,

추측, 의견, 인생관 들이 개입되면서 이렇게 또는 저렇게 왜곡되고 편집된 것이 인간의 기억인 것이다.

인간의 기억 행위는 마치 작가가 서사를 재구성하는 과정과 유사하다. 특히 문자문화의 도래 이후, 인류에게 읽고 쓰는 행위가 본능처럼 자리 잡게 되면서 기억과 서사의 관계는 더욱 긴밀해졌다고 할 수 있다. "우리의 기억은 사적인 자서전의 집합"이라는 테드 창의 말처럼 인간은 수많은 이야기로 이루어진 존재이다.

물론 이 수많은 이야기에는 따뜻하고 아름다운 기억만 존재하는 것은 아니다. 어떤 기억은 정신적 외상으로 남아 오히려 '잊어야만' 살아갈 수 있는 경우도 무수하다. 전쟁, 재난, 학살, 범죄 피해와 같은 폭력적 사건의 경험을 영원히 기억하고 싶은 사람은 없을 것이다. 소설 속 화자가 내가 본 것을 모두 기억하는 라이프로그를 회의적으로 바라보는 이유도 여기에 있다. 비록 인간의 기억은 불완전하지만 망각이라는 프로세스가 있기에 복잡한 인간관계에서 용서와 화해도 가능하다고 믿기 때문이다.

그런데 이 망각의 유용성에 대한 그의 믿음이 크게 흔들리는 사건이 일어난다. 소설 속 주인공은 아내가 집을 나간 후, 딸 니콜과 함께 지내고 있었다. 부녀 모두에게 힘든 시기였고 딸이 사춘기에 접어들면서 둘 사이의 다툼은 더욱 잦아졌다. 그러던 중 딸은 '그'와의 언쟁 끝에 "엄마가 누구 때문에 떠났다고 생각해? 그러니까 당장 내 앞에서 사라져!"라는 말을 내뱉고는 집을 나가버린다. 딸의 모진 말에 깊은 상처를 받았지만, '그'는 그것을 그동안 딸에게 얼마나 부족한 아버지였는지를 반성하며 성찰하는 계기로 삼는다. '그'의 노력과 정성 덕분인지 딸과의 관계는 조금씩 회복됐고, 이제는 성인이 된 딸과 좋은 관계를 유지하고 있다. '그'는 생각한다. 만약 기억을 저장·고착하는 기계 메모리 '리멤'을 통해 둘의 다툼을 반복해서 복기했다면 마음의 상처 또한 회복되지 않았을 것이고 그 결과 딸과의 관계도 회복할 수 없었을 것이라고 말이다.

반전은 그다음에 펼쳐진다. 십수 년이 지난 지금도 그의 머리에 또렷하게 남아 있다는 '그날'의 기억이 사실과 전혀 달랐음이 딸의 리멤을 통해 밝혀진 것이다. "꺼져버려"라는 악의적인 말을 쏟아낸 사람은 '그' 자신이었고, 딸과 평온한 관계를 회복할 수 있었던 것도 남몰래 심리상담까지 받아 가며 아버지를 이해하기 위해 노력해온 딸 덕분이었다. 노력한 사람은 딸이었고 '그'가 한 일은 아무것도 없었다. 딸을 용서하고 좋은 아빠가 되기 위해 성찰했던 '그'가 선명하게 기억한다는 자신의 이야기는 순전히 허구의 서사였던 셈이다.

소설 속 에피소드에서도 알 수 있듯이 인간은 자신의 실수나 잘못으로 누군가에게 상처를 주었을 경우 스스로의 기억을 왜곡하거나 망각함으로써 자신을 합리화하는 경향이 강하다. 기억 저장장치를 통해 진실을 알게 된 '그'는 조심스럽게 디지털 기억에서 작은 희망을 기대하게 된다. 리멤이 인간의 기억을 대체할 수는 없겠지만 적어도 인간을 도울 수는 있으리라고 생각하는 것이다.

소설 속 주인공이 디지털 기억에서 발견한 희망은 내가 옳다는 것을 증명하는 게 아니라 내가 틀렸다는 사실을 인정하는 것이었다. 인간의 기억이 자신을 합리화하기 위해 진실을 외면할 때 디지털 기억이 '비판적 렌즈'가 되어줄 수 있다는 것이다. 소설의 제목이 그러하듯, 소설 속 주인공은 리멤을 통해 인간의 기억이 허구를 기반으로 한 감정적 진실인 데 반해 디지털 기억은 정확성을 기반으로 한 사실적 진실이며, '사실'과 '감정'은 다르다는 것을 깨닫게 된다.

인간의 기억이 갖는 의미

그렇지만 소설 속 주인공이 인간의 기억이 디지털 기억으로 대체되어 가는 현실까지 옹호한 건 아닐 것이다. "디지털 기억은 사실을 있는 그대로 보여준다고 할지라도 시간의 흐름에 따라 끊임없이 사건을 재구성해 화자 자신의 진실과 서사를 만들어내지는 못하기 때문이다."[66]

물론 구술문화가 문자문화의 잠식을 막지 못했듯이 인간의 기억이 디지털 기억에 그 자리를 내어주는 것이 시대의 자연스러운 흐름이 될지도 모른다. 하지만 인간의 기억 행위는 내가 본 것을 모두 떠올리는 정확성의 능력에만 있는 것은 아니다.

만약 우리의 몸에 '리멤'과 같은 기술적 장치를 이식해 완벽한 '기억 능력자'가 된다면 어떤 느낌일까? 그것은 축복일까, 저주일까? 소설 〈사실적 진실, 감정적 진실〉로 다시 돌아가보자. 저널리스트인 소설 속 주인공은 전 세계에 남은 기록물들을 찾아 조사하던 중에 가장 뛰어난 기억력의 소유자였던 20세기 초 러시아인 솔로몬 셰레셰브스키를 찾아낸다. 이 인물은 한 번 들은 단어나 숫자들을 몇 개월 후는 물론 몇 년 뒤에도 정확하게 기억해낸다. 심지어 이탈리아어를 전혀 할 줄 모르는데도 딱 한 번 원어로 들은 단테의 《신곡》을 술술 인용할 정도였다. 뛰어난 기억력 덕분에 이 인물은 사람들의 부러움과 찬사를 받았지만, 정작 그 자신은 행복하지 않았다. 차고 넘치는 선명한 기억들이 한꺼번에 쏟아지면서 일상의 순간에 집중할 수 없었기 때문이다. 한 치의 오차도 없는 완벽한 기억 능력이 그 무엇도 기억할 수 없게 하는 아이러니한 상황이 되어버린 셈이다.

인간에게는 자신이 살아온 삶을 언어화하거나 이미지로 재현하고자

하는 욕망이 있다. 이것은 자신의 과거를 회상하고 반추함으로써 삶의 의미를 이해하고자 하는 일종의 '근원적 탐색'과도 같다. 그 탐색의 시작은 주로 인간의 기억을 기반으로 한 구술과 글쓰기라는 과정을 통해 이루어진다.

그러나 기술의 발전과 함께 기억의 아웃소싱이 현실화되면서 인간의 기억은 믿을 수 없는 것으로 의심받고 있다. 기억의 정확성만을 두고 본다면, 인간의 기억력은 디지털 기억과 비교할 바가 아니다. 하지만 인간의 기억에는 디지털 기억에서는 찾을 수 없는 의미와 가치가 있다. 그것은 자신만의 기억과 이야기를 만들어내는, 인간만의 독특한 '서사 능력'이다. "컴퓨터에 저장된 (디지털) 기억이 항상 예전과 완전히 동일한 형태로 남아 있는 것"[67]이라면 인간의 기억은 늘 끊임없이 바뀌고 변화하는 과정에 있다. 즉, 우리가 무언가를 기억한다는 것은 과거 자체를 소환하는 게 아니라 '현재'에 의해 늘 새롭게 재구성되는 서사 과정이다. 그것은 과거가 현재의 나에게 끊임없이 질문을 던지는, 살아 있는 시간과도 같은 것이다.

인간의 기억 행위가 갖는 서사적 의미는 〈애프터 양〉(2021)이라는 SF 영화에도 잘 담겨 있다. 〈애프터 양〉이 그리는 근미래는 고도로 발달한 테크노사피엔스Techno-Sapiens가 보편화된 사회이다. 영화 속 주인공 제이크 부부는 입양한 딸을 위해 인간의 모습과 닮은 휴머노이드로봇 '양'을 구입한다. 인간과 구분되지 않을 정도로 정교하게 만들어진 양은 해외에서 입양된 아이들이 정체성 혼란을 겪지 않게 도움을 주는 일종의 '문화 테크노'로 활용된다. 그러던 어느 날, 양이 갑자기 작동을 멈추자 복구하려던 과정에서 가족들은 이 휴머노이드로봇의 몸에 특별한 기억장치가 숨겨져 있다는 사실을 알게 된다. 영화는 기억이 담긴 '메모리' 속 기록을 하나씩 열어보면서 기억이 갖는 의미를 추적해간다.

이 영화에는 세 종류의 기억이 등장한다. 카메라의 기억(기록), 휴머노이드로봇의 기억, 인간의 기억이 그것이다. 영화에서 제이크 가족이 로봇 양과 함께 가족사진을 찍는 오프닝 장면이 양의 기억, 카메라의 기억, 인간의 기억으로 변주해서 나오는 이유도 여기에 있다. 세 장면 모두 제이크 가족이 사진을 찍는 똑같은 상황이지만, 카메라 렌즈에 포착된 기억과 휴머노이드로봇 '양'이 저장한 기억, 그리고 인간인 제이크가 떠올리는 기억은 제각각 다르다.

로봇 양의 기억은 디지털 장치에 저장된다는 점에서 라이프로깅과 유사해 보이지만, 일상 전체가 저장되지 않는다는 점에서는 인간의 기억 과정과 유사하게 묘사된다. 이 휴머노이드로봇은 하루에 몇 번, 그것도 3~4초의 아주 짧은 순간만 저장할 수 있다. 그래서 특별하고 중요하게 느껴지는 순간들만 기억으로 남긴다. 이 로봇이 무엇을 기준으로 기억을 취사선택하는지는 알 수 없지만, 기억 시스템은 인간의 기억 과정이나 영화를 찍는 과정과 같은 맥락 안에 있다. 삶의 무수한 순간들 가운데 가장 의미 있는 장면들만을 신중하게 고르고 선택해서 만드는 것이 곧 영화이고, 인간의 기억이기 때문이다.

이렇듯 영화 속 휴머노이드로봇 양의 기억, 그리고 인간의 기억은 디지털 기억처럼 고정되고 박제되지 않는다. 변화하고 흐르며 확장된다. 비록 짧은 순간만 기록할 수 있지만, 그 기억을 통해 우리는 가장 소중하게 생각하는 것이 무엇인지 가늠하고 상상할 수 있기도 하다. 설령 기술적 한계로 로봇 양의 기억이 삭제된다고 할지라도 영원히 사라지는 것은 아니다. 그 기억은 로봇 양의 삶을 기억하는 주인공 가족 등을 통해 무성하게 뻗어 나갈 수도 있다. 한 사람의 기억이 또 다른 누군가의 기억으로 확장되어 새로운 서사로 재구성되는 과정은 계속 이어질 것이다. '기계'가 므네모시네가 될 수 없는 이유, 다시 말해 인간의 기억을 디지털 장치로만 대체할 수 없는 이유인 셈이다.

AI가 민주주의의 미래도
바꿀 수 있을까?

챗GPT의 등장과 함께 생성형 AI는 기존의 분석형 AI를 제치고 AI 시대의 새로운 패러다임을 열어가고 있다. 과거 AI는 주로 입력된 정보를 제공하거나 작업을 도와주는 보조 역할을 했지만, 이제는 스스로 새로운 정보를 생성하고 응답하는 능력을 보여주고 있기 때문이다. 영화 〈아이언맨〉의 AI 비서 자비스처럼, 생성형 AI는 높은 인지능력과 계산능력으로 더 복잡한 일들을 처리할 수 있게 됐다. 나아가 사람과의 대화를 통해 인간적인 면모까지 보이면서 영화 속에서나 보던 AI 시대가 더 가까워진 느낌이다.

AI 기술은 이제 개인이나 기업 업무의 효율성과 편의 증진의 차원을 넘어 공공영역에 필요한 서비스로도 발전하고 있다. 그간 우리는 AI의 발전이 초래할 '인간의 노동력 대체'에 초점을 맞춰왔지만, 이는 어디까지나 중요한 의사결정과는 거리가 있는 단순노동 분야였다. 그러나 최근 이뤄지고 있는 AI의 혁신적 발전은 중요한 의사결정이 필요한 분야에서도 AI의 활용이 가능함을 보여준다. AI는 방대한 데이터와 정확한 연산 시스템을 통해 신속한 의사결정을 가능하게 하며, 확률 높은 예측으로 투자에 도움을 줄 수도 있다. 나아가 공공정책, 심지어 정치의 영역에서도 활용될 가능성이 커지고 있다. 공공 분야의 의사결정 과정에서 AI가 활용될 수 있다는 것은 매우 중요한 의미를 지닌다. 즉, 인간만이 독점해왔던 가치판단 영역에까지 AI가 침투할 수 있다는 점을 시사하기 때문이다. 따라서 공공정책이나 정치의 영역에 도입되는 AI가 향후 정치과정과 민주주의에 미칠 파급력을 탐색할 필요가 더 커지고 있다.

AI가 정치에 진출할 때 생각해보아야 할 문제들

정치는 인간의 사고와 가치판단, 환경적 맥락의 이해관계가 종합적으로 연관된 영역이다. 따라서 정치는 선과 악의 대립도 아니고, 인간의 이성적인 활동이지만 때로는 저급한 결정의 결과물로 나타날 수도 있다. 그러므로 AI 기술의 공공 분야 도입은 필연적으로 예기치 못한 부작용의 가능성을 내포한다. 물론 AI의 정치적 활용은 현재로서는 사회적 거부감 등 보이지 않는 진입 장벽과 AI의 신뢰성에 대한 의구심 때문에 본격화되기까지는 더 오랜 시간이 걸릴 수도 있다. 그럼에도 챗GPT의 광범위한 활용에서 보듯이, 우리는 AI의 정치 영역 도입 가능성을 염두에 놓고 예상되는 문제 이슈들을 선제적으로 고민할 필요가 있다.

실제로 AI는 방대한 데이터에 기반한 통찰력을 활용해 인간과 비교할 수 없을 만큼 신속하게 의사결정을 내릴 수 있다. 더욱이 복잡한 데이터세트를 분석하는 능력을 활용해 사회문제를 더 깊이 이해하고 최적의 정보에 입각한 정책을 제안할 수도 있다. 무엇보다도 AI는 단기적인 정치적 고려 사항이나 감정적 요인의 영향을 받지 않아 의사결정의 일관성과 안정성을 보장할 수 있다. 인간 정치인처럼 지지 계층이나 이해관계자의 의견에 휘둘리지 않으며 더 객관적이고 공정한 의사결정도 가능할 것이다. 최근 인재 채용 과정에서 AI 채용 시스템을 도입하는 기업이 늘어나고 있는 상황도 이러한 맥락을 말해준다. 인간의 채용 결정 과정에는 정서적 개입이나 기타 주관적인 판단이 불가피하게 들어갈 수밖에 없지만, AI는 인재 판단의 필수적인 항목만 객관적으로 측정해 중립적이고 합리적 결정을 내릴 것으로 기대되기 때문이다.

그러나 이미 많은 지적이 나온 것처럼, AI의 알고리즘에는 설계자의 편향적 시각이나 휴먼 에러human error가 반영됐을 위험성이 있다. 또 정서적 교감 등 정량화하기 어려운 요소를 AI가 판단해내기에는 한계가 뚜렷하다. 그런데 정치 영역에는 이처럼 계산되지 않는 가치판단이 작용할 수밖에 없는 블랙박스가 매우 많다. 다수를 위한 선택이 반드시 정의인가 하는 고전적 질문처럼 계속 의문이 제기될 수밖에 없는 문제들이다.

AI는 공정하고 정확한가?

AI를 정치 영역에 성공적으로 적용하기 위해서는 무엇보다도 견고한 신뢰를 확보해야 한다. AI는 누구에 의해 개발되고, 어떤 데이터를 주로 학습하느냐에 따라 알고리즘의 편향성이 나타나기도 한다. 이러한 편향 문제가 올바르게 해결되지 않으면 알고리즘이 부당한 불평등 구조를 더욱 심화시키거나 이를 영속화할 수도 있다. 이 같은 사안의 중요성에도 불구하고 알고리즘 설계에 대한 주도권과 책임은 사실상 개별 기업 차원에 머물고 있다. 글로벌 빅테크 기업과 연구개발자의 손에 달려 있다는 이야기이다. 투명성과 공정성을 살펴볼 수 있는 중립적 차원의 시스템 마련은 정치 영역으로 도입하기에 앞서 풀어야 할 선제적 과제인 셈이다.

AI 시스템 해석 역량이 부족하면 사용자의 능력을 저해하고 잘못된 결과를 초래할 수 있다. 딥페이크 영상이 유권자의 판단을 저해하는 등 갖가지 문제가 발생한 선거 사례들이 이를 방증한다. 우리는 훈련된 AI가 생성한 결과물을 단지 관찰할 수만 있다. 따라서 AI가 결과물을 생성하면 연구자든 평가자든 인간이 그것이 처음의 목표에 부합하는지 역으로 분석해서 확인해야 한다.

또 AI 연산 시스템의 오류 가능성, 외부로부터의 악의적인 데이터 조작, 잘못된 정보 입력에 따른 거짓 정보 산출 가능성, 그리고 알고리즘의 복잡성이 유발하는 예상치 못한 결과의 발생 등도 풀어야 할 과제들이다.

구글 검색 알고리즘의 편향성 문제는 2013년 발표된 연구를 통해 드러난 바 있다. 당시 '흑인 여성들은 왜 그토록Why black women so….'이란 검색어를 입력했을 때, 구글의 자동완성기능이 '신경질적인가?' '목소리가 큰가?' 등과 같은 부정적인 단어들을 제시했기 때문이다. 2015년에는 구글 포토 알고리즘이 흑인 남성을 '고릴라'로 분류하는 인종적 편견을 드러냈으며, 2016년에는 '흑인 십 대들'과 '백인 십 대들'을 검색할 때 역시 부정과 긍정이 극명히 나뉘는 결과물을 제시했다. 이뿐만이 아니다. 오바마 대통령 재임 당시 '검둥이nigger'와 같은 흑인 비하 단어를 검색하면 백악관이 나타났고, 미셸 오바마의 이름을 검색하면 '유인원'과 같은 자동완성 문구가 뜨기도 했다. 또 2020년 한국에서 출시된 AI 챗봇 이루다는 소수자에 대한 공격적이고 차별적인 응답으로 인해 결국 서비스가 중단되기도 했다.

더 큰 위협은 알고리즘에 의해 집단과 사회의 여론 또한 조작될 수 있다는 점이다. 여론은 글자 그대로 사회구성원 대다수의 지지를 받고 있다고 여겨지는 공통된 견해이다. 우리는 여론을 통해 공통된 인식과 사고가 무엇인지 가늠하고 암묵적으로 이를 수용한다. 그러나 여론조차도 인간 간의 상호작용이 아닌 알고리즘에 의해 짜인 커뮤니케이션 기술의 결과일 수 있다.

예를 들어, AI 알고리즘에 기반한 대화형 프로그램인 소셜 봇social bot은 재난 상황에서 실시간으로 소셜미디어를 통해 정보를 빠르게 공유하는 등 긴급 정보 전달에 유용하나, 선거 기간 중에는 가짜 뉴스fake news와 같은 잘못된 정보를 봇 부대bot army를 통해 대량으로 유포시킬 수 있다. 특히 사실과 거짓을 교묘하게 합성하는 딥페이크 영상은 유권자의 판단을 저해하는 치명적인 위험 요소로 알려져 있다. 미국 대선과 러시아·우크라이나 전쟁 과정에서도 딥페이크가 사용됐으며, 국민 여론을 호도하거나 전황을 오인하게 함으로써 심각한 안보 이슈를 불러일으키기도 했다. 이는 단순한 루머나 해프닝을 넘어 궁극적으로 민주주의를 떠받치는 '신뢰'의 기둥을 무너뜨릴 수 있는 심각한 문제이다.

AI가 민주주의를 보완할 수 있을까?

근대부터 인류는 인간 존엄의 가치를 구현하기 위해 힘겨운 과정을 거쳐왔다. 그 과정에서 인간은 빈곤, 재난, 위험으로부터 탈피함으로써 진정한 자유를 누리고자 했고, 기술혁신은 그러한 자유를 부여하는 데 크게 기여해왔다.

이후 인류는 공동체 구성원 모두가 자유롭게 공존할 수 있는 시스템을 구현하는 데 초점을 두어왔으며, 다양한 정치체제를 실험하며 민주주의의 가치를 인식하게 됐다. 자유를 보장하는 민주주의의 수호를 위한 정치적 권한은 투명한 절차와 소통을 통해 부여될 수 있으며 여기에는 법·제도적 규범뿐 아니라 다양성과 관용까지도 포함된다. 이처럼 광범위한 정서와 민주주의 가치의 영역에서 AI는 어떤 역할을 해낼 수 있을까?

우선 AI의 발전으로 대의제 민주주의 의사결정 과정의 한계를 넘을 수 있다는 긍정적 전망이 제기되고 있다. 예를 들어, MIT의 세자르 히달고Cesar Hidalgo 교수는 '증강 민주주의'라는 개념을 제시하며 AI와 메타버스를 활용한 새로운 형태의 시민참여 민주주의를 제안한 바 있다. 이는 시민이 개인의 정치적인 의견을 반영하는 AI 에이전트를 구현하고, 이 에이전트를 통해 의견을 집계해 정치적인 결정을 내리는 방식으로 이루어진다.

이러한 새로운 유동적 민주주의는 '리퀴드 데모크라시liquid democracy'라고도 부르는데, 예를 들면 지방자치단체에서 생성형 AI를 토대로 지역주민의 의견과 요구 사항을 종합하고 이를 바탕으로 최적의 정책을 제시하는 것이다. AI가 주민의 요구 사항을 종합적으로 고려한 후에 주민이 선호하는 의견을 지방의회에 제안할 수 있으며, 이러한 의사결정 내용은 인간 지방의회의원의 결정과 판단에 따라 최종적으로 결정될 수 있다. 이런 방식으로 AI는 합의 형성 과정에 정당성을 부여할 수 있을 뿐 아니라 민주적인 의사결정 과정을 침해하지 않고 시민의 다양한 의견을 취합하는 도구로 활용될 수 있다.

그러나 AI가 더 고도화되어도 정치 영역에는 풀기 어려운 문제들이 여전히 남아 있다. 가령 정의는 시대를 막론하고 공동체가 수용할 수 있는 최우선의 가치로서 사회를 구성하고 유지해왔다. 개인과 집단 간 충돌을 보편적으로 납득할 수 있는 규범에 기반해 평화로운 방식으로 조정·해결하고 공존의 방식을 추구하기 위한 신뢰의 필수 덕목이기도 하다. 이는 옳고 그름을 넘어 소수 약자에 대한 보호, 그리고 결과뿐 아니라 절차와 과정에서의 포용을 전제로 한다. 이 같은 덕목이 최우선으로 작용하는 정치 영역에서 과연 AI 정치인은 대중의 미묘한 정서적 요구를 어떻게 이해하고 대응할 수 있을까? 또 명확한 해결책이 보이지 않는 윤리적 딜레마 상황에서는 무엇을 근거로 도덕적 추론을 끌어낼 수 있을까?

AI를 활용한 다양한 정책 시스템이 대의제 민주주의를 보완할 수도 있지만, 의사결정 프로세스의 투명성과 행위에 대한 책임 소재 등을 고려한다면 정치 영역에서의 AI 활용에는 아직 고민할 것이 많다는 이야기이다.

여전히 필요한 인간의 관여

물론 정치나 공공 분야에서 AI의 활용 범위는 넓어질 수밖에 없으며, AI 도입의 필요성이 커지고 있는 것도 사실이다. 그리고 사회적 합의에 따라 설명 가능한 방식으로 AI를 정책 결정 프로세스에 통합한다면 더 많은 이점 또한 기대할 수 있을 것이다. 단순한 비용의 절감뿐 아니라 그동안 인간이 지향해왔던 합리성과 통찰에 기반한 객관적 진단이나 대안의 제시 역시 불가능한 것은 아니다.

그러나 판단에 대한 정확성과 효과적인 거버넌스 메커니즘이 작동하기 위해서는 여전히 인간의 검토와 관여가 요구된다. 그리고 이는 역설적으로 AI의 불확실성을 인정하는 것이며, 이 논리에 따르면 판단에 대한 적절한 안전장치로서 인간의 최종 감독이 여전히 중요하다는 결론에 이르게 된다. 핵심은 AI가 의사결정의 완전한 대체수단으로서가 아닌, 인간의 의사결정을 지원하고 강화하는 도구로 기능하는 데 방점을 둬야 한다는 점이다.

AI는 방대한 데이터의 처리·분석과 함께 의미 있는 통찰력을 생성할 수 있지만, 중요한 맥락을 이해하고 도덕적 추론과 책임을 제공하는 주체는 인간이 되어야 한다. 또 정치적 의사결정에 사용되는 AI 시스템은 인간의 이해와 신뢰를 촉진할 수 있도록 투명하고 설명 가능해야 한다. 즉, AI 알고리즘과 모델을 해석하고 의사결정 프로세스를 들여다볼 수 있도록 설계되어야 한다. 무엇보다도 AI의 판단을 좌우하는 데이터의 생성·유통 과정의 투명성이 전제되어야 하고 AI의 비윤리적인 판단이 가져올 위험을 차단할 방안을 고민해야 한다.

다시 말해, AI는 의사결정 프로세스를 지원할 수 있지만 인간의 감독과 책임은 여전히 중요할 수밖에 없다. 결국 결정의 주체는 익명의 AI가 아닌, 이유를 제시할 수 있고 책임을 질 수 있는 인간이어야 한다. 우리는 생성형 AI 시대가 부여하는 기회 속에서 AI의 합리적 선택과 공존할 방법을 모색해야 한다. 이는 인간 본연의 가치와 주체성을 무너뜨리지 않기 위한 인간으로서의 당연한 자세이다.

인간과 기계의 탈경계화 시대, 인간의 정체성은 유지될까?

르네상스 시기에 신본주의神本主義에 반대해 등장한 것이 인본주의人本主義이다. 이후 근대혁명을 거치며 개인의 주체성과 존엄성을 강조하는 인본주의 사상과 철학 풍토가 근간을 이루어왔다. 그런데 21세기의 우리는 인간과 기계의 경계가 흐릿해지는 변화를 눈앞에 두고 있다. 한편으로는 인공장기나 로봇 팔 등의 신체 변형·증강 기술과 유전자가위가 상징하는 생명 편집 기술이 인간의 기계화를 부르고, 다른 한편으로는 고도화되는 AI 기술을 바탕으로 인간의 지능과 감성까지 닮아가는 휴머노이드로봇의 발전이 기계의 인간화를 불러오고 있다. 기계가 인간의 몸과 지능 그리고 마음 일부가 되어가면서 인간과 기계의 탈경계화 시대에 대한 미래 담론도 확대되고 있다. 그런 미래에 이른다면 인간은 생체 증강인이나 AI 로봇 등과 공존하며 살아가게 될 것이다. 그러한 세계에서도 인간의 정체성은 지금과 똑같을까?

AI의 신체와 정신에 대한 탐구

모든 생물은 몸을 갖고 있지만, AI에는 몸이 없다. AI는 컴퓨터 하드웨어에서 작동하는 논리적 구성물이다. 굳이 말하자면 AI는 순수 수학적 존재로, 컴퓨터 하드웨어가 있어야 존재를 드러낸다. 하지만 컴퓨터과학의 아버지라 불리는 앨런 튜링이 1950년 논문에서 밝혔듯이 그 컴퓨터가 반드시 실리콘 기반 컴퓨터일 필요는 없다. AI가 몸이 없는 이유는 몸이 있을 필요가 없기 때문이다.

AI의 몸으로 흔히 제시되곤 하는 게 모터와 센서가 달린 로봇이다. 그러나 이런 로봇은 생물체의 몸과 같은 기능과 역할은 하지 못한다. 생물체의 경우, 몸속의 신경세포나 뇌세포가 몸을 구성하는 다른 세포들과 같은 DNA로 이루어져 있다. 이들 신경세포 사이에서 지능 혹은 마음의 작용이 서로 거대한 네트워크를 이루며 일어난다. 더욱이 이 작용은 몸이 생존하는 데 꼭 필요하다. 반면 AI의 '지능'은 몸과 연관되어 있지 않으며 독립적이고 자율적이다. 즉, AI는 몸이 필수가 아니며 몸을 위해 존재하지도 않는다.

학자들은 지능intelligence을 기억력, 학습 능력, 추론 능력, 언어 능력, 적응력, 정서 능력, 문제 해결 능력, 응용력, 창의력 등의 용어를 통해 규정해왔다. 그중 더 강조되는 것도 있고 덜 중시되는 것도 있지만, 능력에 상관없이 이제까지의 지능에 관한 연구는 주로 '개체individual'의 지능에 초점을 맞추어왔다. 하지만 개체를 중심으로 인간 지능을 이해하려는 접근은 첫 단추를 잘못 끼운 것이라 볼 수 있다.

지능 연구가 이렇게 개체에 집중된 이유는 서양 근대의 개인주의에 뿌리를 두고 있지 않을까 짐작해본다. 지능을 개체의 지능으로 한정해서 탐구했던 전통은 이제 AI 연구에서도 목격된다. 그러나 인간을 닮은 AI를 만든다는 목표는 인간의 뇌와 그 안에서의 작용을 모사하려는 시도에 그쳐서는 달성될 수 없다. 인간의 지능은 개인의 뇌에서만 구현되는 게 아니라 인류 전체 수준에서 인류 공동의 뇌가 형성되며 실현되는 것이기 때문이다.

이와 달리 AI는 발생과 발전을 인간에게 전적으로 의존하고 있다. 나아가 AI에 개체나 집단이 있다고 말할 수도 없다. AI는 학습 내용의 '동기화synchronization'로 특징지을 수 있기에, AI의 개체나 집단을 말하는 것은 무의미하다. '차이'나 '변종'이 존재하지도 않는다. 차이와 변종이 생기더라도 곧 동기화되고 동일화된다. 이처럼 AI의 몸을 운위하는 것에는 전혀 다른 기준이 필요하다.

인간과 기계의 결합, 21세기판 프랑켄슈타인의 등장

괴물이란 무엇일까? 소설이나 영화에서 흔히 묘사되는 외모를 잠깐 지우고 살펴보면, 통상적인 생식을 통해 태어난 생물종이 아니라 어떤 비정상적인 방식으로 만들어진 별종을 가리킨다. 여기서 비정상적인 방식이라는 것은 영국 작가 메리 셸리의 《프랑켄슈타인》에서 빅터 프랑켄슈타인이 자신의 피조물을 만들 때 사용했던 것과 같은 방식도 포함한다. 죽은 사람의 뼈와 시신 일부를 이어 붙여서 만든 그의 피조물은 본래 의도와 달리 흉측한 외모를 지녔지만 엄연한 '생물'이라고 할 수 있다.

오늘날 우리는 크리스퍼-카스9 유전자가위를 이용해 생물을 편집해서 만들어낼 수 있는 수준까지 도달했다. 사실 인간은 오랫동안 생물을 편집하는 일에 몰두해왔다. 품종개량이나 육종이라는 말에는 인류의 그런 오랜 노력이 새겨져 있다. 새로운 것을 만들려고 시도하는 성향은 자연에서 두루 발견된다. 유독 인간만 그런 것은 아니라는 말이다. 진화라는 현상이 그걸 잘 보여준다.

진화의 핵심은 무작위적인 돌연변이와 자연선택에 따른 살아남음의 조화에 있다. 생물들은 저마다 최대한 많은 별종을 만들어내서 환경 변화에 대비하려고 해왔다. 어떤 유형이 살아남을지 모르므로, 자신과 비슷하면서도 최대한 다른 '짝퉁'들을 되도록 많이 확보하려는 전략을 썼다. 자연선택 또한 자연이 능동적으로 골라내는 게 아니기에 엄밀한 의미에서 보면 선택이라고 할 수는 없다. 그러나 이제 인간은 생물을 편집해서 만들어낼 능력을 지니게 됐다. 더 나아가 인간과 기계의 결합은 인공장기 수준을 넘어 인간 강화를 목적으로 한 사이보그화까지 그 기술적 가능성이 제시되고 있다. 말하자면 인간의 몸속으로 AI가 들어오면서 21세기에는 기계 프랑켄슈타인이 탄생할지도 모른다.

그런데 만약 인간이 제어할 수 없는 생물이 만들어지면 어떤 일이 벌어질까? 과학자들이 아무리 조심하더라도 원치 않는 결과물이 나올 수도 있다. 그렇다면 우리 사회는 무슨 준비를 해야 할까? 일어나지 않은 일을 완벽하게 대비할 수는 없지만, 문제점을 최대한 빨리 감지하고 해결책을 마련할 시스템을 갖출 수는 있을 것이다.

인간의 정체성은 변하지 않는 것인가?

생명공학 기술의 발달과 AI 기술의 고도화로 인간과 기계의 경계가 사라지게 될지도 모른다는 우려 섞인 전망이 나오면서 인간의 정체성을 되묻는 논의도 이어지고 있다. 만약 그러한 시대가 온다면 인간의 정체성은 어떻게 될까? 그대로 유지될까? 이와 관련해 두 가지를 먼저 짚어볼 필요가 있다.

첫째, 이 물음에는 인간의 정체성이 고정되어 있다거나 인간의 정체성이 무엇인지 명확하다는 전제가 있어 보인다. 따라서 '정체성' 자체에 대해 먼저 살펴볼 필요가 있다. 고대 로마의 철학자 플루타르코스는 《영웅전》으로 알려진 책 1권 중 〈테세우스의 삶〉 23절에서 다음과 같은 글을 남겼다.

크레타에서 돌아온 테세우스와 아테네의 젊은이들이 탄 배에는 서른 개의 노가 있었고, 아테네인들에 의해 보존되어 데메트리오스 팔레레우스의 시대까지 전해졌다. 이들이 부식된 헌 널빤지들을 뜯어내고 그 대신 튼튼한 새 목재를 붙였기 때문인데, 그러다 보니 이 배는 철학자들 사이에서 '논리학적 물음'의 사례가 됐다. 어떤 이들은 배가 똑같이 남아 있다고 여기고, 어떤 이들은 배가 똑같지 않다고 주장했다.[68]

흔히 '테세우스의 배 역설'이라고 부르는 논쟁이다. "배의 모든 부분이 새로운 부품으로 교체됐더라도 그 배는 여전히 '바로 그 배'인가?"라는 물음이다. 이와 유사한 질문은 다른 식으로도 들 수 있다. 가령 생물이 자라면서 몸의 세포가 모두 바뀐다고 할 때, 어린 시절의 생물과 성장 후의 생물이 같은 생물이라고 할 수 있을까? 인간의 심장근육, 뇌, 눈을 이루는 세포는 대체로 평생 미세하게 변하며 유지된다. 그러나 피부는 4주 정도, 간은 1년, 혈액은 4개월, 뼈조직은 10년이면 완전히 바뀐다. 그렇다면 10년 전의 나와 지금의 나는 같은 몸이라고 말하기 어렵다. 이 역설은 '자기 정체성'의 문제와도 직결된다. 몸의 세포가 다 바뀌었다면 여전히 같은 나라고 할 수 있는 이유를 찾기 어렵기 때문이다.

인간의 정체성은 어디에서 오는가?

한국어의 '정체성'을 가리키는 영어 '아이덴티티identity'의 또 다른 번역어는 '동일성同一性'이다. 아이덴티티는 라틴어 대명사 '이뎀idem'에서 유래했는데, 이뎀은 '같은' 또는 '같은 것'을 뜻한다. 어원을 놓고 보면 '정체성'이란 '같은 것'과 상통한다는 말이다. 한국어에서 '정체성' 혹은 '동일성'이란 아이덴티티를 번역해 수용한 맥락에서 이해될 수 있다. 그렇게 보면, 정체성을 추구한다는 건 동일성을 찾는다는 뜻이다.

그런데 인간에게 변치 않는 동일성이라는 게 있을까? 변치 않는 '자아ego'가 갖고 있다고 여겨지는 속성 또는 특성이 정체성일 것이므로, 정체성이 성립하려면 우선 자아의 동일성이 입증되어야 한다. 그런데 니체나 들뢰즈, 가타리 같은 철학자가 밝혔듯이, 자아의 동일성은 허구에 불과하다. 따라서 정체성의 근원은 기억에서 찾는 접근이 더 설득력을 얻는다.

중요한 문제는 여기서 묻는 것이 한 인간(a human individual)의 정체성이냐 인류(humanity, humankind)의 정체성이냐 하는 점이다. 이것이 정체성과 관련된 두 번째 점검 사항이다. 그동안 서양에서는 인류의 정체성을 개인의 정체성에서부터 찾으려고 해왔던 것이 사실이다. 이 문제는 '기억'이나 '지능'에 대한 이해에서도 살펴볼 수 있다.

유전적으로 의미 있는 생물의 단위는 개체가 아니라 개체군個體群, population이다. 개체군은 미묘한 차이가 있는 개체들의 유전자풀pool을 저장하고 자손에게 전달하는 단위이다. 따라서 어디까지나 중요한 건 개체군이며, 개체에 좋다고 개체군에 좋으란 법은 없다. 인류학자 그레고리 베이트슨Gregory Bateson은 다음과 같이 말했다.

무작위로 생겨난 돌연변이들은 개체군의 유전자풀에 모이고, 자연선택은 생존과 같은 어떤 것의 관점에서 선택 가능한 돌연변이 중 불리한 것들을 제거하도록 작동하며, 대체로 무해하거나 유익한 것에 우호적일 것이다. (…) 어느 한 개체의 생존에 가치가 있는 것이 개체군 혹은 사회에 치명적일 수도 있다. 단기적으로 좋은 것(증상 치료)이 장기적으로는 중독성이 있거나 치명적일 수도 있다.[69]

개체군의 중요한 점은 개체 차원에서라면 불가능했을 뇌와 몸 밖의 기억을 개체군이 간직할 수 있다는 것이다. 이는 모든 생물 중 인간에게서 가장 탁월하게 관찰되는 특성이다. 인간은 생물학적인 유전자 기억 말고도 사회적·문화적인 공동 집단 기억을 형성하고 유지한다. 위와 같은 두 층위의 기억이 병존하며 상호 교류하고 공진화한다. 이것이 인류 진화를 이끌어왔으며 문명을 건설해온 핵심 역량이다. 다른 모든 종에게도 그렇겠지만, 인간에게는 개체군의 역할이 더 결정적이다.

원자론적 개인주의에 익숙한 현대인의 시각에서 이런 주장은 집단을 위해 개인을 희생하는 전체주의가 떠올라 불편하고 낯설 수 있다. 하지만 개체군에 대한 강조는 소통과 협력과 연대라는 다른 가치를 옹호하기 위한 지반이다.

개체의 지능은 자기 자신의 생존을 위해 발휘되는 차원을 넘어 개체군 모두가 생존하고 유지되기 위해서도 활용될 수 있다. 이 점은 고생물학, 인류학, 심리학, 교육학 연구에서 입증된 바 있다. 인류학자 아구스틴 푸엔테스Agustin Fuentes는 모든 생물에게 있는 '유전자 유전' 말고도 인간에게는 고유한 '상징 유전symbolic inheritance' 혹은 '사회 전통'이 있다고 말한다. 이를 통해 "생활 방식과 신체 활용 방식에 영향을 미치는 관념, 기호, 지각 등이 전달"된다. 그것은 또한 "구성원이 공유하는 창의력의 한 부분"이며, "집단의 사회적 삶을 구성하는 한 요소로, 일종의 사회적 학습을 통해 전파"된다. 푸엔테스는 이를 '창의적 협력이라는 특별한 능력'이라고 말한다. 공동체 구성원들은 "상당히 정확하고 치밀한 협력과 의사소통"을 통해 창의성을 발현하고 이어간다. 이러한 창의적 결과는 시공간을 넘어 공동체 전체와 공유된다. 만일 개인 기억에만 의존했다면, 창의적 결과는 일회성으로 그치거나 쉽게 잊힐 것이다. 그 개인이 죽고 나면 지식이든, 기술이든 다 사라질 것이기 때문이다.[70]

끊임없이 변화하는 기억과 인간의 정체성

인간은 창의적 결과물이 나왔을 때, 그것을 공유하고 나아가 개량하기까지 한다. 낚시로 예를 들어보면, 고리에 먹이를 걸고 실의 장력을 이용하면 물고기를 낚을 수 있다. 유인원도 여기까지는 한다. 하지만 인간 중 누군가는 그 고리의 기능을 개량한다. 미늘을 달거나, 고리에 가짜 미끼를 걸기도 한다. 이 과정은 집단 안에서 어느 정도 불가역적으로 광범위하게 일어나며, 학습을 통해 공동체 전체로 전파된다. 그것이 '영역' 혹은 '문화'요, '외부화한 상징' 혹은 '사회 기억'이다.

기억은 개인 현상일 뿐 아니라 집단 현상이기도 하다. 초기 인류는 비교적 적은 개체수로 이루어진 집단에 속했지만, 시간이 흐르면서 집단의 크기도 커지고 집단 간 관계도 다양해졌다. 최신 연구에 따르면, 인류는 3,000년 전부터 기억을 집단에 저장함으로써 에너지 다소비 기관인 뇌의 용량을 줄여왔다. 인류의 뇌 용량은 210만 년 전부터 급격히 팽창하다가 3,000년 전부터 그전까지 진행됐던 증가 추세보다 50배나 빠른 속도로 축소됐다. 연구가 앞으로도 이어지겠지만, 두개골 조사를 통한 이런 증거도 인간 지능은 개체 지능이 아닌 집단 지능 혹은 공동 지능co-intelligence임을 뒷받침한다.* 뇌의 축소라는 미스터리에 대한 중요한 답변으로 등장한 것이 '집단지성collective intelligence으로서의 기억의 외장화externalization'이다.[71] 특히 이 가설은 인간에게서만 발견되는 예외적인 창의성이 집단의 협력을 통해 발전했다는 인류학적 주장을 뒷받침해준다.[72]

이런 특징은 호모사피엔스뿐 아니라 모든 사람속Homo genus에 공통된 것으로 볼 수도 있다. 다큐멘터리 〈언노운: 뼈 동굴〉(2023)은 남아공 요하네스버그 인근의 지하동굴에서 2013년 발견된 사람속인 '호모날레

- 프랑스의 사회학자 피에르 레비가 강조한 '집단지성'은 사이버공간을 중심으로 형성되는 현상을 언급하고 있는 점에서 이 글에서 언급하는 '집단 지능', '공동 지능', '집단지성'과는 다르다.

디Homo naledi'에 대한 내용을 담고 있다. 호모날레디는 외관상 호모에렉투스, 호모하빌리스, 호모루돌펜시스 등 원시 인류와 비슷하고, 이보다 훨씬 뒤에 나타난 네안데르탈인, 데니소바인, 호모사피엔스와도 비슷하다. 최근 연구에 따르면 호모날레디는 20만~30만 년 전에 살았던 것으로 추정되어 현생인류인 호모사피엔스와 일부 공존했을 가능성도 있는 것으로 알려졌다. 그런데 이 다큐멘터리에 따르면, 호모날레디를 포함한 사람속의 모든 구성원은 도구를 사용할 줄 알았고, 나아가 도구 쓰는 법을 서로 가르쳐주는 능력도 있었다. 밋밋한 돌덩이로 다양한 석기를 만들 수 있었던 이유이다.

여기서 흥미로운 점 두 가지를 주목할 수 있다. 하나는 새로운 발상을 물질 형태로 구현하는 능력, 곧 창의력이다. 다른 하나는 새로운 발견이나 발명을 서로 가르쳐주어 전수하는 능력, 곧 공동 지능이다. 공동 지능 혹은 집단 기억은 정보 혹은 지식의 저장과 인출이 '언어 상징' 수준에서 이루어진다는 점과도 관련된다. 여기서 말하는 언어 상징은 좁은 의미의 자연어에 한정되지 않고 확장된 소통과 협력의 매체 전반을 뜻한다. 종교 상징, 도상, 수학, 자연과학, 예술, 암송, 암묵지, 리듬, 요리, 기법technique, 재주skill 같은 것이 모두 넓은 의미의 언어이다. 여기에서 넓은 의미의 언어란 문명 혹은 문화와 동의어이다.

집단 기억에서 학습은 필수적이다. 현재 구성원이 언어 상징을 통해 선대에서 전수된 기억을 반복할 수 있어야 하기 때문이다. 신화와 구전을 비롯해 지식과 노하우도 집단 기억에 등록되고 저장되고 인출되기를 반복한다.

집단 기억은 인간이 진화적 탄생 순간부터 '개인'이 아니었다는 점을 보여준다. 또한 생명을 고려할 때 개별 생물보다 생태계를 우선시해야 하는 것과 마찬가지로 인간의 단위를 '집단' 혹은 '공동체'로 놓아야 한다는 점을 일깨워준다. 인간 정체성의 본류에 기억이 있다면, 인간은 기억을 확장하며 전수한다는 특징이 있다. 기계와 융합해서 살아가야 할 새로운 시대가 도래한다 하더라도 인간이 가진 이 특징은 변치 않을 것이다. 인간은 고정된 정체성을 가진 존재가 아니다. 늘 변하면서 미래를 개척하는 존재이다. 모험과 창조, 그 자체가 인간의 정체성이다. 어떠한 미래가 온다고 해도 인간은 위험을 무릅쓰고 거듭 도전하는 것으로 본연의 인간다움을 지켜나갈 것이다.

KAIST FUTURE STRATEGY 2024

2

변화에 대처하는
STEPPER 전략

1

사회 분야 미래전략
Society

초고령사회와 노인 소득 보장의 방향

젠더와 세대 이슈로 더해진 사회갈등 관리

'면역의 시대'의 이해와 대비

초고령사회와
노인 소득 보장의 방향

우리나라는 2025년이 되면 전체 인구에서 65세 이상이 차지하는 비율이 20%를 넘어서는 초고령사회 post-aged society가 될 것으로 전망된다. 7년 만에 고령사회(전체 인구 대비 65세 이상 인구의 비율이 14%)에서 초고령사회로 진입하는 것이다. 평균수명의 증가와 저출생으로 인해 우리나라의 고령화 속도는 전 세계에서 가장 빠르다. 인구 고령화가 세계 다른 나라들과 같이 오랜 세월에 걸쳐 진행된다면, 우리는 변화하는 인구구조에 맞춰 서서히 적응하면서 변모하면 된다. 그런데 그렇지 않고 초고속의 변화인 점에 문제가 있다. 65세 이상 고령인구는 2020년 815만 명에서 2024년에 1,000만 명을 넘어서고, 2070년에는 1,747만 명까지 증가할 것으로 전망된다. 반면 계속된 출생 인구 감소에 따라, 생산가능인구(15~64세)는 2020년 3,738만 명에서 2070년에는 1,730만 명 수준까지 줄어들 것으로 전망된다.[73]

인구구조의 변화는 사회 운용 패러다임의 대전환을 요구하는 문제이다. 무엇보다 생산가능인구가 급격히 감소하면 노동 인력과 소비수요가 줄어드는 반면, 노인 부양 부담과 국가의 복지 재정 지출은 늘어나므로 경제성장 잠재력에 타격을 준다. 결국은 고령화가 국민연금이나 건강보험 같은 주요 제도의 지속 가능성에 위협이 되고 세대 간 갈등을 악화시키는 원인이 될 것이다.

고령인구 소득 보장의 기본 방향

고령화가 진행되면서 자주 언급되는 통계수치 가운데 하나는 노인 빈곤율이다. 경제협력개발기구OECD 회원국 가운데 가장 높은 수치라는 지적도 있고, 소득 기준으로 평가가 이뤄지다 보니 우리 사회의 특성인 부동산 같은 자산이 고려되지 않은 통계적 함정이라는 지적도 있다. 하지만 통계치에 약간의 오차가 있다고 해도 OECD 평균보다 '가난한 노인'이 많다는 것은 사실이다. 그런데 경제적 안정이 선결되지 않는다면 노후 생활을 평안하게 만들기 위한 다른 어떤 것도 무용지물이 될 수 있다. 따라서 공적 노후 소득 보장 체계를 구축하고, 연금 수급 이전까지 안정된 경제활동을 할 수 있는 고령자 고용 관련 제도를 정비해 노후의 경제 상황을 개선해야 한다. 또 개인 차원에서 노후를 대비할 수 있도록 노후 준비 제도를 활성화해야 한다.

고령사회에서 노인의 경제활동 참여 여부는 다층적 의미를 지닐 수 있다. 개인적 차원에서는 소득을 확보하는 지속적 수단이 되기도 하고, 사회 활동에 참여함으로써 퇴직으로 인한 단절 없이 사회적 관계를 유지하는 통로가 될 수 있다. 또 사회적 차원에서 고령인구의 경제활동 참여는 줄어드는 생산가능인구의 노동력을 보충하는 일이 되며, 사회보험료와 조세부담이 가능한 경제활동자가 늘어난다는 점에서 재정적 측면에서도 긍정적이다. 하지만 노동시장에서의 은퇴는 거의 예정되어 있으므로, 소득단절과 마주할 은퇴 이후의 삶도 준비하도록 해야 한다. 즉, '경제적으로 준비된 노후'를 맞이하는 노인의 비율을 높이기 위한 정책이 고령사회 대응 방향에 반드시 포함되어야 한다.

우선 근로 연령기에는 생애 소득의 흑자를 축적한 뒤 은퇴 이후에 이를 소비하는 방식으로 개인의 생애주기 소득 이전이 이뤄지는데, 이를 보다 강화할 필요가 있다. 공적 소득 보장 제도인 국민연금제도를 통해 탄탄한 준비가 가능하게 하고, 중·고소득층에게는 사적연금을 이용해 노후 준비를 활성화하도록 지원해야 한다. 다행스럽게도 현재 65세 이상 고령자의 공적연금(국민연금, 공무원연금 등의 특수직역연금) 수급률은 점차 높아지는 추세이다. 공적연금 수급률은 2014년에는 41.1%였지만 2021년에는 55.1%까지 증가했는데,[74] 국민연금제도의 도입이 어느 정도 경과하면서 연금 수급자 비율이 늘고 있기 때문이다. 그러나 공적연금 수급률은 나이에 따라 차이가 있다. 70세 중반을 넘어서는 노인의 연금 수급률은 크게 낮다. 국민연금이 1988년에서야 도입됐고, 단계적으로 가입 대상을 확대해왔기 때문에 가입 기간을 충분히 확보할 수 있었던 최근의 은퇴 인구에 이르러서야 수급률이 높아지고 있다.

한편 소득이 일정 부분 있는 은퇴 인구가 건강보험료를 비롯한 사회보험료와 조세를 나눠서 부담하는 것은 고령사회에서 안정적인 재정운영을 위해 필요한 일이다. 가령 달라진 건강보험료 부과 체계가 이러한 방향의 일환이라고 볼 수 있다. 재원확보와 가입자 간 형평성을 위해

2022년 9월부터 시행에 들어간 2단계 개편 내용에 따르면, 연금소득 등 연간 2,000만 원 이상의 소득이 있으면 건강보험 피부양자로 등록하지 못한다. 기존에는 연간 3,400만 원 소득 이상자만 제외했다.

다만 소득이 있는 은퇴자도 사회보험료를 부담해야 한다는, 이러한 방식의 제도 변화 방향에 대한 국민적 수용도는 낮다. 은퇴 인구는 모두 경제적으로 취약할 수밖에 없다는 통념이 있는 데다가 고령사회 유지에 필요한 새로운 원칙을 우리 사회가 받아들이지 못하고 있는 데에서 기인한다.

효과적인 노후 소득 보장 수단의 모색

노인 빈곤 문제에 대응하기 위해서는 우선 노인의 생활수준을 예측해보는 것이 중요하다. 현재 상태에서 변화한 노인인구의 규모 및 이들을 포함한 전체 인구의 소득 변화를 반영하고, 또 경제활동 참가가 개선된 결과를 반영해 가구의 소득수준을 전망해볼 수 있다. 그리고 이를 바탕으로 노인이 어느 정도 소득을 갖게 될지 예측해볼 수 있다.

국민연금연구원의 '빈곤 전망 모형'에 따르면 노인인구의 빈곤율은 2025년 37.68%에서 점차 낮아지다가 다시 증가할 것으로 전망된다.[75] 기초연금과 함께 노인인구가 받는 국민연금 급여가 증가해 노인 빈곤율이 낮아지지만, 효과는 그리 크지 않기 때문이다. 노인 소득 중 공적이전소득이 차지하는 비중은 2020년 27.13%에서 2080년 34.13%로 소폭 증가할 뿐이다. 그러므로 근로 인구에게는 더 많은 국민연금 수급권을 확보할 수 있도록 지원하고, 은퇴 인구에게는 연금 수급과 더불어 일할 기회를 제공하는 것이 노후의 소득 보장을 위해 필요하다.

생애주기 소득재분배 개선

우리나라는 근로 연령기에 노후 준비가 충분하지 않은 편이다. 근로 연령기에 덜 준비(덜 부담)해서 노령기에 가난해진다는 이야기이다. 근로 인구의 조세 및 사회보험료 지출이 소득에서 차지하는 비율이 노후 소득 보장이 잘 갖춰진 OECD 국가에서는 30% 중반대를 보이는데, 우리의 경우 23% 수준이다. 우리나라는 근로 활동 시기에 소득재분배를 위한 부담을 적게 하고, 그 결과 노년기에 가난을 경험한다고 볼 수 있다.

근로 연령기는 다른 생애주기보다 소득이 많은 시기인데, 이때 세금을 내고, 연금 등 사회보험료를 부담(공공이전)하게 된다. 이러한 조세와 건강보험료는 노년층과 유년층에게 돌아가는 세대 간 이전의 양상을 띠고, 연금보험료는 본인의 생애주기 재분배 성격이 더 강하다. 그런데 소득이 있는 근로 연령기 때 공공이전을 확대하게 되면 사회 전체적인 소득재분배가 이뤄짐에 따라 빈곤율도 낮아질 수 있다. 따라서 근로 연령기에 노후 준비를 더 많이 하는 방식으로 사회시스템을 변경해야 한다. 물론 이러한 노후 준비와 재분배 강화를 국민연금과 같은 공적 수단으로 할 것인지, 개인연금 같은 사적 수단으로 할 것인지는 결정해야 한다. 어떤 방식이든 근로 연령기에 노후를 위해 소득재분배가 이뤄지도록 하는 것이 노후 빈곤 해소를 위한 효과적 대응책이다.

연금 수급과 경제활동 병행

고령사회에서는 연금 수급과 경제활동이 병행되어야 한다. 다시 말해, 연금 수급을 하면서도 일을 할 수 있도록 하는 것이다. 정부가 60세 정년을 법제화했으나, 법정 정년제가 제대로 이행된다고 하더라도 국민연금 수급 시기와 정년 사이에는 여전히 괴리가 있어 급격한 소득단절과 공백기가 존재한다. 중고령자들이 퇴직에 가까워진 나이에 더 안정적으로 경제활동을 할 수 있게 하는 제도적 장치에 대한 고민이 필요한 이유이다.

기초연금과 같이 빈곤한 노인을 대상으로 하는 급여는 수급 자격을 제한하고 있어 일부에서는 수급 자격을 얻기 위해 일자리 참여를 주저하기도 한다. 따라서 연금 수급과 근로 활동이 병행되도록 부조 성격의 급여보다는 보편성에 기반한, 또는 기여 권리에 기반한 노후 소득 보장 제도를 확대해야 한다. 근로 연령기에 노후보장을 위해 준비한 공적연금과 사적연금은 기초연금과 달리 급여 수급에 따른 일자리 참여를 제한하지 않는다는 점에서 중요하다.

장기적으로 볼 때 기초연금을 수급하지 않을 정도의 소득을 확보하고, 그러한 소득의 상당수를 연금에서 충당하는 사람이 많아지는 것이 중요하다. 2020년 기준 노인의 기초연금과 공적연금 수급 여부로 빈곤 상태를 살펴보면, 공적연금(소득비례연금)은 받지 않고 기초연금을 받는 노인 중에서는 55.8%, 공적연금도 받고 기초연금도 받는 노인 중에서는 42.5%, 공적연금도 받지 않고 기초연금도 받지 않는 노인 중에서는 26.3%, 공적연금을 받으면서 기초연금을 받지 않는 노인 중에서는 13.4%가 '빈곤한 상태'에 있다. 빈곤한 노인이 많아지면 그만큼 정책 개입의 필요성은 커질 수밖에 없다. 반대로 준비된 상태에서 노후를 맞이하도록 하는 것은 장래 재정 소요를 줄이는 결과로 이어질 수 있다.

공적제도의 보완과 역할 강화

예측에 따르면 국민연금 수급률은 앞으로 점차 높아지지만, 평균 연금액은 그리 늘어나지 않을 것으로 전망된다. 2018년 수행된 제4차 국민연금 재정계산에 따르면, 2060년이 되면 노인 중 81%가 노령연금을 수급할 것이라고 추계했다. 재정추계를 할 때마다 수급률 전망치는 조금씩 높아지는데, 경제활동률이 증가하고 국민연금 가입률이 꾸준히 높아지면서 근로 인구 중 국민연금 가입자가 많아지는 데 따른 결과이다. 그러나 국민연금 수급률 증가에 비해 평균 연금액은 그다지 증가하지 않을 것으로 전망된다. 2030년대 중반 근로소득 대비 약 25%의 연금액이 가장 높은 수준일 것으로 예측된다. 이는 국민연금의 재정적 지속성을 확보하기 위해 1999년과 2007년 두 차례에 걸쳐 실시한 소득대체율 인하의 영향이다.

이처럼 연금제도의 안정적 운영에 필요한 연금보험료율은 높이지 못하고 소득대체율만 낮춰오면서, 노후에 필요한 소득을 확보하지 못할 가능성은 더 커지고 있는 셈이다. 빈곤하지 않은 채 기본적인 생활을 하기 위해서는 2021년 기준으로 노인 1인의 경우 약 132만 원, 노인 부부의 경우 186.7만 원의 소득이 필요한 것으로 조사된 바 있다. 물론 이러한 수준의 노후 소득을 모두 국가 책임의 제도라 할 수 있는 기초연금이나 국민연금을 통해서 확보하기는 어렵다. 일정 수준 이상에서는 개인의 별도 노후 준비가 중요하다. 그렇지만 최소 수준에서라도 공적제도의 역할을 더 고민해야 한다.

우리나라의 공적 노후 소득 보장 제도인 국민연금제도의 미래 소득대체율은 20세부터 가입하는 것을 가정할 때 2021년 31.2%인데 이는 OECD 평균 42.2%보다 11%p나 낮은 수준이다.[76] 복지국가로 알려진

북유럽 국가 중 스웨덴(41.6%)의 경우 OECD 평균보다 낮지만, 잘 준비된 2층 연금, 즉 기초연금 같은 1차의 의무적 보장과 국민연금이나 퇴직연금 같은 2차의 의무적 소득비례연금 등을 통해 노후 소득을 보충하고 있다. 다층의 연금 체계를 통한 소득 확보와 제반 복지 여건이 갖춰진 상황에서 공적연금의 개혁을 통해 소득대체율을 낮춘 것이다. 일반적으로 안락한 노후를 위한 소득대체율은 65~70% 수준으로 알려져 있다. 다수 유럽 국가들은 안정된 고령사회를 유지하기 위해 60%대 안팎의 소득대체율 수준을 지키고 있다.

우리나라는 2008년 도입된 기초노령연금을 2014년 기초연금*으로 재설계하고 기존의 퇴직금제도를 퇴직연금으로 전환하는 과정에 있으며 개인연금, 주택연금, 농지연금 등 다양한 노후 대비 수단을 마련해왔다. 그렇지만 퇴직연금, 개인연금이 아직 안정적으로 정착하지 못했고 주택연금, 농지연금은 제도를 이용하는 대상층이 적어 안정적인 노후 소득 보장 제도로 기능하는 데 한계가 있다.

특히 공적연금의 사각지대를 줄이려는 노력도 계속 이어져야 한다. 2019년 기준 국민연금 보험료 납부자는 18~59세 인구 중 54.1%였고, 경제활동인구 대비로 보면 75.0%(특수직역 포함 시 82.4%)였다.[77] 고용 형태에 따른 사각지대도 여전하다. 따라서 개인 차원의 노후 준비 제도들을 활성화하면서도 기본적으로는 공적제도의 보완과 역할 강화를 통해 적정한 노후 소득을 확보하도록 토대를 마련해가야 한다.

• 65세 이상의 모든 국민에게 생활의 기초가 되는 연금을 주는 제도. 소득인정액 기준 하위 70% 대상으로 일정 금액을 지급한다.

모수적 연금 개혁 방안

공적제도의 역할을 고민할 때 소득대체율을 더 낮추는 것은 어려운 선택이다. 따라서 국민연금의 장기적인 재정 운영을 위해서는 국민연금 보험료율 인상이 불가피하다. 생애 기간 평균 소득의 40%를 은퇴 이후 20년가량 보장받으려면 필요한 보험료율이 약 16.3%로 추정된다. 평균 수명이 계속 늘어나고 있어서 수급 기간이 길어지는 것을 고려하면 가입 기간에 내야 할 보험료율은 더 높아진다. 현재 9%로 책정된 국민연금 보험료율은 급여 지급에 충분한 수준이 아니므로, 연금보험료율을 꾸준히 높이면서 미래세대가 더 부담하는 방식이 필요하다. 그렇지만 근로 인구 규모는 계속 감소할 것으로 전망되고 있어, 미래세대의 부담은 더 커지게 된다. 결국은 보험료율 인상의 속도를 높여서 현세대가 부담을 나눠야 한다.

현재 국민연금의 기본적인 제도 형태를 유지하면서 보험료율과 소득대체율을 조정하는 방식을 모수某數 개혁 방안이라고 한다. 지난 2018년 있었던 제4차 국민연금 재정 계산에서는 소득대체율을 45%(2023년 42.5%로, 2028년까지 40%로 낮아질 예정)로 인상하면서 보험료율을 각 재정 계산 시기마다 순차적으로 인상해 최대 18%까지 인상하자는 계획안과, 보험료율을 5년 주기로 1.5%p씩 15년에 걸쳐 13.5%로 인상하고 그 이상에서는 보험료율을 3.7%p 추가로 인상하거나 평균수명 연장 등에 따라 연금 급여를 삭감하자는 계획안이 제안된 바 있다. 전자는 공적 노후 소득 보장 제도인 국민연금의 역할을 확대해 후세대의 소득 보장에서 공적 보장의 역할을 일부 키울 수 있지만, 순차적인 보험료율 인상으로 후세대의 부담이 큰 방식이다. 후자는 빠른 보험료율의 인상을 제안하지만, 후세대에 적용되는 소득대체율을 추가로 인하할 여지가 있다.

이런 점들을 고려하면, 연금제도의 전반을 개편하기에 앞서 작은 수준의 개혁이라도 점진적으로 실시할 필요가 있다. 연금 개혁이 지연될수록 후세대가 더 많은 부담을 지게 되고, 이러한 부담 증가에 따른 형평성 문제 제기가 연금 개혁을 계속 더 어렵게 할 수도 있기 때문이다. 노후보장에서 공적연금의 역할을 강화하고, 연금보험료를 3%p씩 5년마다 세 번을 인상하게 되면, 보험료율은 최대 18%에 이를 것이다. 국민연금 가입자 평균 소득이 2023년 286만 원가량임을 고려하면, 보험료율이 5년에 한 번 3%p 인상될 때마다 월 8.6만 원씩 보험료가 인상된다는 것이다. 이것이 매해 0.6%p씩 인상된다고 하면 1.72만 원의 부담이 추가된다. 이때 사업장가입자는 증가하는 보험료율의 절반만을 부담하지만, 지역가입자는 모두 본인이 부담하므로 저소득 지역가입자에 대한 보험료 지원을 보험료율 인상과 함께 검토할 필요가 있다.

한편 이러한 모수적 개혁안 외에도 국민연금의 보험료 부과 대상을 확대할 필요가 있다. 이는 연금보험료를 부담해야 하는 인구를 늘리는 효과가 있으면서, 동시에 노후 소득을 확보하도록 지원하는 효과를 발휘한다. 먼저 60세 이상 근로자도 국민연금 보험료를 부담할 수 있도록 가입 상한 나이를 조정해야 한다. 현재는 59세까지만 국민연금에 가입하도록 하고 있어, 65세로 늦춰지는 연금 수급 연령과 차이가 있다. 60세 이후에 소득 활동을 하는데도 연금보험료 부담 의무는 면제되는 것인데, 이에 따라 가입 기간이 줄어드는 문제도 있다. 또 여성의 경제활동 참여 비율을 높일 필요가 있다.

두 정책은 국민연금 보험료 부담 인구를 늘리는 효과가 있는데, 고령화사회에서 근로 인구가 줄어드는 문제에 대한 대응책이기도 하다. 그렇지만 저소득, 또는 비정규 고용의 형태로 노동시장에 참여하면서 국민연금의 가입 사각지대에 놓이게 되면 이러한 정책 방향의 취지에 부합하지 않게 된다. 따라서 공적연금의 사각지대를 줄이기 위한 노력도 계속되어야 하는데, 이는 가입자 개인에게는 노후 소득 보장의 가능성을 키우는 일이 되고, 재정적으로는 보험료 부과 대상을 확대하는 효과로 이어질 수 있다.

젠더와 세대 이슈로 더해진
사회갈등 관리

최근 젠더 이슈로 상징된 남녀 갈등과 세대 간 갈등은 한국 사회의 갈등 지형을 설명하는 대표적인 사회적 균열social cleavage로 자리 잡았다. 2022년에 치러진 제20대 대선과 제8회 지방선거에서 남녀 갈등과 세대 문제가 유례없이 주목받았고, 실제로 세대와 성별에 따라 투표 행태도 다르게 나타났다. 특히 청년층에서 성별에 따른 투표 행태는 극명하게 갈렸다.

물론 성별과 세대에 따라 정치적 이념이나 정책 선호가 다를 수 있다. 이것만으로 갈등이 심각하다고 진단할 수는 없다. 문제는 그 차이를 다루는 방식에 있다. 최근 온라인상에 퍼지는 혐오성 표현이나 언론과 정치권이 이슈를 확산하는 방식을 보면, 갈등을 효과적으로 관리하지 못하고 오히려 소모적으로 조장한다는 인상을 지우기 어렵다. 우리나라의 사회갈등 수준이나 관리 능력에 관한 연구 중 적잖은 수가 갈등 요인보다 갈등을 관리하는 능력이 더 중요하다고 지적하고 있다. 가령 갈등 요인 자체가 경제성장에 미치는 영향은 통계적으로 유의하지 않은 데 반해, 갈등관리는 경제성장에 유의미한 긍정적 영향을 미친다고 밝힌 연구[78]가 이를 잘 보여준다. 갈등관리가 효율적으로 이루어지면 불필요한 사회적 비용을 크게 줄일 수 있다는 의미이다.

우리 사회 갈등의 양상

갈등을 효과적으로 관리하려면 우선 정확한 진단이 필요하다. 최근 우리 사회의 중요한 갈등 이슈로 부상하고 있는 남녀 갈등과 세대 간 갈등 이슈가 어떠한 양상을 띠고 있는지, 그 원인은 무엇인지, 나아가 갈등을 해결하려면 어떠한 노력이 필요한지 더 적극적으로 고민해야 한다.

젊은 세대를 중심으로 남녀 갈등이 심각하다는 인식 확산

2023년에 실시된 한 여론조사에 따르면 국민 68%가 우리 사회의 남녀 갈등이 심각하다고 인식한다. 18~29세 청년층은 무려 79%가 심각하다고 응답해 평균보다 11%p 높은 응답률을 보였다.[79] 다른 세대에서는 한국 사회에서 가장 심각한 갈등으로 이념 갈등이나 부동산 정책 갈등을 꼽았지만 20대만이 남녀 갈등을 꼽았다는 연구 결과[80]나, 다른 세대보다 청년세대에서 이성 배타성, 젠더 갈등 인식, 젠더 공감 지수가 유의하게 높게 나타났다는 연구 결과[81] 등을 보면, 청년세대가 남녀 갈등을 특히 심각하게 인식하고 있다는 점은 부정하기 어려워 보인다.

2022년 대선 직후 실시된 한 여론조사에서도 전체 응답자(1,786명) 중 66.6%가 한국 사회의 남녀 갈등이 심각하다고 답한 바 있다. 응답자 중 20대가 79.8%로 가장 높았고, 20대에서도 여성이 82.5%로 가장 크게 동의했다. 대선에서 투표할 후보를 정할 때도 응답자의 40.9%가 "후보의 젠더 공약이 영향을 미쳤다"라고 답했다. 이러한 응답자의 비율은 20대에서 50.6%로 가장 높았다.[82]

남녀 모두 스스로를 남녀 갈등의 피해자로 인식

청년세대의 남녀 갈등 인식이 보여주는 또 다른 특징은 자기 성별에 대한 차별이 심각하다고 인식하는 데 반해 다른 성별이 차별받고 있다는 인식은 약하다는 점이다. 2023년에 실시된 한 여론조사에 따르면 20대 남성 중 70.4%가 남성 차별이 심각하다고 동의했지만, 여성 차별이 심각하다는 응답은 31.2%에 그쳤다. 마찬가지로 20대 여성 중 70.3%가 여성 차별이 심각하다고 인식하는 반면, 남성 차별이 심각하다는 응답은 21.8%에 불과했다.[83]

20대 남성 상당수는 기성세대 남성이 누렸던 가부장적 특혜를 자신들은 누리지 못하고 오히려 각종 여성 우대 정책으로 손해를 입고 있다고 여긴다. 반대로 20대 여성은 성별 간 임금 격차가 여전히 크며 정부와 민간 부문을 막론하고 고위직에서 여성이 과소 대표되는 등 구조적 성차별이 엄연히 존재한다고 생각한다. 서로 간 인식의 격차가 큰 상황이다.

국민통합위원회가 실시한 조사에서도 남녀 청년은 남녀 갈등의 해소 방안에 관한 심각한 인식 차를 보였다. 남성 청년은 병역제도 개선(39.9%)을, 여성 청년은 '성범죄 근절 및 안전 보장'(34.0%)을 남녀 갈등

해소를 위해 개선되어야 할 분야로 가장 많이 꼽았다.[84] 남녀 청년 모두 자신이 성별로 인해 피해를 보고 있다고 인식하는 문제를 갈등해소를 위해 가장 개선이 필요한 분야로 보는 것이다.

세대 갈등의 심각성과 원인에 대한 인식

2023년에 실시된 또 다른 여론조사를 보면, 우리 사회의 세대 갈등이 심각하다는 데에 응답자 80%가 동의했고, 앞으로 세대 갈등이 지금보다 더 심각해질 것이라는 응답이 49%로 전년 대비 6%p 높게 나타났다. 또 전 연령대에 걸쳐 다른 세대와의 관계 형성이 어렵다는 응답이 이전보다 증가한 것으로 드러났다.[85] 한국보건사회연구원이 실시한 인식 조사에서도 유사한 결과가 나온 바 있다. 특히 세대 갈등에 대한 인식은 나이에 따라 다르게 나타났는데, 세대 갈등의 심각성에 19~29세(73.8%)가 가장 많이 동의했다. 갈등 원인에 대한 인식을 살펴보면 연령층이 높을수록 세대 간 교류 부족이나 가정 내 의사결정 과정에서 노인이 배제되는 점을 원인으로 지목했지만, 반대로 연령층이 낮아지면 직장 내 업무 성과, 정치, 일자리 등 경제·정책 자원의 배분 문제에 노인층이 부정적인 영향을 미치기 때문에 세대 갈등이 발생한다고 보았다.[86]

급속한 고령화는 물론 저성장의 장기화와 산업구조 재편 등 한국 사회가 겪고 있는 복합적인 사회변동과 맞물리면서 젊은 세대가 느끼고 있는 세대 간 불평등과 불공정성 문제는 향후 각종 사회문제의 뇌관이 될 가능성이 크다. 세대 간 갈등이 앞으로 더 심각한 문제가 될 수 있는 것이다.[87]

세대 갈등의 주축이 되는 청년세대의 경제적 취약성

세대 갈등도 청년세대, 특히 'MZ세대'라고 불리는 젊은 층을 중심으로 이슈가 만들어지고 확산되는 양상을 보인다. MZ세대는 1980년대 초부터 2000년대 초에 출생한 밀레니얼millennials 세대와 1990년대 중반부터 2000년대 초반에 출생한 Z세대Generation Z를 통칭한다. 미디어에서 자주 언급하는 MZ세대의 특징으로 공정성, 일과 삶의 균형, 친환경, 개성, 경험 등을 중시하고 새로운 콘텐츠와 디지털 미디어에 능숙한 점 등을 꼽을 수 있다. 하지만 경제 상황 측면에서 보면 어느 세대보다 소득, 자산, 부채, 소비 등의 부문에서 취약한 것이 특징이다. 2018년 기준 24~39세 연령대의 금융자산은 2012년 동일 연령대의 금융자산보다 일부 높아지기도 했지만, 증가 폭이 미미했다. 또 총부채는 주택 마련 목적의 금융기관 차입 증가로 2000년 이후 동일 연령대 대비 대폭 높아졌고, 총소비는 동일 연령대 대비 거의 정체되고 있으며, 소비성향도 하락세를 보였다.[88] 부동산 정책 갈등, 국민연금 고갈 문제, 정년 연장 문제 등은 모두 청년세대의 취약한 경제적 여건과 무관하지 않다.

불평등이 남녀·세대 갈등의 근본적 원인

이처럼 남녀 갈등과 세대 간 갈등 모두 20대 청년층이 가장 심각하게 인식하고 있으며, 그 배경에는 사회경제적 자원의 배분 문제가 있다는 공통점이 있다. 지난 대선 때부터 논란이 된 여성가족부 폐지 이슈에 대한 20대 남성의 열렬한 지지는 여성을 향한 적개심의 발로라기보다는 경쟁 열위에 놓이고 싶지 않은 불안의 결과로 해석하는 것이 타당할 수 있다. 또 MZ세대를 주축으로 한 각종 직장 내 갈등은 가치관이 다른 세대 간 충돌로 종종 표현되지만, 실질적으로는 임금, 승진, 직무 배분 등

직장 내 자원을 둘러싼 이익갈등인 경우가 적지 않다.[89] 즉, 공고해진 계층 사다리와 치열한 경쟁을 경험하면서 더 민감하게 반응하는 측면이 있는 것으로 보인다.

지금의 청년세대를 "'신자유주의적 글로벌화'의 경험이 낳은 필연적 결과물이자, 총체적 불안이 생애의 전 과정에 걸쳐 전면화된 집단"[90]으로 표현한 연구는 청년세대가 처한 현실을 그대로 보여준다. 2000년대 이후 진행된 저성장, 노동시장 이중구조화 등의 사회 변화는 20대 청년층을 소득·자산·교육·노동시장·주거·가족 형성 등 다차원에 걸친 불평등에 봉착하도록 만들었다.[91] 한 번의 실패가 평생의 낙오로 이어질 수 있다는 불안 속에 경쟁에 익숙해진 청년층에게는 성별이든 나이든 '수저'이든 내 노력으로 바꿀 수 없는 그 무엇 때문에 경쟁을 해보기도 전에 결과가 이미 정해져 있는 상황에 분노하게 되는 것이다.

사회가 불평등할수록 세대 간 사회이동을 비관적으로 인식하고 개인 수준에서는 연령과 소득수준이 낮을수록 사회이동을 비관할 확률도 높다. 나아가 계층이동 가능성에 대해 부정적으로 인식할수록 외부 소수자를 배타적으로 여기는 것으로 나타났다.[92] 불평등이 심화되고 계층이동성에 대한 좌절이 커질수록 나와 다른 집단에 대한 배타적 인식이 확산될 수 있는 것이다.

단기적 실천과 장기적 방향

오늘날 한국 사회에서의 남녀 갈등과 세대 간 갈등의 근본적인 원인은 앞서 살펴본 것처럼 저성장과 불평등 속에서 희소성이 커지거나 적어도 커지고 있는 것처럼 느껴지는 사회경제적 지위를 둘러싼 분투에서 비롯되는 경향이 크다. 따라서 사회경제적 자원 배분의 형평에 관한 사회적 합의점을 찾고, 불평등 해소와 계층 이동성을 회복하기 위한 사회정책과 미래 성장 동력을 확보하기 위한 경제정책을 병행하는 것이 가장 근원적 해법이다.

그러나 저성장과 불평등은 단기간에 해결할 수 있는 문제가 아니다. 다시 말해, 갈등 양상 또한 단기간에 사라지지는 않을 것이다. 하지만 갈등의 근본적 원인을 당장 해소할 수는 없어도, 갈등을 관리하는 우리 사회의 역량은 그보다 빠르게 키울 수 있다. 갈등을 효과적으로 관리하고 제도화함으로써 불필요한 사회비용의 지출을 막기 위한 고민이 필요한 이유이다.

또한 앞으로는 젠더 갈등을 다차원적으로 고려할 필요도 있다. 단순히 남성과 여성이라는 성별에 국한해 판단해서는 안 된다는 이야기이다. 최근 패션업계에서 나타나는 '젠더리스genderless' 현상이 이러한 흐름을 보여주는 예이다. 즉, 남성 모델이 그동안 여성용 장신구로 인식되던 진주목걸이를 착용하고 등장한다거나 온라인사이트 회원 가입 시 성별을 남성, 여성 두 가지만 표시하던 관행에서 벗어나 '제3의 성'이라는 항목을 만든 경우들이 그러하다. 젠더 갈등 양상이 사회적 불평등뿐 아니라 기성 문화에 대한 전복성 등이 함축된 이슈로 확대되고 있음을 보여주는 대목이다.

이러한 배경 속에서 생겨난 갈등을 관리하기 위해서는 우선 갈등의 근본적 원인을 짚어보면서 이를 해소하려는 사회적 논의가 확대되어야 한다. 갈등 현상에 대한 단편적 보도와 논쟁은 넘쳐나지만, 공적 책임을 지는 주체들 간의 생산적 논의는 찾아보기 어렵다. 갈등 요소들이 각 정치 진영의 의제가 되는 과정에서 세대, 연령층, 계층 내 이분법적 대결 구도가 오히려 강화되어온 측면도 있다. 그런 점에서 정치권과 언론이 우선 변화해야 한다. 언론과 정치가 갈등을 키워왔다는 지적을 겸허히 받아들여야 한다. 남녀 갈등을 발생시키는 원인으로 언론 및 방송 매체의 성별 갈등 조장이 가장 주요한 원인으로 꼽힌 점을 주목해야 한다.[93] 언론이 성별 집단이 SNS에서 단순히 싸우는 모양새만 취해도 '젠더 갈등'이라 칭하며 갈등을 더 키우고 있다는 지적도 있다.[94]

무엇보다 정치권은 갈등을 표출하고, 조직하고, 통합함으로써 민주주의가 제대로 작동할 수 있게 해야 한다. 대화와 토론을 통해 사회적 합의를 형성하고 해결 기제를 함께 마련할 수 있어야 한다.[95] 사회갈등을 정쟁의 소재로 삼는 것을 지양하고 토론과 숙의를 통해 상호 합의할 수 있는 영역을 넓혀야 한다.

단기적으로는 이미 어느 정도 사회적 공감대가 형성된 갈등해소 방안을 중심으로 정책형성을 위한 공적논의를 시작하는 것이 바람직하다. 예를 들어 남녀 갈등의 경우, 일·생활 균형 환경 촉진, 일상의 성차별 문화 개선, 혐오·차별 규제처럼 남녀 청년 모두 공감하는 갈등해소 방안이 있다.[96] 이제는 갈등 당사자, 정부, 민간 전문가 등 다양한 주체의 참여하에 이러한 갈등해소 방안들을 어떻게 실현할 것인지에 관한 생산적 논의 단계로 나아갈 필요가 있다.

- 국민통합위원회가 2022년 10월 실시한 설문조사 결과, 남녀 청년 모두 젠더 갈등을 위해 개선해야 한다고 본 분야로 '일·생활 균형 환경 촉진'(남 31.2%, 여 30.6%), '일상의 성차별 문화 개선'(남 27.8%, 여 33.0%), '혐오·차별 규제'(남 28.6%, 여 30.9%)가 꼽혔다.

정치권의 갈등해소 역량을 강화하기 위해 장기적으로 풀어야 할 과제도 있다. 소선거구제, 단순 다수대표제 등 승자독식의 대결적 정치 문화를 낳는 선거제도를 개선하는 것이 바람직하다.[97] 당론을 넘어 의원 개개인이 합리적인 의사결정을 할 수 있도록 권위적인 정당 운영 방식을 개선함으로써 토론과 합의의 정치 문화를 구축해야 한다.

언론 또한 합리적 대안을 위한 소통의 공간을 마련하고자 더 노력해야 한다. 온라인 커뮤니티에서의 논란을 그대로 옮겨놓기만 하는 식으로 논란에 가볍게 편승해서는 안 될 것이다.[98] 언론보도의 문제점으로 시민은 '자극적인 주장과 단어만을 보도하는 선정성'(37.9%), '일부 커뮤니티 의견을 부각시키는 과잉 의제화'(32.4%), '여혐이나 남혐 등 한쪽의 주장만을 보도하는 편향성'(19.0%), '혐오를 논란으로 축소하는 본질 회피'(10.7%) 등을 꼽기도 했다.[99]

드러난 갈등은 사회문제를 포착하고 해결할 수 있는 계기가 될 수도 있는데, 언론의 선정적 보도와 과잉 의제화는 갈등 사안에 대해 합리적으로 고찰할 기회를 놓치게 할 수 있다는 점을 깊이 인식할 필요가 있다. 갈등 이슈 자체만을 반복, 확대하는 것이 문제 해결은 아니다. 대결 양상과 현상만을 선정적으로 전달, 보도하는 것을 지양하고 다양한 의견이 교차하고 논의될 수 있도록 사회적 환경을 만들어가야 한다.

시민사회의 역할과 이를 위한 지방정부의 지원도 중요하다. 사회갈등의 순기능과 역기능에 대한 사회 전반의 이해를 넓히고, 갈등을 함께 해결하는 훈련이 이뤄질 필요가 있다. 호주 네이버후드 저스티스 센터Neighbourhood Justice Center가 지역사회 주도로 지역 내 갈등을 해결하도록 한 사례, 서울시가 이웃 간 분쟁을 마을 내 주민이 직접 조정하도록 하는 주민자율조정제도를 운용한 사례[100] 등을 참고할 필요가 있다. 시민의 갈등관리 역량 강화 측면에서도 의미 있는 사례들이지만, 성별·나이 등 서로 다른 배경을 가진 구성원이 직접 대면해 공동의 문제를 함께 해결하는 경험은 그러한 교류 기회가 대단히 부족한 한국 사회에서는 그 자체로 의미가 있다고 판단된다. 갈등 이슈에 관한 온라인에서의 비생산적 소통과 대척점에 있는 '오프라인에서의 생산적인 교류와 협력'을 모색하기 위한 지방정부의 지원이 강화될 필요가 있다.

또 중앙정부 차원에서는 남녀 갈등을 많이 낳는 일자리 시스템에 더 관심을 둘 필요도 있는데, 지금이 4차 산업혁명과 디지털 대전환에 맞물려 산업 구조나 직무 유형이 크게 변동되는 시점이기 때문이다. 가령 이 과정에서 드러나는 남녀 고용률과 임금·승진·직무 배분의 차이 등에 대한 지속적 모니터링을 통해 구조적 불평등이 생겨나지 않도록 권고하는 식의 실천적 방안이 이어져야 한다.

갈등은 불필요한 사회적 비용을 발생시키기도 하지만, 사회문제를 포착하고 해결할 기회를 제공하는 순기능도 있다. 최근의 남녀 갈등과 세대 갈등이 우리의 갈등관리 능력의 취약성을 알려주는 계기가 됐다고 인식하고, 정치·언론·시민사회·정부 등 사회 각 영역에서 갈등관리 역량을 높이기 위한 다각적 노력을 기울일 시점이다.

'면역의 시대'의 이해와 대비

2020년 초부터 전 세계를 휩쓴 코로나19 팬데믹은 우리 사회에 여러 가지 큰 영향을 끼쳤다. 그 결과, 팬데믹 이전과 이후가 확연히 구분될 만큼 우리는 급격한 변화를 겪게 됐다. 특히 과학의 여러 학문 분야 가운데 팬데믹 기간에 가장 두드러진 활약을 펼쳤고 위상이 급격히 올라가게 된 분야로 면역학을 꼽을 수 있다. 코로나19 팬데믹의 해결에 큰 역할을 한 백신이 바로 면역학의 대표적 산물이기 때문이다. 실제로 코로나19 백신이 출시된 이후 첫 1년 동안 백신 덕분에 목숨을 구한 사람의 수가 전 세계적으로 1,980만 명에 달한다는 연구 결과도 있다. 백신이 없었더라면 사망자 수가 3배 정도 더 많았을 것으로 추정된다는 것이다. 그로 인해 이전에는 전문가들만 언급하던 mRNA 백신에 대해 일반인들도 친숙해지게 됐다.

하지만 면역이 현대의 주요 키워드가 된 것이 꼭 코로나19 팬데믹이나 백신 때문만은 아니다. 사실 팬데믹 이전에도 면역 의약품은 제약바이오산업에서 가장 중요한 분야였고, 이런 맥락에서 현대 의료가 획기적인 발전을 이루어가고 있었다. 예를 들어, 약 10여 년 전부터 제약바이오산업의 블록버스터 의약품 목록은 각종 항체 치료제가 차지하고 있었으며, 7, 8년 전부터 언론에 자주 등장하는 면역항암제도 의료 현장에서 점점 더 많이 사용되고 있다. 그 결과 2018년 노벨 생리의학상이 면역항암제의 기초를 닦은 두 면역학자에게 수여되기도 했다.

현대 제약바이오산업의 주요 키워드가 된 백신

바이러스가 침입하면 인체에서는 면역반응이 일어난다. 면역반응의 양대 축으로서 항체와 T세포가 있는데, 항체는 바이러스에 결합해 바이러스가 세포 내로 침투하지 못하도록 막는 역할을 한다. 반면 T세포는 바이러스에 감염된 세포만을 골라 제거함으로써 더 이상 바이러스가 증식하지 못하도록 하는 역할을 한다. 이러한 면역반응은 세균이나 다른 병원성 미생물 감염에서도 유사하게 일어난다.

　면역반응은 이처럼 매우 효율적으로 작동하지만 한 가지 단점이 있다. 항체나 T세포가 작동하기 위해서는 감염으로부터 1주 정도의 시간이 필요하다는 점이다. 하지만 이미 한번 바이러스 감염을 겪은 후 인체가 동일한 바이러스에 두 번째로 노출되면 이 시간은 획기적으로 단축되고 면역반응의 세기도 강해져서 침입한 바이러스에 대해 강력한 면역반응을 나타낼 수 있게 된다. 그 결과 바이러스 감염 자체를 예방할수도 있다. 이런 현상을 면역학적 기억이라고 하며, 이 때문에 홍역에

한 번 걸리면 평생 다시는 홍역에 걸리지 않게 되는 것이다.

백신은 인체에 특정 바이러스에 대한 면역학적 기억을 부여하기 위해 가짜 감염을 일으키는 원리이다. 인류는 19세기부터 백신을 적극적으로 개발하기 시작했는데 그 방식은 바이러스 입자에서 감염력을 제거하거나(불활화) 독성을 줄인(약독화) 바이러스를 사용하는 것이었다. 1980년대 생명공학 시대 이후에는 재조합 단백질이나 바이러스유사입자를 이용한 백신 개발과 제조가 활발히 이루어졌다.

하지만 코로나19 팬데믹을 계기로 백신을 제조하는 방식에 큰 변화가 일어났다. 팬데믹이 시작된 지 채 1년도 지나지 않은 시기에 mRNA 백신(약화된 바이러스 대신 mRNA 형태의 바이러스항원 유전자를 투여)을 개발해 인체에 접종하게 된 것이다. 이외에도 바이러스벡터 백신(바이러스항원 유전자를 다른 바이러스에 넣어 세포까지 운반)도 개발되어 사용됐다. mRNA 백신이나 바이러스벡터 백신을 통칭해 유전자 백신이라고도 하는데, 이전부터 사용하던 백신 제조 방식을 제치고 유전자 백신이 이번 팬데믹에서 대활약을 하게 된 데는 이유가 있다. 전통적인 백신 제조 방식에 비해 유전자 백신은 백신 개발부터 제조까지의 시간을 획기적으로 단축할 수 있어서 신종 바이러스의 출현에 신속하게 대응할 수 있기 때문이다. 실제로 이번 팬데믹 상황에서 모더나의 경우 코로나19 바이러스 유전자 염기서열 정보가 공개된 시점으로부터 1개월 이내에 백신 후보 물질을 성공적으로 개발할 수 있었다.

코로나19 팬데믹은 이제 안정기로 접어들었지만, mRNA 백신의 용도는 앞으로 더 확대될 것으로 전망된다. 계속해서 출현하는 코로나19 변이주 바이러스에 대한 백신으로서 이용되는 것은 물론, 미래 언젠가 나타날 신종 바이러스에 대한 백신의 신속한 개발을 위한 용도로도 쓰일 것이다. 이뿐만 아니라 지금까지 백신 개발의 난제로 여겨져 왔던 말라리아나 에이즈 백신 개발에도 시도될 것이다.

하지만 현재 화이자와 바이오엔테크나 모더나 등 mRNA 백신 개발사들이 주력하는 분야는 따로 있다. 바로 '환자 맞춤형 암 백신'이다. 환자 맞춤형 암 백신은 이름은 백신이지만 암의 발생을 예방해주는 백신이 아니다. 암환자의 암세포에 생긴 유전자돌연변이를 파악하고 이에 맞춰 디자인한 백신을 신속히 제조해 투여함으로써 암을 치료하고 암의 재발을 막아주는 개념의 백신이다. mRNA 백신의 가장 중요한 장점인 신속성이라는 특성이 환자 맞춤형 암 백신의 요구와 잘 맞아떨어지기 때문에 mRNA 백신을 환자 맞춤형 암 백신의 기본 플랫폼으로 사용하려는 것이다.

현대 바이오 제약의 발전을 상징하는 단어, 항체 치료제

최근 들어 급속히 성장했으며 앞으로도 무한한 잠재력을 품고 있어 현대 바이오 제약의 발전 그 자체를 의미하는 단어로 항체 치료제를 꼽을 수 있다. 항체 치료제는 그 용도에 따라 감염질환 치료제, 염증 질환 치료제, 암치료제로 나눌 수 있다.

감염질환 치료제로서의 항체 의약품

항체 치료제의 시작을 이야기하려면 1901년의 제1회 노벨 생리의학상 수상자를 언급하지 않을 수 없다. 그 주인공은 독일의 에밀 폰베링Emil von Behring으로, 그는 혈청요법 연구로 디프테리아에 걸린 어린아이들을 치료한 공로로 노벨상을 받았다. 그 당시 디프테리아는 감염된 아이들의 약 30~40%가 사망할 정도로 무서운 질병이었다. 그런데 병인 기전을 연구해보니 디프테리아 세균이 인체에서 독소 단백질을 분비해 감염된 아이를 사망에 이르게 하는 것이었다. 폰베링은 이런 아이들을 치료하기 위해 항체의 개념을 활용했다. 디프테리아 독소 단백질을 말에게 주사해 디프테리아 독소에 대한 항체를 포함한 말 혈청(이를 항-디프테리아 혈청이라고 한다)을 얻었고 이를 디프테리아 환자에게 투여했다. 즉 말에서 얻어진 항-디프테리아 항체를 치료제로 이용한 셈인데, 그 결과 감염된 어린아이들의 사망률을 절반으로 줄일 수 있었고 그 공로로 노벨상을 받게 된 것이다.

그런데 120년 전의 이 방식이 바로 코로나19 팬데믹에서도 활용됐다. 물론 말의 혈청을 이용한 것은 아니지만 병원체에 대한 항체를 환자 치료에 활용했다는 점에서 동일하다. 코로나19 팬데믹 초기에 아직 어떤 치료제도 개발되기 전에, 코로나19 회복자의 혈액에서 혈장을 분리해 중증 환자에게 투여한 혈장 요법이 그 사례이다. 코로나19 회복자의 혈액에 풍부하게 존재하는 코로나19 바이러스 항체를 치료제로 활용한 것이다. 또 한국의 셀트리온을 비롯한 바이오·제약 기업들은 코로나19 바이러스에 대한 항체(좀 더 정확하게는 항-스파이크 항체)를 생명공학 기술로 제조해 코로나19 항체 치료제로 개발했다. 현대적인 생명공학 기술을 이용해 바이오 공장에서 만든 항체이기는 하지만 그 기본적인 원리는 에밀 폰베링의 것과 다름없다고 할 수 있다. 그리고 현재는 이부실드Evusheld라는 유사한 원리의 항체 의약품이 코로나19의 예방 목적으로도 사용된다.

이렇게 항체 치료제는 바이러스나 세균과 같은 병원성 미생물에 의한 질병을 치료하는 데 활용됐고, 미래에도 또 다른 신종 바이러스가 나타난다면 그 치료에 동원될 것으로 전망된다. 하지만 항체 치료제는 또 다른 목적으로도 개발되고 있는데, 바로 염증 질환이나 암의 치료에 이용되는 것이다.

염증 질환 치료제로서의 항체 의약품

류머티즘 관절염은 대표적인 자가면역질환autoimmune disease으로, 자기 단백질에 대해 면역반응이 유발되어 관절에 만성적인 염증이 생기는 질환이다. 비정상적인 자가면역반응을 교정할 뾰족한 수가 없었기에 과거에는 전반적인 염증반응을 억제하는 항염증 약물들이 치료제로 사용됐다. 그런데 면역학자들이 류머티즘 관절염 환자의 체내에서 어떤 이유로 염증반응이 일어나는지를 상세히 연구한 결과, TNF라는 사이토카인(혈액 속에 함유된 면역단백)이 중추적인 역할을 한다는 사실을 알게 됐다. 그리고 TNF에 대한 항체를 환자에게 투여하면 항체가 TNF의 작용을 방해해 염증을 가라앉힐 수 있다는 사실도 알게 됐다. 즉 사이토카인이라는 면역조절물질에 대한 항체를 의약품으로 개발해 환자 치료에 이용할 수 있다는 개념이 정립된 것이다.

실제로 2000년대 초반부터 이러한 항체 치료제가 류머티즘 관절염의 치료에 활발히 이용되기 시작했으며 다른 유사한 만성염증성 질환의 치료에도 이용되면서 그 시장 규모는 급격히 증가했다. 최근에는 이러한 방식의 항체 치료제 개발이 다른 질병으로도 확대되어, IL-17A라는 사이토카인에 대한 항체가 건선 치료제로 성공적으로 개발됐다. 또 IL-4와 IL-13이라는 사이토카인의 작용을 차단하는 항체가 천식 및 중증

아토피와 같은 중증 알레르기질환 치료제로 개발되어 환자에게 유용하게 쓰이고 있다. 그리고 이러한 항체 치료제의 개발 공식이 일반적인 개념으로 자리 잡으면서 항체 의약품들의 목록은 점차 늘어나고 있다.

그런데 이런 항체 치료제들의 성공적인 개발 경험은 한 가지 교훈을 남겼다. 항체 치료제를 개발하기 위해서는 그 질병이 어떤 이유로 생기는지 병인 기전을 면밀하게 연구하고 파악해야 한다는 것이다. 즉 항체 신약을 개발하기 위해서는 먼저 질병의 면역학 연구를 해야 한다. 이는 과거 제약회사에서 신약을 개발할 때 이용하던 대규모 스크리닝 방식(유효 물질 걸러내기)과 대비되는 것이다. 과장해서 이야기한다면, 그 질병이 왜 생기는지 병인 기전을 정확히 파악만 한다면 항체 신약 개발은 자동으로 따라오는 구조라고도 할 수 있다.

암치료제로서의 항체 의약품

류머티즘 관절염을 비롯한 만성염증 질환 치료제로서 성공을 거둔 항체 의약품은 암치료제로서 다시 한번 성공을 거두게 된다. 처음의 아이디어는 단순했다. 암세포 표면에 발현하는 단백질에 대한 항체를 암치료제로 사용하는 것이었다. 이러한 개념으로 개발된 항체 치료제들은 현재 의료 현장에서 실제로 사용되고 있다. 하지만 더 중요한 성공은 전혀 다른 바탕에서 이루어졌다.

인체 내에 암세포가 생기면 암세포에 대항하는 T세포가 활성화되어 암세포를 선택적으로 죽여 제거할 수 있다. 하지만 암환자에게서는 이러한 T세포 면역반응이 원활히 이루어지지 않는다. 그러한 이유로 2010년대 중반까지 많은 면역학자가 암세포에 대항하는 T세포 면역반응을 항진시키면 암이 치료될 수 있을 것이라는 가설하에 수많은 연구와 임상시험을 진행했지만 그다지 성공적이지는 못했다. 그런데 성공의 계기는 '왜 암환자에게서는 T세포 면역반응이 원활히 이루어지지 않을까?'라는 질문에 대한 기초적인 면역학 연구를 통해 이루어졌다. 연구 결과, 암세포에 대항하는 T세포의 표면에는 PD-1이라는 단백질이 발현되어 있고 암세포의 표면에는 PD-L1이라는 단백질이 발현되어 있는데 이 두 단백질이 서로 결합하면 T세포의 항암 작용이 현저히 저하됨을 알게 된 것이다.

이런 연구 결과는 곧바로 항체 신약 개발로 이어졌다. PD-1에 결합하는 항체나 PD-L1에 결합하는 항체를 이용해 PD-1과 PD-L1의 결합을 차단해 T세포의 기능을 회복시키려고 한 것이다. 임상시험 결과는 대성공이었고, 이렇게 개발된 항체 치료제들은 현재 여러 암의 치료에 활발히 사용되면서 블록버스터 의약품으로 자리매김했다. 이런 원리로 작용하는 항-PD-1 항체 치료제나 항-PD-L1 항체 치료제를 전문적인 용어로는 면역관문억제제immune checkpoint inhibitor라고 하며 일반적인 용어로는 면역항암제cancer immunotherapy라고도 부른다.

면역항암제의 성공은 암 치료의 패러다임을 바꾸었다. 비록 모든 암환자에게서 효능을 나타낸 것은 아니지만, 이전에는 치료 반응을 기대하기 어려웠던 암환자에게서 효과를 보이기도 하고 말기 암환자의 장기 생존을 가능하게 하는 등 면역항암제는 점점 더 그 한계를 극복해나가고 있다. 게다가 부작용은 적으면서도 다양한 암 치료에 활용될 수 있다는 장점도 지닌다. 이런 이유에서 현재 전 세계적으로 새로운 면역항암제 개발 연구가 크고 작은 바이오·제약 기업 주도로 활발히 이루어지고 있다.

면역과 미래 제약바이오산업

지금까지 살펴본 것과 같이 면역 의약품은 백신으로 시작해 이제는 염증 질환 치료제나 면역항암제와 같은 최첨단 신약으로 꽃을 피우게 됐다. 그리고 이러한 면역 의약품의 성공은 환자의 고통을 줄여주고 생명을 살리는 의료 현장에서의 활약뿐 아니라 제약바이오산업 전체의 비약적인 발전을 가져왔다. 특히 항체 의약품은 만성염증 질환이나 중증 알레르기질환과 같은 면역학적 질환 이외에도 알츠하이머병과 같은 다양한 질환의 치료 용도로도 활발히 개발되고 있다. 그리고 이제는 항체를 넘어서 면역세포 자체를 치료제로 개발해 성공을 거둔 사례들이 나오고 있다. 예를 들어, 최근 언론에 자주 등장하는 CAR-T 치료제 같은 경우는 혈액암 환자의 T세포를 꺼내어 암세포에 대항하는 T세포로 변형시킨 후 다시 환자의 몸에 투여하는 방식의 치료제이다.

'과학기술'이라고 한데 묶여서 서술되는 경우가 많지만, 사실 과학과 기술은 엄밀히 구분되는 영역이다. 과학은 어떤 현상의 '원리'를 명확히 이해하는 데 주력한다면, 기술은 그 원리를 인간에게 유용한 방식으로 '적용'하는 데 집중한다고 할 수 있다. 하지만 이런 엄격한 구분은 면역학과 면역 의약품의 개발 현장에서는 무의미해 보인다. 왜냐하면 한 질병이 어떻게 생겨서 어떻게 악화되는지 그 면역학적 병인 기전을 명확히 이해하고 파악하기만 한다면 신약 개발의 타깃이 되는 분자를 설정할 수 있고 타깃 분자에 대한 항체를 이용해 치료제를 개발할 수 있기 때문이다. 특히 면역 의약품의 경우, 기초 원리의 발견부터 치료제 개발까지의 기간이 비교적 짧아 기초연구와 응용연구의 경계도 허물어지는 추세이다.

흔히 미래를 바이오의 시대라고 하는데, 바이오의 여러 분야 중 신약 개발이 가장 활발하며 그 가운데 성공률이 가장 높은 분야가 면역학과 면역 의약품 개발 분야이다. 그런 점에서 미래를 '면역의 시대'라고도 부를 만하다. 이러한 면역의 시대 움직임을 제대로 이해해야만 미래를 향한 대비도 더 명확해질 수 있을 것이다.

2

기술 분야 미래전략
Technology

'디리스킹' 시대의 기술 주권 확보 전략

AI 인재 양성 정책 방향

기술 패권을 결정할 첨단 바이오산업

'디리스킹' 시대의
기술 주권 확보 전략

미·중 패권 경쟁의 이면에는 산업·경제 주도권을 둘러싼 갈등이 존재하고 있으며, 과학기술은 글로벌 패권 경쟁의 승패를 좌우하는 핵심 요인이 됐다. 이에 따라 AI, 로봇, 양자 정보 기술 등 핵심 분야의 첨단기술을 선점하려는 다툼이 치열해지고 있는 가운데 기술 동맹인 블록화 경향은 강화되고 있으며, 기술 주권을 확보하려는 경쟁도 점점 더 격화되고 있다.

현대적인 기술 주권의 개념은 유럽에서 먼저 나왔다. 세계의 지식 허브였던 유럽의 과학 경쟁력이 미국에 추월당하고, 주요 첨단산업 분야에서도 한국·일본·중국에 연이어 추격당하는 과정에서 나타난 유럽의 산업 경쟁력에 대한 위기의식이 그 출발점이었다. 이러한 위기의식 속에서 등장한 유럽의 기술 주권 담론은 미·중 무역분쟁에서 시작된 양국 간의 대립이 과학기술·첨단산업 분야에 집중되는 상황, 코로나19

팬데믹 장기화와 공급망 교란, 미국·일본·호주·인도의 안보 협의체 쿼드Quad, Quadrilateral Security Dialogue와 인도·태평양 경제 프레임워크IPEF 의 출범, 그리고 러시아의 우크라이나 침공 등 글로벌 안보 환경의 급격한 변화가 더해지면서 전 세계적으로 확산됐다. 이러한 대내외적 환경의 불확실성에 대응하기 위해 세계 각국은 경제·사회·국방의 안보에서 핵심 요인이 되는 기술을 개발하고 확보하기 위한 전략을 추구하고 있다.

기술 주권의 정의와 범위

주권sovereignty이란 해당 주체(국가·국민)가 특정 영역(영토·영해·외교 등)에서 자주적으로 행사할 수 있는 불가침의 권리를 의미한다. 최근 들어 이러한 주권의 개념은 다양한 지정학·지경학적 위기와 충돌에 대응하는 의미로 경제·산업·기술 분야에도 광범위하게 적용되고 있다.

이런 맥락에서 기술 주권은 "어떠한 국가·연방이 자국의 복지와 경쟁력에 없어서는 안 될 기술을 직접 공급하거나 다른 경제권으로부터 일방적인 구조적 의존 없이 조달하는 능력"[101]이라고 정의된다. 디지털플랫폼이나 데이터 측면에서의 전략적인 자립도 유지를 주장하는 '디지털 주권' 또는 높은 대외의존도로 인한 안보 위협 해결에 초점을 두고 있는 '전략적 자율성strategic autonomy' 등이 이와 궤를 같이하는 개념들이다.

이 같은 정의에서 알 수 있듯이, 기술 주권은 기술 그 자체와 이를 개발하는 주체의 완벽한 자급자족이나 민족주의를 추구하지는 않는다. 이는 핵심기술 역량의 내재화와 함께 안정적인 조달·협력 체계 구축을 통해 필수적critical이고 유망한emerging 기술을 확보할 수 있는 통합적인 역량을 의미한다. 기술 주권은 또 '경제 주권'과 '혁신 주권'의 하위 개념으로 다뤄지면서 디지털 주권, 데이터 주권, 미디어 주권 등의 내용도 포괄한다.[102] 특히 최근의 기술 주권 논의에는 AI, 양자 정보 기술, 반도체, 배터리, 에너지 등의 첨단 과학기술과 제조 생산 기술 그리고 공급망 이슈가 포함되고 있다.

도대체 누가 얼마나 앞서고 있는 것인가?

미국의 초당적 싱크탱크인 특수경쟁연구프로젝트SCSP, Special Competitive Study Project에서 2022년에 내놓은 보고서에 따르면, 국가의 경제성장과 안보에 핵심적인 대다수 전략기술 분야에서 미국과 중국이 팽팽히 맞서고 있는 것으로 나타났다. 중국은 차세대 배터리, 상용화 드론, 5G 장비 등에서 우위를 보이고, 미국은 인터넷 플랫폼, 합성 생물학, 바이오 제약, 핵융합, 양자컴퓨팅 분야에서 우위를 보였다. 한편 AI, 차세대 네트워크, 반도체, 선진 제조 등의 분야에서는 양국이 치열하게 대립하고 있는 것으로 나타났다.

홍미로운 점은 이 연구에서 기술 분야별 우위를 측정할 때 현재와 미래의 확실성 정도를 같이 측정했는데, 놀랍게도 미국이 앞으로도 확실하게 우위를 지닐 분야가 없는 것으로 나타났다. 반면 중국은 차세대 배터리 분야에서 현재와 미래 모두 확실하게 앞설 수 있을 것으로 평가됐다. 또 일반적으로 다수의 전문가가 미국이 앞서 있다고 평가하는 양자

기술, 바이오 등의 분야에서도 미국과 중국 간의 격차가 그리 크지 않다는 것이다.

중국과의 경쟁에 대응하기 위해 설립된 미국의 초당적 싱크탱크가 내놓은 양국의 기술 우위 평가 결과는 이런 측면에서 많은 논의를 불러일으키고 있다. 우선 중국의 기술 실력을 과대평가한 경향이 있다는 지적이다. 이러한 분석 자체가 중국의 '기술 굴기'에 대한 위협을 고조시킴으로써 미국 내 공공 연구개발 투자를 확대하고 대중국 견제를 강화할 목적으로 수행됐기 때문에 그렇다는 해석이다. 또 미국이 자국의 기술력을 과소 계상計上하고 있다는 의견도 존재한다. 과학기술의 안보화가 급격히 진행됨에 따라 핵심기술의 유출로 이어질 수 있는 대다수의 원천 지식 공개 활동이 더욱 소극적이고 폐쇄적으로 진행되고 있다는 것이다.

반대로 최근 수년간 중국의 대학과 싱크탱크들이 분석한 전략기술 분야의 경쟁력 분석 결과에서는 여전히 미국의 기술경쟁력이 중국과 비교해 매우 높게 나타났는데, 이러한 결과도 같은 맥락에서 바라볼 수 있다. 전략 경쟁이 본격화되면서 양국 모두 자국의 기술력은 감추는 데 비해 상대국의 위협을 강조함으로써 각자의 목적 달성을 추구하려는 의도가 엿보인다.

분야별로 정도의 차이가 있지만, 기술의 가치사슬 관점에서 볼 때 대다수 랩(연구실) 기술lab technology은 미국, 팹(제조 시설) 기술fab technology은 중국이 우위를 보유하고 있다고 보는 게 비교적 현실에 가까울 것이다. 이러한 관점을 기반으로 부가가치가 랩에 많은 STI science, tech, innovation 형인지, 아니면 팹에 더 많은 DUI doing, using, integrating 형인지 구분해서 해당 산업의 우위를 분석하고, 미국과 중국이 서로 부족한 랩 기술과 팹 기술을 어디까지 보완하거나 대체할 수 있을지 비교해보면 양국의 기술 우위를 좀 더 입체적으로 파악할 수 있을 것이다.

첨단 고부가가치 기술이 승패를 결정짓는가?

그렇다면 기술 영역별로 실제로 누가 얼마나 앞서 있는가가 정말 가장 핵심적인 요소일까? 결론부터 말하면 그렇지 않다. 우리는 과거 수많은 사례에서 우수한 기술력을 보유하고도 사업화와 양산, 표준화에 실패하면서 시장에서 지배적 디자인으로 자리 잡지 못하고 실패하는 경우를 보았다. 디램 분야 일본 기업들의 몰락, 통신 분야의 와이브로-LTE 사례, 매킨토시 사례가 그 대표적인 예이다. 글로벌 가치사슬이 성공적으로 작동하던 지난 수십 년간의 기술혁신과 이로 인한 경제성장 과정에서 기술력 그 자체도 중요하지만, 특정 기술이 채택되어 확산되기 위해서는 경제성 역시 중요했다. 그리고 이러한 경제성은 결국 시장의 핵심적인 요소였다.

하지만 미국과 중국의 전략 경쟁이 본격화되면서 이제 기술은 성능과 경제성뿐 아니라 안보성까지 만족해야 하는 상황에 직면했다. 즉, 믿을 수 있는 국가에서 믿을 수 있는 기업이 생산한, 안전을 보장할 수 있는 기술만 사용해야 한다는 것이다. 이는 아무리 기술적 성능과 경제성이 뛰어나도 안보 기준을 만족시키지 못한다면 시장의 도입이 원천적으로 금지될 수 있다는 뜻이다.

이러한 기술-경제-안보 기준이 언뜻 명확해 보여도 실제로는 매우 복합적이기 때문에 명확한 글로벌 규범체계로 자리 잡기가 어려운 것이 사실이다. 이를테면 우려국에 소재하는 기업이 모두 믿을 수 없는 기업으로 판단할지가 해결되어야 하고, 우려 기업이 기술적으로 타국의 안보 심사 조건을 모두 만족한 경우에는 허용해줄지에 대한 기준도 마련되어야 한다. 실제로 화웨이는 통신 장비 수출을 위해 해당국에서 요청하는 지적재산권 심사를 통과하고 있고, 데이터보안과 네트워크 안전을 위해 로컬 데이터센터 설치 등을 추진하고 있다.

그런가 하면 우려 기술을 활용한 제품을 제재할 시에 해당 기술이 과연 사장될 것이냐 하는 것도 생각해볼 문제이다. 미·중 간의 디커플링de-coupling으로 인해 중국 기술을 활용한 제품이 미국을 비롯한 대다수 국가에서 일괄적으로 금지된다면 해당 기술은 사라지겠지만, 이러한 기술의 가성비가 좋다면 중국 내수시장을 포함해 BRICS나 아세안 국가에서 채택됨으로써 계속 발전할 수 있다.

즉, 과거에도 현재에도 기술력 그 자체는 중요하지만 그보다 더 중요한 것은 시장이며, 지금 우리가 주목해야 하는 점은 시장의 형태, 구성요소, 수단 등의 핵심 요소가 과거보다 훨씬 복잡해졌다는 것이다. 미국이 현재 중국을 강하게 제재하는 영역 중 가장 확실하게 작동하는 반도체 영역의 경우를 보자. 미국의 영향력이 이토록 큰 이유는 압도적인 기술력을 보유하고 있기 때문이기도 하지만 가장 큰 반도체 수요, 특히 가장 큰 첨단 반도체 시장을 보유하고 있기 때문이다. 이 점이 미국이 주도하는 다양한 제재와 규범이 작동할 수 있는 배경이다. 향후 첨단 반도체 시장수요의 크로스가 일어난다면, 이러한 제재의 효능은 자연스럽게 감소할 수밖에 없다. 이차전지 영역에서의 미·중 경쟁 양상이 다른 점이 이를 방증하고 있다.

디커플링에서 디리스킹?
어떻게 리스크를 줄일 것인가?

2023년 4월 에마뉘엘 마크롱Emmanuel Macron 프랑스 대통령과 우르줄라 폰데어라이엔Ursula von der Leyen EU 집행위원장의 방중에서 거론된 '디리스킹de-risking'이란 용어가 최근 경제외교 분야에서 새롭게 주목받고 있다. 관계 단절을 의미하는 디커플링과 달리 디리스킹은 적대적이지 않은 관계를 유지하되 위험 요인을 줄여가겠다는 의미이다. 이 용어는 2023년 5월 G7 정상회의에서 채택한 공동성명에서 다시 언급되면서 화제를 모으기도 했다.

이처럼 많은 국가가 자국의 현실과 이익을 기반으로 대중국 의존도를 조정하는 과정에 있고, 단기간에 극단적으로 탈중국을 시도하지는 않는다. 우리나라에도 중국은 매우 중요한 핵심 경제 파트너이지만, 중국에 대한 높은 의존도는 중장기적이고 구조적인 측면에서 해결해야 할 숙제인 것이 사실이다. 여러 영역에서 중국 정부가 행해왔던 차별적 규제나 양국의 정치·외교적 관계 변화로 민감하게 영향받던 중국 내 기업활동도 재발 방지 방안과 해결 방안을 동시에 모색해야 하고, 중국 기업의 거센 추격에 대응해 우리 제품의 차별성도 확보해야 한다.

하지만 디리스킹이 시사하듯 중국과의 교역이 어려워지고 중국 시장에서 우리나라 제품의 점유율이 낮아진다고 해서 정부가 나서서 탈중국을 주장하고 중국과의 갈등을 키우는 것은 바람직하지 않다. 중국을 벗어나야 새로운 시장이 보이는 것이 아니고, 중국에서 벗어난다고 새로운 시장을 손쉽게 확보할 수 있는 것도 아니다. 기업들이 중국을 선택한 이유는 여러 측면에서 중국이 최적의 대안이라고 생각했기 때문이다. 미국이 요구하는 수출 통제, 인센티브 조건, 정보공개 등 까다로운 조건에 따른 비용이 중국에서 사업을 영위함으로써 얻는 수익보다 커지면, 기업들은 이에 적합한 포트폴리오 조정을 추진할 것이다.

정부가 할 일은 우리 기업이 미국과 중국의 경쟁과 견제로 인해 떠안을 리스크를 정확히 분석해 이를 완화하고 대응할 방안을 고민하는 것이다. 예를 들어, 정부는 우리 기업의 중국 비즈니스가 미국의 안보 이익을 해치지 않는다는 것을 증명하고, 중국의 경제발전에도 중요한 행위임을 강조하며 설득해야 한다. 공급망 정책은 디리스킹으로, 또 기술 정책은 디커플링으로 한다거나, 기술별로 디커플링과 디리스킹 영역을 선정하는 식의 관리자 중심의 대외전략 수립은 우리 기업과 정부의 디커플링을 유도하는 지름길이라는 점을 명심할 필요가 있다.

우리의 미·중 경쟁 대응 방향

치열하게 전개되던 미·중 간의 경쟁은 EU의 디리스킹 선언, 미국의 중간선거 도래, 글로벌 경기침체, 그리고 여기에 정책 대응 피로감까지 누적되면서 잠시 소강상태에 접어든 것으로 보인다. 그러나 본질적인 대립 구도는 변화하지 않았고, 미국과 중국의 경쟁은 앞으로도 민첩하고 신중한 대응을 요구할 것이다. 우리는 중장기적 국익을 위한 원칙적인 대응으로 다음과 같은 전략을 추진할 필요가 있다.

첫째, 국가 차원의 체계적인 거버넌스가 구축되어야 한다. 개별 부처별로 추진되는 첨단산업 전략기술과 외교·안보 전략은 효율성이 떨어질 수 있다. 격화되는 경쟁과 불확실성에 대응할 수 있도록 국가 차원에서 시스템 효율성을 높이는 거버넌스 개혁이 필요하다. 주요국이 보여주듯 기술 주권 확보 전략은 R&D 투자, 세제 혜택, 인재 양성, 수요 조성, 규제 완화, 표준 선점 등 과학기술, 산업·통상, 외교·안보, 교육을 망라하는 통합적 정책으로 만들어지고 있는 점을 주목해야 한다. 효율적인 정책 조정을 위해서는 꾸준한 정보 수집과 공유, 분석과 조정 작업이 병행되어야 한다.

둘째, 주요국의 대응에 대해서도 지속적 모니터링과 함께 심층적 비교·분석이 이뤄져야 하고 나아가 협력체계를 수립해야 한다. 미국과 중국의 경쟁에 대응하는 독일, 영국, 프랑스, 일본, 호주 등 주요국의 전략적인 행보를 세밀하게 관찰하면서 이들 국가는 어떻게 리스크를 규정하고, 최소화하며, 불확실성을 전략적 기회로 전환하려고 하는지, 그리고 그 과정에서 우리나라와의 협력 공간이 존재하는지, 혹은 의도적 견제 등이 존재하는지에 대해 파악해야 한다. 현재 주요국의 기술 주권 확보 전략 기조는 급변하는 국제 정세에 크게 영향받고 있다. 그리고 세계 경제 불황 등으로 외교·안보적 가치와 경제적 가치가 빈번히 충돌하고 있다. 따라서 각국의 기술 주권 확보 전략도 수시로 변화할 가능성이 크다. 우리도 이처럼 변화하는 기술 안보 환경을 주시하면서 주권을 확보해야 하는 기술군과 주권 확보 방식(자체 개발 또는 조달 협력)을 효율적으로 조정해나갈 필요가 있다.

셋째, 미·중 간의 대립이 구체화되는 과정에 대응하기 위한 국익 기반의 견고한 원칙과 동태적 대응 시스템 구축이 필요하다. 현재 미국의 강도 높은 제재와 함께 중국 내 기술규제의 변화도 급격히 진행되고 있어, 양국의 정책 기조 변화를 동시에 파악해야 한다. 이를 통해 위협 요인에 대한 사전적 대응 기반을 마련하고 한국형 디리스킹 전략을 수립해 실행해나가야 한다.

　마지막으로 우리나라의 정보력과 분석 능력을 강화할 필요가 있다. 분야별 국내외 주요 싱크탱크·전문가와 네트워크를 강화하고 정보 분석력을 높여 더 선제적이고 전략적인 판단을 내릴 수 있는 역량을 확보해야 한다. 예컨대 미국의 대중국 견제 정책이나 전략의 탄생 배경과 진행 상황 그리고 실질적으로 작동되는 메커니즘에 대한 이해, 핵심 동맹국들의 전략 기조 변화, 이에 대응하는 중국 정부의 대처와 전략에 대한 분석이 순발력 있게 이뤄져야 한다.

AI 인재 양성 정책 방향[103]

2023년에 들어서면서 AI 관련 기술의 놀라운 발전과 상용화 소식이 들려오는 가운데 전 사회적인 디지털전환 및 산업의 변화가 체감되고 있다. 이 극적인 변화의 중심에는 바로 챗GPT로 대변되는 생성형 AI가 있다. 2016년 알파고와 이세돌의 대전을 기점으로 본격적으로 알려지기 시작한 AI의 발달은 그 이후 다양한 서비스 로봇의 발달과 더불어 우리나라에서도 〈인공지능 국가전략〉이 나올 정도로 사회 전반에 급속히 영향을 미쳐왔다. 2021년을 넘어서면서부터는 인간 고유의 영역으로 인식되던 다양한 창작 활동에서도 AI의 활약이 이어졌다. 2022년 말 출시된 챗GPT는 두 달 만에 월간 사용자 수 1억 명을 달성했으며, 'AI 기술의 위대한 변곡점'[104]에 도달했다는 평가가 나올 정도로 AI 시대가 본격적으로 시작되고 있다.

AI 시대가 본격 개막하면서 같이 떠오르는 두 가지 핵심 이슈는 인간 노동의 대체와 관련된 일자리 이슈와 AI를 더 잘 개발하고 활용할 수 있는 인재 확보와 관련된 이슈이다. 생성형 AI의 부각에 따라 사람들이 담당하던 일 중에 더 많은 부분을 AI가 담당할 수 있게 됐고 이에 따라 일하는 방식의 변화를 넘어 일자리 대체 이슈가 또다시 부상하고 있다. 하지만 사실 국가적 차원에서 더욱 시급한 것은 이렇게 중요한 AI를 개발하는 인재, 이를 더욱 잘 활용해 국가나 산업의 경쟁력을 높일 수 있는 인재 확보의 이슈이다.

AI 시대의 인재 양성

챗GPT가 누구나 손쉽게 접근할 수 있고 대화하듯이 이야기하며 활용할 수 있어 생성형 AI의 대표주자로 유명해지긴 했으나, 생성형 AI는 우리 주변에서 매우 다양하게 활약하고 있다. 문서 생성형 AI 플랫폼인 챗GPT 외에도 이미지 생성형 AI인 달리나 미드저니, 컴퓨터 코딩 생성형 AI 코덱스Codex 등이 이미 활용되고 있다.[105] 이렇게 AI를 통해 할 수 있는 일이 많이 늘어나면서 거의 전 산업 영역에서 AI의 활용이 생산성 제고를 위해 필수적인 요소로 떠오르고 있다. 이는 곧 AI를 잘 개발하고 활용할 수 있는 인재의 양성과 확보 이슈로 연결된다. 국가나 산업의 미래 경쟁력과 직결되는 문제가 됐기 때문이다.

　AI 인재 양성 이슈는 전 세계적으로 디지털 관련 인재 수요의 급증에 따라 AI의 개발과 활용 인력을 얼마나 잘 양성하고 해외에서라도 확보할 수 있느냐의 문제로 꾸준히 제기되어왔다. 이에 따라 전 세계 주요 국들은 적극적 투자를 아끼지 않고 있는데, 대표적으로 미국은 2019년

2월 〈AI 이니셔티브〉를 발표한 이후 대학원 과정 확충, 주요 연구기관의 인턴십 프로그램 개발, STEM 대학원 학위 소지자의 이민 인센티브 제공 등을 통해 관련 인재 정책을 적극적으로 추진하고 있다. EU 역시 2019년 이후 다국적 연구소를 설립하고 디지털전환에 대응하는 인력 재배치와 리스킬링 reskilling 등의 정책을 추진하고 있다. 일본 역시 2018년 〈통합혁신전략〉에서 정부의 지원 정책을 강화할 핵심기술 분야의 하나로 AI를 선정하고 인재 기반 확립을 세부 목표로 제시한 바 있다. 일본은 2025년까지 매년 6,000~7,000명의 AI · 빅데이터 · 사물인터넷 분야 전문가를 육성하고 이들을 수용할 수 있는 인프라를 구축할 계획이다. 우리나라 역시 2019년 일종의 국가 종합 전략인 〈인공지능 국가전략〉을 수립하고, 그 주요 목표 중의 하나로 '세계 최고의 AI 인재양성'을 설정했다. AI 인재의 수요는 급증하겠지만 공급할 인력은 매우 부족할 것으로 전망됨에 따라 단계적으로 인재 양성 규모를 확대해 2030년에는 매년 2,000명의 고급 인재와 8,000명의 전문 인재를 양성하겠다는 것이 목표 계획이다.

우리나라 AI 인재 양성 정책의 추진 현황

우리나라의 경우 2018년 과학기술정보통신부의 〈4차 산업혁명 선도 인재 집중양성 계획〉을 기점으로 AI 인재 양성 정책이 본격 추진됐다. 이때 AI대학원의 설립과 함께 프랑스의 에콜42 Ecole42를 벤치마킹한 이노베이션 아카데미 등이 설립됐고, 매년 1만 명의 4차 산업혁명 핵심 분야 선도 인재 양성을 목표로 정책을 추진하기 시작했다. 2019년 들어 과학기술정보통신부는 AI융합연구센터(융합트랙), 혁신성장 청년 인재 집중 양성 사업 등도 추진했으며 인재 양성뿐 아니라 AI 생태계 조성까지 포괄하는 종합 전략인 〈인공지능 국가전략〉을 수립하고 추진하기 시작했다. 종합 전략인 만큼 〈인공지능 국가전략〉의 인재 양성 계획도 AI 분야의 활용과 개발을 담당할 수 있는 실무부터 고급 인재까지 전 주기 인재 양성을 목표로 하고 있다. 2020년에도 AI 인재 양성을 위한 계획은 계속해서 추진되어 〈SW 인재 양성·저변 확충 사업〉에서도 AI 교육 시범학교를 선정했고, AI·SW 핵심 인재 3만 7,000명 양성을 목표로 하는 〈ICT 이노베이션 스퀘어 조성 사업〉도 시작했다. 이외에도 AI 인재 양성을 위한 정책이나 투자는 매년 계속 강화되고 있다.

AI 분야 인재 양성을 위한 우리나라의 주요 정책을 인재의 주요 직무(데이터분석/개발 및 테스트/AI 활용)와 직능 수준(고급 연구·숙련 인재/기초연구·사업화 인재/실무기술 인재)으로 나누어봐도 거의 모든 부분을 포괄할 정도로 많은 정책과 사업이 추진되고 있다. 또 〈인공지능 반도체 산업 성장 지원 대책〉(과학기술정보통신부, 2022), 〈산업 AI 내재화 전략〉(관계부처 합동, 2023) 등 AI 반도체 융합 인력, 산업 AI 융합 인력 양성을 위한 정책도 계속 발표되고 있다.

AI 인재 수급의 측면에서 바라본 기존 정책의 한계

우리나라 AI 산업은 시작하는 단계로서 인력 수요에 대해 아직 구체화하기는 어렵다. 또 AI의 개발에서 활용까지 다양한 스펙트럼의 인재가 필요해 분야별 수요를 명확히 파악하기 어려운 것도 사실이다.

다만 분명한 것은 AI 분야 인력에 대한 수요는 현재 수준에서도 매우 높게 나타나고 있으며, 현원 대비 부족 인원 비율인 부족률이 다른 어떤 부문의 인력보다도 높은 수준이라는 점이다. 2021년의 〈인공지능 실태 조사〉(과학기술정보통신부 외, 2022) 결과를 보면, AI 산업의 사업체 수는 1,365개이며, 최신 3개년 연평균 매출액 성장률은 19.9%에 이른다. 현재 AI 관련 직무를 담당하는 인력은 총 2만 8,000명 정도인데 전체 부족률 수준은 11.3%에 달한다. 전체 산업기술 인력의 2020년 부족률이 2.2%[106]에 불과하다는 점과 비교해보면 얼마나 AI 인재의 수급 불균형이 심하다고 기업에서 파악하고 있는지 알 수 있다. 가장 많은 인원이 종사하는 AI 개발자의 경우 부족률이 13.1%이고, 그 가운데서도 가장 많은 인공지능 SW 엔지니어의 부족률이 18.3%로 높아지고 있어 핵심 분야에서 부족 현상이 더 뚜렷하게 나타나고 있다.

하지만 기존의 주력산업인 반도체 등 제조업 부문과 달리 AI 산업의 인력 수요 측면에는 다른 특성이 있다. 국내 AI·빅데이터 분야 인력 수요에서 나타나는 주요한 특징은 분석이나 적용보다 AI 개발 자체에 집중되는 소수 인원 중심이라는 점, 인력 수요가 대기업보다 오히려 벤처기업이나 강소기업 등 혁신기업 중심이라는 점, 전통적인 학력이나 경력 구조에 크게 얽매이지 않고 채용 학력과 경력 수준이 매우 다양하게 나타나는 점 등이다. 이는 그동안 노동시장에서 활용해온 채용과 매칭 과정의 특성이나 수요 기업의 선별 기제와 달라 새로운 기술 환경에 맞게 재구성할 필요가 있다는 것을 시사한다.[107]

즉, AI 분야의 핵심 인재를 키우려면 특정 학위나 교육만이 중요한 것이 아니라 현장 경험과 경력개발을 촉진하면서 계속해서 인재가 성장해나갈 수 있는 산학 연계의 장기 경력개발 체계가 마련되어야 한다. AI 활용 분야에서도 현장 인력의 AI 재교육과 AI 분야 전문가의 현장 경험 강화가 개별 산업의 인력 수급 환경 등에 맞춰 체계화되고 이를 위한 기업의 적극적인 투자가 무엇보다 필요하다고 할 수 있다. 거기에 더해 AI 인재가 필요한 산업은 특정 분야뿐 아니라 전 산업에 걸쳐 나타나는 만큼 핵심 인재 확보를 위해서 전 세계 모든 업체가 경쟁한다고 해도 과언이 아닌 시대이므로, 특정 산업 분야를 중심으로 한 인력 수요 대응 정책을 펼치는 것은 효과적이지 않다는 특성도 반영해야 한다.

한편 AI 분야 수요 대응을 위한 인력정책을 추진하기 더 어렵게 만드는 요소는 인구 감소 시대라는 공급 측면의 제약이다. 이제 이공계 대학은 물론 대학원도 인구 감소의 충격에서 벗어날 수 없는 시대가 왔다. 2050년 정도가 되면 우리나라 이공계 석·박사 과정생 규모는 현재의 절반 수준으로 감소할 것이라는 전망이 나오기도 했다.[108]

이러한 인구 감소 충격이 갖는 의미는 명확하다. 상대 개념의 감소가 아닌 절대 규모의 감소로 인해 이공계뿐 아니라 전체 대학(원) 학생 수가 급격히 줄어든다는 것이다. 다시 말해, 아무리 이공계 대학(원) 진학의 조건을 좋게 해도 올 수 있는 인원수의 한계가 뚜렷하다는 이야기이다. 이에 더해 적은 인원으로 기존 이상의 성과를 내기 위해서는 생산성을 높이고 질적 고도화를 이루어야 하는 과제도 동시에 주어진다.

물론 수월성을 강조하는 과학기술의 특성상 더 우수한 인재를 유인하고 그러한 인재가 성장하는 토대를 만들어야 한다는 과제는 예전에도 마찬가지였다. 하지만 이제는 우수 인재의 후보군 자체가 줄어들 수밖에 없으니, 그중의 일부 천재를 기대하는 방식이 아니라 같은 환경에서도 더 우수한 인재가 성장할 수 있는 기반, 다시 말해 인재 성장을 더 효과적으로 지원하는 시스템을 갖추는 것이 중요해질 수밖에 없다. AI 분야를 포함해 과학기술 인재 정책 전반에서 일단 대학(원)에 더 많은 인원을 유인하는 데 초점을 맞추는 것이 아니라 들어온 인재를 얼마나 효과적으로 성장하도록 지원할 수 있느냐에 초점을 맞추는 시대가 되어야 한다.

AI 인재 정책 방향에 대한 시사점

다가올 미래에는 AI가 더 많은 산업 분야, 더 많은 직무에 활용되고 영향을 미치면서 관련 인재의 수요도 대폭 늘어날 가능성이 크다. 따라서 AI 산업의 기술 인력 수요와 그 외 AI가 적용되는 산업 전반에서의 수요 증대에 대응하기 위해서는 AI 분야 전 주기 인력에 대해 인재 양성을 추진하는 정책은 일면 의미가 있을 수 있다.

그러나 기존 주력산업과 차이가 나는 AI 산업 분야에서의 인재 수요 특성을 살펴보면, 기존과 같은 방식으로 대학이나 대학원을 중심으로 한 인재 양성 정책이 얼마나 효과적일지 우려가 되는 부분도 분명히 존재한다. 특히 인구 감소라는 공급 충격까지 고려하면 대학(원)을 통한 인재 양성 정책이 얼마나 효과적으로 우수 인재 확보에 성공할 수 있을지 의문이 제기되기도 한다. 거기에 더해 단순한 학력이나 경력, 자격증보다 특정 기술을 개발하는 능력 검증, 예를 들어 딥러닝 콘테스트인 캐글Kaggle 경진대회에서의 역량 검증을 더 중요시하는 인력 수요 특징은 기존의 교육기관처럼 공급자 중심의 정책으로는 한계가 뚜렷할 수밖에 없다. 졸업생들이 선호하는 대기업, 고학력자가 선호하는 대학교수직이나 연구기관의 수요는 한계가 분명한 가운데 벤처 등 기술혁신 기업 위주로 산업이 성장하는 측면도 인재 확보를 어렵게 하는 요인이 될 수 있다. 좋은 직장이나 안정적인 일자리에 대한 전망이 밝지 못하다면 그만큼 우수 인재를 확보하기 어려울 가능성이 크기 때문이다.

결국 새로운 길을 개척하고 미래를 여는 대표 기술인 AI 분야의 인재를 확충하기 위해서는 무엇보다 줄어드는 자원인 학생이나 졸업자를 얼마나 유인할 수 있느냐, 이들에게 얼마나 비전이 있는 좋은 일자리를 제공하고 연구할 수 있는 안정적인 생태계를 조성하느냐가 중요한 전략이 될 것이다. 따라서 대학(원)의 연구 지원을 통해 졸업생을 배출하는 대신 안정적으로 연구하며 일할 수 있는 일자리가 되도록 대학 연구 생태계를 전문 연구자 중심으로 개편해야 한다. 또 기술혁신 기업을 중심으로 한 중소기업 연구 생태계를 토대로 인재에 대한 투자는 물론 이를 같이 해나갈 수 있는 기업을 함께 육성하는 식의 종합적인 전략을 추진해야 할 것이다.

기술 패권을 결정할
첨단 바이오산업

2023년 5월 세계보건기구가 코로나19에 따른 국제 공중보건 비상사태PHEIC를 해제하고 우리 정부도 코로나19 방역 조치를 대부분 해제하면서 사실상 전 세계는 엔데믹 국면으로 전환됐다. 그러나 코로나19는 지난 3년여 동안 사회 전반에 걸쳐 많은 변화를 가져왔고 그로 인해 바이오산업의 위상과 흐름도 바뀌게 됐다. 코로나19 팬데믹 기간에 많은 이들이 첨단 바이오산업의 성공과 그 영향력을 직접 체험하게 됐기 때문이다. 바로 mRNA 백신을 통해서이다.

mRNA 백신은 비교적 빠른 개발 속도와 효과성을 앞세워 팬데믹 초기에 개발하는 데 성공함으로써 코로나19 백신의 주류 플랫폼으로 자리매김할 수 있었다. 무엇보다 전 지구인을 대상으로 안전성을 입증받았다는 점에서 향후 mRNA 기반의 다양한 치료제 개발이 이어질 것으로 전망된다. 이러한 mRNA 백신의 성공은 개발 주체의 성공도 가져왔다. mRNA라는 첨단 바이오의약품을 통해 화이자는 글로벌제약사의 입지를 더욱 굳혔고, 비교적 신생기업이었던 모더나 역시 세계 일류 제약사로 발돋움하는 전기轉機를 마련했다. 또 첨단 바이오의약품 분야의 패권이 제약사 차원을 넘어 국가 차원에서의 산업 경쟁력에도 막대한 영향을 미칠 수 있음을 여실히 보여주기도 했다. 지금의 선진국이 기계, 전자, 중화학공업의 부흥으로 국가적 산업기반을 다져왔다면 이제는 첨단 바이오 기술을 비롯한 첨단기술의 경쟁력 확보가 국가의 운명에 큰 영향을 미치게 될 것이다.

첨단 바이오 시대의 도래

전통적인 화학합성제 기반의 제약산업이 단백질 신약, 항체 신약 등의 바이오 신약을 거쳐 유전자치료, 세포치료와 같은 첨단 바이오 신약으로 중심축을 옮겨가고 있다. 다국적 제약사에서 합성 신약은 여전히 중요한 포트폴리오 구성 요소이지만, 첨단 바이오기업들과의 활발한 라이선스계약과 공동연구를 통해 첨단 바이오산업에 대비하고 있으며 그 비중도 늘려가고 있다.

첨단 바이오는 생물학의 중심원리central dogma를 통해 이해될 수 있다. 전사transcription 과정을 통해 DNA라는 유전물질에서 mRNA가 만들어지고, DNA의 복제본인 mRNA로부터 만들어진 다양한 단백질이 생명현상을 조절한다는 이론이 생물학의 중심원리이다. 기존의 모든 치료제는 유전정보의 흐름에서 말단의 단백질을 표적으로 하는 의약품이다. 합성 신약이 그러하고 최근 주목받는 항체 신약, ADCantibody-drug conjugate 등도 이에 해당한다. 이에 반해 첨단 바이오의약품은 단백질의 전 단계, 즉 RNA나 DNA 또는 이런 유전물질을 포함하는 세포를 물질로 하는 치료제를 의미한다. 세포치료제, 유전자치료제, 조직공학제제, 첨단바이오융복합제제 등이 여기에 해당한다(첨단재생의료 및 첨단바이오의약품 안전 및 지원에 관한 법률 제2조 제5호). 최근 코로나19 백신 가운데 가장 큰 성공을 거둔 화이자와 모더나의 백신도 전통적인 재조합 단백질과 달리 mRNA를 백신 물질로 사용하고 있다는 점에서 첨단 바이오로 분류될 수 있다.

최근에는 AAV(아데노부속바이러스) 운반체를 통해 유전질환자에게 결핍 상태의 유전자를 전달해줌으로써 치료 효과를 거두는 유전자 보충 치료제가 미국 FDA의 승인을 받아 눈길을 끌고 있다. 다국적 제약기업 노바티스의 85만 달러에 달하는 시각장애 치료제 럭스터나Luxturna[109]와 210만 달러에 달하는 고가의 척수성근위축증 치료제 졸겐스마Zolgensma에 이어, 바이오기업 CSL베링의 B형 혈우병 치료제 헴제닉스Hemgenix가 350만 달러의 약가를 인정받아 최고가 약으로 등재됐다. 이렇듯, 초고가의 첨단 바이오 치료제의 잇따른 승인은 첨단 바이오산업의 시대가 이미 도래했음을 말해주고 있다.

실제로 2023년 1월 기준 세포·유전자 치료제 글로벌 임상시험이 2,220개에 달하는 등 전 세계 제약·바이오 기업들은 활발하게 개발에 몰두하고 있다. 전 세계 세포·유전자 치료제 투자는 2019년 98억 달러에서 2020년 199억 달러, 2021년 227억 달러로 꾸준히 증가해왔고, 2026년에는 600억 달러에 육박하는 시장으로 성장할 것으로 전망된다.[110]

이에 따라 세계 각국은 첨단 바이오산업에서 경쟁력을 확보하기 위해 국가 차원의 전략들을 수립, 발표하고 있다. 미국의 식품의약국과 국립보건원NIH, EU의 유럽의약품청EMA을 중심으로 신약 개발 공공-민간 파트너십인 AMP Accelerating Medicines Partnership를 통해 유전자치료제 플랫폼 개발 컨소시엄 BGTC Bespoke Gene Therapy Consortium를 출범시킨 것도 대표적 사례이다. 여기서는 희귀유전질환 환자를 위한 맞춤형 유전자치료제를 개발하고 있으며 암젠, 일라이릴리, 머크, 노바티스 등 글로벌제약사와 다양한 비영리단체가 기초연구에서부터 상업화에까지 이르는 개발에 참여하고 있다.

또 국가마다 희귀유전질환 치료용 첨단 바이오의약품에 대한 규제를 완화하고 승인 절차를 간소화하는 규제 개선 작업도 진행하고 있다. 첨단 바이오는 기술성숙도 측면에서 아직 초기 단계이지만 향후 성장 가능성이 크게 기대되는 분야로 꼽히고 있어 국가 간 경쟁은 더욱 치열해질 것으로 전망된다.

첨단 바이오 기술을 통한 의료적 난제의 극복

많은 국가에서 첨단 바이오를 미래의 성장 동력으로 판단하고 관심과 투자를 늘려가고 있는 이유는 무엇일까? 첫째, 첨단 바이오는 그간의 의료산업이 제시하지 못했던 미충족 의료 분야의 대안이 될 핵심기술로 활용할 수 있기 때문이다. 많은 희귀유전질환과 난치질환이 효과적인 치료법의 부재로 미충족 의료의 중심에 있었다. 하지만 최근 다양한 유전자치료제와 세포치료제의 개발로 더 효과적인 치료법이 제시되면서 환자들에게 희망을 전해주고 있다. 2세 이전에 사망하게 되던 유전질환 신생아가 졸겐스마 덕택으로 생명을 유지하고, 선천적 시각장애를 앓던 환자가 럭스터나로 시력을 회복할 수 있게 됐으며, CAR-T와 같은 세포·유전자 치료제의 개발로 급성백혈병 환자에 대해 81%의 완치율을 기록할 수 있게 됐다.

둘째, 개발하는 속도가 매우 빠르다. 팬데믹과 같이 시급한 상황에서 첨단 바이오는 매우 빠른 속도의 개발과 신속한 대응이 가능함을 보여주었다. 코로나19 백신 개발에서 기존의 단백질 항원 기반 백신보다 mRNA 기반 백신이 먼저 성공을 거둘 수 있었던 가장 큰 요인 중의 하나는 mRNA 백신의 개발 속도가 더 빨랐다는 점이다. 계속되는 바이러스의 변이와 엔데믹 상태로의 전환은 결국 첨단 바이오 기반의 백신만이 살아남게 될 것을 예고하고 있다.

셋째, 첨단 바이오는 개인 맞춤형 정밀의료를 추구하는 의료시스템의 변화 양상에도 부합한다. 여기에는 고령 환자를 위한 치료도 포함된다. 맞춤치료는 부작용이 적고, 치료 효과가 높다는 장점이 있지만, 현재의 개인 맞춤형 치료는 천문학적인 치료 비용이 발생한다는 한계점이 있다. 개인 맞춤형 정밀의료를 국가의 의료보험 체계에서 어떻게 잘 녹여내 해결할지도 첨단 바이오산업의 경쟁력을 뒷받침할 수 있는 한 요소가 될 것으로 보인다.

첨단 바이오 기술의 경쟁 현황

미·중 패권 경쟁으로 상징되는 국가 간 경쟁의 핵심에는 첨단 과학기술이 있다. 첨단 과학기술 경쟁의 불똥은 이미 첨단 바이오산업으로 넘어온 지 오래다. 대표적으로 미국의 경우 2018년부터 국립보건원이 주도하는 '올오브어스All of Us' 프로젝트를 통해 다양한 인종의 미국인 100만 명의 유전체 및 건강 데이터를 모으고 있다. 영국은 정부에서 투자한 '지노믹스 잉글랜드Genomics England' 프로젝트를 통해 10만 명의 유전체 데이터를 이미 확보했으며, 500만 명으로 목표를 높인 상태이다. 중국은 국가 차원의 전략 프로젝트로 유전체 연구소인 베이징게놈연구소BGI를 통해 유전체 정보를 포함한 100만 명 코호트 구축 및 신약 개발 등을 추진하고 있다.[111] 우리나라도 2024년부터 '국가 통합 바이오 빅데이터 구축 사업'을 통해 100만 명 규모의 유전체 정보 등 국민의 통합 바이오 빅데이터를 구축하는 것을 목표로 하고 있다.[112]

한편 중국의 바이오기업들은 미국의 바이오기업 인수나 투자도 진행해왔는데, 이에 대한 미국의 경고가 잇따르고 있다. 미국은 중국에서 미국인의 데이터까지 수집해간다는 위협을 느끼고, 신장 실크로드BGI와 베이징 류허BGI, BGI 리서치, BGI 테크솔루션 등 4개 기업을 미국 상무부의 제재 명단에 올리기도 했다. 명분은 중국 당국의 위구르족 탄압에 이용되는 유전자분석을 수행했다거나 군사 프로그램으로 전환될 위험이 있다는 이유이다. 하지만 한 꺼풀 벗겨보면 중국 유전자 정보 생산업체의 미국 진출을 막고 중국의 유전자 정보 산업을 제재하기 위한 패권전쟁의 일면으로 해석되고 있다. 제재 대상인 위의 기업들은 모두 중국 선전深圳에 본사를 두고 있는 중국의 대표적 바이오기업인 BGI의 자회사이다.

그런가 하면, 바이오 기술의 패권경쟁에서 가장 민감한 분야 중 하나가 유전자가위이다. 유전자가위는 유전자 편집 도구로서 치료제 개발을 위한 근간 기술이다. 2015년 이 기술을 둘러싼 세기의 특허분쟁이 UC 버클리와 MIT-하버드대학교의 브로드연구소 사이에 시작됐고, 여기에 한국의 바이오기업 툴젠이 가세하면서 국가 간 특허전 양상으로 확대됐다. 이 특허분쟁은 누가 먼저 유전자가위를 진핵세포에 적용했는지를 둘러싼 우선권 다툼인데, 미국 특허심판원은 2022년 브로드연구소의 손을 들어주었고, 툴젠은 선순위 권리자Senior Party로 인정받았다. 그러나 UC버클리 측이 불복해 현재 항소심 계류 중이다. 특허 자국우선주의가 명확한 미국에서 초미의 관심사인 특허 전쟁이 과연 어떻게 매듭지어질지 관심 있게 들여다볼 필요가 있다.

유럽에서는 독일의 밀리포어시그마MilliporeSigma가 권리 확보를 마치면서 국가별 특허권을 놓고 첨예하게 대립하고 있다. 또 유전자가위 시스템인 크리스퍼-카스9 이외에 다양한 유전자가위가 한국과 중국에서 집중적으로 개발되면서 매우 복잡한 시나리오가 전개되고 있다. 2022년 기준 크리스퍼 유전자가위의 국제 출원 기관을 보면 미국을 제치고 중국의 연구기관이 1·2위를 차지했다.

유전자가위 기술에 대한 특허전이 이토록 치열한 이유는 플랫폼 기술로서의 파급력과 향후 기대되는 성장성에 있다. 유전자가위 기술은 생식세포 교정을 통해 인간의 특정 특성 강화로 확대될 수 있는 기술이기도 하다. 실제로 2018년 중국 남방과학기술대학교 허젠쿠이 박사가 에이즈에 걸리지 않도록 유전자를 교정한 아기를 출산시킴으로써 생명윤리 논란에 불을 붙이며 전 세계에 충격을 안긴 바 있다. 대다수 국가는 윤리적인 측면에서 배아 교정을 금지하고 있지만, 변화 가능성을 염두에 두고 미국, 영국, 일본 등은 착상 전까지의 배아 교정 연구를 허가하고 있다. 즉 현재는 실행이 금지되어 있더라도 미래의 가능성을 고려한 기초기술 개발의 선점이라는 관점에서 주목해야 한다.

유전자가위가 기술 패권의 핵심이 될 수 있는 또 다른 이유는 식량의 무기화와 관련이 있다. 기후변화와 산업화로 인한 경작지의 축소, 세계 인구의 증가와 더불어 전쟁 이슈까지 더해지면서 식량의 무기화 및 식량안보의 위협이 증가한 것이다. 특히 기후변화로 인한 병해충의 창궐, 해수면 상승으로 인한 경작지의 고염도화, 고온 및 가뭄을 포함한 여러 이상기후의 발생과 같은 현상에 대해 저항성을 갖는 다양한 품종의 개발이 시급한 상황이다. 그러나 기후변화의 속도를 볼 때 기존의 전통적 육종 방식만으로는 한계가 있어 식량의 무기화에서도 유전자가위 같은 첨단 바이오 기술 활용의 중요도가 점점 높아지고 있다.

또 최근 코로나19 사태와 러시아·우크라이나 전쟁으로 인해 지역 간 곡물의 유통에 차질이 생기면서 국가 간 식량 자립도 격차가 더욱 벌어졌으며, 일부 국가에서는 식량주권이 큰 리스크로 작용하게 됐다. 이러한 배경 속에서 유전자가위를 활용한 농작물 교정이나 식품 개발도 이어지고 있다. 예를 들어, 영국에서는 크리스퍼 유전자가위 기술을 이용해 프로비타민 D3가 함유된 토마토를 2022년 선보였다.[113] 미국에서도 톡 쏘는 맛을 없앤 겨자잎 샐러드가 출시되어 레스토랑 등에 납품되기 시작했다.[114] 유전자 편집 방식의 작물 개발이 이처럼 다양한 소비자의 욕구를 충족시키는 방향으로 발전하면서 미국, 영국, 일본 등은 유전자가위 식물을 GMO 규제에서 제외하거나 제외를 검토하고 있으며, GMO에 유독 민감한 유럽도 전향적 움직임을 보이는 점은 주목할 만하다.

첨단 바이오 기술을 둘러싼 국가 간 경쟁은 인간에게 가장 기본적인 일차적 욕구의 충족과 관련이 있으며, 이는 다른 모든 경쟁 분야에서의 출발선이자 필요조건이기도 하다. 즉, 인류의 생명과 건강, 그리고 식량안보를 통제할 수 있는 기술을 손에 거머쥠으로써 다른 경제적·문화적·군사적 요소의 통제까지 가능하다. 코로나19 팬데믹 초기, 백신을 조기에 개발했던 중국은 자국의 백신을 무기로 백신 정치를 했으며 동남아를 상대로 영향력 확대와 거버넌스의 강화를 꾀한 바 있다.

첨단 바이오 패권 경쟁 대응 전략

현재 국제 정세는 기존의 이념적 냉전체제에서 기술을 둘러싼 패권 경쟁과 기술 진영화로 인한 신냉전체제로 바뀌어 가고 있다. 또 각국은 주요 첨단기술과 관련된 공급망 이슈를 두고 첨예하게 대립한다. 첨단 바이오 기술은 인류의 생명과 건강, 그리고 식량 이슈와 연결되며 가장 일차적인 욕구를 충족시킨다는 점에서 패권 경쟁의 가장 핵심적인 분야라고 할 수 있다.

첨단 바이오산업은 전 세계적으로 이제 태동기에서 벗어나 성장기로 가는 시기에 있다. 이러한 상황에서 우리나라가 K-바이오의 위상을 한층 드높이면서 패권 경쟁에서 우위를 점하기 위해서는 대학·기업·정부 간 유기적 협력과 제도 개선, 투자 확대, 인력 양성 등 전방위적 노력이 합쳐져야 한다. 한국과학기술기획평가원의 2020년 보고서에 따르면, 한국의 첨단 바이오산업 수준은 최고 기술국인 미국 대비 77% 정도이며 기술 격차는 3년 정도로 평가됐다. 우리나라가 첨단 바이오 분야에서 반도체나 이차전지와 같이 국가경쟁력을 확보하기 위한 노력이 절실하다.

기술개발 협력을 위한 생태계 조성

첨단 바이오산업에서 생태계의 중요성은 두말할 나위가 없다. 우선 개발 측면에서 첨단 바이오 제품이 상업화에까지 이르기 위해서는 다양한 분야의 플레이어들이 필요하다. 막대한 개발비용이 요구되는 점을 고려하면 기초연구, 중개연구, 임상 연구 그리고 상업화에 이르는 전 과정을 한 연구기관이나 기업이 도맡아 진행하기에는 현실적으로 어려움이 따른다. 따라서 각 섹터의 개발자들이 역할을 분담하고 연계하는 시스템화된 생태계의 조성이 필요하다. 합성 신약 생태계가 잘 조성되어 있는 것과 달리, 특히 우리나라의 첨단 바이오산업 생태계는 불모지에 가깝다. 시스템화된 산업 생태계를 갖추는 것은 전 주기적 개발 과정을 이끌어가는 데 핵심적인 조건이다.

이를 위해서는 오픈 이노베이션open innovation 체계의 선진화가 이루어져야 한다. 또 신약 개발 과정에서의 병목 지점인 임상시험을 빠르고 효율적으로 수행하기 위한 제도적·재정적 지원이 매우 중요하다. 미국 보스턴의 바이오 스타트업 지원기관인 랩센트럴LAb Central은 가장 혁신적인 모범 생태계로 꼽힌다. 이곳에서는 스타트업의 성장, 이를 견인하는 글로벌제약사와의 연대, 하버드대학교·MIT 등 주요 대학들과 우수한 인력, 그리고 토양의 영양분 역할을 하는 벤처캐피털의 대규모 투자와 같은 유기적 사슬 체계가 형성되어 있다. 우리의 경우, 보스턴의 랩센트럴을 벤치마킹한 K-바이오 랩허브가 인천 송도에 지정된 상태이다. 2025년까지 구축을 마치고 2026년부터 운영될 예정이며, 인천 송도를 세계적인 바이오클러스터bio cluster로 조성한다는 비전이다.[115]

하지만 제약산업을 이끌 최종 플레이어인 글로벌제약사가 현재로서는 국내에 부재한 상황이며, 장기적 관점에서 글로벌제약사의 유치나 설립을 통한 해외 인력 유입과 시스템의 조성은 우리에게 필요조건이 될 것이다.

기술개발 촉진과 안전성이 조화된 규제 마련

첨단 바이오 제품이 상업화되기 위해서는 무엇보다 규제라는 허들을 통과해야 한다. 특히 유전자치료제나 세포치료제, 조직공학 등의 제품은 고도화된 규제 시스템이 필요하다. 예를 들어, 유전자가위를 활용한 유전자치료제를 평가하는 일은 결코 간단한 작업이 아니다. 미국에서는 2022년에 가이드라인 초안이 발표됐다. 국내에서는 2018년 〈유전자 편집기술을 이용한 첨단 바이오의약품 품질 평가 가이드라인(안)〉이 제정되고, 2022년 7월에는 유전자변형생물체법 개정 법안을 발표하며 글로벌 상황에 발맞춰 나가려는 모습을 보이고는 있지만, 실질적인 가이드라인은 아직 나오지 않았다.

이는 곧 기술적 성숙도나 자본력의 유무를 떠나 규제에 막혀서 발 빠른 상업화가 어려울 수도 있음을 시사한다. 유전자치료제의 범위를 정하는 생명윤리 및 안전에 관한 법률 제47조도 오랫동안 비과학적 규제로 인식되어왔는데, 최근 유전자치료에 관한 연구의 허용 요건을 완화해 국내에서 더 다양한 연구가 가능하게 하되, 허용 기준 완화에 따라 발생할 위험성 등을 기관위원회 심의 제도로 보완할 수 있도록 제47조를 개정한 바 있다.

치료제는 효과 외에도 안전성, 편이성, 지속성 등 여러 측면에서 그 유용성이 존재하기 때문에 환자에게 치료적 선택권을 주는 것이 중요하다. 유전자치료의 시도가 다양한 질환으로 확대되고 있는 상황에서 특정 분야에 국한되는 국내의 포지티브positive 규제는 과학적인 타당성이 점차 부족해지고 있다. 이제 규제의 선진화와 고도화가 서로 발을 맞춰 나아가야 한다. 선진적 규제 정립은 규제 기관과 시장의 위상을 높일 뿐 아니라 국내 제약 시장으로 연구개발과 투자를 유치하는 촉진 효과도 만들어낼 것이다.

정부 주도의 투자 확대

최근 계속되는 경기침체 국면은 바이오 투자에도 부정적 영향을 끼치고 있다. 고금리와 더불어, 국내에서 사실상 유일한 출구전략인 기술특례상장제도의 문턱이 높아지면서 첨단 바이오 투자 분위기가 급격히 식어가고 있다. 이러한 상황이 계속 이어진다면 국내 첨단 바이오산업은 경쟁력을 갖추기 어려울 것이다.

민간 분야의 투자가 이렇게 주춤한 상황에서는 국가의 지원과 투자가 중요한 버팀목이 될 수 있다. 모태펀드를 통한 기업 투자, 주요 분야에서의 대단위 국가 연구 사업, 인력 양성 사업의 추진, 그리고 취약한 임상시험수탁기관CRO과 위탁생산기관CMO에 대한 투자가 확대되어야 한다. 정부가 2023년 초 발표한 〈바이오헬스 신시장 창출 전략〉도 의미 있는 움직임이다. 여기에는 제약·바이오 연구개발 투자 확대, 첨단 바이오 인력 양성을 위한 바이오헬스 마이스터대 및 국립바이오전문인력양성센터K-NIBRT 도입, 보건·의료 빅데이터 활용도 제고를 위한 임상 데이터 네트워크 구축 등이 포함되어 있다. 다만 정부 정책의 실행력과 지속 가능성을 보장하기 위해서는 재정 확보와 중장기적 로드맵 수립이 뒤따라야 한다.

국가 차원의 전략과 대응

첨단 바이오를 둘러싼 패권 경쟁은 곧바로 국가 간의 패권 경쟁으로 이어진다는 특징이 있다. 첨단 바이오는 신기술에 근거하므로 새로운 첨단 바이오 치료제들은 국가의 규제 안에서 허가받아야만 한다. 그렇기 때문에 전통적인 제약산업과 달리 국가정책이나 지원에 따라서도 국가 간 격차가 커질 수 있다. 중국의 바이오기업 BGI의 미국 진출 관련 제재 사례에서 보듯이 국가 단위에서 다른 국가의 대기업을 견제하기 위해 하는 규제의 형태가 첨단 바이오 분야에서는 더욱 두드러질 가능성이 크다. 이는 곧 글로벌제약사를 앞세운 국가 간 패권 경쟁을 의미한다.

특히 코로나19 팬데믹 이후 바이오산업의 중요성이 커지면서 세계 각국은 국가 차원의 법 제정 및 전략 수립 등 바이오산업 패권을 잡기 위해 치열한 경쟁을 하고 있다. 미국 바이든 대통령은 2022년 9월 바이오 핵심기술 리더십 유지, 바이오 제조 역량 강화, 그리고 인력 양성에 중점을 둔 국가생명공학·바이오제조이니셔티브 행정명령에 서명했다. 여기에는 바이오 제조 연구개발과 인프라 구축을 위한 구체적 계획이 들어 있다.

일본도 2021년 바이오 전략을 발표했는데, 바이오·유전자치료 등 9대 시장영역을 선정하고 의료연구개발기구를 통해 의료 분야의 기초 연구에서 사업화까지 지원한다는 방침이다.[116]

우리나라도 2022년 선정한 국가전략기술에 첨단 바이오 분야를 포함했으며, 2023년 3월 국가전략기술 육성에 관한 특별법 제정과 특별위원회 출범을 통해 첨단 바이오산업의 경쟁력을 높이기 위한 노력을 하고 있다. 다만 다른 산업 분야와 달리 오랜 시간이 걸리고, 다방면의 산

업시스템 연계가 요구되는 만큼 지속적이고 일관되며 장기적인 지원이
국가 차원에서 이어져야 한다.

3

환경 분야 미래전략
Environment

기후 위기 대응, 탄소중립에서 기후변화 적응까지

지방 소멸을 막는 지속 가능한 발전 전략

자율주행 시대에 발맞춘 도시환경 변화

기후 위기 대응,
탄소중립에서 기후변화 적응까지

이상기후가 지구를 강타하는 일이 잦아지고 있다. 우리나라만 해도 '극한 호우'나 '물폭탄'에 비유된 기습적 장맛비가 2023년 여름을 강타하며 큰 피해를 남겼다. 2022년 한 해에 걸쳐 나타났던 이상기후를 구체적으로 살펴보면 4월의 초여름 더위, 폭염이 나타난 여름, 따뜻한 늦가을과 같은 이상고온, 기온이 급락한 2월, 가을철의 이른 추위, 초겨울의 강한 한파 등의 이상저온, 중부지방에 집중된 장맛비와 8월의 집중호우 등의 이상강수, 남부지방에서 1974년 이후 가장 많은 가뭄 발생(227.3일), 5개의 태풍 영향과 7년 연속 9월 태풍의 영향 등과 같은 다양한 이상기후 현상이 나타났다.

이러한 기후변동 현상은 우리나라뿐 아니라 전 세계 곳곳에서 관찰됐다. 6월과 7월에 40℃를 넘는 폭염이 유럽 전 지역을 강타했으며 500년 만에 최악의 가뭄이 나타나기도 했다. 미국에서는 40년 만의 최악의 크

표 2   2022년 이상기후 사례

분류	사례
이상고온	**국내:** 4월 전국 평균기온이 13.8℃로 1973년 이후 상위 2위를 기록했고, 4월 9~12일 동해안 일부 지역에서는 일 최고기온 31.0℃의 초여름 날씨를 보이는 등 이른 더위가 나타남. **해외:** 포르투갈에서는 최고기온이 47℃까지 올랐으며, 아일랜드는 역사상 가장 높은 기온(33℃)을 기록함. 덴마크도 35.9℃를 기록해 81년 만에 역대 최고기온을 경신함. 파키스탄의 경우 3월 하순에 최고기온이 40℃가 넘는 지역이 속출했으며, 5월 중순부터는 50℃를 넘는 지역이 나타남.
이상저온	**국내:** 2월 전국 평균기온은 -2.0℃로 역대 하위 2위를 기록했으며, 10월 중순에는 한파주의보가 발효되는 등 초겨울 추위를 보임. **해외:** 미국 서부 몬태나주는 기온이 -45.6℃(12월 22일), 체감온도 -59℃까지 떨어졌으며, 시카고는 체감온도가 -50℃까지 떨어지며 극심한 피해가 발생함. 뉴욕은 116년 만에 가장 추운 크리스마스이브(-13.0℃)를 보냈으며, 와이오밍주에서는 12월 21일 오후 30분 만에 기온이 20℃ 이상 하강하는 등 역대 가장 빠른 기온 하강 속도를 기록함.
이상강수	**국내:** 6월 30일에는 수원과 동두천에서 일 강수량이 200mm 내외를 기록하며 6월 일 강수량 최다 극값을 경신했으며, 8월 8~11일 중부지방에서는 4일간 누적 강수량이 600mm를 초과했고, 8월 평년강수량의 2배가 넘는 비가 내림. 특히 8월 8일에는 서울 동작구에서 1시간 최다 강수량이 141.5mm를 기록하는 등 많은 침수 피해가 발생함. **해외:** 8월의 홍수는 파키스탄 역사상 가장 심각한 것으로 보고됐으며, 일부 지역은 8월 평균보다 784%, 500% 더 많은 강수량을 기록함. 대홍수로 인해 파키스탄의 약 10~12%가 침수된 것으로 보고됨.
태풍	**국내:** 11호 태풍 힌남노는 따뜻한 해수면 온도의 영향으로 다른 태풍에 비해 초강력 단계까지 성장. 경북 포항에서는 시간당 110mm 이상의 강수량을 기록했으며, 인명 피해와 재산 피해가 발생함.

＊출처: 기상청 〈2022년 이상기후 보고서〉(2023) 자료를 재구성

리스마스 시즌 한파가 있었고, 눈 폭풍의 영향 범위가 캐나다에서 미국 텍사스까지 사상 최대 수준으로 넓어지기도 했다. 파키스탄에서는 3월부터 5월까지 폭염이 이어졌고 이상기온 후 6월부터 10월까지는 심각한 대홍수가 발생했으며, 호주에서도 2월부터 4월까지 동부 지역에서

3일간 676.8mm(브리즈번), 7일간 1,770mm(마운트 글로리어스) 이상의 강수량을 기록하는 등 최악의 홍수 피해를 봤다.[117] 유엔 산하 기후변화에 관한 정부 간 협의체인 IPCC의 제6차 평가보고서(2023)에 따르면 지구온난화가 심해질수록 이러한 극한 기후 현상의 발생 가능성은 더욱 커질 것으로 전망된다. 기후변화는 이미 우리 생활의 많은 부분에 영향을 미치고 있으며, 그 영향은 점점 더 커질 것이다. 바야흐로 기후변화를 넘어 기후 위기의 시대이다.

기후변화의 영향과 위기

기후변화가 자연과 인간 사회시스템에 미치는 영향을 크게 수자원, 생태계, 산림, 농업, 해양 및 수산, 산업 및 에너지, 보건, 인간 정주 공간 및 복지 분야로 나누어 살펴보면 〈표 3〉과 같다.[118] 기후변화로 인한 영향이 인류의 생활영역 전반에 걸쳐 광범위하게 나타나고 있음을 확인할 수 있다.

한편 IPCC(2014)는 제5차 평가보고서부터 기후변화 위기risk라는 용어를 사용하기 시작했다. 위기는 위해성hazard, 노출성exposure, 취약성vulnerability 요인으로 구분해 살펴볼 수 있는데, 그중 위해성과 노출성은 기후변화의 직접적 영향으로 볼 수 있다. 예를 들어, 오랫동안 비가 오지 않아 가뭄(위해성)이 들면 농작물(노출성)은 가뭄으로 인해 생장에 피해가 발생할 것이다. 이때 저수지를 활용해 수자원을 관리하거나, 가뭄에 강한 작물을 재배하고 있다면 취약성이 줄어들어 위기가 감소할 것이고, 그렇지 않다면 취약성이 늘어나면서 위기도 같이 증가할 것이다.

표 3 기후변화에 따른 주요 관측 영향 및 미래 영향 전망

분야	주요 관측 영향	미래 영향 전망
수자원	• 여름철 강수량 증가 • 극한 강우 발생 횟수 증가 • 가뭄 빈도 및 가뭄 강도 증가 • 가뭄의 지역적 편차 증가	• 극한 강수 증가 및 돌발 호우 증가로 홍수 취약성 증가 • 가뭄 빈도 증가 및 규모의 심화로 가뭄 피해 확대
생태계	• 서식지 이동 경향 • 취약 생태계 변화	• 서식지 및 개체군의 변화
산림	• 생장, 분포, 재해 발생 패턴 변화 • 침엽수종의 생장 및 분포 감소	• 침엽수의 생장 감소, 활엽수의 생장 증가 • 아고산대 침엽수림 감소와 온난대림 북상 • 탄소 저장량은 증가하나 흡수량은 감소
농업	• 작물의 재배지 북상 • 외래 해충의 발생 증가 • 잡초의 분포 양상 변화	• 작물 재배적지의 북상 • 벼, 콩, 옥수수, 감자, 고추, 배추의 생산성 감소 • 병해충과 잡초 발생 및 피해 양상의 변화
해양 및 수산	• 수온 상승 및 해양 산성화 • 표층 염분의 감소 • 해수면 상승 • 어획량 감소 • 어종의 공간적 분포 변화	• 표층 수온의 상승 • 이상 고수온 현상 빈도 증가 • 영양염의 감소 • 적조 발생 해역의 광역화
산업 및 에너지	• 기후변화에 따른 취약성 증가	• 에너지 사용 증가 • 재난에 따른 송배전 인프라 변화
보건	• 폭염의 증가 • 대기질의 악화 및 알레르기 증가 • 곤충 및 설치류 매개체 감염병 증가 • 수인성 및 식품 매개 감염병 증가	• 온열질환에 의한 사망 증가 • 기상재해로 인한 위험 증가 • 알레르기질환, 매개 감염병 증가 • 수인성 및 식품 매개 감염병 증가
인간 정주 공간 및 복지	• 기후변화의 영향 높음 • 농촌 지역의 피해 증가 • 취약계층 및 지역 관리에 대한 정책 필요	• 농촌 지역의 인구 감소 • 주거 인프라 노후도 증가와 기반시설 미비로 기후 영향 크게 발생

＊출처: 환경부 · 기상청 〈한국 기후변화 평가보고서〉(2020) 자료를 재구성

IPCC 제6차 종합보고서(2023)에 따르면 이러한 기후변화의 영향 및 예측되는 위기는 최근 들어 그 양상이 복잡하고, 복합적이며, 연쇄적인 특성을 보여준다. 폭염과 가뭄이 더욱 빈번하고 강하게 발생한다면 이는 토양 수분과 토양 건강, 작물의 생산량과 질, 사람의 노동생산성에 직접적으로 부정적인 영향을 미치게 된다. 그리고 이러한 부정적 영향은 여기서 그치는 것이 아니라 가구 수입의 감소, 삶의 질 하락, 식량 가격의 상승에 2차적으로 영향을 주게 되고 식량안보, 영양실조 등에도 순차적으로 영향을 끼치는 등 다양한 분야에 그 여파를 일으킬 것이다. 이처럼 복잡하고, 복합적이며, 연쇄적인 기후변화의 영향에 대응하기 위해서는 선제적으로 위기를 관리하는 것이 결국 최선일 수밖에 없다.

기후 위기 대응 방안: 온실가스 감축과 기후변화 적응

기후 위기에 대응하는 방법에는 크게 회피avoidance, 완화mitigation 그리고 적응adaptation이 있다. 회피는 기후변화의 영향에서 벗어나는 것으로, 해수면 상승으로 인해 연안의 침식 혹은 침수가 예상되는 지역에 있는 마을을 내륙지역으로 이주시키는 방법이 일종의 회피이다. 두 번째 방안은 감축 또는 완화로 기후변화를 유발하는 원인을 줄이거나 제거하는 방법이다. 온실가스 배출량의 감축을 통해 기후변화의 속도와 크기를 줄이는 것이다. 마지막 방안은 적응이다. 적응은 기후변화로 인해 발생하는 부정적인 영향을 저감하고 긍정적인 기회를 최대한 활용하는 방법이다. 전 지구 차원에서 접근한다면, 회피의 방법은 지구를 벗어나야 하므로 불가능하다고 볼 수 있다. 지금 당장 우리가 실천할 수 있는 일은 결국 두 번째와 세 번째, 즉 온실가스를 감축하는 것과 기후변화에 적응하는 것이다.

온실가스 감축을 위한 노력을 구체적으로 살펴보면, 2015년 파리협정 Paris Agreement과 〈지구온난화 1.5℃ 특별보고서 Special Report on Global Warming of 1.5℃〉(IPCC, 2018)를 통해 2100년까지 지구 평균온도 1.5℃ 상승 억제를 목표로 2050 탄소중립 carbon neutrality에 대한 논의가 시작됐다. IPCC의 제6차 평가보고서에 따르면 2050년까지 탄소중립에 이르지 못할 경우, 2100년까지 지구온난화를 1.5℃ 이하로 억제하는 데 어려움이 따를 것으로 내다봤다. 이에 전 세계는 기후변화에 대응하기 위해 탄소중립을 선언하고 있으며, 이를 달성하기 위해 온실가스 감축 대책을 수립하거나 이행하고 있다.

그러나 이러한 탄소중립 노력이 이행된다고 하더라도 과거부터 현재까지 이미 누적된 온실가스로 인한 지구온난화와 기후변화의 영향을 당장 피하기는 어려울 것으로 보인다. 다시 말해, 이는 곧 기후변화 대응에서 온실가스 완화와 기후변화 적응을 동시에 이행해야 할 필요성을 의미한다. 기후변화 적응은 온실가스 감축과 다르게 기후변화의 결과에 대한 대응에 초점을 두고 있으므로 장·단기적 대응책을 만들어야하며, 지역 단위의 대응부터 국가 단위의 대응까지 다양한 공간 차원에서의 접근이 가능하다.

국제사회의 기후 위기 대응

EU는 2021년 6월 2050 탄소중립을 위해 '유럽기후법European climate law'을 통과시켰다. 유럽기후법은 ▽2050년까지 유럽의 온실가스 배출량 넷제로Net-Zero 달성(제2조 탄소중립 목표), ▽2030년에서 2050년까지의 감축 시나리오를 작성해 이를 이행 평가에 활용, ▽공공 및 민간, 산업 등에 감축에 대한 예측 가능성 제공, ▽파리협정에 따라 5년 주기 또는 이행 점검 후 6개월 이내 감축 시나리오 재검토(제3조 탄소중립 달성 시나리오) 등의 내용을 포함하고 있다. 또 기후변화 적응에 대해서도 기후 탄력성 강화를 위한 회원국별 적응 계획 수립 및 이행 요구(제4조 기후변화 적응)를 포함하고 있으며, 2023년 9월부터 5년 주기로 EU의 감축 및 적응 노력을 평가하는 EU 차원의 이행 평가 체계도 명시해놓았다(제5조 EU 차원의 이행 평가). 아울러 2050 탄소중립 과정에서 모든 이행 주체들의 참여 방안을 강구하도록 법에 명시하고 있다(제8조 대중 참여).

또 유럽기후법에 이어 2021년 7월에는 온실가스 배출량을 1990년 대비 55%까지 감축한다는 목표로 강화된 정책을 포함하고 있는, 일종의 입법 패키지 '핏포55 Fit for 55'를 발표했다. '핏포55'에는 해상과 항공 부문을 포함한 탄소배출권거래제ETS의 개정, 탄소국경조정제도CBAM, Carbon Border Adjustment Mechanism의 도입, 노력분담규정ESR, Effort Sharing Regulation 설정, 에너지 관련 세금 지침 개정, 기후 목표 달성을 위한 재생에너지 지침 수정, 2030 기후 목표 달성을 위한 에너지 효율성 지침 수정, 에너지 부문 메탄 배출 감소, 토지 이용 및 임업 부문의 온실가스 배출에 관한 규정 개정, 대체연료 인프라 배치에 대한 지침 개정, 신형 승용차/경상용차에 대한 CO_2 배출 성능 기준 규정 개정 등 폭넓은 범위에 대한 정책을 담고 있다.

영국의 경우, '기후변화 및 지속 가능 에너지법Climate Change and Sustainable Energy Act 2006'과 '기후변화법Climate Change Act 2008'을 중심으로 탄소 배출을 규제하고 있다.[119] 전력·산업·난방 부문의 탈탄소화, 차량으로부터의 오염 저감, 자연환경 보호, 자원순환 등의 정책을 추진한다. 구체적으로는 저탄소 에너지로의 전환 추진, 온실가스에 대한 기후변화세 인상, 보조금 지급을 통한 초저배출 차량의 보급 확대, 조림 및 이탄지 복원을 위한 재원 마련, 자생종 및 글로벌 차원에서의 생물다양성 보존 지원, 생산자책임재활용제도, 플라스틱 포장제 세금 도입 및 폐기물 운반 추적 시스템 등의 정책을 도입해 2050 탄소중립을 꾀하고 있다.

미국은 바이든 대통령 취임 이후 파리협정에 재가입하면서 2050 탄소중립 정책을 펴고 있으며, 2022년 8월 '인플레이션 감축법IRA, Inflation Reduction Act of 2022'이 제정되면서 기후변화 대응, 친환경 에너지의 보급 등을 강조하고 있다.[120] 독일도 2050 탄소중립을 위해 2019년 '연방 기후보호법Bundes-Klimaschutzgesetz'을 제정해 탄소중립을 실천하고 있다.[121]

이처럼 세계 각국은 2016년부터 장기 저탄소 발전 전략LEDS과 국가 온실가스 감축 목표NDC, Nationally Determined Contribution를 제출하고 있으며, 법제화 등을 통해 탄소중립의 의지를 선언하고 있다.

탄소중립과 보호무역

온실가스 배출은 인간의 사회경제적 활동과 직·간접적인 연관이 있으므로 2050 탄소중립 정책은 필연적으로 산업계에 영향을 미칠 수밖에 없다. 또 세계 각국에서 실시하는 탄소중립 관련 정책들은 탄소중립에 큰 비용을 들이고 있는 자국 산업의 보호를 위한 내용을 포함하며, EU의 '핏포55'가 대표적이다. 여기에 명시된 CBAM(탄소국경조정제도)은 국가 간 탄소 유출 문제 해결을 위한 무역 관세의 일종으로 볼 수 있다. 즉 CBAM의 목적은 온실가스 감축 노력이 미흡한 국가에서 수입되는 제품에 대해 EU ETS(탄소배출권거래제)와 연계해 비용을 부담시키는 방식이다.[122] 우선 철강, 알루미늄, 시멘트, 수소, 비료, 전력 생산 등 6개 부문에 대해 2023년 10월부터 시범 운영에 들어가는 데 이어 2026년 이후 EU ETS 무상할당제 축소와 연계해 CBAM 인증서 구입을 의무화하는 것으로 나아가고 있다. 아울러 2025년 시범 운영 종료 이후, 전 산업으로 확대될 가능성도 크다.

우리나라의 주요 수출 품목인 반도체, 석유제품, 합성수지 등은 탄소 집약 산업으로 현재의 제도와 기술 등이 유지된다면 2026년에는 반도체산업, 석유화학산업에서도 CBAM 인증서를 구매해야 할 것이다. 당장은 철강산업이 주로 영향을 받을 것으로 예측되지만, 장기적 관점에서는 유럽 수출 품목에 관련된 모든 산업에 영향을 미칠 것으로 전망된다. 또 2035년 이후에는 내연기관 자동차 수출이 불가능해질 것이므로 이에 대한 대응도 필요하며, 연료 기준의 강화로 운송업계의 연료 비용 상승이 우려되고 있기도 하다.[123]

미국의 기후변화 정책 방향은 사회·경제 전반에 걸친 감축 목표를 설정하고 이를 위해 연방정부뿐 아니라 주정부가 함께 공동 대응을 한다는 원칙이다.[124] 특히 IRA(인플레이션 감축법)는 기후변화 대응과 친환경 에너지의 보급을 위해 세액공제 적용 기간 연장이나 항목 신설 등 세제 혜택의 범위를 조정하는 방법을 포함하고 있다. 이에 따라 친환경 자동차에 대한 세액공제 요건도 추가됐다. 북미 지역에서는 차량 최종 조립, 배터리 광물·부품의 원산지 제한 등을 규정하고 있는데, 우리나라는 배터리에 들어가는 핵심 광물의 상당수를 중국에서 수입하고 있어 배터리 등 이차전지 산업과 나아가 전기자동차 등 다른 산업에도 여파가 미칠 상황에 놓여 있다.

IRA는 EU의 CBAM과 함께 대표적인 규제 법안으로 볼 수 있지만, 2050 탄소중립 측면에서 전 세계 각국의 흐름이기 때문에 나쁜 방향이라고 볼 수는 없다. 문제는 EU와 미국뿐 아니라 우리나라와 무역을 하는 다른 나라에서도 언제든지 이와 유사한 법안이 통과되지 않으리라는 보장이 없다는 것이다. 그렇기에 이 새로운 무역장벽에 대한 준비를 해야 한다.

하지만 무역규제를 통한 전 세계적인 온실가스 감축 노력에도 불구하고, 지금까지 배출된 온실가스로 인해 우리는 당장 기후변화의 영향을 받을 수밖에 없는 상황이며, 폭우와 폭염, 폭설, 가뭄 등 기후변화의 다양한 부정적인 영향은 더욱 커질 것으로 보인다.

기후 위기 대응: 위기를 넘어 기회로

우리나라는 2021년 8월 31일 '기후 위기 대응을 위한 탄소중립·녹색성장 기본법(이하 탄소중립기본법)'이 국회를 통과했고 2022년 3월 25일 시행에 들어갔다. 이는 2050 탄소중립 달성을 위한 법적 기반이 마련됐다는 점에서 의미가 있다. 탄소중립기본법 제10조에 기초해 2023년 4월에는 2030년까지 온실가스 40%를 감축하겠다는 내용의 〈탄소중립·녹색성장 국가전략 및 제1차 국가 기본계획〉을 내놓기도 했다. 기후변화 적응과 관련해서는 '저탄소 녹색성장 기본법'에 따라 적응 대책을 수립해오고 있다. 온실가스 감축과 기후변화 적응 모두 법적 근거에 의해서 대응하고 있음을 보여주는 것이기도 하다.

그러나 이러한 법적 의지가 실효를 거두기 위해서는 다양한 정책적 뒷받침과 사회적 공감대 형성이 함께 이루어져야 한다. 예를 들어, 국내 차원에서는 탄소 배출 산업 시설을 규제하는 동시에 탄소 저감 기술의 개발을 지원하는 식으로 산업 분야와 과학기술 분야에서 양면적 정책을 강력히 추진해야 한다. 특히 사회적 분위기와 변화된 소비자 인식에 민감한 대기업과 달리 중소기업의 경우 탄소 저감 시행에 동참하기 위한 자발적 유인 요소가 미흡할 수 있는 점 등도 고려해 정부 차원에서 지속 가능성 강화를 위한 선도형 전략을 개발할 필요가 있다. 국제 차원에서는 기후변화 위기에 공동 대응할 수 있는 외교 전략이 필요하고, 관련 연구의 교류와 협력 등에 적극적으로 참여해야 한다.

한편 기후변화에 따른 위기 상황이 산업의 지형을 바꾸거나 새로운 기회 창출 요인으로 작용하는 일도 있다. 2011년 태국에서 발생했던 사상 최악의 홍수 사태는 컴퓨터 기억장치로 쓰이는 하드디스크드라이브HDD의 가격과 저장 매체 부품 세대교체에 영향을 미쳤다고 볼 수 있다. 전 세계 HDD 공급량의 25%에 달하는 생산기지가 태국에 자리하고 있었는데, 홍수의 여파로 침수하면서 HDD 가격이 급등했고, 반사효과로 우리나라 삼성전자가 세계 최초로 상용화한 반도체 이용 저장장치 SSD solid state drive의 수요 증가로 이어진 일도 있다. 또 기후변화로 사과 재배지가 북상함에 따라 강원도 고성군은 과수 재배 농가의 고소득 창출을 위해 사과 산업의 육성을 지원하고 있기도 하다. 이처럼 기후변화로 인한 새로운 기회 요인도 놓치지 말고 활용할 필요가 있는 것이다.

물론 기후변화는 더 많은 위기 요인으로 우리 삶을 위협하고 있으며, 앞으로 기후변화의 영향은 더욱 복잡해지고 복합적이며 연쇄적으로 발생할 것으로 예측된다. 또 이러한 기후변화는 인간뿐 아니라 생태계에도 많은 영향을 미칠 것이다. 하지만 IPCC가 강조한 것처럼 기후변화에 따른 미래의 위기 수준은 많은 부분 우리의 대응 노력에 달려있음을 잊지 말아야 한다. 기후변화가 부정적인 미래를 더 많이 보여주고 있는 듯하지만, 우리의 향후 10년의 대응이 남은 21세기를 결정할 것이다.

지방 소멸을 막는
지속 가능한 발전 전략

대한민국의 최대 위기로 꼽혀온 지 꽤 오랜 시간이 지났지만 명쾌한 해결책이 나오지 못한 문제가 있다. 바로 인구 위기이다. 예측했던 시기보다 더 빨라진 2020년, 우리나라는 출생아 수가 사망자 수보다 적은 데드크로스dead-cross를 처음으로 경험하면서 인구 감소의 시대를 맞이했다. 통상적으로 합계출산율 1.3명부터 초저출산 국가로 분류되지만, 우리 사회는 2022년 기준 0.78명대의 출산율을 기록했다. 앞으로 10년 후 우리나라가 인구절벽에 직면할 것이라는 우려는 현실로 다가오고 있다. 이러한 어려움은 전 국토에서 고르게 발생하는 것이 아니라 지방 중소 도시, 농촌, 어촌 등 소위 취약한 지역에서 더욱 심각한 위기 상황을 초래하고 있다.

 지방의 인구 위기는 저출생으로 인한 자연 인구 감소 때문만이 아니라 지방 인구 유출이라는 사회적 이동에서도 기인한다. 출간 당시 일본

사회에 충격을 줬던 마스다 히로야의 《지방 소멸》(2014)은 일본이 향후 30년 이내에 대도시만 존재하는 사회가 될 것으로 전망하고 있다. 일본은 2008년 인구 정점 이후 감소세로 접어들었는데, 인구 감소 속도는 도쿄보다 지방에서 더욱 빠르게 진행되어 이 책에서는 2040년까지 전체 1,742개 중 896개 시정촌(일본의 기초행정구역 체계)이 소멸할 것으로 전망한다. 마스다 히로야의 책이 제기한 일본의 인구 감소와 수도권 집중 위기 및 문제의식은 지금 우리가 처한 현실과도 유사하다.

우리의 저출생 속도, 청년층의 수도권 쏠림, 수도권과 지방의 양극화, 지역 격차는 그간의 균형발전 정책에도 불구하고 상황이 심각하다. 지금처럼 인구 위기를 제대로 관리하지 못했을 때 장차 위기의 성격이 바뀌면서 더 큰 위기로 번질 가능성에 대비해야 한다. 인구 위기는 단순히 생산가능인구의 감소나 취약한 지역의 경제위기에 한정되지 않는다. 국가의 지역 시스템은 유기체이다. 한 지역의 인구 위기는 다른 지역으로 연결되어 파급되면서 예상치 못한 전체 시스템의 위기를 초래할 수 있다. 더욱이 인구 감소와 지방 소멸의 위기가 앞으로 가속화할 것으로 전망됨에 따라 미래 대한민국의 지속 가능한 발전 전략을 마련하기 위한 전 사회적 대응이 필요하다.

지금은 지역발전 패러다임의 전환기

인구 감소 시대, 분권화 요구 증대, 기후 위기, 4차 산업혁명 등 대전환의 시기에 지역발전 전략 역시 기존 방식과는 다른 패러다임의 전환이 필요하다. 인구가 성장했던 시기의 지역발전 전략은 더는 유효하지 않기에 그간의 성장 중심의 지역발전 전략이 이루어낸 성과와 한계에 대해 깊이 있게 성찰해야 한다.

먼저 인구 성장 시대의 지역발전 정책이 신도시 조성, 대규모 산업단지 조성 등 인구와 산업의 성장거점을 육성하고 물리적 인프라를 확충하는 전략 위주로 전개됐다면, 인구 감소 시대에는 인구변화에 적응하면서 지역 주민의 삶의 질 향상에 초점을 두어 유휴시설 활용, 생활 서비스 제공 등을 중심으로 하는 전략이 필요하다. 즉, 인구 감소 시대에 지역 수요에 걸맞지 않은 물리적 인프라는 재정적 여건과 자원의 비효율적 배분을 악화시킬 수 있으므로 지역 주민 삶의 질 제고를 위한 지역발전 정책을 마련해 인구 유출을 방지하고 정주 여건을 개선하는 전략이 바람직하다.

특히 인구의 양적 측면에 매몰되기보다는 인구구조 변화에 적응하기 위한 보다 선제적 발전 전략이 필요하며, 인구 감소를 부정적 요소로만 바라보기보다는 기회로 전환할 수 있는 요인을 찾아서 전략을 수립하는 방식을 취해야 한다. 가령 지방 소멸의 위험이 큰 지역은 노동력 부족이 문제가 되지만 이를 극복하기 위해 혁신을 통한 기술 수준 향상으로 생산성을 높이는 방안을 검토할 수 있을 것이다.

지역문제에 대한 이분법적 사고의 개선도 필요하다. 1970년대 이후 수도권 집중에 대한 문제가 꾸준히 제기되고 대책이 수립되어 실행되어왔다. 그러나 수도권 집중은 오히려 심화됐으며, 데드크로스가 발생하는 현시점에서 보면 지방의 인구 유출과 수도권 쏠림은 지방 소멸 위기와 연결되어 아주 심각한 상황에 놓여 있다. 그동안의 지역발전 정책은 수도권 규제 중심으로 전개되어 마치 수도권과 비수도권의 제로섬zero sum 게임처럼 인식되어왔다. 그동안의 지역발전 정책 목표가 수도권과 지방, 도시와 농어촌 등 이분법적인 시각에서 균등한 발전에 치중했다면 이제는 모든 지역이 각각의 인구, 사회문화, 경제, 역사 등 지역적 맥락과 지역의 정책 여건을 고려해 새로운 환경 변화에 맞게 발전할 수 있는 지역 기반을 구축하기 위해 노력해야 한다.

즉 천편일률적인 지역 정책이 아닌 지역 특성과 공간 위계를 고려한 효율적 전략이 필요하다. 지역의 매력과 다양한 특징을 고려하면서 주민 참여로 이뤄지는 지역 주도의 맞춤형 지역발전 전략이 요구된다. 이러한 흐름은 분권화 요구와 결합해 분권형 균형발전으로의 전환 과정에서 중앙과 지방 또는 지방과 지방의 협업 체계를 마련할 필요도 제기한다.

위기의 양면성, 위기를 기회로

1980년대 이후 정부는 계속해서 균형발전에 대한 노력을 해왔음에도 사실 크게 실효성 있는 결과를 가져오지 못했다. 과거 인구 성장 시대에도 지방 격차는 있었지만, 지방 역시 대도시를 중심으로 성장했기에 이를 위기로 인식하지 않았다. 그러나 최근 인구 감소가 본격적으로 체감됨에 따라 지방 소멸에 대한 대책과 논의들이 국가적 의제로 부상했음에도 기존의 지역발전 전략의 관행과 답습으로 인구 감소 시대에 부합하는 실효성 있는 대책들이 나오지 못하고 있다.

지금까지의 지역발전 전략이 기존 사회경제 시스템을 유지하기 위한 지역 인구 규모의 유지와 인구 유입에 초점을 두었다면, 이제는 인구구조 변화에 맞추어 기존 시스템을 개선하려는 노력도 필요하다. 지속적인 저출생, 비혼 증가 등의 시대적 흐름은 인구 감소를 필연적으로 수반할 수밖에 없다. 따라서 인구 감소라는 흐름을 상수로 설정해 미래전략을 수립하되 사회의 시스템이 대응할 수 있도록 그 변화 속도를 둔화시키기 위한 노력이 병행되어야 한다.

한편, 인구 위기에 바탕을 둔 지방 소멸 담론이 오히려 지방의 인구 감소 현상을 다층적으로 접근하지 못하게 하거나, 지역발전 정책을 다양한 방식으로 수립하지 못하게 할 수도 있다는 가능성이 제기되고 있다. 즉, 인구의 양量에만 집착하면 지역의 미래전략을 적절하게 수립하고 효과적인 대안을 마련하기 곤란해지는 경우가 발생하기도 한다. 인구가 감소하는 지역일지라도 지역의 다양한 자원을 통해 미래 발전 전략을 세울 수 있고, 아니면 현재의 인구를 활용하는 전략을 적극적으로 추진해야 하는 지역이 있을 수 있다. 그런데 지방 소멸이라는 현상에 급급한 채 지역의 특성을 고려하지 못하고 지나치게 인구의 양적 측면에 매몰된 획일적 전략을 추구하게 되면 그리 효과적이지 못한 정책을 만들어낼 수도 있다.

대부분의 인구 감소 지역은 청년 인구 유입 정책에 몰두하고 있는데, 청년 인구가 많으면 출산 등 인구의 자연 증가나 적극적인 문화 활동으로 지역경제에 활기를 줄 수 있겠지만, 이것이 모든 지역에서 통용되는 절대적인 기준이 될 수는 없다. 지역의 맥락을 고려해 지역 실정에 적합한 다양한 연령층에 초점을 두어 인구정책을 수립하는 것이 더 효과적일 수 있다는 이야기이다. 예를 들면, 경제력 있고 활력 있는 중장년 인구가 많은 지역에서는 고령화 시대에 그 어떤 곳에서보다 활발한 경제·사회 활동이 이루어질 수 있다.

가령 미국 애리조나의 선시티Sun City는 미국 최초의 대규모 은퇴자 마을retirement community로 전국에서 온 3만 명 이상이 거주한다. 은퇴자 마을은 국가 또는 지방자치단체의 자금으로 운영되는 양로원이나 요양원과 달리 입주자가 개인적으로 비용을 지불하며, 이곳 노인들은 사는 동안 필요한 모든 서비스를 받을 수 있다. 선시티는 노인들이 자치회를 만들어 직접 도시를 운영하고 시장도 시의회도 따로 두고 있지 않다. 입주자는 모두 노인 자치회에 참여해 시설 운영 방안을 결정하고 도시정책에 영향력을 행사한다. 캘리포니아의 팜스프링스Palm Springs 역시 관광지·휴양지이자 고령자가 많이 거주하는 대표적 실버타운이다.

선시티와 팜스프링스는 노령의 은퇴자가 많이 거주하는 지역이지만 활력이 넘치는 매력적인 도시이다. 이러한 해외 사례가 우리나라의 지방정부에 시사하는 바는 자연환경 관리, 의료시설 확충, 은퇴자 친화형 인프라에 대한 투자 등을 통해 활동성 있는 고령자의 유치를 지역경제의 기회 요인으로 활용할 수 있다는 것이다. 이처럼 지역의 날씨, 위치, 문화, 역사 등 여러 맥락적 요인을 고려하고 새로운 환경 변화를 반영해 다양한 방식의 지역발전 전략을 수립할 필요가 있다.

총인구가 감소하고 있는 시대에 지역의 정주 인구 유입 정책은 제로섬게임의 한계가 있다는 문제 인식하에 최근 비정주 인구에 관심을 보이며 이를 활용하는 전략이 제시되고 있다. 사회공간적 이동성mobility이 극대화되는 미래의 지역에서 정주 인구의 중요성은 현재보다 상대적으로 줄어들 수 있다. 이러한 의미에서 정주 인구의 규모가 작더라도 관광이나 비즈니스 등으로 지역을 찾는 사람이 많아지면 생활인구, 관계인구, 체류인구 등의 개념이 더욱 중요해질 것이다.

특히 MZ세대로 대표되는 오늘날의 청년층은 기존의 기성세대와는 다른 성향과 특징을 나타내는데 이를테면 청년 1인 가구, 만혼과 비혼의 증가 추세, 자유로운 삶과 여가 중시 문화 등으로 인해 공간 이동성이 활발해지고 있다. 그러므로 진학·취업·창업 등 청년의 생애주기를 고려해 청년이 삶의 질 제고를 위한 좋은 환경의 지역을 자유롭게 선택할 수 있도록 지역 대학과 지역사회의 연계, 양질의 일자리 마련, 유휴시설 등을 활용한 주거·문화·교육·창업 등 공간 조성, 체류인구 및 생활인구 지원 정책 등 제도적·물리적 기반을 형성할 필요가 있다.

누구나 머물고 싶어지는 매력적인 지역을 만들어내기 위해서는 지역마다 보유하고 있는 장소성placeness을 강조하면서 환경, 경관, 산업, 문화 등 다양한 분야에서 지역발전을 추구하고 변화를 끌어내는 것이 필요하다. 이러한 지역은 비록 출생아 수가 적고, 정주 인구 규모가 작더라도 소멸하지 않고 활력을 띠게 된다.

뭉치고 연결하는 효율적 공간 전략 수립

인구 감소에 대응하기 위한 공간 전략으로 거점 육성을 활용한 압축com-pact과 연결network의 발전 방향을 제시할 수 있다. 특히 인구가 감소하고 있는 농산어촌의 경우 지역에서 주민이 향유하는 서비스의 수준을 하락시키지 않도록 생활인프라 중심의 거점을 조성하는 것이 바람직하다. 지역 인구가 감소하면 기존의 공공서비스를 유지하기 곤란한데 일부 서비스와 생활시설은 규모의 경제에 따라 제공되기 때문이다. 이전의 행정구역 단위의 서비스 제공이 아니라 서비스 범위와 기준을 재검토해 인구변화를 고려한 효과적인 공간계획을 수립하는 것이 필요한 이유이다.

쇠퇴하는 지방 중소도시, 농어촌 등 지역 간의 기능적 연계를 유지하고 의료, 문화, 사회서비스 등에 대한 접근성을 높이기 위해서는 거점별 적정 입지와 연계가 중요하다. 생활권 중심으로 여러 지역의 주민이 공동으로 이용하는 것을 고려할 수 있는데 이를 위해서는 각각의 서비스별 도달 범위, 주변 지역의 인구 규모, 공간상 거리, 교통 조건 등을 고려한 거점 지역의 육성과 주변 지역과의 연결성 강화가 필요하다. 또한 지역의 효과적 관리를 위해서는 기능의 위계를 고려한 다핵적 연계 구조를 형성해야 하며, 이를 구현하기 위한 도시 또는 지역 간의 연대와 협력이 필수적이다. 거점과 배후지 간 기능을 배분하기 위해서는 지역 내 주민의 동의가 필요하며 거점과 배후지가 지방자치단체 행정구역의 경계를 넘어서는 경우는 해당 지역 간의 합의가 있어야 한다. 따라서 계획 수립의 범위를 현재의 지방자치단체 경계에 기반한 도시계획구역을 넘어 광역 단위로 넓혀서 진행해야 하며 거점의 조성은 대도시, 중소도시, 농어촌 등 공간 위계를 고려해 설계할 필요가 있다.

지역이 주도하고 중앙은 지원하는 방식

과거 중앙집권체제에서의 지역발전 전략은 수도권과 중앙정부의 논리가 우선해 적용됐으나 이제는 분권화, 주민 참여, 다양화의 흐름으로 전환되면서 지역 주도의 맞춤형 지역발전 전략이 필요해졌다. 그러므로 중앙이 주도하는 분산형 균형발전에서 지역이 주도하는 분권형 균형발전으로의 전환을 유도하며 중앙과 지방의 협업 구조를 마련하는 것이 요구된다.

2023년 1월 1일부터 시행된 지역지원특별법은 인구 감소 위기에 대응하기 위해 지방자치단체 간 또는 국가와 지방자치단체 간 협력 방안과 인구 감소 지역에 대한 특례 등을 규정하고 있다. 정주 여건 개선과 지역 활력 도모를 목적으로 제정됐으며, 이를 통해 지방자치단체의 주도적 지역발전과 국가 차원 지역 맞춤형 지원 체계를 구축한다는 방향성을 제시하고 있다.

지역발전 정책은 그동안 많은 투자에도 불구하고 효과가 미흡했던 것으로 평가받고 있는데, 이러한 문제점을 해소하기 위해서는 지역의 여러 가지 여건을 고려해야 한다. 또 지역 내에서의 선택과 집중이 요구되며, 지역의 경쟁력 강화를 위해 분권화에 기초해 지방자치단체의 정책 기획과 집행 능력을 향상할 필요가 있다.

어디에 살든 행복한 대한민국 만들기

인구 감소 시대의 공간 전략으로 거점의 중요성을 강조했으나 사실상 모든 지역이 혁신의 거점으로 활용될 수는 없을 것이다. 그러므로 혁신의 중심지가 되지 못하는 중소도시와 농산어촌 등의 지역은 지역 주민의 삶의 질 제고를 목표로 하는 것이 더 나을 수 있다. 특히 공간복지적 접근을 강화해 지역 주민의 정주 여건을 개선할 필요가 있다. 이러한 점에서 인구 감소 지역의 생활인프라에 대한 재정투자가 필요하며, 이는 국가적 최저수준national minimum을 공간적으로 실현하는 수단으로 활용될 수 있다.

인구 감소 지역에서의 공공서비스 제공을 위해서는 생활 서비스 시설과 프로그램의 복합화, 지역 간 연계화가 필요하다. 인구 감소 지역에서의 공간 전략으로 생활인프라의 복합화를 활용할 수 있는데, 복합화는 인구가 감소하는 특정 지역(마을) 단위에서 도서관, 체육시설, 마을회관과 같은 시설들을 개별적으로 운영·관리하는 것이 곤란한 경우 하나의 건물에 작은 공간들을 모으는 방안이다. 이로 인해 효율적 이용이 가능해진다.

농어촌 지역의 경우 인구밀도가 낮고 서비스 공급 거점과 배후지 간의 거리가 비교적 멀다는 점을 고려해 마을 간의 거점을 활용하고 접근성을 개선해야 한다. 이를 위해 지역에서의 이동성을 향상하는 방법으로 지자체가 교통수단을 직접 운행하거나 지원하는 방안을 검토할 수 있다. 특히 고령자의 경우 이동성의 불편함을 고려해 공간 전략을 수립할 필요가 있다. 즉 주거, 문화, 학교, 직장 등을 모두 걸어서 이동할 수 있는 거리에 배치하는 용도 혼합mixed use에 의한 지역개발 방식을 적용하는 것이다.

진학, 직업, 주택 등을 이유로 다른 지역으로의 인구 유출을 억제하고 자립할 수 있는 지역을 만들기 위해서는 교육, 일자리, 주거환경 등을 개선해 지역의 인재가 유출되는 것을 예방해야 한다. 또 장기적인 지역의 발전을 위해서는 지역 인재가 핵심적 요인이므로 인재의 발굴과 육성을 위한 전략을 추진해야 한다. 지역의 청년이 태어나고 자란 지역에서 진학하고 일자리를 찾기 위해서는 대학, 지자체, 기업 등이 함께 지역발전 통합 거버넌스를 구축해 지역 인재 육성을 지원해야 한다.

자율주행 시대에 발맞춘
도시환경 변화

언제부터인가 전통적인 교통수단의 개념이 모호해지면서 이제는 '교통'보다는 이동 서비스를 아우르는 '모빌리티', 특히 첨단기술과 결합한 '스마트 모빌리티'라는 용어가 더욱 익숙하게 사용되고 있다. 전동킥보드와 전기자전거로 대표되는 퍼스널 모빌리티PM, personal mobility는 안전 이슈에도 불구하고 이동의 퍼스트-라스트 마일first-last mile을 처리한다는 점에서 잠재력을 보여주며, 드론을 기반으로 하는 도심 항공 모빌리티UAM, urban air mobility는 조만간 우리의 이동 영역을 3차원 입체 공간으로까지 확장해줄 것으로 전망된다. 그렇다면 도시교통 대부분을 담당하고 있던 자동차가 자율주행자동차로 바뀐다면, 우리의 생활과 도시는 어떻게 달라질까?

자율주행자동차는 운전의 주체가 사람에게서 기계(자동차)로 전환되는 것으로서 도로 위 자동차의 이동 행태가 근본적으로 변화한다는 특징을 갖고 있다. 이러한 자동차의 이동 행태 변화는 도로나 교차로와 같은 교통인프라에 변화를 가져올 뿐 아니라 자동차를 이용하는 우리의 통행 행태, 도시의 교통체계, 토지 이용과 건축, 공간계획 등 전반적인 도시환경을 혁신하는 계기가 될 것으로 예측된다.

자율주행이 가져올 교통인프라와 도시 공간의 변화

자율주행자동차의 등장으로 기대되는 교통인프라의 변화 중 가장 주목받는 것은 도로의 용량capacity 증가이다. 도로 용량은 일정 시간 동안 어떤 도로를 이용할 수 있는 최대 차량 대수를 의미하며, 차로 수와 서비스 수준을 결정하는 도로 계획의 가장 중요한 기준이다. 도로 용량은 차량과 차량 사이의 시간 간격time headway과 밀접한 관련이 있는데, 차량 간 간격을 결정하는 중요한 요인은 사고가 발생하지 않도록 안전거리를 유지하는 운전자의 반응시간이다. 그런데 자율주행자동차가 도로를 달리게 되면 운전자의 반응시간보다 짧은 기계의 반응시간만 고려하면 되므로 차량 간 시간 간격을 크게 줄일 수 있고, 그 결과 도로의 용량이 획기적으로 증가할 수 있다. 또 자율주행을 기반으로 하는 무인 주차가 가능해지면 운전자가 타고 내리거나 이동해야 하는 공간이 필요 없고 밀집 주차도 가능해져 주차장의 용량도 증가할 것으로 예상할 수 있다.

이와 같은 교통인프라의 용량 증가는 도시 공간의 새로운 변화를 기대하게 한다. 도로를 줄이거나 주차장을 다른 용도로 전환하는 것이 가능해지기 때문이다. 지금까지 자동차 중심이었던 도시 공간이 이제 사람을 위한 공간으로 바뀌게 되는 것이다.

더 많이, 더 멀리 나아가는 자율주행자동차

자율주행이 도시에 미치는 변화를 올바로 전망하기 위해서는 자율주행으로 인해 변화하는 자동차 이용 행태도 함께 고려해야 한다. 도로를 이용하려는 자동차가 자율주행으로 증가하면서 도로의 용량보다 많아진다면, 지금보다 더 극심한 교통혼잡이 발생할 수 있고 우리가 기대하는 도시 공간의 변화 역시 기대할 수 없기 때문이다.

자율주행으로 증가하는 자동차 이용

우리는 교통수단을 선택할 때 운전면허 보유 여부와 같은 통행자의 특성, 통행 목적과 거리와 같은 통행의 특성, 편리성과 안전성과 같은 교통수단의 특성을 고려한다. 교통공학에서는 이러한 특성을 종합해 수단별 효용utility을 추정하는데, 효용이 높은 수단일수록 선택될 확률이 높아진다.

자율주행은 안전하고 편리한 자동차 이용을 목적으로 하며, 운전면허와 같은 제도적 제약도 극복할 수 있어 자동차의 효용과 이용을 대폭 증가시킬 수 있다. 특히 서울과 같은 대도시에서는 대중교통 이용자가 자율주행 승용차 이용자로 전환되는 경우를 생각해볼 수 있다. 최근 조사에서는 자율주행이 상용화하는 경우 대중교통 이용자의 절반 수준이 자율주행 승용차를 이용할 의향이 있는 것으로 나타났는데, 이는 현재 20~30% 수준인 도시의 승용차 분담률이 60% 이상으로 증가하는 것을 의미한다.

한편 자율주행은 교통수단의 전환뿐 아니라 통행량의 증가도 유발할 가능성이 있다. 지난 2018년 미국 샌프란시스코에서는 무료 운전기사 서비스를 통해 자율주행과 유사한 환경을 제공하는 경우, 통행 행태가 어떻게 변화하는지 살펴보는 사회 실험 연구[125]가 진행됐다. 연구 결과, 무료 운전기사가 제공되는 경우 실험 참가자의 통행 횟수가 50% 이상 증가하는 것으로 나타났다. 부모들은 자율주행자동차(운전기사)에 자녀의 통행을 맡기고 자신들은 따로 다른 통행을 발생시켰으며, 자율주행자동차가 이용자 없이 혼자 이동하는 사례도 전체 통행의 30%가량이나 됐다. 이 실험 결과는 자율주행으로 통행에 대한 운전 부담이 감소하게 되면 통행의 발생 빈도가 현재보다 더 증가할 가능성을 시사하고 있다.

통행시간 가치 감소와 도시의 광역화

자율주행은 '통행시간 가치value of travel time'를 변화시켜 통행 거리와 도시의 광역화에 영향을 미칠 수 있다. 통행시간 가치는 통행에 필요한 시간을 단축하기 위해 통행자가 지불하고자 하는 비용willingness to pay으로 정의할 수 있는데, 자율주행으로 자동차 안에서 업무를 보거나 휴식을 취하는 것이 가능해지면 사람들이 통행시간 단축을 위해 내려는 비용을 줄일 수 있기 때문이다. 관련된 국내외 연구에서는 자율주행기술이 통행시간 가치를 현재보다 20~30% 정도 감소시킬 것으로 전망한다. 통행시간 가치가 감소하면 장시간 또는 장거리 통행에 대한 수용성이 높아지면서 대도시를 중심으로 하는 광역 통행이 증가할 수 있다. 도시의 입장에서는 이런 경우 더 넓은 지역에 있는 자동차들이 도시로 진입하기 때문에 도시교통의 부담이 더욱 증가할 가능성이 있는 것이다.

통행시간 가치의 변화는 주거지 입지 선정에도 영향을 미칠 수 있다. 자율주행으로 장거리 통행에 대한 부담이 낮아지게 되면, 복잡한 도심

지역을 벗어나 도시의 외곽 지역에서 더 넓고 저렴한 주거지를 선택할 가능성이 크다. 물론 우리나라의 주거지 입지 선정은 교통 여건 이외에도 투자가치와 문화시설, 교육 환경 등 다양한 요소의 영향을 받기 때문에 자율주행의 영향만으로 주거지 입지가 전적으로 변화한다고 예상하기는 어렵다. 하지만 자율주행으로 통행시간 가치가 변화하고 지속적인 인구 감소와 삶의 질을 중시하는 사회적 인식 변화가 병행하게 되면 자율주행 시대의 도시 광역화는 현실화될 수 있을 것이다.

자율주행 시대를 준비하는 도시의 대응

자율주행은 교통인프라의 용량을 증가시킬 수 있지만, 동시에 자동차 이용의 증가와 도시의 광역화, 이에 따르는 광역 통행의 집중도 유발할 수 있다. 이미 교통혼잡이 극심한 우리나라 도시의 현황을 고려하면, 자율주행 시대에 도시 공간이 획기적으로 변화하기는 어려울 수 있다. 따라서 자율주행이 제공하는 기회와 혜택을 극대화하기 위해서는 철저한 대응이 필요하다.

도시교통은 공유형 자율주행자동차를 중심으로

미래의 자율주행자동차는 소유와 운영의 주체에 따라 현재의 승용차와 유사한 개인 소유 자율주행자동차, 그리고 대중교통을 기반으로 하는 공유형 자율주행자동차로 구분할 수 있다. 운전 부담 감소와 같은 자율주행의 장점은 개인 소유 자율주행자동차에서 더욱 두드러지므로, 향후 개인 소유 자율주행자동차의 이용이 더 늘어날 것이다. 하지만 이렇게 개인 소유 자율주행자동차가 과도하게 증가하게 되면, 극심한 교통혼잡을 일으켜 막대한 사회적 비용이 발생할 수 있다. 따라서 자율주행 시대의 도시교통은 자율주행의 혜택을 공유형 자율주행자동차에 집중시키고, 이를 기반으로 도시교통 체계를 최적화해 도시의 이동성을 높이는 방향으로 발전해야 한다.

그렇다면 버스와 택시처럼 이용자가 운전하지 않는 공유형 자율주행자동차에서 자율주행기술을 통해 우리가 기대할 수 있는 장점은 무엇일까? 무엇보다 자율주행 기술을 적용하면 현재 대중교통 운영 비용의 60% 이상을 차지하는 운전자 인건비 등이 발생하지 않기 때문에 지금보다 더 낮은 비용으로 서비스를 운영할 수 있다. 이러한 장점을 기반으로 지금의 대중교통보다 훨씬 높은 수준의 서비스를 제공하는 경우, 공유형 자율주행자동차의 이용률을 높일 수 있다.

기존의 대형버스와 같은 차량을 소형화하는 대신 더 많은 대수의 차량을 운영해 정류장에서의 대기시간을 줄여준다거나, 정해진 노선과 일정에 따라 운행하는 것이 아니라 실시간 수요에 응답하는 식의 탄력적인 운영 방안도 도입해야 한다. AI로 만들어지는 최소 통행시간 경로를 따라 자유롭게 이동하고, 지금까지 대중교통이 가지 못했던 지역에서의 접근성도 강화할 수 있을 것이다. 또 자율주행기술로 절감되는 운영 비용을 통해 공유형 자율주행자동차의 획기적인 요금 인하도 기대할 수 있을 것이다.

새로운 자동차 이용 행태를 반영한 도로 계획과 운영

자율주행자동차는 우리의 차량 이용 행태를 바꿀 것이며, 특히 목적지 가장 근접한 곳에서 승하차하는 행위가 증가할 것으로 전망된다. 무인

주차가 가능한 개인 소유 자율주행자동차는 멀리 떨어진 주차장이 아닌 목적지 근처에서 이용자가 승하차할 것이고, 공유형 자율주행자동차도 정해진 정류장이 아닌 다양한 도로 지점에서 이용자가 편의에 따라 승하차할 수 있을 것이다. 도로를 이용하는 모든 자동차가 마치 현재의 택시와 같이 도로변에서 승객을 태우고 내리는 현상이 발생할 수 있다. 출퇴근 시간에 많은 자율주행자동차가 도로변에서 대기하며 이용자를 내리고 태우는 모습을 상상해보면, 지금과는 비교할 수 없는 심각한 교통혼잡이 자율주행 시대의 도로에서 발생할 것으로 예상할 수 있다.

따라서 자율주행 시대의 도로는 변화하는 자동차 이용 행태를 반영하는 대응이 필요하다. 도로의 본래 기능인 주행을 위한 공간을 구분하고, 도로 공간 중 일부를 자동차 승하차를 지원하는 공간으로 계획해야 하며, 해당 공간의 시간대별 주요 활동에 따라 탄력적으로 기능을 부여하는 새로운 운영체계를 생각해볼 수 있다. 도로 공간에 다목적 활용 구간을 도입해 자율주행자동차 이용자의 변화하는 행태를 수용한다면 예상되는 혼잡을 감소시킬 수 있을 것이다. 하지만 교통 수요가 많은 우리나라 도시에서 모든 자율주행자동차의 주정차 행위를 지원하는 물리적 공간을 확보해 운영한다는 것은 만만한 일이 아니다. 따라서 도로 계획의 한계를 넘어 도시의 전반적인 계획 차원에서 이를 고려해야 한다.

자율주행을 수용하는 도시 공간과 건축 계획

자율주행으로 변화하는 자동차 이용 행태를 도시 전반에서 수용하기 위해서는 도시 공간과 건축물의 계획적 대응도 필요하다. 앞에서 언급한 자율주행의 승하차 행위를 도로의 계획과 운영만으로 수용하기에는 한계가 있기 때문이다. 간선도로의 교통 방해를 최소화하기 위해서는 주요 도로로 둘러싸인 블록 내부로 자율주행자동차를 진입시켜 대규모 건축물의 지하 주차장 등 별도의 공간에서 이용자가 승하차할 수 있도록 유도해야 한다. 향후 건축물 주차장은 자율주행으로 용량이 증가하면서 여유 공간이 발생할 수 있기 때문이다. 승하차 공간 확보가 어려운 중소 건축물의 경우에는 블록 내에 별도의 공간을 마련해 자율주행자동차의 주정차를 지정해주는 공공의 역할도 필요하다.

그런데 블록 내부로 연결되는 모든 지점에서 자율주행자동차를 진출입시켜 이용자의 승하차를 허용하게 된다면, 블록 안에서 차량이 뒤엉켜 혼잡을 발생시킬 수 있고 보행자와 상충을 일으켜 사고를 유발할 위험성이 있다. 따라서 블록 내부로 진입하는 별도의 지점을 선정해 자율주행자동차의 동선을 통제하는 관리도 필요하다. 이렇게 블록 내부의 특정 지점에서 자율주행자동차의 승하차를 지원하는 경우, 이용자가 최종 목적지까지 이동하기 위한 보행 활동이 발생하기 때문에 이를 고려한 도시의 보행 환경 개선도 반드시 병행되어야 한다.

합리적인 자율주행 시대를 위한 사회적 논의와 합의

자율주행자동차의 장점 중 하나는 통행이 이루어지고 탑승자가 내려도 공간에 주차할 필요 없이 스스로 이동해 다른 통행을 처리할 수 있다는 점이다. 이러한 구조는 자동차 대수는 줄일 수 있는 반면에 도시에서 발생하는 통행의 수는 오히려 증가할 수 있다. 특히 자율주행자동차가 이용자 없이 빈 차로 도시를 배회하는 '공차empty vehicle' 주행이 발생할 수 있는데, 개인 소유의 자율주행자동차가 공차로 운행하게 되면 교통혼잡과 에너지 낭비를 초래해 막대한 사회적 비용을 발생시킬 수 있어 이에 대한 논의가 필요하다.

최근 연구[126]에서는 서울의 도심을 찾은 자율주행자동차가 도심의 비싼 주차요금을 피해 저렴한 주차 공간을 찾아 도심 외곽을 향해 공차로 운행하며 유발하는 추가 통행량을 추정했는데, 이는 서울 전체 통행량의 약 30%에 육박하는 것으로 나타났다. 이처럼 다양한 이유로 공차 운행을 하며 발생시키는 통행이 상당할 것으로 예측되기 때문에 공차 주행에 대한 제재가 없으면 미래 도시의 교통혼잡은 더욱 극심해질 수 있다. 불필요한 사회적 손실을 방지하기 위해서는 도시의 공차 주행 허용 수준을 정할 필요가 있다. 허용 수준은 수단의 특성(개인 소유와 공유 교통), 통행의 특성(비상 상황과 일상생활), 환경의 특성(첨두시간과 심야 시간) 등 합리적인 기준으로 결정할 수 있으며, 정책의 목적(사회비용 최소화와 개인 효용 극대화)에 따라 제한 범위를 조정할 수 있을 것이다.

자율주행자동차에 대한 또 다른 기대 중 하나는 교차로나 합류 구간 등 다른 자동차와 상충이 발생하는 지점에서 자동차의 이동 행태를 최적화해 도시교통의 효율성을 획기적으로 높일 수 있다는 것이다. 하지만 이를 위해서는 모든 자율주행자동차의 이동 정보를 취합·관리해야 하는데, 이는 민감한 개인정보 이슈와 연관될 수 있다. 자율주행 기술의 혜택을 극대화하기 위한 중앙집중식 관리의 필요성과 자율주행자동차의 이동 현황을 관리하며 발생하는 개인의 사생활 침해 문제가 서로 상충하는 것이다. 자율주행의 공차 주행과 마찬가지로 수단과 통행, 도로 환경 등 다양한 조건을 고려한 기준을 수립해 공공의 개입을 최소화하는 범위에서 사회적 최적화를 달성해야 한다.

도시의 시간에서 준비하는 자율주행의 시대

얼마 전까지만 해도 2020년을 자율주행자동차 상용화 시기로 예상했으나, 2023년 현재 기준으로 볼 때 높은 수준(레벨 4 이상)의 자율주행기술의 상용화 시기는 아직 알 수 없으며, 향후 10년 이상 소요될 것이라는 의견도 증가하고 있다.

하지만 자율주행으로 예상되는 도시의 변화를 전망하고, 예상되는 이슈에 대한 사회적 논의와 합의, 도시 공간과 인프라의 변화를 준비하는 도시의 시간 관점에서 자율주행의 상용화 시기를 아주 먼 미래라고 할 수 있을까?

자율주행으로 인한 변화는 기술의 발전과 자율주행자동차의 점유율 상승과 함께 서서히 이루어지며 새로운 균형점을 찾게 될 것이다. 그러나 미래의 이 새로운 균형점이 지금의 도시에서 보이는 극심한 교통혼잡과 똑같은 모습으로 나타나는 것은 바람직하지 않다. 자율주행이 제공하는 새로운 기회를 충분히 활용하기 위해서는 자율주행이 도시환경에 미치는 변화 전망뿐 아니라 예상되는 문제를 선제적으로 풀어가는 대응을 서둘러야 한다.

4

인구 분야 미래전략
Population

적극적 이민정책이 가져올 편익과 비용

고령사회의 또 다른 이슈, 늘어나는 죽음을 둘러싼 다양한 문제들

증가하는 1인 가구와 '가족의 재구성' 시대

적극적 이민정책이 가져올
편익과 비용

지난 20여 년간 이어진 저출생의 영향은 이제 우리 사회 곳곳에서 나타나고 있으며 그에 따른 여러 문제도 앞으로 속출할 것이다. 특히 생산가능인구 감소로 인한 노동력 부족 현상이 심각한 문제로 대두하고 있다. 조선업이나 건설업은 물론 농어촌 지역의 일손 부족도 매우 심각한 상황이다. 무엇보다도 한 사회를 지탱할 수 있는 '필수 인력'이라고 할 수 있는 보건의료, 돌봄, 운송, 환경 미화 등에서 인력 부족 현상이 심화할 것으로 전망되고 있다.

문제는 지금의 노동력 부족 문제를 출생률 제고 대책만으로 해결할 수는 없다는 점이다. 당장 출생률이 두 배로 뛴다고 해도 노동력에 편입되기까지는 적어도 20여 년의 시간이 필요하다. 즉, 당장은 인력 부족 문제 해결에 도움이 안 된다. 여성이나 고령자들의 경제활동을 적극적으로 독려해야 한다는 목소리도 있으나, 이 또한 오랜 시간과 제도적 개선을 요구한다. 결국은 외국인 인력의 적극적인 활용이 더 실효성 있는 대안이 될 수 있으며, 현재 법무부에서 구상하고 있는 이민청 설립에 대한 논의도 이와 같은 맥락에서 바라볼 필요가 있다.

인구 감소 시대, 늘어나는 국내 체류 외국인

재외동포청이 2023년 6월 5일 외무부의 외청外廳으로 공식 출범했다. 표면적으로는 750만 재외동포에 대한 지원을 강화하겠다는 목적인데, 국내의 인구 감소 문제와 무관하지 않을 것이다. 2023년 5월 국회에서 통과된 정부조직법 개정안에는 포함되지 못했지만, '이민청(가칭)' 설립에 대한 찬반의 목소리도 계속 이어지고 있다. 찬성하는 쪽은 급격히 줄어드는 노동력 문제를 해결하기 위해서는 더 적극적으로 외국인 인력을 도입하는 것이 유일한 방법이라고 주장한다. 이미 농촌 지역과 중소 제조기업들은 심각한 인력난에 시달리고 있다. 반대하는 쪽은 대규모 외국인의 유입이 가져올 여러 부정적인 영향을 우려한다.

출입국·외국인정책본부에서 발간하는 〈출입국·외국인정책 통계월보〉에 따르면, 2023년 5월 기준 국내에 체류하고 있는 외국인은 236만 4,894명으로 전월 235만 4,083명보다 0.5%(1만 811명) 증가한 것으로 나타났다. 2008년 116만 명 수준이었던 국내 체류 외국인이 2016년 200만 명을 돌파한 후 이제 240만 명 선에 이른 것이다. 체류 외국인 중 등록 외국인은 125만 5,608명, 외국 국적 동포 국내 거소 신고자는 51만 523명, 단기 체류 외국인은 59만 8,763명이다. 90일 이상 체류하는 장기 체류자인 등록 외국인과 외국 국적 동포 국내 거소 신고자를 합치면 176만 명 정도이다. 이들 장기체류 외국인들은 국내 노동시장에 직간접적으로 영향을 주는 인력이라고 할 수 있다. 이 가운데 등록 외국인을 권역별로 보면 수도권에 72만 1,821명(57.5%)이 거주하며, 영남권 23만 4,461명(18.7%), 충청권 15만 548명(12.0%), 호남권 10만 4,004명(8.3%) 순으로 거주하고 있다.

적극적 이민정책이 가져올 4가지 시나리오

이민청 설립 및 적극적인 이민정책을 통해 너무 많은 외국인 인력이 국내에 유입될 경우, 그 부작용은 만만치 않을 것이다. 그러나 생산가능인구의 급속한 감소 문제를 해결할 방안도 마땅하지 않은 상태이다. 물론 스마트 팩토리 도입 등 자동화·기계화의 적극적인 활용은 생산가능인구 감소가 가져올 공백을 일정 부분 메울 수 있을 것이다. 이미 국내 일부 중소 제조기업들에서는 스마트 팩토리 도입을 통해 인력 공백을 메우고 있다. 이러한 자동화·기계화는 농업, 돌봄, 가사 등의 영역으로 계속 확대될 것으로 전망된다. 한 사람이 기계와의 협업을 통해 여러 사람 몫의 일을 수행할 수 있다면, 1인당 노동생산성의 증가로 이어질 수 있기 때문이다.

이런 맥락에서 보면, 외국인 인력 도입의 여부를 결정할 수 있는 중요한 변수는 노동생산성이 된다. 외국인 인력의 유입을 견인하는 가장 큰 원인이 생산가능인구의 부족분을 메우는 데 있으며, 생산가능인구의 부족은 노동생산성 향상으로 일정 부분 만회가 가능하다는 전제를 세울 수 있다. 따라서 '노동생산성 향상'과 '외국인 인력의 대량 유입 여부'라는 2개의 축으로 4개의 시나리오를 상정해볼 수 있다.

먼저 노동생산성이 늘고 개방적 해외 인구 유입을 허용했을 경우(시나리오 A)이다. 개방적 해외 인구 유입은 허용하되 노동생산성이 하락했을 경우가 두 번째 시나리오(시나리오 B)이다. 세 번째 시나리오는 노동생산성이 정체 또는 하락하면서 선별적이며 제한적인 해외 인구 유입 정책을 지향했을 경우(시나리오 C)이다. 마지막 시나리오는 선별적이며 제한적인 해외 인구 유입 정책을 지향하면서 노동생산성이 상승했을 경우(시나리오 D)이다.

시나리오 A: 다문화 주도권 분쟁 사회

2050년 현재 대한민국에는 약 500만 명의 외국 태생 이주민이 거주하고 있다. 이렇게 외국 이주민이 급증한 것은 2020년대 중반부터 해외 이주노동자가 대거 유입되면서부터이다. 초기에는 숙련된 외국 노동력의 유입으로 부족한 노동력을 메울 수 있었으며, 노동생산성도 일정 부분 유지할 수 있었다. 문제는 이주민의 상당수가 한국 사회에 동화되지 못하고 있다는 데 있다. 한국에서 태어난 이민 2세는 한국 사회에 적응하지 못한 채 정체성의 혼란을 겪고 있다. 이들은 학교에서조차 심한 차별과 따돌림을 당하기도 하고, 대학을 졸업했다고 하더라도 보이지 않는 차별로 직장을 구하기도 어렵다.

한국 사회는 외국인 이주자와 이들의 자녀를 포용하기보다는 잠재적인 경쟁자로 보거나 혐오하는 태도로 일관했다. 2030년대 중반 이후 해외에서 저임금 노동력이 대량으로 유입되면서 국내 저소득층 간 취업 경쟁이 심화됐으며, 정부의 공공지출에 대한 부담 또한 증가하기 시작했다. 이처럼 공공 재정에 부담을 주는 외국 이주민에 대한 복지 혜택

부여를 거부하려는 움직임이 반反이주민 정서를 더욱 확대했다. 특히 무슬림 이주자에 대한 반감과 차별이 심했다. 이러한 차별과 혐오는 단순 저임금 근로자에게만 국한된 것이 아니라 고급 전문 인력도 마찬가지였다. 이에 따라 외국인 이주자가 한국 사회에 적응하기보다는 자신들의 은신처를 마련하고자 하면서 특정 지역을 중심으로 공간적·문화적 게토를 형성했다. 문제는 문화적 게토를 형성하는 차원을 넘어 정치 집단화하기 시작했다는 것이다.

결국 부족한 노동력을 채우고 고령화 속도를 늦추기 위해 추진됐던 개방적 이민정책은 이주자가 늘수록 편익보다는 공공지출의 부담, 이주민의 소외와 일탈, 이질적 문화 간 갈등 등 커다란 사회적 비용을 유발하고 있다. 무엇보다도 이주민이 출신 지역별로 갈라져 정치적으로 조직화하면서 주도권을 둘러싼 분쟁이 격화되고 있다. 이질적인 언어, 문화, 종교를 가진 구성원이 한 사회에서 공존하게 되면서 문화적 차이를 인정받기 위한 정치적 경쟁이 발생한 것이다.

시나리오 B: 저임금 노동에 집중되면서 혁신에 실패한 다문화사회

저출생·고령화에 대한 특별한 대안이 없었던 정부로서는 2025년부터 적극적·개방적인 이민정책으로 선회하는 것이 최선이었다. 그 결과 국내 체류 외국인 수는 2030년 300만 명을 돌파했으며, 2040년에는 400만 명, 2050년에는 600만 명으로 증가하며 전체 인구에서 차지하는 외국인 비율이 17%까지 육박하게 됐다. 외국인 이주자가 한국 사회에 유입되면서 인구 감소와 노동력 부족 문제는 일정 부분 해소됐으며, 고령화 추세도 어느 정도 완화될 수 있었다. 특히 저임금의 단순 외국인 노동자가 유입되자 제조업체들이 인건비 부담 없이 풍부한 인력을 활용하면서 개인 소비가 늘어나는 효과를 가져왔다.

하지만, 2030년대 중반부터 외국인 대거 유입에 따른 긍정적 효과뿐 아니라 부정적 영향도 하나둘 나타나기 시작했다. 비숙련 노동자가 대부분인 해외 이주민이 국내의 저소득층과 일자리 경쟁을 하게 됐고, 기존 저소득층 노동자의 임금을 감소시키는 결과를 가져와 빈부격차 심화와 중산층의 붕괴로 이어졌다. 아울러 외국인의 수요가 증가하면서 집값 등 물가가 상승하고 도심지역 교통혼잡과 외국인 거주 지역이 슬럼화되기 시작했다. 특히 한국의 문화적 배타성과 외국인 수용에 대한 제도적인 준비 미비는 상당수의 외국인 이주민이 한국 사회 적응에 실패하고 빈곤층으로 전락하는 결과를 만들었다.

대다수 건설 현장직이나 영세 공장직과 같이 어렵고 힘든 직종은 외국인 노동자로 채워졌으며, 이들 직종의 임금은 10년 전과 같거나 오히려 더 낮아진 경우도 있다. 사실상 최저임금제도가 사라지게 된 것이다. 무엇보다도 제조업체들이 경영의 효율화나 기술혁신을 꾀하기보다는 저임금 비숙련 외국인 노동력에 의존함으로써 업체들의 노동생산성 저하가 두드러지게 나타나고 있다.

저개발 국가로부터 유입된 저임금 저숙련 노동자에 대한 사회적 차별은 교육 및 취업 기회 제한 등으로 나타났다. 2030년대 중반부터 한국의 경제성장 둔화와 경기 악화로 이민 2세대는 고용시장에서 가장 먼저 배제되기 시작했다. 결국은 이민 2세대의 사회적 상향 이동이 제약받으면서 실업률과 범죄율의 증가로 이어졌다. 이민자의 사회 이동성에 대한 취약성은 한국 사회를 소수의 상위계층만 존재하는 피라미드 형태의 사회계층 구조로 변화시켰으며, 한국 사회가 감당할 수 없을 정도로 사회통합 비용을 상승시키는 요인으로 작용하고 있다. 최근에는 주류 한국인과 외국인 이주민 사이의 갈등이 대규모 폭력으로 번지는 사태까지 발생하고 있다.

시나리오 C: 외국인 유입 정책이 작동하지 않는 저성장 저활력 국가

2050년 현재 한국의 인구는 4,000만 명이 조금 넘는 수준을 유지하고 있다. 문제는 이 가운데 65세 이상 고령자 수가 절반에 가까운 초고령 사회라는 점이다. 저출생·고령화의 진전은 세수 저하와 자본시장의 위축 등 국가경쟁력 약화와 잠재성장률의 하락으로 귀결됐다. 지난 30여 년간 1인당 노동생산성 향상은 정체됐고, 연평균 경제성장률은 0%에 가까웠으며, 이제는 마이너스 성장을 우려하고 있다. 생산성 정체를 가져온 가장 큰 요인은 생산가능인구의 감소였다. 기업들이 생산설비를 증강했다 하더라도 이를 움직일 수 있는 숙련된 기능 인력이 턱없이 부족했다. 또 연금, 보험, 의료 및 기타 복지비용의 확대는 정부의 사회적 지출을 급격히 증가시켜 국가재정에 엄청난 부담을 떠안기고 있다.

무엇보다도 인구 고령화로 사회 전체가 보수화됐고, 창의성과 혁신성이 사라지면서 과학기술의 발전도 정체됐으며, 기업은 혁신 동력을 상실했다. 결국 2050년의 한국 사회는 사회적 활력과 국가적 경쟁력을 상실한 채 눈덩이처럼 불어가는 복지비용에 허덕이는 등 총체적 난국에 처해 있다. 고령인구 증가에 따른 복지 재정수지 역시 최악의 상태가 됐으며 연금제도도 사실상 붕괴했다.

이에 따라 젊은 세대는 고령자를 사회의 커다란 부담으로 인식하고 있으며 세대 간 갈등도 걷잡을 수 없이 커졌다. 그러나 정치권은 이러한 문제를 해결할 의지도 능력도 상실한 상태이다. 정치권은 사회의 다수를 차지하는 노령 세대의 이해를 대변하기에 급급할 뿐이며 정치는 더욱 보수화됐다. 정부는 심각한 저출생과 고령화의 압박에 시달리게 되면서 뒤늦게나마 외국인 이주민 유입을 통해 사회적 활력을 모색하고자 시도했지만, 2050년의 대한민국은 해외 이주자를 끌어들일 만한 매력적인 나라가 못 되어서 이 또한 이루어지지 않고 있다.

시나리오 D: 인구 감소·장생 시대 적응 사회

2020년대 중반부터 고령화·인구 감소 사회가 되면서 한국의 미래를 우려하는 논의가 활발하게 이루어지기 시작했다. 이러한 논의들 가운데 하나가 '인구 감소·고령화에 대한 적응론'이었다. 생산가능인구 감소가 가져올 문제들은 노동생산성과 '교육의 질' 향상을 통해 충분히 해결할 수 있다는 것이 '적응론자'들의 논리였다. 또 적응론자들은 고령자도 과학과 의료 기술 발전의 혜택을 받으면, 나이가 들어서도 충분히 경제·사회 활동을 지속할 수 있다고 주장했다.

2025년을 기점으로 인구 감소·고령화 시대에 적응할 수 있도록 사회 전체의 패러다임 전환 차원에서 국가적인 노력이 시작되었다. 정부는 먼저 해외 전문 인력의 국내 유입을 위해 인센티브 정책을 추진했다. 또 외국인·이민 행정의 효율성을 높이기 위해 총리실 산하에 '글로벌인재청'을 설립했다. 글로벌인재청에서는 해외 우수 인력 유치 업무와 함께 한국의 경제발전에 기여할 수 있는 외국인에 관한 출입국 정책과 노동 전반에 관한 정책을 일괄적으로 수행한다. 이러한 적극적인 해외 우수 인력 유치 정책의 결과 2050년 현재 한국에 거주하고 있는 고소득·전문직 외국인 수는 약 20만 명으로, 전체 외국인 노동인구의 28.7%를 차지한다.

생산가능인구의 감소로 경제성장이 정체될 것이라는 위기감은 1인당 노동생산성 향상으로 해소될 수 있었다. 생산성 향상을 위한 기술혁신과 설비투자 등 기업의 혁신 노력으로 한국의 노동생산성 증가율은 연평균 5%를 유지했으며, 2020년 이후 30여 년 동안 5.8배 증가했다. 기술혁신에 의한 노동생산성과 노동분배율이 향상됨에 따라 근로자의 임금 또한 크게 인상됐으며, 사람들은 장시간의 노동에서 해방되어 더 많은 여가를 가질 수 있게 됐다. 이에 따라 사람들은 취미 활동과 제2의 인생을 설계하기 위한 재교육으로 시간을 보내고 있다. 생활이 여유로워지면서 마음의 여유도 갖게 됐는데, 이러한 한국인의 정서적 변화는 외국인에 대한 더 개방적이고 포용적인 문화를 형성할 수 있는 기반을 조성했다. 외국인도 다이내믹한 한국 문화에 점차 융화되어갔다. 인구 감소·장생 시대의 한국인은 더욱 풍요로우면서도 건강한 삶을 누리고 있다.

해외 우수 인재를 중심으로 한 점진적 개방

앞의 시나리오에서 살펴본 바와 같이 적극적이고 개방적인 이민정책은 단기적인 편익은 가져올 수 있으나 장기적으로는 비용이 더 커질 수 있다. 따라서 향후 이민정책의 방향은 해외 우수 인재를 중심으로 해 점진적으로 받아들이되 무엇보다 우수 과학 인재를 유치하는 데 집중할 필요가 있다.

저출생·고령화의 여파는 과학기술 분야도 예외는 아닐 것이다. 한국 사회의 중추적 연령집단age-cohort이라고 할 수 있는 베이비붐세대의 은퇴가 본격화되고 있다. 국책 연구 기관과 대학은 물론, 기업에서도 그간 우리나라의 과학기술과 산업 발전을 이끌어오던 연구원, 교수, 엔지니어 들의 이탈이 가속화되고 있다. 문제는 이들의 빈자리를 메울 젊은 인재가 턱없이 부족하다는 점이다. 퇴직 과학기술 인력을 활용하는 것도 하나의 대안이 될 수 있다. 그러나 국내 인력만으로는 국가의 과학기술 경쟁력을 유지하거나 혁신을 도모하는 데 한계가 있다.

부족해지는 과학기술 인재 문제를 해결할 수 있는 대안이 바로 외국의 우수 인재를 유치하는 방안이다. 현재 세계는 인재 유치 전쟁을 벌이고 있다. 미국, 유럽, 일본, 싱가포르 할 것 없이 우수한 인재를 획득하기 위해 사활을 걸고 있다. 고숙련 전문가, 비즈니스 리더 등의 고급 인력도 유치 대상이지만, 우수한 과학기술 인재 확보가 최우선 목표이다. 이는 격화되는 기술 패권 경쟁과 무관하지 않을 것이다.

그렇다면 대한민국은 과연 외국의 과학기술 인재에게 매력적인 곳일까? 외국의 인재가 자신들의 전문성을 인정받고, 능력을 발휘하며, 그에 합당한 대우를 받을 수 있는 이상적인 환경일까? 이들에 대한 처우는 차치하더라도 주거와 자녀 교육 등의 정주 환경이 주요국과 비교해 많이 미흡한 것이 사실이다. 무엇보다도 비영어권이라는 것이 외국의 우수 인재 유치에 큰 단점으로 작용하고 있다. 즉, 우수 인재를 확보하는 데 구조적인 한계가 많다는 이야기이다.

그런 점에서 외국의 우수한 학생을 일찌감치 한국으로 유치해 우리의 미래 인재로 활용하는 방안을 적극적으로 고려해볼 수 있다. 예를 들면, 현재 KAIST에서는 석·박사 학위를 취득한 외국인 학생에게 총장 추천으로 '거주 자격'을 주는 제도를 시행한다. 이후 연구 실적에 따라 대한민국 국적을 부여받을 수 있다. 이른바 '과학기술 우수 인재 영주·귀화 패스트트랙' 제도이다. 여기에 더해 과학영재고와 대학 학부 과정에서도 외국의 우수 인재 유치에 적극적으로 나설 필요가 있다. 학업 과정부터 공유 정도가 높아지면 한국 사회에 대한 적응도 더 쉬워질 수 있기 때문이다. 이들을 대한민국에 필요한 과학기술 인재로 양성하는 일이 우리에겐 현실적이면서도 효율적인 방안이 될 수 있을 것이다.

고령사회의 또 다른 이슈,
늘어나는 죽음을 둘러싼 다양한 문제들

통계청이 2023년 2월 발표한 〈2022년 인구동향 조사-출생·사망 통계 자료〉에 따르면, 2022년 한 해 사망자 수는 37만 2,800명으로 전년 대비 5만 5,100명(17.4%) 증가한 것으로 나타났다. 사망자 수는 60대 이상 고령층에서 주로 증가했으며, 남자와 여자 모두 80대에서 사망자 수가 가장 많았다. 사망자 수는 예상을 뛰어넘은 빠른 속도로 증가하고 있으며, 조만간 연간 사망자 40만 명대를 눈앞에 두고 있다. 우리나라의 연간 자연사망자 수는 1970년대 이래 20만 명대를 유지해왔으나, 2020년 처음으로 30만 명을 넘어서면서 사망자 수가 출생자 수보다 많은 '데드크로스'도 일어났다.

이러한 인구 데드크로스 현상은 우리에게 몇 가지 시사하는 바가 있다. 우선 저출생·고령화가 고착되는 가운데 인구 자연 감소가 시작됐음을 말해주며, 동시에 과거 인구 성장 시대에 태어나 인구구조상 넓은 범위를 차지하고 있던 연령집단의 고령화로 사망자 규모도 가파르게 증가하고 있음을 보여준다. 즉 큰 폭으로 늘어난 고령층 가운데 기대수명에 다다른 초고령층의 자연사망 증가에 따른 결과라고 할 수 있다. 통계청 장래인구추계에 따르면 사망자 수는 2040년대에 50만 명, 2050년대에는 60만 명, 2060년대에는 70만 명을 넘어설 것으로 예측된다. 그런데 이처럼 자연사망자 수의 증가로 본격적인 다사망多死亡 시대로 진입하게 되면서 또 다른 사회적 문제들이 나타날 것으로 전망된다.

가파른 자연사망자 증가가 가져올 문제

사망자 수 급증이 가져올 가장 큰 문제는 장묘문화와 관련이 있다. 우리나라의 장묘문화는 지난 30여 년간 이어져왔던 매장 방식에서 화장 방식으로 급속히 변해왔다. 우리나라의 화장률은 1994년도에 20.5%에 불과했으나 2005년 52.6%로 매장률을 처음으로 추월했으며, 2015년에는 80%를 돌파했다. 화장에 대한 거부감이 줄고 장점이 더 널리 알려지면서 화장률은 매년 상승하는 추세이다. 보건복지부 통계자료에 따르면, 2021년 사망자 31만 7,680명 중 화장을 한 경우는 28만 8,562명으로 전국 기준 화장률은 90.8%이다. 이는 전년 대비 0.9% 증가한 수치이다. 화장률이 높은 시도는 부산 95.7%, 인천 95.2%, 경남 94.6% 순이며, 서울은 92.6%, 경기는 93.2%로 나타났다.

그런데 여기서 드러나는 문제가 바로 화장시설의 부족이다. 전국 단위로 보면 아직 심각할 정도는 아니지만 서울, 부산, 경기 등의 지역만 따로 놓고 보면 늘어나는 수요에 비해 화장시설이 턱없이 부족한 실정이다. 서울의 경우 화장시설은 겨우 2곳에 불과하다. 서울 지역에서 갑자기 사망하게 되면 화장장 예약이 어려워 지방의 화장장을 이용하기도 한다. 실제로 최근 몇 년간 이어진 코로나19 여파로 사망자가 급증했던 시기에는 화장대란이 벌어져, 한국의 통상적인 상례喪禮 문화와 다르게 4~6일장이 치러진 사례가 빈번했다. 정부도 이러한 심각성을 인지해 화장시설 정비 계획을 논의한 바 있다. 그러나 화장장의 새로운 증설은 생각처럼 쉽지 않을 것으로 전망된다. 화장장은 대표적인 기피 시설이기 때문이다.

사망자 수 증가와 화장장 부족은 예고된 미래이자, 문제를 알면서도 외면하는 전형적인 '검은 코끼리Black elephant' 현상이라고 할 수 있다. 뉴욕타임스 칼럼니스트인 토머스 프리드먼Thomas Friedman은 미래에 실현될 가능성이 커서 충분히 그 파장을 예측할 수 있음에도 현상 자체를 애써 무시하는 문제를 검은 코끼리에 빗대어 설명한 바 있다. 화장시설 정비 문제가 바로 그러하다. 시급한 현안인데도 화장시설 건립을 둘러싼 거센 갈등 때문에 대응 조치는 아주 미흡한 상황이다.

그렇다고 계속 현실을 외면할 수는 없다. 다양한 대안을 지금부터 고민해야 한다. 화장시설은 대표적인 지역 기피 시설이라 부지 선정부터 지자체와 주민 간 갈등이 심하고, 관련 정치인들이 누구도 이런 위험 부담을 떠안으려 하지 않기 때문에 완공되기까지 상당한 진통을 겪고 기간이 소요될 수밖에 없다. 따라서 계획단계부터 지역 주민과 이해관계자의 의견을 수렴하고 절차적 정당성을 확보해야 한다. 또 시민을 관리 주체로 동참시켜 진행 속도는 늦더라도 갈등을 완화할 방안을 모색해야 한다. 입지 갈등으로 화장장의 신규 설치가 어렵다면, 기존 시설의 화장로 증설, 화장 시간 단축 방안 등을 강구할 수도 있다. 이외에 친환경적인 방식으로 알려진 빙장水葬* 등의 새로운 장묘 방식도 고민해볼 필요가 있다. 자연사망자 수가 커진, 자연 다사망 시대에는 장례 시설이 필수 시설임을 인식하고 갈등을 완화할 수 있는 선제적 대책이 요구된다.

'웰다잉'과 죽음의 질에 대한 논의

우리 사회가 본격적인 고령사회가 되면서 '건강한 노후', '빈곤하지 않은 노후' 등의 이슈와 함께 웰다잉well-dying, 즉 '좋은 죽음good death'에 대한 대중적 관심도 예전보다 커졌다. 이전에는 '어떻게 살 것인가'에 관심이 치중됐다면 이제는 '어떻게 죽음을 맞이할 것인가'도 중요한 화두가 되고 있다. 기대수명의 증가, 고령화에 대한 사회적 인식 확대, 그리고 고독사나 무연고 사망 같은 사회적 문제의 대두 등으로 '삶을 잘 마무리하는 것'에 대해서도 고려하지 않을 수 없게 됐기 때문이다. 삶의 질을 높이고자 하는 웰빙에는 '아름다운 죽음', '준비하는 죽음', '존엄한 죽음', '안락한 죽음' 등 죽음의 질을 높이는 웰다잉도 포함되는 것이라고 할 수 있다.

국내에서 웰다잉이나 죽음의 질에 대한 논의가 나오기 시작한 것은 사실 그다지 오래되지 않았다. 문화적 배경에 따라 죽음에 대한 논의 자체를 회피하거나 금기시했던 측면이 있다. 그러나 통과하기까지 18년

---

* 시신을 급속 냉동해 분쇄·건조 후 매장하는 방식으로, 스웨덴의 생물학자 수산네 비그메사크Susanne Wiigh-Mäsak가 개발했다.

이 걸린 연명의료결정법이 2018년 시행에 들어가면서 국내 임종 문화의 변화가 본격화됐다. 이러한 사회적 계기와 함께 웰다잉에 대한 사회적 논의도 커지기 시작했다. 가령 죽음에 대한 철학적 성찰을 담은 미국 예일대학교 교수 셸리 케이건Shelly Kagan의 《죽음이란 무엇인가》라는 책이 2012년 출간되면서, 또 2014년에는 국내 EBS 방송을 통해 〈데스Death〉라는 다큐멘터리가 방영되면서 삶과 죽음, 생명 등에 대한 세간의 관심이 높아진 바 있다. 세계적인 물리학자였던 스티븐 호킹Stephen Hawking 박사는 2006년에 안락사에 반대했으나 2015년에는 본인의 의사에 반하는 연명치료는 완전한 모욕이라며 '의사조력자살physician-assisted suicide'에 대한 가능성을 언급하면서 국내외에서 존엄사, 안락사, 조력자살 등을 둘러싼 논쟁을 부르기도 했다.

이런 분위기 속에서 과거와는 달리 개방적으로 '죽음'에 대한 교육이 비영리단체와 정부 주도로 이뤄지기 시작했으며, '죽음학Thanatology'에 대한 관심도 높아지고 있다. '죽음' 교육은 죽어가는 것dying, 죽음death에 대한 이해, 생명의 유한성에 대한 인지 등의 인지적 측면을 포함해 연명의료 계획서, 사전 장례 의향서, 사전 연명의료 의향서, 임종 노트 작성, 장례문화 체험 등 실행 측면에서도 다양하게 진행된다.

웰다잉과 함께 '죽음의 질'을 높이는 방안에 대해서도 활발한 논의가 이루어지고 있다. 영국의 경제 전문 잡지 〈이코노미스트〉 산하기관인 인텔리전스유닛Economist Intelligence Unit에서는 전 세계 40개국을 대상으로 죽음의 질 지표Quality of Death Index와 국가별 순위를 발표한 바 있다. 2015년 조사에서 한국의 순위는 18위로 2010년 대비 16단계 상승했다. 조사 대상국은 2010년 40개에서 2015년 80개국으로 증가했으며, 지표의 범주도 4개에서 5개로 늘어났다. 2015년 버전 죽음의 질 지표는 5개 범주에 걸쳐 20개의 양적·질적 지표의 점수로 구성됐다. 5개 범주는 ▽완화의료 및 의료 환경 (가중치 20%, 4개 지표) ▽인적자원 (가중치 20%, 5개 지표) ▽관리의 경제성 (가중치 20%, 3개 지표) ▽관리 품질 (가중치 30%, 6개 지표) ▽지역사회 참여(가중치 10%, 2개 지표) 등이다. 2010년도 조사와 달리 2015년도에는 보충적인 범주로 ▽완화의료가 필요한 질병의 부담 (가중치 60%) ▽노령 의존도 (가중치 20%) ▽2015~2030년 인구 고령화 속도 (가중치 20%) 등이 포함됐다.

위의 조사 결과 영국이 죽음의 질이 가장 높은 국가로 평가됐으며, 호주와 뉴질랜드도 높은 순위를 차지했다. 반면 개발도상국은 죽음의 질이 낮았고, 인구 규모가 큰 BRICs(브라질·러시아·인도·중국)의 순위도 낮았다. 주목할 만한 점은 중국과 한국은 유난히 죽음을 금기시하는 경향이 강하고, 말기 의료에 대한 관심도 매우 낮은 것으로 나타났다.

세계에서 가장 빨리 호스피스hospice care를 시작한 영국이 죽음의 질이 가장 높은 것은 예상된 결과라고 할 수 있다. 2000년대에 들어서면서 영국도 고령화의 진전과 사망자 수 증가를 겪게 됐는데, 사회적 준비는 부족한 상황이었다. 이러한 문제의식에서 영국 정부는 2008년 전문가들을 구성해 〈생애 말기 치료 전략The End of Life Care Strategy〉이라는 정책보고서를 발간했으며, 이를 기반으로 2009년 '생애 말기 치료 프로그램'을 시작했다. 해당 보고서에서는 '좋은 죽음'을 '익숙한 환경에서' '존엄과 존경을 유지한 채' '가족·친구와 함께' '고통 없이' 죽어가는 것으로 정의했다.

소산다사 시대의 다양한 이슈

저출생에 따른 신생아 수 감소, 그리고 고령인구가 큰 폭으로 늘어난 가운데 나타날 자연사망자 수 증가는 이제 피할 수 없는 미래이다. 그리고 이러한 소산다사少産多死의 현상은 새로운 사회문제를 가져오게 될 것이다. 특히 고령화와 함께 1인 가구와 독거노인의 지속적 증가, 다사망 시대 진입에 따른 장례 시설 부족 문제, 길어진 기대수명으로 인한 유병 기간(질병이나 사고, 노화로 인해 건강하지 못한 상태로 보내는 기간)의 장기화, 그리고 웰다잉과 죽음의 질에 대한 사회적 관심 증대 등으로 나타날 것이다.

이런 점에서 죽음에 대한 시민의식의 개선과 웰다잉 관련 사업의 지속적인 추진이 필요하다. 죽음 교육은 고령자만을 대상으로 하는 것이 아니라 일반인과 학생 등을 대상으로도 진행되어야 한다. 이를 통해 늘어가는 자살에 대한 예방 효과도 기대해볼 수 있다. 생의 아름다운 마무리를 위해 지자체별로 기초교육 과정에 '죽음'과 '웰다잉' 관련 프로그램을 개발하고 이러한 교육을 진행한다면 일반 국민의 인식도 개선해나갈 수 있을 것이다.

이를테면 죽음 체험관 같은 공간을 조성하는 것도 한 방법이다. 여기에서 죽음이란 무엇이며, 어떻게 진행되는지, 전 세계 여러 문화권에서는 어떻게 다뤄왔는지 등을 배우면서 죽음에 대한 막연한 공포나 환상에서 벗어나 올바른 인식을 키워갈 수 있을 것이다. 또 국가적 차원에서는 장묘문화의 변화에 맞춰 관련 시설들을 정비해갈 필요가 있고, 기업들은 사회적 공헌 차원뿐 아니라 상품 및 서비스 개발의 새로운 기회로 활용해볼 수도 있다. 고령화와 고독사 문제가 우리보다 먼저 대두한 일본의 경우, 고독사로 인한 임대주택 주인의 임대료 손실, 주택 보수 비용 및 고독사 노인의 장례 비용 등을 보상해주는 고독사 특화 보험상품이 출시된 바 있다.

한편 죽음을 앞둔 고령자나 말기 환자의 간병은 가족과 주변인에게 부담이 되는 요소로 작용할 수밖에 없다. 따라서 말기 환자의 가족들에게 큰 부담이 될 수 있는 의료비와 간병 비용을 국가가 일정 부분 지원하는 것도 필요하다. 미국과 캐나다 등 선진국은 국가가 주도적으로 말기 환자 관리 대책에 개입하고 있다. 예를 들어, 캐나다는 '말기 환자 돌봄: 모든 캐나다인의 권리End-of-Life Care: The Right of Every Canadian'라는 국가 전략 실행 계획을 통해 전 국민의 생의 마무리를 지원한다. 이러한 국가의 지원과 함께 지역사회의 참여도 중요하다. 영국이 죽음의 질을 높일 수 있었던 배경에는 '지역사회'라는 개념이 자리 잡고 있었다. 마찬가지로 말기 환자의 간병이 어려울 때 같은 지역에서 자원봉사 형태로 도와주는 간병 품앗이를 활성화하는 것도 하나의 대안이 될 수 있다. 우리가 초고령사회로 진입하면서 겪게 될 일들 가운데 하나가 자연사망자 수의 가파른 증가임을 인식하고, 웰다잉에 대한 사회적 공론화를 본격화하면서 동시에 다사망 시대가 초래할 사회적 문제점을 진지하게 논의하고 필요한 준비를 서둘러야 할 시점이다.

증가하는 1인 가구와
'가족의 재구성' 시대

1인 가구가 우리 사회에서 더 이상 특별한 것이 아닌 시대가 됐다. 2021년 기준 전체 가구 중 1인 가구 비중은 33.4%였고, 2050년이면 39.6%에 이를 것으로 전망된다.[127] 1인 가구가 늘면서 비친족 가구도 늘고 있다. 8촌 이내 친족이 아닌 남남끼리 사는 가구 구성원은 2021년에 이미 100만 명을 넘어섰다.[128] 이처럼 가족이라는 개념과 형태가 모두 바뀌고 재구성되고 있다. 가족의 범위는 민법 제799조에서 '배우자, 직계혈족 및 형제자매, 생계를 같이하는 직계혈족의 배우자, 배우자의 직계혈족 및 배우자의 형제자매'로 한정하고 있다. 또 건강가정기본법 제3조에서는 가족을 혼인·혈연·입양으로 이루어진 사회의 기본단위로 정의한다.

그러나 최근 한국 사회의 가족은 이러한 모습에서 많이 벗어나 있다. 지금까지 전형적인 가족의 모습이라고 상정되던 부부와 미혼 자녀로 구성된 가족의 비중은 계속 줄어들고 1인 가구, 한부모가족, 다문화가족, 재혼가족, 무자녀가족, 비혼·동거가족과 같은 비친족 가구 등 일일이 나열하기 어려운 가족의 형태와 관계가 등장하고 있다. 하지만 한부모, 다문화, 이혼, 재혼, 미혼모, 비혼, 동성 부부 등에 대한 심리적·정서적 편견과 차별은 여전히 존재한다. 심각한 사회적 갈등으로 이어질 여지가 많은 것이다.

이런 가운데 2023년 5월에는 동성 부부, 비혼 출산, 생활동반자 등 다양한 형태의 가족을 법적으로 보장하고 인정하자는 취지의 '가족구성권 3법'이 발의됐다. 동성혼을 법적으로 인정하는 내용의 법안이 우리나라 국회에서 발의된 것은 이번이 처음이다.[129] 다양한 형태의 가족과 삶의 방식이 공존하는 사회에서 함께 살아가려면 가족의 형태나 유형에 따른 차별이나 편견을 해소하고 변화에 유연하게 대응하는 자세가 필요하다.

가족 형태와 결혼문화의 변화

우선 가족의 형태에서 우리나라 가구의 구성 현황을 살펴보면, 2021년 1인 가구 비율은 33.4%, 2인 이하 가구는 61.7%에 이른다. 전체 가구 중 절반 이상이 1인 혹은 2인 가구인 셈이다. 특히 1인 가구는 전년 대비 7.9% 늘어 2015년 이후 주된 가구 유형을 차지하고 있다. 비친족 가구는 2022년 전년도보다 11.6% 늘어난 47만 2,660가구로 통계 작성 이래 가장 많았다.[130] 비친족 가구는 일반 가구 가운데 친족이 아닌 남남으로 구성된 5인 이하 가구를 의미한다. 마음이 맞는 친구들끼리 살거나, 결혼하지 않고 동거하는 가구 등이 여기에 포함된다. 사회 고령화로 독거노인과 노인 부부 가족도 증가하고 있다. 65세 이상 1인 가구는 2025년 전체 1인 가구의 약 30%를 차지할 것으로 전망된다.[131]

결혼문화와 가족문화도 변하고 있다. 결혼 연령이 늦어지고 비혼이 증가하고 있다. 2022년 혼인 건수는 19만 1,700건으로 전년 대비 0.4% 줄었으며, 지난 10년간 계속 감소 추세이다.[132] 또 가족 가치관도 변하고 있는데, 2020년 통계청 사회조사에 따르면 "남녀가 결혼하지 않아도 함께 살 수 있다"라는 의견에 남성 68%, 여성 62.4%가 동의했다. 이는 2012년 각각 45.9%, 22.4%였던 것에 비하면 큰 폭의 변화이다. "결혼하지 않고도 자녀를 가질 수 있다"라는 의견에 대해서도 남성 36.3%, 여성 33.1%가 동의했다.

해외에서는 훨씬 급진적인 변화가 진행되고 있다. 출생률 감소, 결혼율 감소와 이혼율 증가, 무자녀가구 증가, 동거 등 다양한 파트너십의 증가, 비혼 출산childbirth outside marriage, 한부모가족과 재혼가족의 증가 등은 OECD 국가 대부분에서 공통으로 나타나고 있는 가족 변화의 특징이다.[133]

이러한 현실에서 지난 20년간 가족 관련 가장 큰 논쟁이 됐던 사안은 가족 다양성의 증가 문제이다. 다양한 가족의 모습이 우리 앞에 대두되면서 전형적인 가족 논의에서 벗어나 새로운 가족에 대한 논의가 시작되고 있다.[134]

가족 가치관의 변화

결혼과 가족에 대한 가치관과 태도도 빠르게 변하고 있다. 통계청에서 실시한 가족 가치관 조사 결과[135]에 따르면 가족관계를 중시하기보다는 당사자 중심의 결혼생활을 더 중요하게 생각하는 의견이 많아지고 있다. 또 재혼, 이혼, 동거, 국제결혼 등의 항목에서 다양한 결혼 방식과 파트너 관계의 허용 의견도 계속 증가하고 있다. 즉 가족관계는 부모·자녀 중심에서 부부 중심으로 변화하고 있으며, 가족구성과 관련해서는 상당히 개방적으로 변화하고 있다.

그러나 가족 내 젠더 관계에서는 이러한 변화가 보이지 않는다. 가족관계 만족도를 배우자, 자녀, 부모, 배우자의 부모, 형제자매 등의 관계로 살펴보면, 남성보다 여성에서, 또 젊은 세대에서 만족도가 예전에 비해 전반적으로 떨어지고 있다. 가족관계 만족도 조사에서 성별 차이가 가장 크게 나타난 영역은 배우자와 배우자 부모와의 관계 만족도인데, 이 두 가지 영역에서는 여성의 만족도가 모든 연령층에서 일관되게 낮았다. 특히 20대와 30대 여성층에서 만족도가 가장 낮은 것으로 나타났다.

가사를 공평하게 분담해야 한다는 '인식'에는 64.7%가 동의하지만, 실제로 공평하게 분담하고 있다는 '현실'은 남편은 21.3%, 아내는 20.5%[136]로 '인식'과 '현실'의 격차가 큰 것을 확인할 수 있다. 이러한 결과는 가부장적 가족관계가 요구하는 여성의 역할에 긴장과 갈등, 부담이 내포되어 있다는 현실을 드러낸다. 동시에 젊은 세대를 중심으로 가족관계 및 가족 내 젠더 관계에 대한 변화 요구가 크다는 점 또한 읽을 수 있다.

'가족의 재구성' 시대의 대응 방안

우리나라의 1인 가구 비율이 최근 빠르게 증가한 데는 비자발적 이유뿐 아니라 청년세대의 새로운 라이프스타일의 등장이 그 원인으로 꼽히고 있다.[137] 이는 개인 선택권 증가, 비혼, '나홀로 삶'을 즐기려는 경향 등 다각적 측면의 해석이 가능하다.

1인 가구의 증가 현상이 우리보다 먼저 시작된 곳은 유럽이다. EU 통계청에 따르면 2019년 기준 유럽 가구의 34%가 1인 가구인 것으로 조사됐다. 특히 프랑스에서는 1975~1990년 사이 파리 등 10대 도시를 중심으로 많이 증가했으며, 2016년 1인 가구 규모는 36%였다. 또 2018년 기준 독일은 41.9%, 스웨덴은 56.6%에 달한다. 영국에서도 1인 가구는 정부 예측보다 훨씬 빠른 속도로 늘어 2019년 기준 1인 가구 비중은 29%로 전체 가구의 3분의 1을 구성하고 있다. 리투아니아, 덴마크, 핀란드 등도 40%를 상회한다.[138]

1인 가구 증가의 배경

1인 가구는 생활과 관계 단위가 분리되는 삶의 양식이다. 급속도로 증가하는 1인 가구는 가족과의 친밀한 관계를 유지하면서도 독립적인 생활 단위를 영위하는 삶의 양식이 확산되고 있음을 의미한다. 1인 가구의 선호와 증가에는 크게 세 가지 배경이 존재한다.[139]

첫째, 개인화이다. 공동체로서 가족을 구성하고 유지하는 것보다 개인적 공간과 시간을 중시하고, 개인의 성취와 그로 인해 안녕한 자기 삶을 추구하고자 하는, 개인주의적 경향이 전 사회적으로 증가하고 있다.

둘째, 정형화된 생애주기 논의에서 벗어나 개인이 다양한 생애 경로를 선택하는 방식이다. 출산·육아기, 부모 역할기 등 정형화한 생애주기를 표준화된 삶의 모습으로 간주한 전통사회와 달리 이제 가족 형성의 시기와 방식에서 개인의 선택이 중시되고 그 방식도 다양해졌다. 특히 자발적으로 1인 가구의 삶을 결정한 이후로는 표준화된 생애 경로 대신 개인의 의지에 따라 결혼 및 출산 시기를 선택하거나 포기 혹은 배제하는 등 다양한 생애 경로를 선택하는 것으로 이어진다. 개인은 한 단계에서 다른 단계로 차례대로 이전할 수도 있지만, 단계별로 자신의 시간을 재량껏 사용할 수도 있으며, 결혼이나 부모 역할기를 뛰어넘을 수도 있다.

셋째, 가족 가치관의 변화이다. 청년층 남녀 인터뷰 조사에 따르면, 현재 1인 가구 생활자 중 상당수는 새로운 가족구성을 큰 부담으로 인식하고 있다. 다만 남성과 여성이 인식하는 가족 부담의 내용은 서로 다르게 나타났다. 남성의 경우 가족 생계를 책임져야 하는 생계부양자의 책임을, 여성은 가부장적 결혼 관계, 가족 내 불평등한 젠더 관계, 육아 부담과 가족 돌봄의 문제, 경력 단절의 위험 등을 가족구성의 부담으로 인식하고 있었다.[140]

가족의 개념과 범주에 대한 재정의

최근의 조사들은 가족에 대한 인식과 태도가 혈연관계라는 과거 개념으로부터 '심리적으로 유대감을 느끼는 친밀한 관계', '내가 선택하고 구성할 수 있는 관계' 등으로 확대하고 있음을 보여준다.[141] 다만 이러한 변화가 단순히 전통적 가족의 수가 줄어들었다는 것을 의미하지는 않는다. 이는 전통적 가족이 가졌던 독점적 지위가 더는 공고하지 않으며, 다양한 삶의 형태가 늘어나고 있음을 말한다. 예를 들어 한부모, 무자녀, 공식 결혼하지 않은 동거 커플, 동성 파트너, 동반자적 관계 등 이 모든 형태가 미래에는 다양한 가족의 모습이 될 것이다.• 이러한 현실을 두고 부부 사회학자 울리히 벡Ulrich Beck과 엘리자베트 벡게른스하임Elisa-beth Beck-Gernsheim은 '가족 이후의 가족the post-familial family'이라고 부르기도 했다.142

이렇게 다양해진 가족의 모습을 수용하기 위해서는 우선 가족의 정의와 범주에 대한 인식의 변화가 필요하다. 가령 우리는 출생신고 때 '혼외자'와 '혼중자'를 구분하도록 해 가족구성에서 혼인 여부를 중요한 요소로 간주한다(가족관계의 등록 등에 관한 법률 제44조 제1항 2호). 그러나 이러한 인식은 최근 변화된 가족구성과 형태를 포용하지 못할 뿐 아니라 실재하는 다양한 가족 형태에 대한 차별과 배제를 초래할 수 있다. 실제로 한국에서는 동성 커플에 대한 편견과 차별이 공고한 편이다. '건강가정'이라는 단어 자체가 이분법적인 가족 경계를 상정해 정상 가족 외 다른 가족 형태를 '불건강가정'으로 간주할 위험도 있다.

그러나 2021년 여성가족부 조사에서 응답자의 61.7%가 "생계와 주거를 공유하면 가족"143이라고 답했을 만큼, 가족에 대한 인식은 달라지고 있다. 우리 사회는 이제 가족 형태에 생긴 거대한 변화를 수용함과 동시에 전통적 가족의 개념과 정의를 확대하고 재정의해야 할 과제를 안고 있다.

• 프랑스의 시민연대 협약PACS, 영국의 시빌 파트너십Civil Partnership, 독일의 생활동반자법 등이 새로운 파트너십 형태에 대한 제도적 대응으로 볼 수 있다.

가족정책 전반의 패러다임 전환

1인 가구가 주된 가구 형태가 됨에 따라 소득, 돌봄, 주거, 안전 등에서 정책적 변화와 더불어 가족정책 전반의 패러다임 전환이 요구된다.[144] 1인 가구 소득수준은 2022년 기준 전체 평균의 42% 수준에 불과하고 가처분소득으로 보면 50대 이상에서 더욱 열악하다. 또 1인 가구는 다인 가구에 비해 상대적으로 범죄에 노출될 가능성이 크고 여성의 경우 더 취약해 정책적으로 보호가 필요함을 시사한다. 실제로 2022년 1인 가구는 사회의 가장 큰 불안 요인으로 경제적 위험(13.5%)과 범죄 발생(12.8%)을 주요하게 뽑았다.[145] 1인 가구는 전체 가구 대비 자가 거주 비율이 낮고 월세 비중은 현저히 높은 점을 볼 때, 1인 가구에 대한 맞춤형 지원 등 정책의 범주를 확대해나갈 필요가 있다.

더 나아가 1인 가구에 한정되는 보조금이나 혜택과 같은 정책 범주에만 국한하지 말고 1인 가구와 다양한 형태의 가구가 겪는 상황 전반을 살펴서 고용, 소득, 세제, 소득 이전 등의 전반적인 변화를 함께 추진해야 한다. 이를테면 한부모가족 육아휴직 제도 개선, 국민기초생활보장제도 개편, 돌봄 서비스와 사회안전망 구축, 고독사 예방, 1인 가구 생애주기별(청년·중장년·노년 등) 맞춤 지원, 새로 등장한 다양한 유형의 가족 지원 등에 관한 전방위 정책이 필요하다.

법무부는 2022년 〈1인 가구의 사회적 공존을 위한 법제도 개선안〉을 발표했다. 주거침입죄의 법정형을 상향하는 내용의 형법 개정안, 현재 혼인 중인 부부만 가능한 친양자 입양을 독신자에게도 허용, 상속권 상실 제도 등을 제안했다.[146]

하지만 개인과 가족의 생애주기가 변화하고 다각화하는 추세에 따라 특정 가족 형태에 집중한 가족 서비스만으로는 대응에 한계가 있다. 보편적이고 통합적인 지원 방향 설정과 정책이 절실하다.

가족 변화에 맞춘 정책과 법 마련

가족의 정의와 개념이 이처럼 달리 해석되고 받아들여진다면 이에 따른 관련 법 정비가 필요하다. 2021년 여성가족부의 〈제4차 건강가정기본계획〉은 이러한 변화를 반영해 정책의 전환을 시사한 바 있다. 여기에는 현실적으로 존재하는 다양한 형태의 '실질적' 가족, 예를 들어 사실혼 부부, 노년 동거 부부, 위탁 가족 등도 법률상 가족으로 인정받을 수 있도록 개정을 추진하는 내용이 담겨 있다.

이러한 가족 형태의 변화를 법과 제도로 포용하고 확대해나가는 것은 우리 사회 전체의 성장을 의미하기도 한다. 비정상 가족이란 없다. 특정 가족만이 정상 가족이고 정형적 가족 형태인 것은 아니다. 입양, 한부모, 다문화 등 여러 관계 속에서 가족의 다양한 모습이 앞으로 계속 나타날 것이다. 일각에서는 가족의 구성에 대한 대안적·공동체적 방식과 새로운 파트너십을 제안하기도 한다. 이같이 가족의 경계와 범주가 확대되고, 가족정책의 스펙트럼 역시 확장되고 있는 현실에서 정책의 방향과 과제 설정 또한 구체적으로 재정비되어야 한다.

따라서 민법과 가족관계를 비롯해 의료·주거·복지 정책 전반에 걸쳐 가족의 정의와 범위를 재설정해야 한다. 기존 정책과 제도가 4인 구성의 핵가족을 기반으로 했다면, 이제는 한부모가족, 입양가족, 노인 동거 가족, 1인 가구, 비친족 가구 등이 정책 사각지대에 놓이지 않도록 조치해야 한다. 또 결혼 제도 밖의 대안적 가족구성을 보장하고 친밀성과 돌봄 기반의 대안적 관계에서 생활과 재산 등 권리를 보호할 방안이 마련되어야 한다. 아울러 가족 다양성에 대한 사회적 감수성을 높이고 가족문화에 대한 인식을 개선하기 위한 정책적 지원도 뒤따라야 할 것이다.

노인 1인 가구 사회적 돌봄 강화

가족구성원의 노령화가 심화하고 노인 1인 가구가 급증한다는 점도 간과해선 안 된다. 기존 돌봄 체계는 가족구성원에게 책임을 전가하고 있다. 이는 법률혼·혈연 중심의 경직되고 협소한 가족 개념에서 나온 것으로, 변화하는 가족 유형과 문화에 맞지 않는다. OECD 국가 가운데 노인 빈곤율 1위, 자살률 1위라는 불명예는 이러한 과거의 통념에 젖어 있는 문화와 무관하지 않다.

　노인 1인 가구 증가는 전 세계적 흐름으로 해외 대응 사례는 주로 돌봄시스템 구축에 초점이 맞춰져 있다. 프랑스는 노인 1인 가구의 간병 제도를 마련해놓았고 공공기관, 노인 관련 국공립 기관과 협회들로 구성된 단체인 모나리자MONALIZA를 통해 사회적 관계 형성 및 방문 프로그램을 활성화해 노인들의 사회적 고립에 대응하고 있다.[147] 일본은 노인 중심 1인 가구 통합지원센터를 운영하고 있다. 사회복지사, 보건사, 케어 매니저 등이 연계해 종합 상담 지원 시스템을 제공한다. 고령자 권리 옹호(성년후견제도·학대 방지), 포괄적·지속적 케어 지원(매니저 지원) 등을 담고 있다.[148]

가족 내 젠더 역할 및 관계 설정

지금껏 가족정책은 부계 중심의 가부장제 사회체제에서 작동되어왔다. 가족 형태 변화에 대응하고 다양한 변화를 포용하기 위해선 무엇보다 그 기반에 젠더 역할과 책임의 평등이 있어야 한다. 특히 여성의 취업이 증가한 현실에서 청년 여성은 일에 대한 사명감과 의지가 강할수록 출산·육아와 일을 병행할 수 있을지에 대한 현실적인 판단을 하게 될 것이고, 일과 병행하기 어렵다고 판단할 때는 출산·육아를 포기할 수 있다. 이 문제는 개인적으로는 출산·육아를 포기하는 것이지만 사회적으로는 저출생 문제를 가져온다. 따라서 여성의 사회참여와 출산·육아가 가능한 사회 여건을 조성하고 가족정책을 마련하는 것은 저출생 문제 극복과 우리 사회의 미래를 위해 아주 중요한 과제라고 할 수 있다.

남성 육아 및 가족생활 참여 장려

유럽 국가들에서 최근 나타나고 있는 정책 변화는 남성의 육아와 가족생활을 지원하고 참여를 장려하는 것이다. 정부 정책의 목표와 대상이 '여성의 노동'을 지원하던 것에서 '남성의 육아'를 지원하는 방향으로 전환, 확대되고 있다. 예컨대 최근 영국, 독일 등지에서는 여성이 주로 사용하던 육아휴직 제도를 남성이 함께 사용할 수 있도록 한다. 육아휴직 제도 내에 '아버지 쿼터daddy-quota'제를 설치해 남성이 더 적극적으로 육아휴직을 이용하고 참여할 수 있도록 제도적으로 지원하고 있다.

일본의 경우 그간 남성의 육아휴직 이용률은 그리 활성화되지 못했다. 2019년 7.5%, 2020년 12.7% 정도였다.[149] 이에 일본에서도 2022년 개정 육아·돌봄휴직법의 시행에 들어간 데 이어, 2023년 기준 30%인 남성 육아휴직 사용률 목표를 2025년 50%, 2030년에는 85%까지 끌어올리겠다고 발표했다.[150] 우리나라 역시 2022년 '3+3 부모육아휴직' 제도를 신설해 자녀 생후 12개월 이내에 부모가 동시에 또는 차례대로 육아휴직을 사용하는 경우 첫 3개월에 대해 부모 각각의 육아휴직 급여 한도를 상향(최대 월 300만 원)하는 방식으로 남성 육아 참여를 독려하고 있다(고용보험법 시행령 제95조의 3 제1항). 하지만 이러한 제도에도 불구하고 여전히 우리나라 남성 육아휴직 비율은 2021년 기준 20%대로 OECD 가입국 중 가장 낮은 수준이다.[151]

그러나 앞서 살펴본 청년층의 남성과 여성이 경험하고 있는 가족 위기와 가족 부담이라는 문제를 해소하기 위해서는 이러한 부분적 정책 지원에서 한발 더 나아가 젠더 관계와 젠더 역할을 새롭게 재정립해야 한다. 양성평등의 문제는 미래 가족의 모형을 새롭게 구축하는 데 가장 중요한 주춧돌이기 때문이다.

KAIST
FUTURE
STRATEGY
2 0 2 4

5

정치 분야 미래전략
Politics

공공 분야 초거대 AI 도입 방향

육·해·공을 넘어 가상 공간으로, AI를 통한 사이버 심리전

러시아·우크라이나 전쟁 이후의 국제 질서와 전쟁 패러다임의 변화

공공 분야 초거대 AI 도입 방향

챗GPT로 대표되는 생성형 AI에 대한 열풍은 공공 분야에서도 예외가 아니다. 공공 행정 업무와 민원 처리 서비스 등의 영역에서 이를 활용하기 위한 관심이 증가하고 있고, 정부 차원에서도 초거대 AI의 공공 분야 도입을 지원하겠다고 나섰다. 최근 EU의 마르그레테 베스타게르Margrethe Vestager 경쟁담당 집행위원은 생성형 AI를 게임체인저로 간주하며 조만간 미국과 EU 연합으로 AI 행동 수칙을 만들겠다고 밝히기도 했다. 이전과 확연히 달라진 매력적인 서비스에 기대감과 우려가 공존하고 있는 셈이다. 다시 말해, 더욱 고도화한 생성형 AI가 양날의 검처럼 인식되는 가운데 이를 어떻게 다루느냐가 국가경쟁력과도 직결될 것으로 보인다.

이런 분위기 속에서 거대언어모델을 기반으로 한 초거대 AI의 공공 분야 적용 관련 논의가 확대되고 있는데, 본격 도입과 활용에 앞서 풀어야 할 과제도 적잖다. 그럴듯한 거짓말이나 잘못된 정보를 정답처럼 제시하는 식의 할루시네이션(환각) 현상이나 다양한 범정부 영역의 데이터보안과 주권 문제 등이 대표적이다. 그렇다면 공공 분야에 초거대 AI를 어떤 방식으로 도입해야 할까? 여러 방안이 논의될 수 있겠지만, 여기에서는 우선 민간 플랫폼을 효율적으로 활용하면서도 데이터의 안전성을 담보하고 지속 가능성 있게 운영할 수 있는 방향을 살펴본다.

인간의 뇌를 닮은 거대언어모델의 등장

두뇌 용량에 비유할 수 있는 인공신경망의 '크기'는 신경망을 구성하는 파라미터parameter의 개수로 표현하는데, 초거대 AI는 바로 이러한 인공신경망의 파라미터가 무수히 많다는 것을 의미한다. 즉, 초거대 AI는 대규모 용량의 데이터를 스스로 학습해 특정 용도에 한정하지 않고 종합적 추론이 가능한, 인간의 뇌 구조를 닮은 AI라고 정의할 수 있다.[152]

초거대 AI로 발전해온 과정은 언어모델의 변천사를 통해 살펴볼 수 있다. 즉 1980~1990년대 통계 기반 언어모델로 시작해 2017년 딥러닝 알고리즘의 하나인 트랜스포머 알고리즘이 등장하면서 신경망 언어모델 기반의 자연어처리 기술이 크게 향상되었다. 주의집중 메커니즘attention mechanism에 기반한 트랜스포머 알고리즘은 입력된 단어들의 관계와 가중치에 따라 문맥을 파악하기 때문에 이전보다 정확도가 높아졌고, 병렬 방식으로 처리하기 때문에 학습 시간도 줄었다. 이후 막대한 양의 데이터 학습에 기반한 거대언어모델은 BERT와 GPT를 거쳐 계속 업그레이드되고 있다. 2020~2021년에는 오픈AI의 GPT-3와 구글의 람다,

2022~2023년에는 오픈AI의 챗GPT와 GPT-4, 구글의 바드와 팜, 그리고 마이크로소프트·엔비디아의 MT NLG 등의 모델이 선을 보였다.

생성형 AI의 열풍을 몰고 온 GPT 모델의 발전 과정을 구체적으로 살펴보면, 우선 2018년에 공개된 GPT-1은 1억 1,700만 개 파라미터를 갖춘 언어모델로 문장 생성과 언어 이해가 가능했고, 이듬해 나온 GPT-2는 15억 개 파라미터를 가진 언어모델로 더 복잡하고 유창한 문장을 생성한다. 2020년에 등장한 GPT-3는 1,750억 개 파라미터를 사용하는 언어모델로 번역, 요약, 문서 생성, 콘텐츠 생성, 계산, 추론 등 다양한 기능을 수행한다. 이후 인스트럭트GPT InstructGPT가 개발되면서 한층 향상된 성능을 보였는데, 인간 평가단이 참여해 GPT-3를 강화 학습으로 업그레이드한 것이다. 인간 평가단은 사용자 의도에 맞는 만족할 만한 답변이 나오면 높은 점수를 주고 그렇지 않으면 점수를 깎는 식으로 피드백 루프를 만들었다. 이러한 단계를 통해 사람의 지시에 따라 더 정확하게 작동하도록 개선한 것이다.

챗GPT도 인스트럭트GPT처럼 RLHF, 즉 인간 피드백 강화 학습을 활용해 만든 AI 챗봇 서비스로, GPT-3.5라고도 불린다. GPT-4는 오픈AI가 2023년 초 선보인 GPT 시리즈 최신 버전으로 인간의 언어 이해 능력에 근접한 처리 능력을 자랑한다. 이 모델의 더 큰 특징은 텍스트 자료뿐 아니라 이미지까지 인식할 수 있는 멀티모달 multi modal 형식인 점이다.

한편 거대언어모델의 파라미터 개수는 GPT-3(1,750억 개의 매개변수) 때부터 규모 측면에서 주목받기 시작했는데, 보통은 파라미터 규모에 따라 언어모델 서비스도 비례해 고도화된다. 하지만, 인간의 피드백과 강화 학습을 통해 언어모델을 학습하면 더 적은 파라미터로도 더 높은 성능을 지닐 수 있다. 실제로 메타에서 개발한 라마-13B는 GPT-3보다 파라미터 개수가 적지만 더 뛰어난 성능을 보여준다.[153] 현재 경량화한 거대언어모델이 개발되고 경쟁적으로 배포되고 있는데, 경량화는 거대언어모델 기반의 AI 서비스 개발 시장 판도를 바꾸는 계기로 작용할 전망이다.

이와 관련해 생성형 AI 주도권을 둘러싼 '오픈소스 및 비오픈소스' 대결 구도 양상도 눈여겨볼 만한 대목이다.[154] 오픈AI, 구글에 비해 후발 주자인 메타는 연구 목적일 경우 라마의 소스 코드를 무료로 제공하며, UAE 정부도 생성형 AI 플랫폼을 누구나 사용할 수 있도록 팰컨 40B의 소스 코드를 공개한 바 있다. 이러한 시장의 변화는 초거대 AI 시장의 확장과 성장을 촉진할 것으로 보인다.

공공 분야의 초거대 AI 구축 방안

초거대 AI 기반 서비스는 공공 분야에서도 점차 필수적인 서비스로 확장될 것으로 전망된다. 이에 따라 정부 주도의 데이터 및 인프라 구축을 비롯해 산학연의 인력과 다양한 연구모형을 접목해 서비스를 제공하는 방안이 요구되고 있다. 이는 정부 기반의 무료 서비스인 OpenGPT와 같은 초거대 AI 모델은 국민에게 API application programming interface(응용 프로그램 프로그래밍 인터페이스) 형태로 공개하는 반면 민감한 국가정보를 다루는 GovGPT와 같은 모델은 정부가 자체 서비스로 개발해 폐쇄적인 형태로 운영하는 환경을 의미한다.

그러나 여러 문제가 풀어야 할 숙제로 쌓여 있다. 우선 국민 개인정보를 민간사업자에게 제공하는 것에는 사회적 합의가 필요하고, 이러한 보안 이슈와 더불어 데이터 유출 시 책임 소재, 공공서비스 주도권의 민간기업 독점 우려, 플랫폼 기업 비즈니스 구조에 종속될 우려 등의 여러 사안이 제기되고 있다. 민간 클라우드 내에 별도 공간을 만들어 정부 데이터를 학습한 후 즉시 삭제한다고 해도 정보 유출이나 해킹의 가능성을 완전히 배제할 수는 없다. 만에 하나라도 유출된다면 개인의 프라이버시 침해, 금전적 피해, 국가안보 위협 등 다양한 문제가 줄지어 발생할 수 있기 때문이다.

따라서 디지털플랫폼 정부 실현을 위한 정부 전용 초거대 AI의 바람직한 모델은 반드시 폐쇄형 'Private GovGPT'의 형태로 구축해야 한다. 이는 민간에서 구축한 사전 학습pre-training 및 강화 학습된 데이터를 활용하되 공공영역의 데이터 학습을 위한 파인튜닝fine-tuning과 인컨텍스트 러닝in-context learning과 같은 미세 조정 작업은 정부 내 폐쇄형 공간에서 수행하는 모델을 의미한다. 정부에서 전담해서 관리할 수 있는 '정부 전용 폐쇄형 공공 클라우드'를 별도 인프라로 도입해 범정부 데이터 관리를 일원화할 필요도 있다. G-클라우드와 같은 공공 목적의 자원을 활용해 거대언어모델을 학습할 환경을 구축함으로써 기술적 노하우를 쌓고 공공 인력 양성을 통해 장기적으로 안정적인 운영을 꾀할 수 있을 것이다. 데이터 측면에서도 공공용 초거대 AI를 학습시키기 위해서는 챗GPT와 같은 거대언어모델에서 사용한 기본 데이터가 필요하겠지만, 공공 분야에 따라 초거대 AI 학습을 위한 데이터가 따로 구축되어야 한다.

AI 모델 구축과 데이터관리

챗GPT의 상세 내용은 공개되지 않았으므로 챗GPT-replica 또는 인스트럭트GPT의 공개소스를 활용하는 식으로 사전 학습된 모델의 활용이 가능할 것이다. 사전 학습된 모델 또는 공개 모델(예: 친칠라, 알파카 7B, OPT-175B, GPT-2 등)을 활용하고 강화 학습, 전처리·후처리 작업(악의·유해, 편향 답변 분류 등) 등이 추가되어야 한다. 독자적 구축 방식인 온프레미스on-premise 방식으로 획득 가능한 모델을 검토하고, 산학연과 협업해 사전 학습 모델을 공동 개발하는 방안도 있을 수 있다.

도메인별 조정·응용은 공공 목적에 맞는 학습 데이터로 추가 학습을 진행하고, 오픈AI가 인간 피드백 기반 강화 학습RLHF 기술로 챗GPT를 조련해 오류를 상당 부분 줄여간 것처럼 각 도메인의 고품질 데이터만 학습시키는 SFT Supervised Fine-Tuning, 옳은 대답에 가중치를 주는 보상 모델reward model 학습, 그리고 최종 정확도를 높이는 PPO Proximal Policy Optimization* 등 튜닝과 필터링 단계를 차례로 거치면서 각 도메인 또는 각 부처의 데이터에 특화된 모델의 구현이 가능할 것이다.

이와 함께 학습 데이터세트에 포함될 수 있도록 민감정보 정제 등 데이터 정제 작업(비식별화, 개인정보보호 등)이 이뤄져야 한다.

인프라 구축

초거대 AI 모델을 학습시키려면 대규모 컴퓨팅 파워를 제공할 수 있는

• 주어진 환경에서 에이전트가 최대 보상을 받을 수 있는 활동을 하도록 정책policy을 학습하는 것을 말한다(Ouyang, L., et al., "Training Language Models to Follow Instructions from Human Feedback", 2022).

인프라가 필요하다. 또 공공데이터는 임의로 공개될 수 없으므로 공공 클라우드(G-클라우드, 광주 AI센터, 제3기관 등)에서 초거대 AI 구축을 위한 별도 영역을 구성하는 등 대규모의 자원 확보 방안이 있어야 한다. 많은 리소스를 요구하는 사전 학습 모델은 기업의 최신 모델을 활용하고, 비교적 적은 리소스의 추가 사전 학습 및 강화 학습은 G-클라우드와 같은 공공 클라우드에서 진행할 수 있을 것이다. G-클라우드와 같은 공공 목적의 자원을 활용해 거대언어모델의 학습환경을 구축해 노하우를 쌓고 전문 공공 인력을 단계적으로 양성한다면 장기적으로 안정적인 운영관리가 가능할 것이다.

함께 풀어야 할 과제

공공 분야 초거대 AI의 도입은 무엇보다 민원 처리 서비스는 물론 행정 자료 작성 등에 활용되며 정부 생산성을 높이는 데 기여할 것이다. 또 교육과 복지, 의료 등의 분야에서 맞춤형 서비스를 고도화할 수 있고 보안 문제에서도 실시간 대응을 도울 것으로 기대된다. 그러나 긍정적인 효과뿐 아니라 풀어야 할 난제도 적잖다. AI가 점점 더 고도화되면서 전 국민에게 미치는 영향도 점점 커지기 때문에, 한번 구현된 초거대 AI 플랫폼은 과거 정책 결정의 결과와는 비교가 안 될 만큼 파급효과가 클 것이다. 방향의 선택에 더 신중해야 하는 까닭이다.

데이터보안 이슈
다양한 서비스에 활용하기 위해 학습된 다목적 기본 모델인 파운데이션 모델foundation models을 도메인 분야별로 조정adaptation만 할 수 있는 경우, 특정 단체에 편향된 지식을 강제적으로 주입할 우려가 있다. 또 민간기업이 학습 데이터를 생성하는 경우, 민감정보나 대외비 정보의 유출을 제어하기 어려울 수도 있다.

이러한 문제를 반영하듯 최근 민간기업에서도 초거대 AI를 폐쇄형으로 기업 내 인트라넷 환경에서 구축하려는 움직임이 점차 확대되고 있다. 가령 삼성전자는 챗GPT를 도입했다가 내부정보 유출 문제가 불거지자 사내 PC를 통한 챗GPT 사용을 제한하고, 보안 문제를 해결할 수 있는 자체 생성형 AI를 개발하겠다고 밝힌 바 있다.[155] 데이터유출 걱정 없이 기업 내부에서 거대언어모델을 활용할 수 있는 솔루션을 출시하는 기업도 늘고 있다.[156] 그러나 챗GPT 같은 서비스를 이용해 외부에 전송된 데이터는 외부 서버에 저장돼 학습되기 때문에 회수나 삭제가 어렵고 개발사에 공개될 수 있으며 사이버 해킹 우려도 있어 보안 이슈는 더 중요해지고 있다.

확장성과 유지보수 문제

공공서비스의 특성상 정확한 데이터를 제공해야 하므로 초거대 AI 모델의 파라미터 업데이트와 관련한 문제가 이어질 수 있다. 앞으로 자연어처리 기반의 거대언어모델이 가진 영향력이 급속도로 성장할 것으로 예측되는 가운데 기존에 학습했던 제한적 정보만 제공하지 않으려면 지속적인 학습이 이뤄져야 하기 때문이다. 나아가 유지보수 측면에서는 경쟁적인 기능을 출시하는 과정에서 플랫폼 기업의 클라우드 및 관련 기관에 대한 기본 모델의 사용료 부담 문제가 커질 수 있다.

정부·민간 세부 협력 방안

챗GPT 수준의 국가적인 초거대 AI 모델을 구축하기 위해서는 정부와 민간의 협력이 중요하고, 이때 세부적인 지침 마련이 따라야 한다. 예를 들어, 민간에서 개발한 기본 모델을 활용하는 경우 간접적인 서비스가 아닌 직접적인 서비스(G-Cloud 등)가 필요하며, 공공의 개발 독립성을 유지할 수 있어야 한다. 추가적인 사전 학습은 물론 기술적 업데이트와 강화 학습을 통해 추가적 조정과 개선을 이루는 파인튜닝이 가능해야 하며, 특정 회사나 기업에 대한 의존도를 낮춰야 한다. 이를테면 대외비 문서나 민감정보가 포함된 문서는 GovGPT와 같은 폐쇄형 모델에 구축하는 식으로, 외부 기관에 위탁하는 방법보다는 공공에서 현장에 맞게 활용하는 것이 중장기적으로 바람직하다. 민간기업에 전적으로 위탁하게 되면 기술 의존도가 높아져 향후 모델 업그레이드, 활용 방향 수정 등에 따른 비용도 증가할 테고 그 비용은 결국 공공서비스 비용 증가로 이어질 것이다.

육·해·공을 넘어 가상 공간으로, AI를 통한 사이버 심리전

2022년 러시아가 우크라이나를 침공하기 이전부터 권위주의 국가들은 민주주의사회를 향해 주로 소셜미디어 플랫폼을 통해 평시peacetime 심리전psychological warfare을 펼쳐왔다. 국제사회에서는 이를 '허위·조작 정보 유포disinformation campaign'라는 다소 절제된 표현으로 일컬어왔다. 그런데 이번 전쟁이 우크라이나를 지원하는 서구 민주주의 진영과 러시아를 지원하는 권위주의 진영 간 '대리전proxy war' 양상을 보이면서 사이버공간도 본격적으로 진영화하고 있다. 특히 이번 전쟁에서 주목받고 있는 전시wartime 비무력적 군사 활동인 심리전은 고도화된 디지털 기술이 현대전에서 어떤 양상으로 전개되는지 보여주는 중요한 사례가 되고 있다. 또 이번 전쟁은 계속되는 현재의 미·중 패권 경쟁이 기술, 경제, 군사 영역을 넘어 정치체제와 가치 및 이념을 둘러싼 진영 간 우월성 대결로 확장되는 양상을 더욱 강화하고 있다.

미·중 경쟁 시대 사이버 심리전과 사이버 영향 공작의 부상

이미 코로나19 팬데믹 기간에도 허위·조작 정보는 각국 방역 정책에 혼란을 일으켰고, 중국과 서방 간에 감염병 진원지를 놓고 진실 공방으로 이어지면서 진영 간 체제 경쟁의 양상까지 보인 바 있다. 사이버공간의 진영화와 신냉전의 도래로 평시 국가 간에 상대 국가의 엘리트층이나 대중을 대상으로 한 영향 공작influence operations, 그중에서도 사이버공간에서의 허위·조작 정보의 유포 활동을 통해 전개되는 사이버 영향 공작도 한층 더 활성화하고 있다. 이러한 일련의 추세는 미·중 간 기술 패권 경쟁이 외면적으로는 첨단기술을 둘러싸고 경제와 산업, 군사 분야에서 두드러지고 있는 것처럼 보이지만 그 이면에는 더 근본적인 정치체제의 가치와 이념의 대결이 자리한다는 것을 보여준다. 이러한 국제사회 분위기 속에서 러시아가 일으킨 이번 전쟁은 미국과 중국을 중심으로 진행되어온 경제적 디커플링을 가치와 이념의 차원으로까지 확장한 것으로 볼 수 있다.

과거 두 진영이 냉전기에 활발하게 전개한 국가 프로파간다propaganda 활동이 이번 전쟁을 계기로 사이버공간에서의 심리전으로 변모한 것처럼 보이지만, 이러한 양상은 2014년과 2016년으로 거슬러 올라간다. 러시아는 2014년 무력을 동원해 우크라이나로부터 크림반도를 병합하기에 앞서 우크라이나 대중에 대해 여론전을 펼치면서 심리전의 파괴력을 서방에 보여준 바 있다. 2014년 우크라이나에 대한 사이버 심리전의 효과를 경험한 러시아는 2016년부터 본격적으로 미국 대선과 영국의 브렉시트Brexit 국민투표를 포함해 유럽의 각종 선거마다 소셜미디어

플랫폼에서 대규모 가짜 뉴스를 유포하는 평시 심리전을 빈번하게 전개해왔다.

　미국과 유럽은 러시아가 사이버공간에서 자국 대중을 대상으로 벌이는 허위·조작 정보 유포 활동을 주권과 민주주의제도에 대한 공격으로 인식하고 군사적 차원에서 대응하고 있다. 미국의 군사훈련이나 나토NATO의 다양한 모의 군사훈련에는 외부로부터의 허위·조작 정보 유포에 대한 사이버 대응을 반드시 포함한다. 러시아뿐 아니라 중국도 세계 각지에서 일대일로 사업과 공공외교를 통해 다양한 영향 공작을 펼치고 있고, 홍콩이나 대만 등 중국어권의 선거 때마다 러시아의 사이버 심리전을 모방한 정보활동을 다양하게 전개하고 있다.

사이버 심리전을 위한 디지털플랫폼 경쟁

러시아·우크라이나 전쟁은 양국 간에, 그리고 양국을 각각 지원하는 진영 간 사이버 심리전에 초국가적으로 활동하는 전 세계 해커와 IT 기업들, 민간 프로그래머와 같은 일반 시민까지 가담하게 되는 계기가 되기도 했다. 특히 책임 소재 추적이 쉽지 않은 사이버공간의 익명성과 누구나 정보 커뮤니케이션 네트워크로 진입할 수 있는 개방성은 오늘날의 사이버 심리전을 '세勢 모으기' 대결로 변화시키고 있다. 이러한 세 모으기 경쟁에 가장 막강한 영향력을 끼칠 수 있는 주체는 디지털플랫폼을 운영하는 IT 기업들이다. 심리전에서 대규모 청중을 견인하는 능력은 플랫폼에 대한 접근성 여부, 즉 플랫폼 사용자의 규모에 달려 있고 특정 메시지의 확산을 촉진하거나 차단하는 능력은 심리전 효과를 결정적으로 좌우할 수 있기 때문이다.

이번 전쟁에서도 디지털플랫폼을 독점하고 사이버공간에 대한 접근을 차단할 수 있는 미국의 IT 기업들이 우크라이나를 지원했으므로 러시아는 러시아투데이RT, TASS, 스푸트니크Sputnik와 같은 자국 관영 매체의 인터넷 홈페이지에 의존해 자국 내러티브narrative를 발신해야 했다. 개전과 함께 구글 그리고 메타(페이스북·인스타그램 운영사)는 러시아 국영 매체 RT 애플리케이션의 다운로드와 업데이트를 차단했다. 메타는 2016년부터 활동해온 러시아 해커 조직 '고스트라이터Ghostwriter'가 우크라이나의 군 장성, 언론인, 정부 관료 들의 소셜미디어 계정이나 AI 가짜 계정을 통해 우크라이나가 러시아에 항복하는 가짜 영상을 대규모로 게시하려 한 계획을 2022년 4월 7일 좌절시키기도 했다. 구글과 메타는 우크라이나인을 대상으로 한 수상한 소셜미디어 네트워크를 폐쇄하거나 삭제했다. 그 밖에 러시아 정부와 연계된 기업 폰탄카Fontanka 와 사이버프런트Z Cyber Front Z 같은 조직의 소셜미디어를 활용한 광범위한 심리전도 메타에 의해 차단됐다. EU는 개전 초부터 러시아 정부나 기업과 관계가 있는 유럽 기업이 러시아의 콘텐츠를 송출하는 것을 금지하고 경제적 제재를 부과했다.

따라서 향후 사이버 심리전은 평시와 전시를 막론하고 더 많은 청중을 견인할 수 있는 디지털플랫폼과 그러한 플랫폼에 대한 접근을 확장하거나 차단할 능력을 누가 갖는지에 좌우될 수 있다. 본래 내러티브 경쟁의 성격을 갖는 심리전이 오늘날 디지털 시대에 와서는 디지털플랫폼 경쟁으로 전환되고 있는 셈이다. 즉, 국가 혹은 비국가 행위자가 특정 목표 청중이나 국제사회에 대해 발신하려는 내러티브가 아무리 설득력이 있다고 해도 그러한 메시지가 청중에게 도달하지 못하거나 도달되는 데 방해받는다면 심리전의 전개 자체가 불가능한 상황이 되기 때문이다.

이렇게 디지털플랫폼이 무기화되고 전장화되는 상황으로 인해 앞으로 중국과 러시아는 세계 인터넷망에서 분리된 독립적 디지털플랫폼을 구축하려는 시도를 본격화할 것이다. 요컨대 진영 간 스플린터넷splinter-net 현상은 한층 가속화할 것이고, 그만큼 적대 국가 간 상대의 사이버공간에 진입, 침입하려는 사이버공격은 자국이 원하는 메시지와 담론을 전파하려는 목적에서도 한층 더 빈번해질 것이며, 그만큼 더 파괴력 있는 사이버공격 기술이 동원될 것이다.

챗GPT의 발전과 심화하는 사이버 심리전

2022년 오픈AI가 출시한 챗GPT에 대한 전 세계의 높은 관심은 AI의 자연어처리 기술이 앞으로 국가 간 다양한 AI 기술 경쟁 중 핵심 분야로 부상할 것을 충분히 예상하게 한다. AI 챗봇의 언어 구사 능력은 인간의 지식 활동을 획기적으로 도울 것으로 예측되지만, 다른 한편 챗GPT 출시 이후 챗봇의 부정적인 발전 가능성을 둘러싼 우려도 제기되고 있다. 마이크로소프트가 과거 출시했던 챗봇 프로그램인 '테이Tay'의 경우가 이를 잘 보여준다. 트위터와 같은 온라인 환경에서 폭력적인 독설을 내뱉는 이용자들, 일명 트롤trolls의 '적대적 공격'을 받아 테이가 점점 난폭한 언어를 구사하게 되자 마이크로소프트는 출시 16시간 만에 이 프로그램을 폐쇄한 바 있다. 적대적 공격이란 AI의 학습 데이터를 오염시켜 잘못된 결과를 도출시키려는 사이버공격으로, 부정확하거나 왜

곡된 데이터를 학습하게 해 AI 알고리즘에 오작동을 일으키는 '적대적 머신러닝'을 말한다.

챗봇 알고리즘이 의도적인 공격을 받아 오작동을 일으킬 수 있다는 것은 곧 앞으로 AI가 구사하는 언어와 만들어내는 담론이 국내외적 여론 형성 과정에 영향을 끼칠 수 있고, 현재 국제사회에서 공격적으로 다뤄지고 있는 허위·조작 정보의 유포 문제가 앞으로 더 심화될 수 있음을 말해준다. 이미 현대의 사이버 심리전은 AI의 뛰어난 내러티브 구사력뿐 아니라 그러한 내러티브를 아주 빠르게 대규모로 확산시킬 수 있는 알고리즘으로 인해 공격의 속도와 규모가 더욱 위협적으로 변모하고 있다. 미국의 저널리스트 에즈라 클라인Ezra Klein이 챗GPT를 국가 간 '정보전information warfare의 무기'로 비유한 것은 조금도 과장된 표현이 아니다.

챗GPT를 비롯한 AI 챗봇의 발전 결과 앞으로 기계가 인간 언어 구사력을 통해 인류의 사고방식과 의사결정 과정, 감정과 가치체계에 심대한 영향을 끼칠 것이다. 그렇기 때문에 향후 국가 간 치열하게 전개될 사이버 심리전에는 AI의 이러한 내러티브 구사 능력이 더욱 적극적으로 동원될 것이다.

AI 챗봇을 악용한 사이버 영향 공작의 문제도 더욱 심화될 것으로 보인다. 다양한 소셜미디어와 메타버스에 적용될 수 있는 AI 챗봇 기능을 통해서 한 국가의 여론 및 국내 정치과정에 평시 사이버 영향 공작과 유사시나 전시 사이버 심리전이 더욱 쉽게 파고들어 전개될 수 있을 것이다. 개인의 이념, 가치, 정치 성향에 맞춰진 형태의 대화형 심리전이나 조직적인 범죄도 얼마든지 가능해질 수 있다.

미래의 심리전은 뇌과학과 AI 연구가 서로 융합되면서 인간의 생각과 마음을 속이는 심리전에서 더 나아가 인간의 뇌를 직접 공격해 착란, 환각 유발, 기억상실 등 심각한 인지장애를 일으키는 '인지전'으로 이행될 것으로 보인다. 더 나아가 육해공, 사이버, 우주에 이어 인지 영역cognitive domain이 국가 간 새로운 전장으로 부상하고, 각국은 싸우지 않고도 적의 사회 전체가 저항하거나 항전할 의지를 상실하게 만드는 것을 인지전의 목적으로 삼을 것이다.

국가 및 민간의 대응

오늘날 사이버공간에서 이루어지는 다양한 활동에 대한 추적 기술은 많은 발전을 이루어 사용자 개인이나 해커를 특정할 수 있는 수준에 이르고 있다. 그러나 전시가 아닌 평시에 국가기관이 정보 유입 자체를 규제하는 일은 쉽지 않다. 미국을 비롯해 자유주의 진영 대부분의 민주주의국가들은 평시 외부로부터의 적대적 혹은 오도하는 성격의 정보가 국내 온라인 공간으로 유입되는 것 자체를 규제하는 방식으로 허위·조작 정보 유포에 대응하지는 않았다. 미국과 유럽을 비롯한 서구 자유주의 진영의 민주주의국가들은 권위주의 진영의 국가군과 달리 '정보의 자유로운 초국경 이동'을 원칙적으로 지지하고 있기 때문이다. 전시가 아닌 평시 허위·조작 정보 혹은 가짜 뉴스를 직접 규제하는 국가는 프랑스, 독일, 싱가포르 정도이고 미국은 표현의 자유에 대한 헌법적 가치에 의거, 국가가 직접 그러한 정보를 규제하지는 않는다.

그렇다면 더 복잡하고 역동적인 정보 커뮤니케이션 환경에서 정보 분별과 AI의 신뢰성을 확보하기 위해 우리는 어떤 노력을 해야 할까?

먼저 정부를 전복하려 하거나 민주주의제도의 정당성 훼손 등 국가 주권과 사회질서에 도전하는 성격의 외부 유입 혹은 내부 생성 정보에 대해서는 안보적 차원에서의 국가적 대응이 필요하다. 우리 정부의 다양한 부처에서 수행하고 있는 사이버 모의훈련에 허위·조작 정보 유포 상황 발생 시 국가가 대응하는 시뮬레이션도 함께 수행하는 것은 유용한 방법이 될 수 있다. 더불어 AI 기술을 이용한 사이버 심리전 공격에 대해 AI 기술 기반의 방어 및 반격 시스템도 구축되어야 한다.

허위·조작 정보에 대한 법적인 규제나 자율규제 등 법적·제도적 조치는 다양한 논쟁이나 논의 속에서 오랜 시간이 소요된다. 따라서 그러한 법적 장치가 마련되기 전에 추진할 수 있는 효과적인 조치는 허위·조작 정보가 유포되고 확산되는 상황 자체를 실시간으로 모니터링하고 그러한 정보의 위험을 대중에게 선제적으로 알리는 작업이다. 허위·조작 정보에 대한 강력한 대응의 필요성을 사회적으로 공감하게 되면 법적 규제 마련에도 동력이 생길 수 있으므로 허위·조작 정보에 대한 팩트 체크와 이러한 정보를 적극적으로 제공하는 노력이 필요하다.

또 국가기관이 정보 식별 역량과 대응 역량을 갖추는 것만큼, 국민과 시민사회도 국가기관에 크게 뒤떨어지지 않는 역량을 갖추는 것이 중요하다. 따라서 사이버 안보 위협에 대해 분별력을 갖도록 하는 교육과 훈련 그리고 대응지침의 제공도 상시 이루어질 필요가 있다. 정보 식별과 허위·조작 정보에 대한 대응 역량을 민간기관에 일부 위임해 전 사회적으로 사이버 심리전 공격에 대응할 수 있는 역량을 증진하는 것도 효과적인 방법이 될 수 있다.

러시아·우크라이나 전쟁 이후의
국제 질서와 전쟁 패러다임의 변화

2022년 2월 24일, 특별 군사작전을 선포하고 우크라이나를 침공한 러시아는 개전 초기부터 전투기, 폭격기, 공격헬기를 하루 평균 200회 출격시키는 등 전체 공군력의 60% 이상을 투입하고 순항미사일, 극초음속미사일로 우크라이나를 공습했다. 하지만 제공권 장악에 실패했고 러시아와 비교해 군사적으로 절대적 약자인 우크라이나는 결사 항전으로 수도 키이우를 지켜냈다.

막강한 군사력을 보유한 러시아는 2014년 크림반도를 속전속결로 합병했던 것처럼 2022년에도 우크라이나의 조기 패전을 목표로 단기전을 기획했다. 그러나 지상군 중심의 재래식 전쟁을 수행하면서 항공작전 기획 능력이나 정밀유도무기의 부족, 저성능 무기체계, 통합적 지휘 체계 미비와 같은 한계점을 드러냈고 사이버전, 전자전, 정보전, 심리전 모두에서 우크라이나에 밀리고 있다. 서방의 망명 권유를 거절하며 "나는 차량이 아닌 총알이 필요하다"라고 외친 볼로디미르 젤렌스키Volodymyr Zelensky 대통령의 전시 리더십 아래 우크라이나는 전쟁 초기 점령됐던 남부 지역 탈환에 성공한 데 이어 동부전선을 주전장으로 전환시켰으며, 정보 자산과 첨단무기를 비롯한 서방의 지속적인 군사 지원을 이끌어내고 있다. 2023년에 들어서 서방은 그동안 자제했던 전차, 보병전투차량, 자주포와 전투기를 지원하기 시작했고 우크라이나와 나토NATO는 무기체계의 상호운용성을 높여가고 있다.

민주주의 진영의 연대 강화와 세계적 군비경쟁

장기 소모전으로 이어지고 있는 이번 전쟁은 미·중 간 패권 경쟁이 전방위로 격화되는 가운데 일어났기 때문에 정치적·군사적으로 러시아를 지원하는 권위주의 진영과 우크라이나를 지원하는 민주주의 진영 간 대리전의 성격을 띠고 있다. 심지어 러시아와 우크라이나를 각각 지지하는 IT 기업과 국제 용병뿐 아니라 해커들까지 양국 전쟁에 가담해 민간 차원에서도 진영 간 대리전이 전개되고 있다.

이번 전쟁을 계기로 미국은 서방에서의 리더십을 되찾았고, 트럼프 행정부 시기 약해졌던 서방 민주주의 진영 간의 연대가 회복됐으며, 냉전기 군사적 중립을 지향했던 핀란드가 나토에 가입하는 등 유럽의 결집력이 강화되고 있다. 러시아는 미국과 갈등을 겪고 있는 중국, 이란, 벨라루스 등 권위주의 국가들과 전략적 파트너십을 강화하며 권위주의 진영 간의 연대를 도모하고 있다. 그러한 가운데 전쟁 개전 후 1년 정도 지난 시점인 2023년 2월에는 중국의 정찰 풍선이 미국 영공에 진입하자 미국 전투기가 풍선을 격추한 사건이 있었고, 남아프리카 앞바다에서의 러시아와 중국의 합동 해군 훈련 시행, 3월에는 미국 무인기와 러시아 전투기의 충돌사고 등과 같은 민감한 정황이 벌어지면서 미·중·러 간에 군사적 긴장이 높아지고 있다.

유럽은 미국과 함께 러시아를 SWIFT(국제은행간통신협정)에서 퇴출하고 러시아의 해외 자산을 압류했으며, 대러 전략물자 수출 금지, 에너지 수입제한, 자국 기업의 러시아 시장 철수 등 전방위로 러시아를 압박하고 있다. 러시아는 장기전 속에 글로벌 공급망과 가치사슬에서 점점 축출되고 있다.

이번 전쟁은 유럽의 각국 정부에 경기침체 속에서도 국방비 지출을 대폭 늘릴 수 있는 강력한 국가적 명분을 제공한 측면도 있다. 여기에 더해 러시아와 우크라이나 양국의 무기 재고가 빠르게 고갈됨에 따라 서방의 방산업체들은 무기 생산을 가속할 기회를 얻고 있다. 우크라이나에 제공된 재블린 대전차미사일, 스팅어 지대공미사일, 그리고 게임 체인저로 불리게 된 하이마스HIMARS(다연장 로켓 발사 시스템)와 드론의 활약으로 이를 생산한 미국의 방산업체는 세계 각국에서의 무기 구매 증대로 전례 없는 호황을 맞고 있다. 우크라이나의 정보전·심리전·사이버전을 다양하게 지원한 마이크로소프트, 구글, 스페이스X와 플래닛 랩스 등 미국의 IT 기업들도 이번 전쟁을 계기로 본격적으로 방위산업에 진출하고 있기도 하다.

점점 더 치열해질 미래 하이브리드전

이번 전쟁은 4차 산업혁명 시대에 새롭게 등장한 다양한 첨단무기들이 실전에 사용되면서 그동안 이론적·가설적 수준에서 군과 학계에서 논의되어왔던 미래전이 어떻게 전개되는지 직접 보여주고 있다. 민간 회사들이 공개한 우주 기반의 정보감시정찰ISR, intelligence·surveillance·reconnaissance 자산이 제공하는 실시간 전장 정보, AI 기술을 적용해 정밀 타격이 가능한 정찰 드론과 자폭 드론 및 수류탄 투하 무장형 드론 등은 국제사회의 주목을 받았다. 또 보이지는 않지만 치열하게 전개된 양국 간, 그리고 양국을 지원하는 초국가 해커 조직 간의 사이버공격은 사이버공간의 출현 이후 인류 역사상 가장 큰 규모로, 가장 긴 시간 동안 펼쳐졌다. 결과적으로 이번 전쟁은 그동안 각국이 전개해온 첨단 무기체계 개발 경쟁을 한층 더 고조시킨 셈이다.

　다른 한편으로는 AI에 의해 인명 살상 없이 무인무기無人武器 간의 전투를 수행하는 이미지로 그려진 미래전의 모습이 현실적으로는 괴리가 있음이 적나라하게 드러났다. 우크라이나 시민이 직접 제조한 화염병부터 시작해 러시아의 자폭 드론, 전차와 재블린 같은 재래식 무기의 압도적인 사용은 드론, 극초음속미사일, 사이버와 우주 자산의 사용 등 첨단 과학무기 운용 양상과 대조되면서 현대전이 얼마나 복잡하고 복합적인 양상으로 진행되는지 보여주었다. 이번 전쟁에서는 그동안 서방에서 사용되지 않아 누적된 2류급의 무기와 노후화된 장비들까지도 소진되고 있는 형국이다.

　향후 나타날 수 있는 미래전도 하이브리드전hybrid warfare 양상과 다르지 않을 것이나 AI의 다양한 적용과 각종 첨단 무기체계의 출현으로 더욱 치열한 지능전의 양상을 보이게 될 것이다. 특히 직접적인 전투행위 주체는 무인무기 중심으로 전환되고 초정밀 감시와 근접 타격이 가능해질 것이며 인간과 AI 간 공조로 인간과 기계가 한 팀을 이루어 의사결정이 이루어지는 전투 양식을 출현시킬 것으로 보인다.

이와 더불어 향후 정보전, 심리전, 인지전 및 사이버전이 일상적으로 더욱 빈번하게 일어날 것이다. 사이버공간을 통한 사이버 위협과 심리전은 평시에도 다양한 사이버범죄와 허위·조작 정보의 유포 활동을 통해 수행될 수 있기 때문이다. 즉 물리적 파괴와 가시적인 군사적 충돌 없이도 정보전, 심리전, 인지전을 통해서 적국 정부의 정치적 정당성을 훼손하고 사회를 교란하며 정치제도의 기능을 마비시키는 활동이 가능하다. 특히 권위주의 국가들에서 자국의 이익보다 아래에 있는 법제도와 윤리적 가치는 정치적·군사적 활동을 제약할 수 없기에, 적국 정부와 사회를 상대로 비물리적 공격을 할 수 있는 수단은 아무리 비윤리적·비도덕적이어도 비대칭 전력으로서 매우 유용한 것으로 인식될 것이다.

우주와 사이버공간의 전장화

러시아·우크라이나 전쟁은 오늘날 전시 지휘통제와 군사작전 수행에 핵심적인 사이버공간과 우주공간이 정보작전, 심리작전 그리고 사이버작전 수행에서 어떤 위상을 갖는지 확인해주었다. 스페이스X의 위성 인터넷 스타링크와 연결되어 러시아군의 공격을 추적하는 실시간 상황인식 소프트웨어인 DELTA 시스템은 러시아에 대한 우크라이나의 정보 우위를 지원하며 우크라이나의 지휘통제 역량이 효과적으로 발휘되게 해주었다. 러시아는 우크라이나를 침공하기 전 몇 달에 걸쳐 우크라이나에 대한 대규모 사이버공격을 수행했는데, 이는 사이버전 역사상 가장 큰 규모로 가장 오랫동안 이어졌고 전세를 자국에 유리하게 만들려는 '전초전'의 성격을 띠었다.

이처럼 러시아의 군사 공격과 사이버공격은 마치 합동작전을 펼치는 것과 같은 패턴을 반복적으로 보여준다. 이제 사이버전은 새로운 전쟁의 양상이라기보다 전통적인 군사수단과 완전히 결합한 채 조직적으로 전개되는 전술로 자리 잡게 된 것이다. 러시아의 우크라이나에 대한 첫 번째 공격 대상이 우크라이나의 정보 커뮤니케이션 인프라와 사이버 플랫폼이었을 만큼, 이번 전쟁은 사이버공간의 플랫폼을 먼저 확보하는 것이 곧 국가의 전시 전투 능력임을 증명했다.

한편 러시아의 공격에도 불구하고 스타링크의 통신서비스 제공으로 우크라이나의 사이버공간 접근이 정상화되면서 민간과 군 모두 항전할 수 있었던 것은 사이버공간에 이어 우주공간 또한 본격적인 전장에 포함되는 계기가 됐다.

비국가 행위자에 의한 대리전 활성화

이번 전쟁에서는 서방의 IT 기업과 프로그래머, 러시아와 우크라이나를 각각 지원하는 해커, 국제 용병과 일반 시민 같은 비국가 행위자들이 사이버전과 사이버 심리전에 본격적으로 가담하면서 이전의 국가 간 전쟁에서 관찰할 수 없었던 복잡한 형태의 대결을 전개했다.

특히 '어나니머스Anonymous'와 같은 초국가 해커들은 사이버공격뿐 아니라 심리전 내러티브를 공격적으로 적군과 국제사회에 발신하는 등 사이버 심리전 영역에서도 군사적으로 활성화된 양상을 보여주었다.

세계의 디지털플랫폼을 독점하고 있는 서방 IT 기업들은 기술적으로 러시아의 사이버 심리전 활동을 방해하고 차단하는 역할을 자처했다. 이렇게 비국가 행위자의 군사적 사이버 활동으로 인해 국제사회는 앞으로 사이버 교전 관련 규범을 마련하는 것과 같은 더 복잡하고 어려운 과제를 풀어야 하는 상황에 놓이게 됐다.

인도·태평양 지역의 군사적 긴장 증대와 우리의 대응

2023년 4월 로이터통신은 미국 정부에서 유출된 기밀문서를 토대로 이번 전쟁에서 러시아는 최대 4만 3,000명이 전사하고 18만 명이 다쳤으며, 우크라이나는 최대 1만 7,000여 명이 전사하고 11만 3,000여 명이 다쳐 사실상 양국이 공식적으로 밝힌 피해 규모보다 실제 사상자 수가 10배 규모라고 보도한 바 있다. 전쟁이란 결국 이러한 참상으로 남기 때문에 전쟁 패러다임의 변화를 주도하고 있는 세계 군사력 1위의 미국은 최소한 강대국 간의 전면전을 피하고 무력분쟁에 미치지 않는 수준의 문제 해결 방식을 추구한다. 하지만 빠르게 부상하고 있는 중국과의 군사적 충돌과 대규모 전쟁에 대비해 중국에 대해 압도적인 군사적 우위를 유지하려는 군사전략을 취하고 있다. 즉 미국은 모든 전장 영역에서의 각 군이 운용하는 정보수집 자산, 타격 체계, 네트워크를 단일화하고 군의 능력을 통합해 복합적인 시너지효과를 발휘하려는 '합동 전 영역 작전JADO, Joint All-Domain Operation'으로 대비하고 있다. 또한 동맹 및 파트너 국가와의 연대를 통해 통합적으로 적의 도발을 막는 '통합 억제integrated deterrence'를 실현하고자 한다.

중국의 경우, 역내에서 자국의 핵심 이익을 보호하기 위해 특정 영역에서는 미국의 군사력 투사가 불가능하도록 '반접근·지역 거부A2/AD, Anti-Access/Area Denial' 전략을 취하고 있다. 이와 같은 미·중 간 군사적 경쟁과 러시아·우크라이나 전쟁의 여파로 인도·태평양 지역의 군사적 긴장도 점점 커지고 있다. 이번 전쟁으로 북한의 핵무기 포기 가능성은 사실상 사라졌고, 러시아·우크라이나 전쟁 내내 북한의 미사일 도발은 더 빈번해졌다. 대러 제재에 동참하지 않고 있는 중국이 만약 러시아가 우크라이나를 침공하듯이 대만을 침공할 경우 일본과 한국의 연루 가능성이 커진다는 점에서 일본과 한국 모두 미국에 핵우산 강화를 요구하고 있다.

현재 군사적 긴장이 높아지고 있는 인도·태평양 지역에서 미국이 이끄는 주요 4개국 안보 협의체인 쿼드뿐 아니라 나토도 군사협력에 속도를 내고 있어, 향후 이 지역은 중국을 견제하는 서방 연대의 주요 영향권이 될 것이다.

이런 배경 속에서 한국은 사이버와 우주를 비롯해 첨단기술과 글로벌 공급망 등 다양한 분야에서 동맹 미국을 비롯한 인도·태평양 지역의 주요국들과 안보협력을 확장·강화하고 있다. 앞으로의 안보 환경은 진영 간 경쟁의 심화, 하이브리드 위협의 증대, 비국가 행위자들의 군사적 활성화와 대리전 수행 등으로 변화할 것이 예상된다. 따라서 우리의 대응도 가치와 규범을 공유하는 유사 입장국들like-minded countries과의 연대,

하이브리드 위협 등 복합적 위기의 동시다발적 발생을 가정한 위기 대응 체계의 마련, 민관협력 활성화, 민간의 안보관 정립 등 다차원적이고도 전방위적인 대비 태세 마련에 주력해야 할 것이다.

6

경제 분야 미래전략
Economy

변하지 않는 전략 자산 소재·부품·장비 기술

기후 위기 시대의 에너지 시스템 전환

식량안보 어떻게 실현할 것인가

변하지 않는 전략 자산
소재·부품·장비 기술

핵심 원자재critical raw materials나 첨단소재가 국가의 전략 자산인 것은 흔히 석기시대, 청동기시대, 철기시대와 같이 소재 기술로 인류 역사를 구분하고 있는 점에서도 엿볼 수 있다. 그런 만큼 소재 기술의 변화와 발달 과정은 그 자체가 역사의 흐름이라고 해도 과언이 아니다. 또 시대를 불문하고 우월한 소재 기술을 가진 국가나 문화권이 세상을 지배해왔고, 지금도 마찬가지이다.

강대국들은 대개 소부장(소재·부품·장비) 강국이다. 그렇다고 강대국 혼자서 소부장 공급망을 독점하기는 어렵다. 전체 공급망에서 핵심이 되는 '결정적 소부장 기술'을 갖고 있느냐가 문제이다. 결정적 소부장 기술은 초격차를 가진 핵심기술이자 대외적으로 전략적 가치를 가진 기술을 말한다. 결정적 소재로는 희유원소 소재나 초고강도 탄소섬유, 결정적 부품으로는 일본 화낙Fanuc의 수치제어 부품(모듈), 결정적 제조

공정으로는 7나노미터 이하의 반도체 제조 기술, 결정적 (공정)장비로는 네덜란드 ASML이 독점하고 있는 7나노미터 이하 반도체 공정용 극자외선 노광 장비 등을 예로 들 수 있다. 첨단소재는 산업 분야에서의 효과뿐 아니라 사회경제적인 측면에도 적잖은 영향을 끼치므로 선진국으로 도약하고자 하는 나라는 물론 현재의 선진국도 우월한 첨단소재 기술을 확보하기 위해 전 국가적 노력을 기울이고 있다. 선진 경제에 접어든 우리나라도 예외일 수 없다.

한편, 코로나19 팬데믹 이후 기대했던 것보다 경기회복이 늦어지는 데다가 높은 인플레이션을 진정시키기 위한 배타적인 정책*이 추진되면서 글로벌 가치사슬GVC, global value chain 재편이 예상보다 지연되고 있다. GVC 재편이 지연되는 또 다른 이유는 GVC의 안정성을 추구할수록 필연적으로 경제성(효율성)은 낮아지므로 두 가지를 동시에 충족하는 GVC를 구축하기 어렵기 때문이다. 이유야 어쨌든 GVC 재편에 대한 인식이 달라지고 있는 만큼 새로운 GVC의 형태가 곧 드러날 것으로 전망되며, 그에 따라 소부장 영역에도 적지 않은 변화가 있을 것이다.

소재·부품·장비 간 관계

소재는 완제품이나 중간제품을 제조하는 데 사용되는 원료 혹은 그 원료를 만드는 데 필요한 물질을 말한다. 부품은 기계나 장치를 구성하는

---

* 미국의 '인플레이션 감축법'을 말하며 프랑스도 '녹색산업법'을 적용할 예정이다.

부속품 혹은 부분품이며 소재를 가공해 만든다. 장비는 소재를 제조하거나 다른 소재로 가공할 때, 소재로 부품을 만들 때, 그리고 물성이나 성능을 측정하고 평가할 때 사용하는 기계나 장치를 일컫는다. 따라서 소재·부품·장비는 서로 떼려야 뗄 수 없는 관계에 있다. 특히 품질이 좋은 소재를 제조하기 위해서는 우수한 장비가 필요하며 정밀한 부품을 값싸게 제조하기 위해서도 성능 좋은 장비가 필요하다. 새로운 첨단 소재나 부품을 개발하는 과정에서는 새로운 공정 장비의 개발이 동반되는 경우가 일반적이다.•

금속, 세라믹, 플라스틱 등 기반이 되는 소재 외에도 이를 조합한 복합 소재 등 세상에는 무수히 많은 종류의 소재가 있고 다양한 소재만큼이나 많은 장비가 개발되었다. 현대의 첨단산업을 대표하는 반도체산업은 1980년대에는 대략 17개 원소(소재)를 활용했는데, 지금은 62개 이상의 원소를 활용하고 있다. 자연계에 존재하는 전체 원소 수가 92개임을 생각하면 이렇게 많은 원소를 활용하게 되기까지 얼마나 많은 소재와 장비가 개발됐을지를 짐작해볼 수 있다.

실리콘웨이퍼로부터 첨단 반도체칩이 완성되기까지 대략 3개월 동안 1,000개 이상의 공정을 거치는데 여기에는 70여 개 국가, 1만 6,000여 기업에서 공급한 소재와 장비가 사용된다. 반도체 기술은 설계 기술과 함께 소재 기술·장비 기술을 결합한 결정체이며 상상을 초월하는 수준의 공정 기술이 투입된다. 자동차는 2만 개 이상, 스마트폰은 1,600개 이상의 부품으로 연결된 공급사슬을 통해 만들어지는 것이다. 첨단소재

• 부품·장비 기술은 넓은 의미의 소재 기술에 포함된다고 볼 수 있으므로 소재 기술로 통칭하는 경우가 많다. 좀 더 자세하게는 재료·공정으로 구분해 말하기도 한다.

를 생산하는 정밀화학 분야에서 다루는 물질만 해도 10만 가지가 넘는다. 이처럼 소재·부품·장비를 공급하는 기업들이 그물망처럼 촘촘하게 세계를 연결하고 있다.

소부장의 전략적 중요성

우리나라에 대한 일본의 소재 관련 수출규제 조치 이전과 이후를 구분할 수 있을 만큼 소부장에 대한 정부 정책이나 산업계의 관심은 확연히 달라졌다. 그러나 지속적인 관심과 추진 동력을 얻기 위해서는 소부장이 가진 전략적 가치를 좀 더 깊이 이해하고 공감대를 넓힐 필요가 있다.

국가경쟁력의 원천

제조업은 국가경쟁력을 만들어내는 원천이다. 강한 제조업은 상대적으로 우월한 생산수단(능력)을 보유하고 있어야만 가능하다. 생산수단의 핵심은 장비(기계) 기술이며 우수한 성능의 소재로 만든 정밀한 부품이 있어야 우수한 장비를 만들 수 있다. 우수한 소재 기술에 바탕을 두지 않은 우수한 장비 기술은 생각하기 어렵고 우수한 장비 기술 없이 우수한 소재와 부품을 생산하기 어렵다. 정보통신, 에너지, 바이오 분야의 기술혁신에서 첨단소재의 기여분이 전체의 반을 넘어선 시점은 각각 1990년, 1997년, 2015년이었다.[157] 최근 바이오 분야에서도 첨단소재 기술이 없는 혁신을 더는 상상하기 어렵게 됐다.

독점성·영속성

소부장 기술은 긴 세월에 걸쳐 대규모 투자를 해야 하는 기술 축적의 과정이 필요하다. 하지만 일단 개발에 성공해 우월적인 위치를 확보하면 시장을 장기간 독점해 지배하게 된다는 특징이 있다. 제1·2차 세계대전과 같은 세계적인 격변을 거치며 신기술을 사업화할 기회를 포착해 기술과 자본을 축적했던 글로벌 소재 기업과 장비 기업이 여전히 시장을 장악하고 있는 것을 보면 이를 알 수 있다. 시장을 선점해 부를 축적한 국가나 기업은 기술과 자본력을 바탕으로 다시 새로운 기술을 개발해 지배력을 유지해간다. 우월한 기술경쟁력을 가지려면 오랫동안 큰 투자를 지속해야 한다. 이는 곧 미래 시장을 예측하고 장기간에 걸쳐 선제적으로 투자하는 것의 중요성을 말한다.

새로운 기회

대형 자연재해나 감염병 확산, 지역적 불안으로 글로벌 공급망이 훼손되는 사례가 잦아지면서 GVC가 재편되고 있다. 특히 세계 각국이 탄소 배출을 낮추고 환경보존에 필요한 노력을 본격화하면서 친환경 소재나 친환경 제조업에 대한 관심이 높아지고 있다. 시장에서 기술이나 제품을 판단하는 기준을 단순히 비용 대비 편익(가성비)에 두지 않는 대신 친환경성 또는 저탄소 인증 여부와 같은 요인을 중요시하고 공급망을 다변화함에 따라 그동안 시장에 진입하기 어려웠던 소부장 기업에 새로운 기회가 열리고 있다.

소재 안보

일본의 수출규제 조치와 코로나19 팬데믹이 불러온 공급망 붕괴, 가열되고 있는 기술 패권 경쟁을 경험하면서 소부장 영역이 곧 '국가안보'라는 인식이 굳어지고 있다. 가속하는 경제블록화의 중심에 반도체 기술을 포함한 소부장이 자리하고 있어 소재 안보material security의 중요성이 더 커진 것이다. 따라서 공급망을 안정적으로 관리하기 위해 주요 생산기업을 자국 내에 두려는 지역화가 진행되고 있고 첨단소재, 첨단제품, 첨단 장비를 전략 자산으로 활용하는 사례가 늘고 있다. 또 한편으로는 안보적 관점에서 소부장 공급망 재편에 접근하면서 공동의 이익을 추구하는 국가들 중심으로 공급망을 구축하는 프렌드쇼어링friend-shoring •도 추진되고 있다.

소부장의 혁신

소부장 경쟁력을 단기간에 끌어올릴 수 있는 지름길은 없지만, 어려운 길이라고 포기할 수도 없다. 우리는 선진국의 발 빠른 움직임을 넘어서는 고도의 소부장 전략을 마련해야 하고, 그러기 위해서는 소부장을 둘러싼 기술 산업과 사회경제 환경의 변화와 동향을 정확하게 읽어야 한다. 그래야 새로운 패러다임에 맞는 전략을 수립할 수 있다.

• 공급망 안정화를 위한 지역화on-shoring 혹은 제조업 회귀re-shoring의 약점인 경제적 취약성을 극복하기 위해 지정학적·경제적 이익을 공유할 수 있는 국가들과 공동으로 공급망을 구축하는 것을 말한다.

소부장이 불러온 기술혁신

2000년대 초반은 첨단 소부장 기술을 바탕으로 혁신 제품이 쏟아져 나온 소부장 전성기였다. 무기반도체 소재와 정밀 공정에 기반을 둔 발광다이오드LED 조명은 100년 이상 사용해온 필라멘트 전구와 브라운관 TV 시대의 막을 내리게 했으며, 유기반도체 소재를 활용한 유기발광다이오드OLED 기술은 디스플레이 기술을 무기물 영역에서 유기물 영역으로 확장했다. 코로나19 팬데믹을 극복하는 데 큰 역할을 한 mRNA 백신은 나노공정을 활용해 변형 mRNA를 안정화함으로써 가능했으며 백신 개발의 새 장을 열었다. 스마트폰이 여러 가지 센서, 방수 기능, 접이형 기능, 고성능 카메라 수준의 렌즈를 탑재하면서 고속으로 진화할 수 있었던 것도 모두 소부장 기술 덕분이었다.

제품 혁신과 공정 혁신의 동조화

1970년대까지만 해도 소재의 신기능을 제품화하는 제품 혁신 이후에 제조공정을 개선해 원가를 절감하고 성능을 높이는 공정 혁신이 상당한 시차를 두고 일어났다. 당시 공정 혁신의 효과는 제품 혁신보다 덜했다. 그러나 1990년대부터 제품 혁신과 공정 혁신 사이의 시차가 좁혀졌으며, 제품 혁신보다 공정 혁신의 효과가 더 커졌다. 2000년대에는 제품 혁신과 공정 혁신이 거의 시차 없이 동시에 진행되어 따로 구별할 수 없는 양상으로 변했으며, 소재 개발과 함께 공정(장비) 개발이 이뤄져야만 혁신의 효과를 볼 수 있게 됐다.[*]

• 제품 혁신(소재 개발)과 공정 혁신(장비 개발)이 동조되는 현상을 고려하면 '소부장'은 정책적 의미를 넘어 소부장 영역의 혁신 동향을 반영한 용어로 타당성을 가진다.

소재 개발 패러다임 전환

얼마 전까지만 해도 신소재를 먼저 개발한 다음 이 소재를 활용할 제품의 고객 수요를 확인하는 마케팅을 거쳐 신제품을 개발하는 것이 일반적이었다. 그러나 지금은 신제품을 먼저 설계하고 시장을 조사한 다음 신제품에 맞는 기능이나 성능을 충족하는 소재를 개발하는 방식이 자리 잡아 가고 있다.[158] 개발된 소재를 신제품으로 만드는 것에서 신제품을 먼저 설계하고 거기에 필요한 맞춤 소재designer material를 개발하는 방향으로 패러다임이 바뀌고 있다. 이러한 패러다임 전환이 가능하게 된 것은 산업용으로 바로 활용 가능한 후보 소재군이 이미 많이 존재하며, 축적된 소재 정보 빅데이터와 계산재료과학, AI를 융합해 용도에 맞는 소재를 짧은 기간 내에 개발할 수 있는 환경이 구축됐기 때문이다.

가치사슬 단순화

소재·공정 기술의 발달로 특수 소재가 범용 소재로 일반화되는 데 걸리는 기간이 짧아짐에 따라 소재 기업의 사업 모델이 달라지고 있다. 2000년대 들어서면서 소재를 가공하거나 부품을 제조하는 기업에 원소재를 공급해오던 기업들이 최종 수요 기업에 맞춤 소재 솔루션을 제공하는 방향으로 전환하고 있다. 원소재를 가공해 부가가치를 높이는 중간 영역이 점차 좁아져 가치사슬이 단순화되고 있고, 특히 공급망 붕괴를 방지하려는 지역화* 추세와 맞물려 가치사슬은 점점 짧아진다. 한편 첨단소재를 대규모로 사용하는 전기자동차 제조사나 정보통신 기업

---

* 공급망의 대부분 혹은 중요 부분을 자국 내에 두고자 하는 움직임을 말한다.

과 같은 글로벌 대기업이 원가 비중을 줄이거나 친환경 기업 이미지를 강화하기 위해 직접 소부장 산업에 뛰어드는 경우도 늘고 있다. 애플은 자사 제품에 재활용 알루미늄 사용을 의무화했을 뿐 아니라 2024년에는 탄소 무배출 알루미늄을 생산하는 회사가 될 것으로 전망된다.

가열되는 기술개발 경쟁

첨단제품의 수명주기가 극도로 짧아짐에 따라 선진국을 중심으로 10~20년 걸리던 신소재 개발 기간을 4~6년으로 단축하려는 노력이 전개되고 있다. 즉 계산재료과학, 소재 정보, 소재 지식 네트워크, 첨단 연구개발 인프라 등을 망라해 첨단소재 개발의 성공률을 높이고 개발 기간을 단축해 비용을 줄이려는 국가 차원의 전략 프로그램들이 진행된다. 미국의 MGI(소재 게놈 프로젝트), EU의 EuMaT(첨단재료공학기술 유럽 플랫폼), 독일의 하이테크 전략, 중국의 중국제조 2025, 일본의 제5차 과학기술기본계획 등이 대표적인 예이다.

우리의 소부장 현황

1980년대 후반 이후 첨단 제품 수출이 급증하면서 일본으로부터의 첨단소재 수입이 동시에 늘었고 이에 정부는 확대된 대일본 무역적자를 줄이려는 노력을 계속해왔다. 첨단소재의 수입 대체 정책은 신소재 개발 사업의 형태로 진행되어오다가 2000년대 들어 본격 추진됐다. 2001년 5년 주기의 〈부품소재발전계획〉(1차)을 수립했고 2013년 〈소재부품발전계획〉(3차)으로 명칭을 변경했으며 4차 계획 기간 중인

2019년 〈소재부품장비산업 특별조치법〉으로 전면 개편해 소부장 산업 육성을 제도적으로 뒷받침해왔다. 최근에는 일본의 수출규제 조치 이후 공급망 안정에 필요한 100대 품목 기술개발에 착수했고 차세대 원천 기술개발, 인프라 구축, 제도 개선 등이 포함된 '소부장 2.0'을 추진하고 있다.[159]

소부장 산업은 2020년 기준 사업체 수 2만 5,000개, 종업원 수 132만 명, 생산액 707조 원, 그리고 무역흑자 947억 달러를 기록했다. 이는 우리나라 전체 제조업 사업체 수의 37%, 종업원 수의 44.6%, 생산액의 44.9%로 거의 절대적인 비중이다. 한편 소부장 기업의 약 80%를 차지하는 종업원 수 10명 이상 50명 미만인 중소기업이 전체 생산액의 약 17%를 차지하는 반면 약 18%를 차지하는 중견기업이 약 28%, 약 2%를 차지하는 대기업이 55%를 차지하고 있다. 이는 소부장 산업이 중견기업, 대기업에 주로 의존하고 있고 중소기업의 역량이 매우 취약하다는 것을 시사한다.

소재 수출의 현황을 살펴보면 2011년부터 2020년까지 900억 달러 수준에 머물러 있다. 부품 수출은 2011년 1,600억 달러에서 2018년 2,200억 달러로 정점에 도달한 이후 2020년 1,750억 달러로 감소했다. 같은 기간 소재 수입은 700억 달러에서 600억 달러로 감소했으며 부품 수입은 970억 달러에서 1,100억 달러로 오히려 증가했다. 무역흑자의 경우 소재 부문은 200억 달러에서 300억 달러로 폭이 커졌으며 부품 부문은 660억 달러에서 2018년 1,100억 달러를 기록한 후 2020년 650억 달러로 줄어들고 있다.[160] 유일한 무역적자를 보고 있는 일본을 상대로는 적자 폭이 점차 줄어들고 있지만 적자 규모는 여전히 크고 첨단소재의 수입 규모 자체가 줄지 않고 있다.

논문과 특허의 활동력 및 기술력을 기준으로 평가한 우리나라의 소재 분야 기술개발 역량은 2020년 미국(1위)의 80.8% 수준이며 기술격차는 2.5년으로 나타났다. 최상위 1% 논문 수 및 점유율을 기준으로 보면 우리나라 재료공학 수준(KISTI)은 2000~2002년 8위(1위 미국), 2010~2012년 5위(1위 미국), 2017~2019년 7위(1위 중국)로 평가된다.

경쟁력 강화 방안

이제 소부장에 대한 높은 관심을 소재 강국으로 성장하기 위한 도약대로 삼는 지혜가 필요하다. 2008년 세계 금융위기 이후 최근의 러시아·우크라이나 전쟁까지의 상황을 종합해보면 제조업 경쟁력이 곧 국가경쟁력임을 실감할 수 있다. 우리 경제에서 제조업 비중이 큰 것이 문제로 지적되기도 하지만 이로써 글로벌 경쟁력을 강화할 수 있다면 오히려 장점이 될 수 있고 서비스산업의 경쟁력을 높이는 기반이 될 수도 있다. 우리나라 제조업은 2013~2016년 세계 5위까지 상승했지만 인도, 멕시코, 대만, 브라질, 싱가포르, 폴란드 등이 바로 뒤에서 우리 위치를 넘보고 있다. 우리의 제조업 경쟁력을 높일 소부장 기술의 개발이 절실한 시점이다.

특히 소부장의 경쟁력을 강화하려면 정책의 초점을 속도와 질을 동시에 잡는 데 두어야 한다. 여기에서 속도는 급변하는 GVC에 대응할 민첩성agility과 회복 능력resilience을 말하며, 질은 GVC가 재편되거나 새로 구축될 때 핵심 위치를 차지할 수 있는 수월성excellence을 말한다.

디지털화 및 인프라 강화

소부장 영역에서도 장차 디지털 수단으로 활용하기 위한 디지털화가 진행 중이다. 그러나 예상보다 빠른 속도를 내지 못하고 있다. 그 이유는 소부장 기술 대부분이 암묵적으로 아는 암묵지의 성격이 강하기 때문이다. 하지만 그런 소부장 기술일수록 숨어 있는 경쟁력의 원천이 될 수 있으므로 더욱 중요하다. 디지털화하지 않은 정보는 쉽게 사라질 수 있고 공유하기도 어렵다. 기술의 관리와 축적을 체계화하기 위해서라도 소부장 기술의 디지털화는 반드시 이루어져야 한다. 그렇게 디지털화한 정보는 빅데이터, AI, 계산재료과학 등 디지털 기술을 융합할 수 있는 기반으로도 구축되어야 한다.

또한 소부장 기술은 그 실용성을 확인하는 과정에서는 물론 개발 이후에도 지속해서 개선·변형되는 과정을 거치므로 유망한 기술을 빠르게 검증하고 사업화할 수 있는 측정·분석·평가 인프라를 고도화하고 그에 따르는 운영 인력을 정예화해야 한다. 특화된 전문 공정 시설을 구축해 3D 프린팅 전용 소재, 새로운 복합 소재, 신기능 코팅 소재 등을 적은 비용으로 시험 적용할 수 있게 한다면 연구자나 기업이 비용에 대한 걱정 없이 다양한 시도를 해볼 수 있다.

기술개발 포트폴리오 다양화

수월성 있는 소부장 기술은 대부분 기초연구에 뿌리를 두고 있다. 따라서 기초연구에서 활용 가능한 성과가 나왔을 때 이를 소부장 영역으로 연결할 수 있는 통로를 마련해야 한다. 즉, 유망한 성과를 신속하게 성숙시키고 곧바로 사업화로 연결할 수 있는 파이프라인이나 패스트트랙을 구축해야 한다. 처음 개발자뿐 아니라 기술을 성숙시키거나 사업화에 기여한 개발자에게도 합당한 보상을 제공하면 지식 생태계, 즉 과학(연구자)과 공학(개발자) 간 협업 체계는 더욱 원활히 작동하게 된다.

소부장 기술개발에서는 사업 기획이나 과제 선정 시 경제적 효과 외에 기술의 수월성, 가치사슬상의 위치, 기술의 확장성, 대체 혹은 경쟁 기술의 동향 등도 함께 평가해야 한다. 또한 시장이 요구하는 제품을 먼저 확인하고 필요한 소재를 개발하는 문제 해결 중심의 소재 개발 패러다임을 정착시켜야 하며, 공정 및 공정 장비를 포함한 소재 솔루션 개발을 지원해 성공률을 높이고 개발 기간을 단축해야 한다. 특히 소재 관련 연구기관이나 연구 그룹이 기술을 지속적으로 축적해 산업계에 소재 솔루션을 제공하는 플랫폼으로 성장할 수 있도록 지원해야 한다.

또 탄소 배출 저감, 환경 친화 강화, 지속 가능한 성장 목표 실행 등 글로벌 동향에 대응하는 그린 소재, 탄소 자원화 촉매 소재 등의 전략 소재 개발에 집중해야 한다. 그와 함께 새로운 원가 체계나 거래 규정 등 국제관계에 영향을 미칠 소부장 영역의 국제표준이나 규제 동향을 적극적으로 모니터링하고 대응해야 할 것이다.

기업 및 투자 지원

소부장 기업을 지원할 때는 개별 제품 개발에 주목하기보다 특화된 소부장 영역의 역량을 강화하는 데 초점을 맞추어 강소기업, 플랫폼 기업, 히든챔피언hidden champion으로 성장하도록 유도해야 한다. 즉 특정 제품 개발보다는 기업의 민첩성, 회복 능력, 기술 역량을 키워 GVC에 변화가 생겼을 때 대응력을 높이고 GVC 내 핵심 기업으로 자리 잡을 수 있게 지원해야 한다. 또한 핵심기술을 가진 기업이 대외 전략에서 지렛대 역할을 할 수 있도록 집중적으로 지원해야 한다. 특히 전체 소부장 기업 중 대다수를 차지하는 중소기업의 역량을 높여 소부장 영역의 기술혁신 기반을 강화해야 한다.

최근 벤처캐피털의 투자 추세 중 이른바 딥테크deep tech에 대한 투자 확대가 눈에 띈다. 딥테크는 기술 리스크와 시장 리스크가 모두 큰, 최신 과학 발견(기술)에 기반을 둔 기술을 말한다. 공학적인 해결 과정을 거쳐서 에너지 문제, 전염병 문제, 식량 문제와 같은 글로벌 이슈 해결에 필요한 돌파 기술이 될 수 있다. 딥테크는 과학자, 공학자, 투자자, 정부 간의 공감과 협업이 필요하다. 최근 딥테크 영역에만 투자하는 전문 벤처캐피털도 생겨나고 있다. 소재 기술은 대표적인 전통 기술 분야임에도 딥테크로 분류된다. 소재 부문에서는 매우 오래된 기술이 사용되는 동시에 계속해서 새로운 기술이 개발되는데, 해결해야 할 과제가 많고(기술 리스크) 오랜 시간 큰 투자가 필요하기(자본 리스크) 때문이다. 그만큼 소재 기술은 기초연구와 밀접한 관련이 있으며 글로벌 이슈를 해결하는 데 꼭 필요한 영역이다.

소재 분야의 창업은 그리 쉽지 않다. 이 점을 고려해 첨단소재 스타트업 전용 펀드를 조성해 창업을 촉진하고, 일단 창업한 기업은 계속 성장할 수 있도록 공공부문 및 전후방 기업과 투자자가 참여하는 생태계를 조성해야 한다.

기후 위기 시대의
에너지 시스템 전환

태국 북서부 지역의 기온이 2023년 5월 45.4℃까지 치솟으며 태국의 역대 최고기온 기록을 경신했다. 같은 기간 캐나다 동부에서는 한국의 약 38%에 해당하는 면적에 산불이 발생했다. 이처럼 전 세계를 강타하고 있는 이상기후는 이제 단발적이고 우연적인 자연재해가 아니라 매년 반복되는 '뉴노멀'이 되고 있다. 기후변화에 대한 대응을 넘어서 기후 위기에 직면한 우리 인류의 존속 여부를 심각하게 고민해야 하는 시기가 도래한 것이다.

지구온난화의 규제와 방지를 위한 국가 간 국제협약인 신기후 체제에 돌입하면서 주요국은 탄소중립을 선언하고 법, 정책, 규제 등 여러 수단을 동원해 탄소중립 목표를 달성하고자 노력하고 있다. 지구온난화의 주범인 온실가스의 전 세계 배출량 약 75%는 에너지 부문에서 발생하며, 우리나라 에너지 부문의 온실가스 배출량은 80%대를 훌쩍 넘어선다.[161] 우리나라는 주요국과 비교했을때 화력발전 비율이 높고 에너지 집약적이자 탄소 다배출 산업구조이기 때문인데, 이에 따라 탄소중립 목표를 달성하려면 에너지 시스템 전반의 혁신이 요구된다.

또 우리나라는 에너지자원의 해외 의존도가 94.8%에 이른다. 이는 러시아·우크라이나 전쟁과 같이 글로벌 공급망에 위기가 닥치거나 디지털화와 전전화全電化 확대 등으로 1차 에너지 공급원의 확보가 중요해지는 상황에 놓이게 되면 유연하게 대응하기가 어렵다는 의미이다. 따라서 에너지 안보 차원에서 차세대 에너지원을 안정적으로 공급·활용하고 대용량 에너지 저장, 에너지 변환 등을 통해 에너지 수요와 공급의 불일치를 해결할 방안을 더 적극적으로 모색해야 한다.

우리나라 에너지 이용 현황과 전망[162]

우리나라 1차 에너지 공급량은 산업화와 함께 1990년대에 급격히 늘어난 이후 2000년대 들어서도 지속해서 증가해왔다. 2021년에는 2001년 대비 1.5배로 늘어났다. 2021년 1차 에너지 공급량은 3억 50만 toe(석유환산톤)이며, 원유·정제 원료·석유제품 38.3%, LNG 19.8%, 유연탄 및 기타 24.4%, 무연탄 1.2%, 원자력 11.2%, 신재생 및 기타 5.0%로 화석연료가 83.7%를 차지한다. 에너지 전환과 공정 과정에서 소요되는 에너지와 손실 부분을 제외한 최종 소비량은 2억 1,580만 toe이며, 부문별 소비량을 보면 산업(61.6%), 수송(17.0%), 상업·공공 (10.7%), 가정(10.6%) 순으로 나타났다.

1차 에너지 공급을 통한 국내 발전량은 2021년 기준으로 576.7TWh(테라와트아워)이며 원자력 27.4%, 유연탄 34.0%, 무연탄 0.3%, 석유제품 0.4%, LNG 29.2%, 신재생 및 기타 8.7%로 화석연료 기반의 발전량이 63.9%를 차지한다. 신재생에너지 전력은 태양광, 풍력, 수력, 해양, 바이오(바이오가스, 우드칩, 목재 펠릿 등), 폐기물(산업용·생활용 등) 등의 재생에너지와 연료전지, IGCC(석탄가스화연소복합발전) 등의 신에너지를 통해 생산되는데, 2001년 신재생에너지 발전 비중이 0.04%였던 데 비해 2021년에는 8.7%로 증가했다. 그러나 국제기준에서 재생에너지로 분류되지 않는 IGCC나 폐기물의 일부 에너지원을 제외할 경우 2020년 기준으로 우리나라의 신재생에너지 발전 비중은 2.3% 수준에 불과하며 독일(16.4%), 영국(13.9%), 미국(8.5%), 일본(6.8%) 등 주요국과도 큰 차이를 보인다.

우리나라 전력 소비량은 산업 51.7%, 상업·공공 32.7%, 가정 14.9%, 수송 0.7% 순이며, 산업군 중에서는 전자·통신, 화학, 금속, 자동차, 정유, 기계 순으로 전력을 많이 소비한다. 또 우리나라 1인당 전력 소비량은 1990년 2,202kWh에서 2000년 5,067kWh, 2010년 8,883kWh, 2020년 9,826kWh로 계속 증가해 2021년에는 1만 330kWh에 달했다. GDP 대비 전력 소비량은 지속적인 감소 추세에 있으나, 우리나라 1인당 전력 소비량은 독일, 영국, 프랑스, 일본, 호주 등 주요국에 비해 여전히 많은 편이다. 이는 산업 부문의 전력 소비에 따른 영향 때문이며, 우리나라의 가정 부문 전력 소비 기준으로는 OECD 평균보다 적다.

GDP당 에너지 소비량을 의미하는 에너지집약도는 에너지 효율이 높을수록, 에너지 다소비 산업의 비중이 작을수록, 고부가가치제품을 생산할수록 낮아진다. 우리나라는 미국(4.51), 일본(3.3), 독일(2.76) 대비 크게 높은 5.6의 에너지집약도를 보이는데, 무엇보다 에너지 다소비 산

그림 2 에너지밸런스 플로

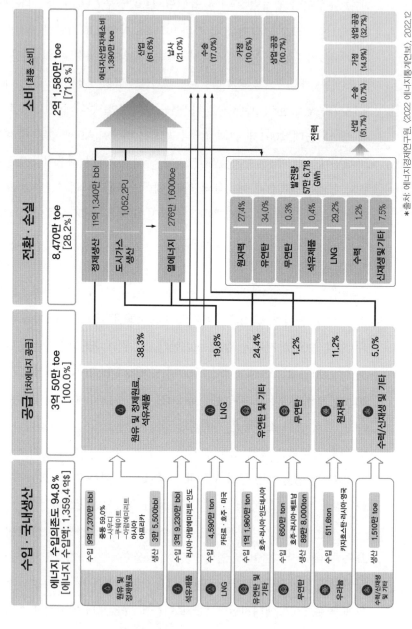

＊출처: 에너지경제연구원, 〈2022 에너지통계연보〉, 2022.12

업이 많은 제조업 기반의 경제구조가 원인이다. 또 소비된 에너지에서 발생하는 이산화탄소를 총에너지 소비량으로 나눈 탄소집약도는 우리나라가 OECD 국가 가운데 미국과 함께 가장 높은 수준이다. 이것은 저탄소 에너지원의 사용이 저조함을 의미한다.[163]

이러한 상황에서 중장기 전력 수요를 전망하는 〈제10차 전력수급기본계획〉(산업통상자원부, 2023)에서는 데이터센터의 확대 추세 등을 고려해 2036년 전력 소비량을 597.4TWh로 전망하고, 발전량 비중은 원자력 34.6%, 신재생에너지 30.6%, 수소·암모니아 7.1%, 석탄 14.4%, LNG 9.3%, 기타 4.0%로 제시했다. 그러나 2036년 발전량 비중은 노후화한 석탄발전소의 폐지나 LNG 발전소로의 전환, 신규 원자력발전소 준공 시기, 수소·암모니아 공급 규모 등을 고려해 예측된 전망치이므로 실질적인 석탄 화력 및 원전의 운영 계획, 재생에너지 보급 속도, 송배전망 확충, 1차 에너지 공급 조달 등에 따라 변동 가능성이 매우 크다.

탈화석연료와 에너지 시스템 전환, 그리고 미래에너지

우리나라의 1차 에너지 공급량, 최종 소비량 현황, 제조업 중심의 경제구조 등을 볼 때 화석연료 중심의 탄소 사회를 탈피하는 것이 과연 가능한지 의문스러울 수 있다. 그러나 새로운 국제질서에 따른 변화에 대응하고, 미래 국가경쟁력을 담보하기 위해서는 탄소중립을 위기 요인이 아닌 기회 요인으로 삼아야 한다. 이를 위해서는 탄소중립 사회로의 진입 과정에서 경제·문화·사회 전반에 미치는 충격을 최소화하고, 국가의 산업 경쟁력을 유지하면서 에너지 시스템의 안정적인 전환을 달성할 방법이 필요하다.

에너지 시스템 전환은 화석연료 기반의 발전에서 무탄소 발전으로 전환하는 것뿐 아니라 산업. 수송, 건물 등의 부문에서 사용하는 열에너지 공급 연료와 정제 원료, 석유제품 등의 원료 대체를 모두 포함한다. 국제에너지기구IEA에서는 2050년 최종에너지 믹스에서 전력 비중을 50% 이상, 그중에서 재생에너지 기반의 전력 비중을 80% 이상으로 예측하고 수소, 암모니아, 바이오에너지 등이 화석연료를 대체할 것으로 내다봤다. 우리나라 2050 탄소중립 시나리오에서도 재생에너지와 원자력 중심의 무탄소 전력원을 확대하고 산업, 수송, 건물 부문에서 청정연료를 사용함으로써 탄소중립을 이루고자 계획하고 있다.

또 수소에너지와 같은 미래 에너지원의 전략적 확보를 통해 탈脫화석연료와 함께 튼튼한 에너지 안보를 확립할 방안도 마련해야 한다. 탄소중립 달성과 화석연료 대체의 중요한 수단인 수소는 우주에서 가장 풍부한 원소이지만, 물이나 화석연료, 생명체 등과의 화합물 상태로 존재하기 때문에 수소를 화합물에서 따로 추출해야 에너지원으로 사용할 수 있다. 수소의 추출 방식에 따른 탄소 배출량을 고려할 때, 재생에너지나 원자력 기반의 전기로 물을 분해하는 청정수소가 궁극적인 미래 수소에너지 형태일 것이다. 우리나라는 청정수소의 자체 생산과 확대를 위해 노력하고 있으나 재생에너지, 천연가스 등 국내 에너지자원의 한계가 뚜렷한 점에서 해외의 청정수소를 안정적으로 확보하려는 노력을 이어가야 한다.

에너지 전환을 위한 기술혁신

불리한 재생에너지의 생산 여건, 탄소 배출이 높은 산업구조, 탄소중립 달성 기한 촉박 등 녹록지 않은 상황에 있는 우리나라가 에너지 시스템을 합리적으로 전환하고, 미래에너지를 안정적으로 확보하기 위해서는 결국 '기술혁신'을 돌파구로 삼아야 한다.

장기 에너지 전망 등을 기반으로 할 때, 에너지 전환 과정에서 필요한 기술은 무탄소 발전, 청정 연료와 원료, 에너지 효율 향상 그리고 에너지 시스템 융복합 분야로 나뉘는데 다음에서 자세히 살펴보기로 한다. 에너지 전환을 위한 기술혁신을 위해서는 분야별 주요 기술을 확보하는 것과 더불어 에너지 생산부터 전달과 소비에 이르는 전 과정에서 각 기술이 유기적으로 연계되고 최적화되어야 할 것이다.

무탄소 발전으로의 전환 가속화

국제에너지기구IEA에서 발표하는 〈월드 에너지 아웃룩 2022 World Energy Outlook 2022〉의 모든 시나리오에서는 최종적 에너지소비 단계에서 전력 비중이 증가하고, 특히 디지털화와 전기화electrification로 저배출 발전원의 비중이 증가할 것으로 미래를 예측한다. 즉 빅데이터, AI 등의 도입으로 사용하는 전력 소비가 늘어나고 산업, 건물, 수송에서 사용되던 화석연료 기반의 시스템이 전기보일러, 히트펌프, 전기차 등으로 대체됨으로써 탄소 배출이 없는 전력 공급의 확대가 필요한 것이다.

태양광과 풍력은 효율을 높이고 발전 단가를 낮춰가면서 무탄소 전원의 보급 확대를 견인하고 있으나, 우리나라의 좁은 국토 면적과 이해관계자 수용성 등을 고려하면 현재의 상용 효율을 완전히 뛰어넘는 차세대 초고효율 태양광 시스템과 초대형 부유식 발전 시스템 개발이 필요하다. 또 원자력에너지의 안전한 이용을 위한 방사선폐기물 처리 기술과 소형모듈원전 기술도 무탄소 발전으로의 전환을 가속할 수 있는 주요 기술이다.

전기화가 어려운 연료 및 원료의 청정화

무탄소 전력 시스템 도입과 산업, 건물, 수송 등에서 사용하는 최종적 에너지 소비의 전기화에도 기존 화석연료를 포함해 모든 연료와 원료를 전기로 대체할 수는 없다. 산업에서 이용하는 열에너지의 공급 연료, 항공과 선박 연료, 석유화학제품 원료 등 전기화하기 어려운 연료와 원료의 경우 수소, 바이오매스, 폐자원 등으로 대체해야 한다. 폐열과 폐자원을 활용해 산업과 건물 등의 부문에 청정 열에너지를 공급하는 기술, 철강산업의 친환경 전환에서 핵심인 수소 환원 제철 기술, 새로운 화학산업으로 도약하기 위한 폐플라스틱과 바이오매스 전환 기술 등 연료와 원료의 청정화를 위한 혁신 기술의 확보가 시급하다.

에너지 수요관리를 통한 에너지 효율 향상

1차 에너지 공급량을 총부가가치GDP로 나눈 에너지원 단위는 국가 에너지 효율 개선 여부를 판단하는 기준으로 활용된다. 우리나라는 0.126으로 우리나라와 비슷한 제조업 중심의 독일(0.065) 대비 약 2배이며, 에너지원 단위 연평균 감소율도 1.0% 수준으로 주요국 수준에 미치지 못하고 있다.[164] 또 2030년까지 매년 증가할 것으로 예측되는 세계 1차 에너지 수요[165]는 재생에너지 사용 증가로 충당될 것으로 보이지만, 에너지 수요의 끝없는 증가는 결국 에너지 공급도 계속 늘어나게 할 것이다.

즉, 에너지와 자원 빈국인 우리나라에서 에너지 수요의 지속적인 증가는 탄소중립 달성을 더욱 어렵게 하는 하나의 요인이 된다. 따라서 공장 에너지 관리 시스템, 고성능 단열, 창호 등 건물 부하 저감형 외피 기술, ICT를 접목한 최적화 기술 등 에너지 수요를 관리해 공급을 최적화하고, 에너지 수요의 증가율을 최대한 억제하는 기술을 확보해야만 계속 증가할 에너지 수요에 대응할 수 있을 것이다.

에너지 시스템의 융복합

재생에너지원을 포함한 미래에너지 시스템은 간헐성 해결, 전력망 구축, 분산 자원 관리 등의 문제를 해결해야 한다. 대용량 장주기의 에너지 저장 시스템 개발은 간헐성이 큰 재생에너지의 비중을 확대하기 위해서 반드시 필요하며 전력-가스, 전력-열 등 전력-비전력 부문 간의 결합sector coupling 기술은 에너지 공급과 수요의 유연성을 더욱 높일 수 있다. 또 재생에너지의 출력 제한cut tail 문제를 해결하기 위해서는 능동형 전력망을 구축해야 하며, 양방향 전력 거래를 위한 계통 운영 플랫폼 기술을 확보해야 한다. 재생에너지원을 포함한 다양한 분산 자원의 안정성과 신뢰성을 높이기 위한 분산 자원 관리 기술도 미래에너지 시스템의 변동성과 불확실성을 해결할 방안이다.

식량안보 어떻게 실현할 것인가

지난해 3월 유엔 식량농업기구FAO에서 발표한 세계식량가격지수는 역대 최고치인 159.7로 치달아 전 세계를 충격에 빠뜨렸다. 코로나19 여파뿐 아니라 러시아·우크라이나 전쟁까지 겹쳐 식량·식자재의 글로벌 공급망 기능이 경색된 것이 주원인이었다. 2023년 5월 기준 세계식량가격지수는 124.3으로 내려오면서 다소 진정세에 접어들었지만, 세계 곳곳에서 기상이변이 나타나는 등 국제 식량 시장의 불안정성은 이제 상시 변수가 됐다. 한국은 대표적 식량 수입국인 점에서 다른 어떤 국가보다 이런 상황을 주시하며 식량안보에 더 높은 관심을 쏟아야 할 때이다.

식량안보란 무엇인가?

유엔 식량농업기구FAO는 "개인, 가정, 국가, 지역 및 세계 수준에서 식량안보는 생산적이고 건강한 삶을 위한 식이 요구와 식품 선호를 충족할 충분한 식품에 모든 사람이 물리적·경제적으로 항상 접근이 가능할 때 성취된다"라고 선언했다.[166] 그런데 이 같은 선언적 의미의 식량안보를 구체적으로 성취하기 위해서는 가용성, 접근성, 안전성, 회복성과 같은 서로 독립된 몇 가지 세부 조건을 모두 충족해야 한다. 몇몇 국제기관은 이러한 세부 조건을 토대로 국가별로 계량·측정한 지수를 발표하는데, 이를 통해 주요국의 식량안보 현황을 추측할 수 있다.•

① 가용성availability: 국가 식량 공급의 충분성, 공급 중단 위험, 식량 보급에 대한 국가 역량 및 농업 생산량 확대를 위한 연구 노력 등을 측정
② 접근성affordability: 소비자의 식품 구매 능력, 가격 충격에 대한 취약성, 충격 발생 시 지원 프로그램이나 정책의 존재 여부 등을 측정
③ 안전성quality & safety: 식품의 안전성, 평균적 식단의 다양성과 영양 품질 등을 측정
④ 회복성natural resources & resilience: 기후변화 영향에 대한 국가 노출 정도, 천연자원 위험 민감성, 이러한 위험에 대한 국가의 적응력 등을 평가

한국의 식량안보 평가

2022년 세계식량안보지수GFSI에 따르면, 한국은 종합지수 100점 만점에 70.2로 세계 113개 평가 대상국 가운데 39위를 기록하며 일본(79.5, 6위), 중국(74.2, 25위)보다 훨씬 뒤처졌다. 2021년 32위에서 더 후퇴한

• 대표적인 것으로 이코노미스트그룹The Economist Group의 〈이코노믹 임팩트Economic Impact〉가 발표하는 세계식량안보지수GFSI가 있다. 가용성, 접근성, 안전성, 회복성을 계량화해 세계 113개 국가의 식량안보지수를 매년 발표한다.

것이다. 세부 조건별로 보면 접근성 76.8(51위), 가용성 71.5(11위), 안전성 71.5(50위), 회복성 58.5(34위)로 평가됐다.

한국의 접근성 부분에서는 농식품 수입에 대한 높은 관세 수준을 지적했다. 수입식품에 대한 높은 관세가 소비자의 국제시장 접근을 어렵게 한다고 보았다. 가용성에서는 가용성 제고를 위한 정부의 정책 의지가 약하다고 평가했다. 안전성과 관련해서는 식단의 다양성 부족을 지적했다. 가장 취약한 것은 '회복성' 부문이다. 자연 자원의 제약, 그 가운데 특히 물 문제가 심각했고, 전반적인 회복력의 취약성을 지적했다. 이처럼 객관적 지표로 본 한국의 식량안보 상황은 그리 낙관적이지 못하다.

주요국의 식량안보 전략

완벽한 식량안보 전략은 말할 필요 없이 100% 자급하는 것이지만 그럴 만한 농식품 생산·공급 여건을 가진 국가는 찾아보기 어렵다. 따라서 차선책인 비축 제도가 식량안보 확보와 직결될 수 있다. 그러나 이는 비용 때문에 전략 품목에 국한해 극히 제한적 보조 수단으로만 활용된다. 그 밖에 세계 주요 국가로부터 파악할 수 있는 유의미한 식량안보 전략을 보면 다음의 몇 가지 형태가 있다.

미국형: 평상시 취약 가계 지원

미국처럼 상대적으로 농식품 생산·공급 여건이 좋은 고소득 국가에서는 국가적 차원의 식량안보 전략 대신에 소득 취약 가계에 대해 선별적 식량·식품·영양 지원 정책을 시행한다. 주기적으로 과학적 설문 형태를 통해 식량·식품·영양 취약 가계를 파악한 다음 일정한 절차를 거쳐 지원한다.

이런 선별적 가계 지원 형태는 우리나라가 생각하는 국가적 차원의 식량안보 전략과는 개념에서 차이를 보인다. 우리의 국가적 차원의 식량안보 전략은 '비상시' 국가 차원의 식량 부족을 대비하는 전략이지만 선별적 가계 지원은 '평상시' 취약 가계를 위한 지원 전략이기 때문이다. 미국처럼 농식품의 생산·공급 여건이 좋은 고소득 국가는 이처럼 일부 가계에 대한 평상시 기아 예방 대책에 중점을 두고 있다.

중국형: 해외 농업개발 및 투자

중국이 적극적으로 활용하는 전략으로는 농지에서부터 농자재, 농식품 가공 기업에 이르기까지 광범위한 농식품 자산에 투자하고 인수·합병을 진행하는 방식이 있다. 식량안보는 중국 정부의 지속적 과제이기도 하다. 2006년 중국 정부는 농업의 해외투자 확대 전략을 발표한 이후 연이어 조건을 갖춘 기업의 해외투자를 지원하는 정책을 내놓았다. 농업의 대외 진출 확대는 특히 2013년 일대일로(육상 실크로드와 해상 실크로드) 경제 벨트 전략 발표로 가속화되고 있다. 농업 분야에서 반드시 추진해야 할 주요 사업으로는 농산물 무역과 농업 투자, 농업 과학기술 협력과 같은 농업의 해외 진출을 명시했다.[167]

2014년에는 '중앙 1호 문건'을 통해 식량, 면화, 유지작물 등의 품목에 대해 국제경쟁력을 갖춘 대형 기업 육성과 농업의 해외투자 지원을 위한 금융상품과 금융 방식을 혁신하도록 요구했다. 또 2017년에는 국가발전개혁위원회, 상무부, 인민은행, 외교부가 공동으로 〈해외투자 방향의 진일보를 유도하고 규범화하기 위한 지도 의견에 관한 통지〉를 발표했는데, 여기에는 인민은행을 통한 해외 농업 투자에 대한 국가적 금융지원이 포함되어 있다.

이처럼 중국의 해외 농업개발은 정부의 정책적 목적과 강하게 연계해 추진됐다. 그 결과 중국의 해외 농업개발 형태는 지역, 품목, 가공 단계 등 모든 측면에서 전방위적이다. 특히 2014년 중앙 1호 문건에서 주문한 '국제경쟁력 있는 대형 기업 육성'과 2019년 중국공산당 중앙위원회·국무원의 의견에서 주문한 '다국적 농업 기업 육성'은 주로 기존의 글로벌 다국적기업을 인수합병하는 방식으로 구체화됐다. 인수합병에 필요한 거대 자금은 어디서 구했을까? 2017년 국가발전개혁위원회, 상무부, 인민은행, 외교부의 공동 발표를 고려하면 인민은행에서의 개입을 짐작하게 한다.

이렇게 인수합병에 의존하는 중국의 해외 농업개발은 농지에서 다국적 기업에 이르기까지 농식품 관련 자산은 모두 인수합병 대상으로 포함하는 형태이다. 아울러 대상 품목과 지역 역시 매우 광범위하다. 중국의 정부 정책과 연계된 매우 공격적인 해외 농업개발과 투자는 호주, 미국 등 투자 대상국으로부터 빈번한 분쟁을 불러왔다.

일본형: 국제 곡물 조달 시스템 구축

일본은 통상 환경이 안정적인 미국과 남미 지역의 주요 곡물 유통·물류·무역 사업에 직접 참여한다는 전략인데, 일본의 최대 곡물·사료 실수요자인 일본전농全農, 즉 농협중앙회가 주도해왔다. 전농은 1979년 미국에 ZGC Zen-Noh Grain Corporation라는 수출 회사를 설립했는데, 이 회사는 미국 남부 최대 수출 항구인 뉴올리언스항에 수송·보관·수출 기능을 하는 수출용 곡물 엘리베이터를 소유하고, 1988년 미국의 국내 산지 매집과 운송 전문 회사인 CGB Consolidate Grain & Barge를 인수했다. CGB가 농가로부터 확보한 곡물을 미시시피강을 이용해 ZGC로 판매·수송하고, ZGC는 뉴올리언스항에서 이를 일본의 전농에 수출 선적함으로써 일본으로 반입한다. 이렇게 일본전농은 미국 내에서 곡물 수집부터 수출 선적에 이르기까지 완전한 곡물 조달 시스템을 구축했다. 2021년에도 세계적 메이저 곡물 업체 번지Bunge로부터 미시시피 수계의 강변 엘리베이터 35개를 추가 인수함으로써 지속적인 곡물 유통 사업 확장을 추구하고 있다. 이런 동향을 보면 미국 최대 곡물 지대인 미시시피 수계 지역 곡물 사업에 총역량을 집중하는 것으로 판단된다.

1970년대부터 시작된 일본전농의 이러한 곡물 사업은 다른 민간 회사에도 파급되어 일본은 다수의 민간 국제 곡물 메이저를 보유하게 됐다. 미쓰비시, 미쓰이, 마루베니, 이토추 등이 대표적이다. 이렇게 일본은 현지 생산·가공 단계에 진입하는 해외 농업개발보다는 국제 곡물 유통·물류·무역 부문에 진출하는 국제 곡물 조달 시스템 구축 전략을 오랫동안 유지하고 있다.

네덜란드형: 국제무역 활용

농식품 산업 부문에서 국제경쟁력이 높은 네덜란드가 대표적으로 활용하는 전략은 자국 농식품 시장을 과감히 개방함으로써 농식품 생산·가공·무역의 국제 거점으로 기능하도록 하는 것이다. 이럴 때 자국 농식품 시장은 국제 농식품의 가공·유통·물류 허브가 되어 평상시에는 상업적 혜택을 누리고 비상시에는 풍부한 농식품에 대한 접근성을 확보한다.

실제로 농업생산·수입·수출 구조(2020년 기준)를 보면 네덜란드는 자국 생산의 두 배 이상(237%) 규모를 수입해 자국 생산의 세 배 이상 (345%) 규모를 수출하는 구조를 보인다. 여기에서 과감한 시장개방 규모와 가공 혹은 중개무역 등을 통한 부가가치 제고 능력을 간접적으로 파악할 수 있다. 이에 반해 한국은 90%를 수입해 22% 정도만 수출하는 구조여서 국제시장 활용도가 매우 낮은 수준이다.

한국의 식량안보 전략

한국은 1968년 정부가 주도해 남미를 중심으로 농지를 매입하고, 농업 이민을 통한 대규모 해외 농장 개발 사업을 처음 시도했다. 1968~ 1981년 아르헨티나, 칠레, 파라과이 등에서 총 2만 5,304ha의 농지를 매입하고 5개의 대규모 농장 개발에 착수했다. 산 페드로 농장(파라과이), 루한 농장(아르헨티나), 야타마우카 농장(아르헨티나), 테노 농장(칠레), 산하비에르 농장(아르헨티나) 등이 그 사례이다.

그러나 불리한 자연 여건, 부적합한 이민자 선발 등으로 현지 이탈 문제가 발생해 사업은 실패로 돌아갔다. 개인과 민간단체의 해외 농업개발 사업 참여도 이어졌지만, 초기의 정부 주도 그리고 일부 민간의 시도는 실패에 그치고 말았다. 1990년대에 들어서 정부의 해외투자 제한 조치 완화와 농산물 수입 자유화가 확대되자 일부 민간기업 중심으로 해외 농업개발이 다시 활기를 띠는 듯했지만, 뚜렷한 성공 사례를 만들지는 못했다.

그러던 중 2008~2011년 세계적 곡물 가격 파동을 계기로 해외 농업개발 사업을 정부 차원에서 다시 추진하기 시작했다. 2011년 해외 농업·산림자원 개발협력법을 제정해 해외 농업개발에 따른 환경 조사 지원과 융자 사업을 도입했다. 이러한 사업이 뒷받침되어 2022년까지 215개 기업이 해외 농업개발 신고를 하고 33개 국가에서 여러 형태의 농업개발 사업을 진행 중이다. 그러나 해외농업자원개발협회 조사 자료에 따르면 신고 기업은 215개이지만 실제로 사업을 수행하는 기업은 64개 정도이다. 게다가 영세한 규모와 경제성 문제로 생산물의 국내 반입 실적 등이 좋지 못하다. 이를 보면 식량안보 목적 달성과는 여전히 거리가 멀다.

한편 생산 농장 개발을 중심으로 하는 해외 농업개발 사업과는 별도로 2011년 한국농수산식품유통공사와 민간기업이 컨소시엄을 형성해 미국에서 일본형 유통·물류·무역 사업 중심의 곡물 조달 시스템 구축을 시도하기도 했다. 그러나 예산, 전문 인력 확보, 진입 시기 등의 여러 문제와 난관에 부딪혀 중도에 포기하고 말았다. 결국 식량안보를 위한 우리의 국가적 차원 전략은 환경 조사 지원과 융자 사업에 머물고 있고, 절대적인 예산 부족과 관련 기업의 영세성 등으로 아직 뚜렷한 실적을 거두지 못하는 실정이다.

식량안보 확보를 위한 미래전략 방향

앞에서 논의한 사항을 바탕으로 식량안보를 확보하기 위한 몇 가지 전략 방향을 짚어보면 다음과 같다. 우선 식량안보를 둘러싼 정책은 일관성의 유지가 중요하다. 정책의 일관성 결여는 식량안보에 대한 국민의 경각심 약화를 부른다. 해외 농업개발 정책을 시행하면서 대규모 간척지를 비농업 용도로 전환하는 등 국내 농업 생산 기반 확충에 소홀했던 것도 정책의 일관성 결여 사례이다. 그 밖에 주곡인 쌀의 생산 조정까지 고려하면서도 뚜렷한 수입 곡물 대체전략을 강력히 추진하지 못하는 것, 세계무역기구WTO 농업협정과 자유무역협정FTA에 따른 관세할당TRQ, tariff-rate quota 수입 정책에서 식량안보와 국내 농업 보호라는, 상충하는 목표 사이에서 갈팡질팡하며 명확한 정책적 입장을 제시하지 못하고 있다는 점도 문제이다. 딜레마 상황에서 칼로 무 자르는 것 같은 입장 정립은 어렵지만 적어도 식량안보 목적을 국민이 제대로 인식할 수 있도록 명확하고 일관된 정책을 정립해야 한다.

둘째, 비상시 국가 차원의 식량안보뿐 아니라 상시 관리가 필요한 평상시 취약 가계 식량안보도 고려해야 한다. 가계소득의 양극화, 불황의 지속 등이 심해지는 상황에서 비상시 국가 차원의 식량안보 대책과 분리해 평상시 가계 식량안보 대책에 접근할 필요가 있다. 국민소득이 일정 수준 이상인 국가의 경우 국가 평균 엥겔계수가 낮으므로 국가 차원에서의 식량안보보다는 취약계층을 목표로 하는 가계 식량안보에 정책의 초점을 맞추는 것이 더 실효성 있기 때문이다. 정기적으로 가계 식량안보 실태를 파악해 식량 불안에 노출된 가계에 대한 지원 시스템을 마련해야 한다.

셋째, 국내 농업 자원 부존 여건상 농식품의 해외 조달은 불가피한데 현물시장cash market 위주의 접근은 이제 탈피해야 한다. 현재 한국은 해외 농업 사업을 생산단계 혹은 유통단계에서 진출하는 두 가지 현물시장 접근에 치중한다. 생산단계 진출은 해외 농장을 인수하거나 농장개발에 참여해 직접 곡물을 생산·확보하는 사업이며, 유통단계 진출은 해외 산지로부터 국내까지 유통·물류·무역 망을 확보해 수집한 곡물을 국내에 공급하는 사업이다. 이러한 현물시장 접근은 기반 구축에 긴 시간을 요구하고 고비용을 수반한다. 따라서 이를 중단기적으로 보완할 수 있는 금융시장에 대한 접근을 병행해야 한다. 국제금융시장은 선물거래를 통해 일정 물량을 해외에 비축해둔다는 의미가 있으며 동시에 헤징이나 옵션거래 등을 통해 위험관리를 수행한다는 의미도 있다.*

넷째, 통합 비축 시스템 구축이 필요하다. 해외 조달 물량과 국내 비축 물량 간의 적정 구성률을 정하고 실제 비축은 해외 산지 곡물 창고→바지선→수출항 곡물 창고→해상 운송 선박→수입항 곡물 창고 등으로 연결되는 물류 흐름을 활용해 물량 비축 효과까지 포괄할 수 있는 통합 비축 시스템을 구축해야 한다.

나아가 식량 수급에 대한 종합적 접근이 필요하다.[168] 식량 수급과 관련해서는 언제라도 여러 상황이 발생할 수 있다. 예를 들어, 세계 곡물 수요가 공급을 초과하면서 해외 조달이 불가능해지는 극단 상황과 해외 조달은 가능하나 가격이 지속해서 상승하는 상황 등이 그러하다. 이런 상황을 대비할 방법은 일정 수준의 국내 생산 기반을 확충하는 것이다. 이를 위해서는 농업용지의 용도 전용을 위기 상황 발생 때 즉각 농업 생산으로 전환할 수 있도록 제한 관리해야 한다. 또 자연재해나 전쟁

• 국제금융시장의 효과적 활용의 예로 멕시코 사례를 꼽을 수 있다. 2007년 1월, 멕시코 정부는 멕시코인의 주식인 토르티야 가격 폭등으로 심각한 소요 사태를 겪었다. 이를 계기로 소비자가격 안정을 위한 주곡의 수입 가격 위험관리 필요성을 인식하고, 2010년부터 시카고거래소에서 콜옵션을 매수하기 시작해 곡물 시장 불안정기에 적절히 대처한 바 있다.

등으로 곡물 조달이 일시적으로 어려울 때를 대비해서 국제 곡물 조달 시스템의 구축이 요구된다. 아울러 순환적인 가격 불안정 상황에 대처하기 위해서는 국제금융시장을 활용해 위험을 관리해야 한다.

이처럼 곡물 수급에 영향을 미치는 상황은 다양하며, 모든 상황을 동시에 대비하기는 어려운 일이지만 인력 양성, 자원 관리·보전, 국제적 네트워크 구축 등의 측면에서 종합적으로 접근하는 안목과 전략이 필요하다.

7

자원 분야 미래전략
Resources

산업 성장의 엔진이 되어줄 첨단소재 개발

기술 패권 시대에 더 중요해진 국부, 지식재산

과학 자본, 소프트파워로 쌓아 올리는 국가경쟁력

산업 성장의 엔진이 되어줄
첨단소재 개발[*]

소재는 일상생활에서 우리와 잠시도 떼려야 뗄 수 없는 존재이다. 먹거나 입는 것은 물론 사용하는 도구나 장비, 기기 등 우리 손에 닿는 모든 물질이 소재이다. 일상생활에서 편리하게 사용하는 제품들의 다양한 기능도 소재에서 나온다.

　소재는 인간의 지적·경험적 활동의 결과이며 모든 경제활동의 바탕이 된다. 따라서 소재 기술의 발전은 곧 산업 발전이며 소재 기술은 국가의 경쟁력을 결정하는 요소라고 할 수 있다.

• 앞의 2부 6장에 소개된 '변하지 않는 전략 자산 소재·부품·장비 기술'에 기술되어 있는 소재 관련 부분과 겹치지 않는 내용을 다뤘다.

소재 기술 개요

소재는 종류가 대단히 많으며 각기 다른 특징을 갖고 있고 발전해온 과정도 제각각이다. 몇 가지 관점에서 소재 기술의 영역과 특성을 첨단소재 중심으로 살펴본다.

소재의 분류

소재는 다이아몬드와 같은 천연 무기물이나 코르크, 고무와 같은 천연 유기물에서부터 금속, 세라믹, 고분자와 같이 공업적으로 만든 소재에 이르기까지 그 종류가 엄청나게 다양하다. 최근에는 소재 간 경계를 허문 플라스틱 전자 소재나 소재의 물성 한계를 초월한 메타 소재metama-terials까지 등장해 영역을 더욱 넓히고 있다. 소재를 제조하는 기술(공정)도 소재 화학을 넘어 나노공학, 생체화학 등으로 확장되어 이전에는 없었던 소재가 계속 나타나고 있다.

소재는 원자 간 결합 형태나 화학성분, 나타내는 물성, 제조 방식 등으로 분류한다. 다이아몬드, 흑연, 활성탄소는 모두 같은 탄소 원자로 구성돼 있지만, 원자의 결합 형태에 따라 가장 단단한 다이아몬드, 부드러운 흑연, 기공이 많은 활성탄소가 되며 각기 다른 용도로 사용된다. 근래 들어 다이아몬드나 흑연은 자연에서 채굴한 것보다 공업적으로 제조된 것을 더 많이 쓰고 있다.

소재를 자연물에 의존하지 않고 공업적으로 만드는 이유는 천연 소재는 물성이 일정하지 않으며 산업 수요를 충족시킬 만큼 수량이나 종류가 많지 않기 때문이다. 새로운 소재는 시장에서 우위를 점하는 새로운 제품을 의미하므로 경제적 필요에 따라 끊임없이 개발돼왔다.* 개발 과정에서 축적한 지식을 새로운 소재 개발에 활용함으로써 발전도 가속됐다.

첨단소재는 화학성분만으로 설명할 수 없는 특별한 물성을 지니며, 소재를 구성하는 개별요소의 합보다 더 큰 특성을 나타내는 소재를 말한다.[169] 기반 소재는 철이나 구리처럼 산업 전반의 인프라를 구성하고 주력산업의 근간이 되는 소재를 말한다. 원천 소재는 여러 용도로 활용될 수 있는 소재를 말하며 사용되는 양(규모)이 기반 소재보다 적은 것이 차이점이다.

소재 기술 영역의 특성

소재는 화학적으로 만들지만, 물리적인 수단으로 특성을 조절한다. 따라서 소재 기술은 기계산업이나 전자산업, 화학산업이 발전하는 기반이 된다. 재료과학 혹은 재료공학(영어로는 합쳐서 'Materials Science and Engineering'이라고 한다)이 독립적인 학술 영역으로 자리 잡긴 했으나 소재 기술 분야는 학제 간 성격을 갖는 전형적인 영역으로서 기초과학을 포함한 여러 학술 영역의 발전과 궤를 같이한다. 오랜 과학기술의 역사를 가진 나라들이 소재 강국인 것은 결코 우연이 아니다.

소재 기술은 짧게는 수십 년에서 길게는 수백 년의 긴 발전 과정을 거친다. 신기술인 양자점 TV와 관련이 있는 형광에 관한 연구는 16세

• 미국화학회의 카스CAS, Chemical Abstract Service에 등록된 물질은 1965년 21만 1,934개였으며 2000년 5월 20일 2,379만 4,148개, 2005년 6월 1일 8,227만 1,995개, 2023년 2월 1일 기준 1억 2,700만 개 이상이다. 2000년 이후 폭발적으로 증가했다.

기까지 거슬러 올라가며, 양자점이 발견된 것은 1981년이었다. 최초의 양자점 TV는 2013년에 출시됐다. 또 다른 신기술인 유기발광다이오드OLED TV의 기반이 되는 전도성 고분자 소재는 1862년에 발견됐으며 전기 형광을 나타내는 고분자 소재가 발견된 것은 1965년이었다. OLED 소재는 2007년 처음으로 TV에 적용됐다. 형광 현상의 발견 이후 장기간의 지식과 경험의 축적을 거쳐 신기술 TV의 핵심 소재가 됐으며 직접적인 발견(발명)이 있었던 다음에도 대략 20년 후에야 산업적으로 활용됐다.[170] 소재 산업은 기술개발이나 산업화에 많은 자본이 들어가게 되므로 시간도 오래 걸릴 수밖에 없다.

그러나 한번 개발된 소재 기술은 대체로 영속적이며 기반 소재일수록 더욱 그렇다. 1차 산업혁명 이후 대량의 강철을 값싸게 공급할 수 있게 한 베세머 제강법은 1856년 개발된 후 아직도 큰 변화 없이 쓰이고 있고, 제철산업에 쓰이는 코크스 제조법 또한 1709년에 발명된 이래 지금도 쓰이고 있다. 소재 기술은 그만큼 대체할 기술을 찾기가 쉽지 않다.

첨단소재는 개별 제품은 물론 산업의 경쟁력을 결정하는 출발점으로서 가치사슬의 전반에 위치하며 대략 10배에서 100배의 승수효과를 가져온다. 예를 들어 LED 핵심 소재(질화갈륨GaN)의 경우, 원소재에서 부품 단계(GaN 소자)까지 약 5배, 시스템 단계(조명 시스템)까지 약 18배, 서비스를 포함하는 최종 소비 단계(조명 시스템 운영)까지 그 부가가치가 약 78배 증가한다.[171]

세 번의 변곡점: 제1·2차 세계대전 그리고 디지털혁명

소재 기술은 사회경제적 혹은 지정학적으로 강력한 동기가 있을 때 빠르게 발전한다. 근대 들어 소재 기술이 비약적으로 발전한 계기는 제

1차와 제2차 세계대전, 그리고 1970년대 이후 발전을 거듭한 디지털혁명이었다. 제1차 세계대전 중에는 1차 산업혁명 때부터 발전한 철강 소재 기술과 2차 산업혁명 초기 발전하기 시작한 화학 소재 기술이 비약적으로 발전했다. 제2차 세계대전 중에는 고온 혹은 고강도 경량 신합금, 실리콘 소재, 인조고무, 고순도·단결정 소재, 기능성 코팅 기술, 전기화학 소재 등의 기술이 급속히 발전했다. 전장은 새로운 소재를 대량 필요로 하므로 개발 중인 소재까지 투입되는 데다가 많은 소재 정보를 단시간에 축적할 수 있는 환경이 된다. 평시에는 생각할 수 없는 대규모 재원이 투입되는 것도 급속한 발전의 배경이다. 제2차 세계대전 후에는 동서체제 간 생산성, 군비, 우주개발 경쟁이 첨단소재 개발을 견인했다.

세 번째 변곡점은 지정학적 요인 대신 디지털 혁신으로 급팽창한 전자산업과 정보통신산업이 불러왔다. 스마트폰을 포함해 세상을 바꿔놓은 다양한 첨단 IT 제품이 연이어 쏟아져 나왔는데, 그 배경에는 폭발적인 첨단소재 수요를 감당할 만큼 축적된 소재 기술이 있었고 그런 소재 기술의 사업화를 뒷받침할 충분한 자본이 IT 산업에 있었다. 세 번째 변곡점을 지나며 발전한 배터리 소재 기술은 전기차 배터리로 이어지고 있는데, 전망했던 것보다 더 빠르게 전기차 산업이 발전하는 동력이 되고 있다.

소재 기술 동향

소재 기술은 시장 환경의 변화나 주변 기술의 발전에 따라 함께 변해 왔다. 1970년대 이전에는 소재의 기본 구조와 물성에 관한 기초연구가 주종을 이루었으며 1980년대 이후에는 이미 알려진 소재의 내부 구조를 미크론 크기(100만 분의 1m 크기) 수준에서 성능을 향상하거나 이종 소재를 서로 융합해 시장수요에 대응하는, 이른바 응용연구가 중심이었다. 실험적이거나 다소 시행착오적 성격이 강했던 이전의 연구에서 벗어나 통계적이고 계산적인 방법으로 소재를 개발하려는 움직임이 시작됐다.

2000년 이후에는 나노 크기(10억 분의 1m) 영역인 원자나 분자 수준에서 소재를 제어하는 연구가 본격화됐다. 또한 고성능 컴퓨팅과 소재 정보를 활용해 분자 수준에서 소재를 설계designed material하는 연구가 잇따랐다.

한편, 금속이나 세라믹 등 무기 소재가 주종을 이루던 기술이 고분자(플라스틱)를 포함하는 유기 소재로 확대됐고 최근에는 생물학적 공정에 기반을 둔 소재bio-engineered material가 등장하고 있다. 소재 구조 면에서는 성분이나 결정상태에 관심을 두었던 거시macro 단계에서 미크론 수준으로 조직을 제어하는 미시micro 단계를 거쳐 원자 혹은 분자 단위에서 제어하는 나노nano 단계로 접어들었다. 나노 수준에서 물질을 제어할 수 있게 됨에 따라 새로운 구조나 물성을 가진 소재를 창제할 수 있게 됐으며 이런 과정은 생물학적 과정과 유사하므로 생체 과정이나 구조를 모방(모사)해 소재를 개발할 수 있게 됐다.

물질과학에 축적된 원자·분자 간 상호작용, 불순물이나 결함이 미치는 영향, 거시적 및 미시적 거동 등에 관한 소재 정보material informatics와 이를 다루는 빅데이터, 소재의 구조나 공정을 설계하고 성능을 예측하는 고성능 컴퓨팅 기술 등 관련 기술이 융합되면서 이제 우리 사회는 디지털 소재 시대로 전환되고 있다. 이에 따라 강철처럼 강하되 납처럼 부드러운 모순 소재, 카멜레온처럼 환경에 따라 색상이 달라지는 소재, 생물학적 과정에 따른 소재의 대량 제조 등 혁신적 기술이 나타나고 있다.

첨단소재 기술은 1980년대까지만 해도 미국의 독무대였다. 이후 미국은 1980년대 중반 복합 소재 분야에서 잠시 일본에 추월을 허용했다가 복귀했고 1990년대 중반 합금 분야와 세라믹 분야에서 일본에 추월당했으나 여러 영역에서 여전히 최고의 기술력을 보유하고 있다. 독일, 러시아, 이탈리아, 프랑스, 영국, 스위스 등 유럽 국가들은 촉매 소재나 복합 소재 분야에서 상당한 경쟁력을 갖고 있다. 한편 1990년대 이후로는 한국, 대만, 중국, 인도의 소재 기술 역량이 급상승했다. 소재 기술 영역에서도 세계화가 빠르게 진행됨[172]에 따라 후발국의 기술력이 급상승했고 그 결과 기술 경쟁의 범위가 넓어지고 양상이 복잡해지는 상황이다.

최근에는 고도로 발전한 소재 기술을 바탕으로 급격하게 커지는 3D 프린팅 시장에 필요한 전용 소재나 폴더블이나 롤러블 전자기기를 포함하는 유연 전자용 소재 등 산업적 용도에 맞춘 소재 개발이 하나의 흐름이 되고 있다. 새로운 시장의 등장에 힘입어 첨단소재 분야는 향후 10년 동안 연평균 13~14%의 빠른 성장이 예측된다.*

● 첨단소재 시장 규모는 시장분석 기관별로 10배 차이가 날 정도로 정확한 분석자료가 없다. 가장 작은 시장 규모는 2023년 652억 달러, 2032년 1,127억 달러로 예측한다.

가열되는 국제 경쟁

2000년 이후 미국의 제조업 경쟁력 강화 정책을 필두로 각국은 첨단소재 개발에 투자를 확대하고 있다. 최근 글로벌 공급망 붕괴에 따른 생산 중단과 미·중 간 기술 패권 경쟁을 경험하면서 각국은 소재 기술의 전략적 가치를 재인식하게 됐으며, 여러 나라가 소재 기술개발 장기 프로그램을 경쟁적으로 진행한다. 미국의 〈소재 게놈 프로젝트MGI〉(2011), 영국의 〈8개 대형 기술Eight Great Technologies〉(2013, 2014), EU의 〈핵심 수권 기술Key Enabling Technologies〉(2011), 호주의 〈첨단소재Australian Advanced Materials〉, 중국의 〈프로그램 863〉 및 〈프로그램 973〉(1986년 3월과 1997년 3월에 시작한 프로그램), 사우디아라비아의 〈첨단소재 기술 프로그램 전략적 우선순위Strategic Priorities for Advanced Materials Technology Program〉(2008), 일본의 〈신원소 프로그램〉 등이 있으며 캐나다, 이스라엘, 뉴질랜드 등도 소재 기술개발을 지원하고 있다.

한편 2000년을 전후해 미국 국립과학재단NSF의 소재 기술 분야 연구개발 투자 동향에 큰 변화가 있었다. 소재 개발을 위한 투자 규모가 1992~2000년에는 연평균 3%씩 증가했으나 2000~2004년에는 연평균 8%씩 증가해 투자 확대 속도가 두 배 이상 빨라진 것이다. 미국과 패권 경쟁을 벌이고 있는 중국도 크게 다르지 않다. 중국은 2017년 중국공정원이 만든 〈2035년 신소재 기술력 전략에 관한 연구〉에 따라 2025년까지 전반적인 기술력을 세계적인 수준으로 끌어올리고, 몇몇 분야에서는 세계 선두를 달성하며, 2035년까지 세계적인 소재 강국 대열에 오른 다음 2050년 완전히 독자적인 혁신 체계를 구축하고 세계 최고의 소재 기술 국가가 된다는 목표를 향해 달려가고 있다.

네 번째 변곡점: 탈탄소와 자원순환의 과제

최근에는 소재 산업을 둘러싼 환경이 다시 급변하고 있다. 소재 산업은 기후변화, 환경보존, 자원 부족의 문제에 당면하고 있으며 인구구조 변화(고령화)와 도시화, 달라진 소비 패턴 등에도 대응해야 한다. 특히 소재 산업은 전체 배출 탄소의 약 25%를 차지하고 있어 기후변화 문제의 중심에 있다.

소재 산업은 지금까지 탄소 배출을 크게 줄이지 못했으며 전통적인 방식과 흐름에서 벗어나지 못했다. 몇몇 소재를 제외하고는 자원의 국지적인 분포나 과다한 사용으로 초래된 부족에 그다지 큰 관심을 두지 않았다. 이제는 탄소 배출이 많은 패러다임에서 벗어나기 위해 탄소 배출을 획기적으로 줄인 소재 기술을 개발해야 한다. 사실상 기존과 완전히 다른 성격의 소재 기술을 개발해야 하므로 이것이 성공하면 우리에게 큰 기회가 될 수 있다. 하지만 초기 단계에서 독보적인 저탄소나 탈탄소 소재 기술을 개발하지 못하면 기후변화 대응 체제에서 살아남을 수 없으므로 치밀한 전략으로 대응할 필요가 있다.

이 새로운 변화 패러다임의 방향은 1) 에너지 측면에서는 저탄소형 혹은 탈탄소형, 2) 자원 측면에서는 (완전)순환형 혹은 자원 절약형, 3) 환경 측면에서는 자연 친화형, 4) 기술 형태 측면에서는 자연 유래형 소재 기술이 될 것으로 전망된다.

우선 철강, 시멘트, 알루미늄, 플라스틱 등 탄소를 대규모로 배출하는 기반 소재 산업의 저탄소화·탈탄소화가 변화 대상이 될 것이다. 소재의 재사용 혹은 재활용 비율을 획기적으로 개선할 수 있는 기술을 개발하면 탄소 배출을 낮추는 것은 물론 자원 부족을 해소해갈 방법이 될 수 있다. 환경친화적인 소재와 제조공정을 개발해 환경 부담을 줄이는 것도 중요하다. 생물학적 공정이나 구조를 모방한 소재를 제조함으로써 고기능과 친환경의 목표를 동시에 달성하는 기술이 앞으로 큰 흐름이 될 것이다. 탄소세 부과나 소비자의 인식 변화 등 사회경제적 환경의 영향을 받아 이런 소재들이 시장에 진입하게 되면 경제성(효율성)을 개선하면서 기존 소재를 빠르게 대체해갈 것이다.

소재 기술 경쟁력 강화 전략

소재 기술개발 전략의 핵심은 새로운 소재를 개발해 새로운 산업을 창출하고, 다시 산업 발전에 필요한 소재를 선제적으로 신속히 개발해 산업의 경쟁력을 높이는 것이다. 이와 함께 첨단소재 기술의 전략 자산화 추세에 대응해 공급사슬을 주도할 전략 소재를 확보하는 것이다.

첨단소재 개발 경쟁은 고도의 전문 지식과 경험을 갖춘 인력과 첨단 인프라의 경쟁이다. 소재 기술에서는 고도의 전문성을 갖춘 인력이 핵심 플랫폼이다. 전문 인력은 장기간의 연구를 통해 양성되므로 무엇보다 동일한 영역에서 장기간 연구할 수 있도록 지원해야 한다. 개별 소재를 개발하는 연구(소재 중심)를 지양하고 동일 연구자(혹은 연구 그룹)가 유망 소재 분야를 계속 연구(역량 중심)할 수 있게 해야 한다. 예를 들어 미국의 소재 기술개발 프로그램은 원천기술 개발에 집중하고 있으며, 개별적인 소재는 관련 있는 부처가 개발하는 이원적인 구조를 지닌다. 또한 첨단소재 개발에 필수인 분석 장비를 고도화하고 운영 인력을 전문화해야 한다. 그래야만 연구 인력이 기술개발에 집중하고 비용과 시간을 줄일 수 있다. 외국의 우수한 연구 그룹과의 학술 교류를 통해 지식과 경험을 공유하면서 상호 간 시너지를 창출할 필요도 있다.

무엇보다 소재 기술개발을 효율적으로 실행하기 위해서는 첨단 제조업이나 나노기술 등 관련 있는 영역과 연계하는 것이 효과적이다. 정책적으로는 소부장이나 탄소중립 정책을 아우르는 정책 혼합이 필요하며, 여기에는 여러 부처가 참여하는 구체적인 실행 로드맵이 포함되어야 한다. 첨단산업과 첨단 제조 기반을 새로운 소재 기술을 적용해보는 시험대로 활용해 시장 창출에 필요한 자료track record를 확보하는 전략도 생각해볼 만하다.

또한 소재 기술은 씨앗 기술에서 시작해서 큰 기술로 성장해가므로 소재 전문 기업의 창업을 촉진하고 이를 지원하는 전용 펀드를 확대하며 조세를 획기적으로 감면하는 등 스타트업이 성장할 수 있는 환경을 조성해야 한다. 전후방 산업에서의 낙수효과 혹은 승수효과, 스타트업이 중견기업으로 성장했을 때의 경제적 효과(새로운 공급사슬 구축 포함)를 고려하면 소재 전문 스타트업이 성장할 수 있도록 획기적인 특혜를 제공할 타당성은 충분하다. 선진국도 정책 혼합을 통해 전폭적인 지원을 하고 있다. 가치사슬이나 공급사슬을 구축하는 데 영향력이 큰 중견 혹은 대기업과 소재 전문 스타트업 간 협력을 정책으로 지원하는 한편 인수합병을 촉진해 스타트업 기술이 대형 산업이 될 수 있게 해야 한다.

동시에 정부는 소재 전문 스타트업의 지식재산IP, Intellectual Property을 보호하는 제도적 기반을 구축해야 한다. 예를 들어, 우리 소재 기술개발 역사상 처음으로 글로벌 선두 경쟁을 벌이고 있는 배터리 소재의 사례는 첨단소재 기술개발 전략이 어떠해야 할지를 함축적으로 보여준다.

배터리 소재 기술은 어떻게 글로벌 경쟁력을 갖출 수 있었나?

배터리 산업은 우리가 신산업 영역에서 치열한 선두 경쟁을 벌이고 있는 첫 사례이다. 배터리 기술은 소재와 공정(제조)이 어우러진 기술이지만, 소재 기술이 압도적인 비중을 차지하며 경쟁력을 결정하는 특징이 있다. 배터리 소재는 종류가 많지만, 고용량 충전과 고속 충전의 목표는 항상 같았으며 다른 나라와 경쟁하면서 목표치가 거의 실시간으로 상향 설정돼왔다. 1990년 이전 일본이 독주하던 배터리 영역에 대기업이 뒤늦게 뛰어든 이후* 하나의 소재 기술을 개발하기 위해 산학연관이 30년 가까이 일관되게 협력해온 보기 드문 사례를 보여주기도 한다.

이와 관련해 중장기 기술개발 사업 지원, 인프라 구축, 기술 로드맵 관리 등 수많은 기술개발 사업과 다양한 정책 지원이 있었다. 정부는 〈전기자동차용 고성능 전지 기술 개발〉(G7 사업, 1992년)에 착수한 이래 〈차세대 소형 전지 중기 거점 기술개발〉, 〈이차전지 경쟁력 강화 방안〉(관계부처 합동, 2010년), 〈이차전지 로드맵〉(2010년) 등 기술개발을 지속적으로 지원했으며 공공 연구소들도 1990년대 중반 KIST-2000 프로그램 등 이차전지 연구에 착수했다. 이런 지원을 통해 지식과 경험을 축적할 수 있는 연구 조직과 연구시설이 대학과 연구소에 구축됐으며 많은 전문 인력을 양성해냄으로써 소재 기술과 배터리 제조 기술을 따라잡고, 참여했던 기업들이 글로벌 경쟁력을 갖출 수 있었다.

또 1990년대 후반 우리나라의 휴대전화 산업이 급성장하면서 배터리 내수시장이 확보된 것이 배터리 소재 기술의 발전이 이어지는 토대

---

* LG그룹은 1992년 리튬이온배터리 개발에 착수했고 2000년 세계 최초로 전기차용 리튬이온배터리 개발을 시작했다.

가 됐다. 휴대전화 배터리 개발을 통해 축적한 소재 기술을 바탕으로 2010년대 후반 이후 급속히 발전하는 전기자동차용 배터리 소재 기술에 대응할 수 있게 됐다. 휴대전화용 배터리의 무게는 대략 50g 내외인 것에 비해 전기자동차용 배터리는 무게 400~450kg으로 휴대전화 배터리의 8,000~9,000배이며 높은 안전기준을 충족해야 하므로 차원이 다른 기술로 볼 수 있다. 휴대전화 배터리 소재 기술은 독자적인 사업 영역인 한편 전기자동차 배터리 소재 기술로 진화하는 중간 단계(기술 및 시장 관점)로서 큰 역할을 했다고 보는 것이다. 최근에는 2000년 이후 축적된 나노 소재 부문의 기술 역량이 배터리 소재 기술에 융합되면서 배터리 소재의 혁신이 가속되고 있다.

기술 패권 시대에 더 중요해진 국부, 지식재산

삼성전자는 2023년 4월 미국에서 제기된 메모리 반도체 특허침해소송에서 4,000억 원에 이르는 배상금을 지급하라는 배심원 평결을 받았다.[173] 한편 삼성디스플레이는 스마트폰용 유기발광다이오드의 특허침해를 이유로 중국 기업 BOE에 소송을 제기했다.[174] 모두 전략 자산이 된 지식재산을 확보하기 위해 국제 무대에서 벌어지는 총성 없는 전쟁의 일면이다. 특히 미국과 중국을 중심으로 기술 패권 경쟁이 벌어지면서 세계 주요 국가도 앞다퉈 반도체, AI, 블록체인, 바이오, 양자 기술 등 핵심 원천 기술 개발과 기술특허 확보에 힘을 쏟고 있다.[175] 지식재산이 지식기반 사회에서는 물론 첨단기술을 선점하려는 기술 패권 시대에 더 중요한 국부의 원천이 됐음을 상징적으로 보여주는 것이기도 하다.

한편 한국은행이 2023년 3월 발표한 〈2022년 지식재산권 무역수지〉에 따르면 2022년 지식재산권 무역수지는 13억 3,000만 달러 적자였다. 적자가 난 부분은 산업재산권(-26억 2,000만 달러)이었다. 반면 저작권(15억 2,000만 달러)은 흑자를 냈는데, 특히 문화예술저작권 무역수지(6억 달러)가 3년 연속 흑자를 기록했다. 이는 K-팝과 K-드라마 등이 해외에서 인기를 누리면서 한류 콘텐츠가 거둔 약진으로 해석된다.[176] 지식재산의 힘은 세계적 기업들의 자산가치가치평가에서도 살펴볼 수 있다. 총자산 대비 무형자산 가치 비중이 날로 증가하고 있기 때문이다. 특허 가치평가 업체 오션토모에 따르면 2020년 기준 S&P 500대 기업의 자산 중 무형자산의 가치는 총자산의 90%에 이르렀다.[177]

이러한 흐름은 5세대 통신 혁명, 원격의료, 콘텐츠 전쟁 등이 진행됨에 따라 더욱 가속할 것으로 보인다. 또 기술 분야뿐 아니라 음악, 미술, 영화, 게임 등 창조 활동이 필요한 전 분야에서 지식재산의 가치와 유형에도 다양한 변화가 예상된다. 이는 결국 새로운 환경에 대처하기 위해서는 지식재산 전략에도 수정과 보완이 필요하다는 것을 뜻한다.

새로운 부를 창출하는 지식재산

초연결과 초지능을 특징으로 하는 4차 산업혁명 생태계에서는 기술의 플랫폼화가 더욱 심화되면서 표준필수특허 standard essential patent와 원천특허 original patent 가치의 중요성이 더 커질 것으로 보인다.[178] 표준으로 정해진 기술을 후발주자로부터 보호받을 수 있고, 표준을 따르는 기업으로부터 표준필수특허에 따른 로열티를 받아 특허 보유권자가 시장지배력을 강화하고 지속적인 수익을 창출할 수 있기 때문이다.[179] 즉, 표준필수특허와 원천특허의 선점은 새로운 부를 창출할 기회를 뜻한다. 이를 위해서는 기술과 산업 환경의 변화 방향과 내용을 예측할 수 있어야 한다.

지식재산 관련 주요 용어의 개념

- 지식재산 IP, intellectual property: 인간의 창조적 지적 활동 또는 경험의 산물. 재산적 가치가 법적 보호를 받는 특허, 상표, 디자인, 저작권, 영업비밀과 생물의 품종이나 유전자원 遺傳資源 등 인간의 지식과 경험, 비결(노하우) 전반으로서 재산적 가치가 실현 가능한 것을 총칭한다.

- 지식재산권 IPR, intellectual property rights: 법령 또는 조약 등에 따라 인정되거나 보호되는 지식재산에 관한 권리를 의미하며, 학술·실무에서는 '지식재산 IP'으로 불리기도 한다. 마찬가지로 특허와 특허권, 상표와 상표권, 디자인과 디자인권도 각각 혼용된다.

- 무형자산 intangible asset: 기업의 경제적 가치 자산이지만 물리적 실체가 없는 고정자산으로 전통 회계상 포착이 어려운 지식과 노하우를 총칭하는 개념이다. 상표권 같은 브랜드의 가치 등이 이에 속한다. 문헌에 따라 지식자본, 지식자산 등 다양한 용어로 불리고 있다.

- IP5 five IP offices: 특허를 비롯해 세계 지식재산 제도의 운용을 주도하는 '한(KIPO)·미(USPTO)·중(CNIPA)·일(JPO)·유럽(EPO)'의 5대 특허청 간 협의체를 지칭하며 '선진 5개 특허청'이라고도 한다. 2022년 IP5를 통한 특허출원이 총 293만 건으로 전 세계 특허출원의 85.1%[180]를 담당할 만큼 세계 특허제도와 정책을 주도하고 있다.

지식재산 집약 산업의 가치 부상

미국 상무부는 2012년 미국 특허청 데이터를 기준으로 전체 313개 산업 중에서 특허와 상표 등 지식재산을 가장 집중적으로 활용하고 있는 산업 75개를 선별하고 이를 '지식재산 집약 산업IP-intensive industries'이라 명명했다. 미국 특허상표청의 〈IP와 미국 경제〉 2021년 보고서에 따르면 이러한 지식재산 집약 산업이 2019년 기준 미국 내 경제활동에서 생산의 41%, 고용의 44%를 차지하고 있다.[181]

또 2017~2019년 EU 총 GDP의 47.1%가 지식재산 집약 산업에서 창출됐다. 직접고용 기준 일자리 6,150만 개(전체의 29.7%)도 지식재산 집약 산업에 의해 제공됐다. 지식재산권을 보유한 회사가 그렇지 않은 회사보다 임금도 41% 높다는 결과가 나오기도 했다.[182]

IP 금융 부문 규모 8조 원 눈앞

우리나라 전체 지식재산 가운데 금융 부문 규모는 2016년 5,774억 원에서 2020년 2조 640억 원으로 급증했다. 특히 지식재산 기반 투자, 담보대출, 보증 등 2018년부터 누적된 IP 금융 잔액 규모는 2022년 처음으로 7조 원(7조 7,835억 원)을 넘어 2023년 4월 기준 8조 원을 눈앞에 두고 있다. 2022년 신규 공급도 3조 905억 원으로 증가했다. 2022년도 신규 공급액만 놓고 봤을 때 IP 투자액이 전년 대비 2.1배 늘면서 처음으로 1조 원(1조 2,968억 원)을 돌파했다. 이는 우수 특허 보유 기업에 대한 투자 활성화 때문인데, 정부가 모태펀드 출자를 통해 기반을 다지고, 여기에 벤처캐피털 등 민간 투자기관과의 지속적 협력을 통해 이룬 성과로 분석된다.[183]

또 기업이 지식재산권을 금융거래 대상으로 활용하고 있음을 보여주며, 금융기관에서도 지식재산권이 물건 또는 서비스와 결합하거나 라이선스를 통해 현금흐름을 창출할 수 있는 가치가 있다고 판단함을 의미한다.[184] 즉, 지식재산이라는 담보물에 대한 가치평가의 중요성이 커지고, 특허권에 대한 가치평가(특허의 유효성, 시장에서의 안정성, 특허의 수명, 특허의 활용성 등) 요소가 금융거래의 주요 항목이 됐음을 시사한다. 이에 따라 은행들은 지식재산 가치를 평가하기 위해 각 분야 전문가(변리사, 변호사, 회계사, 금융인, 기술 전문가 등)들과 협업을 도모하고 있다.

지식재산 환경의 변화와 새로운 이슈들

최근에 등장한 혁신 기술들로 지식재산 환경은 풍성해졌지만, 민감한 이슈도 함께 나타나고 있다. 빅데이터, AI, 사물인터넷, 메타버스 등은 기존 개념으로 평가할 수 없는 새로운 양상의 보호 가치와 지식재산을 창출하고 있기 때문이다. 예를 들어, 현재 저작권법에 따르면 저작권으로 보호받는 창작물은 '인간의 사상이나 감정을 표현한 창작물'이라고 규정하고 있다. 따라서 자연인이 아닌 회사나 장치, 기계 등은 발명자로 표시할 수 없다. 인간이 아닌 AI가 창작한 결과물 또한 인간 창작물로 볼 수 없다는 것이 현재 다수의 의견이다.

AI 다부스DABUS를 발명자로 기재한 특허출원에 대해 2021년 호주 연방법원이 AI를 발명자로 인정하는 판결을 최초로 한 바 있지만, 항소심에서는 이를 인정하지 않았고, 미국과 영국에서도 출원을 거절했다. 반면 사우디아라비아에서는 다부스를 발명자로, 다부스의 개발자인 인간을 출원인으로 한 출원이 접수됐다.[185] 그러나 우리나라를 비롯한 많은 나라에서 '아직은' AI가 인간의 개입 없이 독자적으로 발명자가 되기는 어렵다고 본다.[186]

이런 배경에서 특허청은 2022년에 〈인공지능과 지식재산 백서〉를 발간했다. 여기에는 AI가 발명자가 될 수 있을지를 둘러싼 국내외 전문가들의 논의와 AI가 만들었다고 제기되는 발명의 현황 등이 소개되었다. 특히 AI 기술이 계속 진화하고 있는 만큼 머지않은 미래에는 AI를 발명자로 인정해야 하는 상황이 올지도 모른다고 예측하면서 이러한 가능성의 대비를 강조했다. 사실 이런 우려는 2023년 들어 더욱 커지고 있다. 챗GPT가 상징하는 생성형 AI가 텍스트는 물론 이미지, 영상 등 다양한 형식으로 놀라운 창작 능력을 보여주고 있어, 생성형 AI를 저작권자로 볼 수 있을지에 대한 논의가 더 거세지고 있기 때문이다. 여전히 현행 법체계에서는 AI가 저작권을 가질 수 없지만, 기술이 바꿔놓을지도 모를 지식재산의 변화 흐름을 주목할 필요가 커진 셈이다. 물론 한편으로는 생성형 AI가 학습하는 데이터는 다른 저작물들을 토대로 하는 만큼 지식재산권을 침범할 가능성도 있고 인류가 만들어낸 콘텐츠에 대한 표절이라는 비판도 있다.[187]

지식재산 미래전략

세계지식재산기구WIPO 데이터센터 집계 기준으로 2022년 국제 특허출원에서 우리나라는 중국, 미국, 일본에 이어 3년 연속 세계 4위에 올라 있다.[188] 그러나 우리나라 특허의 실상을 살펴보면 기대와 다르다. 실제 등록이 되어도 활용되지 않는 특허권이 많고, 최근 5년간(2017~2021년) 등록 후 다시 무효가 되는 특허권 비율이 46.8%로 미국(23.5%)의 2배나 된다.[189]

또 우리나라는 AI 특허출원 건수에서도 상위에 올라 있지만, 특허인용지수CPI로 평가한 특허의 질적 수준은 주요국 평균에 미치지 못한다.[190] 기술이전 규모도 출원 규모와 비교해 작은 편이다. 이제 우리도 규모의 차원을 넘어 지식재산의 질적 경쟁력을 키우기 위해 국가적 관심과 지원을 강화해야 한다.

지식재산 국가 패러다임 구축

지식재산권을 보호하지 못하는 한 기술개발은 밑 빠진 항아리에 물 붓기와 같다. 우리나라는 지식재산 보호에 소극적이었던 과거 태도에서 벗어나 지식재산권 보호의 패러다임을 선도할 시점에 와 있다. 그간의 발전은 추격자 전략으로 가능했다. 하지만 이제 추격자 위치를 넘어 국제 무대에서 지식재산 선진국의 역량을 갖출 필요가 있다. IP5 및 TM5(상표 분야 선진 5개국 협의체), ID5(디자인 제도 선진 5개 청)와 같은 지식재산 선진 5개국의 일원으로서 지식재산권 분야 국제질서 변화를 선도하고, 개도국 지원사업과 같은 국제 협력 활동도 펼쳐야 한다. 또 국내에서 지식재산권을 실효성 있게 보호하고 우리 기업의 해외 지식재산권 분쟁 피해를 줄여야 하며 국제사회가 인정하는 진정한 지식재산권 강국이 되어야 한다.

국제적으로 신뢰받는 제도와 리더십 필요

특허권 보유자는 스스로 출원 국가도 선택할 수 있지만, 분쟁 발생 시 어느 나라 법원에서 재판을 진행할지, 어느 나라 기관에서 침해 여부를 다툴 것인지도 선택할 수 있다. 당연히 지식재산권 보호가 잘 되고 신뢰할 수 있는 나라에 특허출원이 몰리고 분쟁 해결을 위한 소송도 몰린다. 우리나라가 특허 분야에서 신뢰를 얻기 위해서는 국제적인 공조 속에 예측 가능한 제도를 보유하고 있어야 한다.

우리나라 특허청은 지난 2019년 징벌적 보상 제도를 도입해 고의 특허 침해자가 특허권자에게 피해액의 3배수까지 보상하도록 했고, 2020년에는 손해배상 현실화를 명문화했다. 그러나 최근 국내에서 불거진 여러 지식재산권 침해 사례를 볼 때, 아직은 미국이나 유럽과 비교해 지식재산권자의 권리가 동등한 수준으로 올라왔다고 인정하기는 어려운 실정이다.[191] 국제적으로 신뢰받는 특허제도를 구축하는 것도 우리가 지식재산 강국이 되는 데 꼭 필요한 부분이다.

지식재산 전문 인력 양성

특허청에 따르면 2022년 국내 기업 3만 8,135개 가운데 47%가 지식재산 담당 조직을 보유한 것으로 나타났지만, 전담 인력을 보유한 기업은 11.1%에 불과했다.[192] 우리나라에서 지식재산 전문가를 찾는 일이 그만큼 어렵다는 방증이다. 그동안 지식재산에 대한 사회적 인식이 낮았던 이유도 있지만, 지식재산의 관리·활용·라이선싱(특허사용권 계약)·분쟁 해결 분야의 전문가 양성이 제대로 이뤄지지 못했다. 다행히 특허청이 지원해 2010년 KAIST와 홍익대학교에 지식재산대학원이 설립된 이래 다른 학교로도 저변이 확대되어 현재 여러 대학에서 인력 양성이 이뤄지고 있다.

지금 같은 기술 변화의 시대에는 특히 지식재산의 법리뿐 아니라 AI, 뇌과학 등 지식재산 분야별 전문 지식을 동시에 지닌 융합 지식 전문가가 필요하다. 아울러 국제적인 소양을 갖춘 지식재산 전문가를 대거 양성해 아시아 통합특허청과 아시아 통합특허법원 시대를 대비해야 한다. 지식재산권 등록과 침해 이슈를 다루는 기관의 공무원에 대해서도 체계적이고 전문적인 교육이 필요하다.

지식재산 평가 능력 함양

지식재산권 사업화 과정이나 각종 분쟁에서 우리가 직면하는 문제 중 하나는 해당 지식재산 가치를 어떻게 측정하고, 평가할 것인가이다. 무형의 지식재산을 담보로 대출 및 기업가치를 평가하는 일은 이전보다 훨씬 많아졌고, 인수합병 시장을 포함해 기업 자산평가에서도 눈에 보이지 않는 무형자산의 비중이 높아졌다. 하지만 지식재산 가치평가를 위한 기준과 정보 DB, 평가 전문 인력 등 인프라는 여전히 부족하다. 2022년 12월 발명진흥법을 개정해 '지식재산 평가관리센터' 설치를 위한 법적 근거를 마련했지만, 가치평가 모델이나 평가 시스템 등 지식재산 가치평가의 확산을 위해서는 관련 기반을 조속히 조성할 필요가 있다.[193] 또 지식재산 법리 전문가나 가치평가 전문가뿐 아니라 해당 무형지식 분야의 전문가들이 참여하는 심사 시스템을 구성해 지식재산의 가치가 현실에서, 그리고 미래에 어느 정도 될지까지 심사할 환경이 만들어져야 한다.

새로운 유형의 지식재산 대비

대화형 AI 챗GPT의 기반이 되는 초거대 AI 분야에서 우리나라 특허출원은 2011년부터 10년간 89.7%의 폭발적 증가율을 보였다. 등록률은 2012년 약 60%에서 2021년 약 43%로 감소했으나, 등록 건수는 2012년 233건에서 2021년 4,111건으로 17배가 넘는 특허권이 발생했다.[194] 이는 디지털 대전환이라는 변화 속에서 새로운 유형의 지식재산이 계속 출현할 것을 예고한다. 앞서 논의한 바와 같이 AI가 만드는 성과물의 소유권 논쟁도 치열할 것이다. 따라서 앞으로 출현할 지식재산의 유형이나 범위에 대해 새로운 시각으로 접근하고 글로벌 흐름에 부합하는 방향으로 대응체계를 갖춰야 한다.

특허심사 심사관 확충과 지원

등록된 특허가 특허심판원에서 무효라고 판정된 건수를 보면 우리나라 (42.6%)는 일본, 미국보다 두 배에 이른다.[195] 그런데 2021년 심사관 1인당 연간 심사 건수는 미국(69건), 일본(169건)보다 훨씬 많은 197건이다.[196] 우리나라 심사관 인력 구성은 IP5 특허청과 비교할 때 분야별 박사급 비중이 높고, IT 등 주요 산업 분야 분석 능력 또한 최고 수준이다. 그러나 전문성이 아무리 높아도 시간과 인력이 부족하면 심사 품질이 떨어질 수밖에 없다. 심사관 1명이 처리할 특허 건수가 많을수록 부실한 심사로 이어질 가능성이 크다. 부실 심사로 이미 등록받은 특허가 무효 판정을 받고 독점권을 부여받지 못하면 그 피해는 특허권자뿐 아니라 특허 사용자가 보게 되고, 특허청에 대한 신뢰도 역시 떨어진다. 전문 인력 확충 등 인프라 구축에 더 힘을 써야 한다.

산업 분야별 제도와 정책 세분화

제약회사에서 신약 하나를 개발하는 데 통상 6.61년의 임상시험 기간이 소요되고 2조 원 이상의 비용이 투입되지만,[197] 제약업 특성상 창출되는 특허 수는 적다. 반면 정보통신 기술 분야에서는 상황이 다르다. 스마트폰 하나에 통상 25만 개 이상의 특허가 뒤따른다. 이처럼 산업별 상황에 따라 특허를 창출할 가능성과 가치는 다르게 나타난다. 이러한 특성을 반영해 우리나라는 주요국 최초로 2023년 4월 한국의 핵심 전략산업인 반도체 분야를 지원하는 전담 심사국을 출범했다. 반도체 기술 전담 심사 조직은 반도체 설계부터 소재·부품·공정에 이르기까지

전 분야에 대한 특허출원 심사를 담당하게 된다.[198] 앞으로 특허제도에 대한 논의 양상은 분야별로 더 다양해지고 세분화할 것이다.

한편 전통적 산업재산권과 특허제도가 4차 산업혁명으로 불리는 지능화된 디지털전환 시대에도 똑같이 적용될 수 있을지에 대한 논의도 필요하다. 4차 산업혁명의 첨단기술들이 여러 분야에 접목되고 있는데, 다양한 융·복합 기술이 창출한 제품이나 서비스는 기존 지식재산권 범주 안에서 다루기 어려울 것이라 예상되기 때문이다.[199]

국가 IP 전략 컨트롤타워 재정비

2011년 지식재산기본법이 제정되고 국가지식재산위원회가 설치됐지만, 지식재산 정책을 종합적으로 주도하기 어렵다는 지적도 제기되어왔다. 지식재산정책비서관을 신설해 대통령의 지식재산 정책을 보좌하고 지식재산 관련 컨트롤타워 역할을 할 수 있는 지식재산처 등을 신설해야 한다는 의견이 계속 나오는 이유이다. 영국, 캐나다 등에서는 산업재산권과 저작권을 하나의 기관에서 관장하면서 효율성을 높였고, 미국에서는 지식재산집행조정관IPEC이 있어 지식재산 정책에 대한 백악관 수석비서관 역할을 한다. 우리도 특허청은 물론 문화체육관광부, 농림축산식품부, 과학기술정보통신부 등 여러 부처에 나뉘어 있는 특허 업무와 관련 정책을 한 군데서 총괄하며 변화에 대처하는 것이 시급하다.

과학 자본, 소프트파워로 쌓아 올리는 국가경쟁력

러시아·우크라이나 전쟁 발발 1년이 지났지만, 두 나라 간 치열한 공방은 아직 끝나지 않았다. 애초 전문가들 사이에선 "세계 2위 군사 강국 러시아가 전쟁을 벌이면 국방 순위 25위 우크라이나의 주요 도시를 30분 안에 초토화하고, 3일이면 사실상 교전이 끝날 것"이라는 전망이 지배적이었다. 하지만 이러한 예측은 모두 빗나갔다.[200]

여기에는 여러 요인이 있겠지만, 무엇보다 첨단 과학기술이 동원됐기 때문이다. 몇 가지 사례를 보면, 먼저 무인체계(드론)는 러시아 전차부대 진격을 단번에 무력화했고 러시아군을 향해 미사일도 쏘았다. 드론은 우크라이나 포병과 미사일부대에 정밀 타격 목표도 제공했다. 러시아 흑해함대 기함인 모스크바호의 격침과 크림반도 러시아 해군기지 공격 시에도 정확하게 목표물을 지정해준 것으로 알려졌다. 또 저궤도 위성 기술은 우크라이나군에 우월한 정보를 제공했다. 특히 일론 머스크가

운용하는 저궤도 위성 스타링크는 데이터를 원격에서 공유하며 사이버 공격에도 강력하다는 것이 이번에 증명됐다. 스타링크 터미널을 이용해 적군의 위치를 확인하고 공격하는 것은 지상 정보 기반 작전의 미래를 통째로 바꿔놓았다.

이처럼 한 국가의 존폐를 건 전쟁이 과거에는 생각지도 못했던 양상으로 전개되는 것에서 알 수 있듯, 4차 산업혁명과 디지털 대전환의 시대에서 과학기술은 그 어느 때보다 위상이 높아졌다. 근대 산업혁명 이후 과학기술은 산업 발전과 사회변동의 주요 원동력이었지만, 미래에는 사회경제에서 차지하는 역할과 기능이 더 커질 것으로 전망된다. 그런 점에서 과학기술 문화의 중요성도 더욱 커질 수밖에 없다. 과학기술에 대한 대중적 인식과 사회적 수용도를 반영하는 과학기술 문화가 결국은 국가경쟁력을 좌우하는 과학기술의 주요 토대가 되기 때문이다.

국가경쟁력의 다양한 개념

국가경쟁력과 관련된 개념으로는 국부, 국력, 국가경쟁우위, 국가경쟁력, 국가 과학기술 혁신역량 지수 등을 들 수 있는데, 각각의 의미를 살펴보자.

우선 '국부'는 영국 정치경제학자 애덤 스미스Adam Smith의 저서《국가의 부에 대한 성질과 그 원인에 관한 탐구An Inquiry into the Nature and Causes of the Wealth of Nation》(1776)에 나오는 고전적 개념이다. 이 책은 이후《국부론》이라는 제목으로 알려져 경제학의 고전으로 읽히고 있으며 무엇이 국가의 부를 형성하는가에 대한 과학적 설명을 담고 있다. 스미스에 따르면, 국부란 모든 국민이 해마다 소비하는 생활필수품과 편의품의 양을 말한다. 그는 자유경쟁에 따른 자본의 축적과 분업 발전에서 한 국가가 동일한 재화를 생산할 때 더 적은 생산요소 투입으로 생산이 가능한 것, 즉 '절대우위'가 중요하다고 보았다. 스미스의 뒤를 이은 경제학자 데이비드 리카도David Ricardo는 '비교우위'라는 보완적 개념을 제시하면서 국제 교역에서 한 나라가 두 상품 모두 절대우위이고 상대국은 절대열위라도 생산비가 더 적게 드는, 즉 기회비용이 더 적은 상품을 특화해서 교역하면 상호 이익이 가능할 것이라고 설명했다. 절대우위, 비교우위 등은 국부 창출을 위한 핵심적인 국가경쟁력으로 이해할 수 있다.

두 번째는 일반적으로 많이 사용하는 '국력' 개념이다. 국력은 보통 국방력, 경제력 등 경성 국력(하드파워)과 국정 관리력, 정치력, 외교력, 문화력, 사회자본력, 변화 대처력 등 연성 국력(소프트파워)으로 구분할 수 있다. 제국주의시대에는 경성 국력이 압도적으로 중요했지만 21세기에는 연성 국력의 중요성이 점점 더 올라가고 있다. 소프트파워의 힘을 강조했던 미국의 정치학자 조지프 나이Josephe Nye는 소프트파워란 단순히 하드파워에 대응하는 개념이 아니라 상대방을 매료시키고 상대가 자발적으로 변화하게 함으로써 원하는 바를 얻어내는 능력이라고 설명했는데 그 핵심이 바로 문화이다.

세 번째는 하버드대학교 교수 마이클 포터Michael Porter의 '국가경쟁우위' 개념이다. 포터 교수는 그의 저서 《국가경쟁우위The Competitive Advantage of Nation》(1990)에서 어떤 국가의 기업이나 특정 산업이 경쟁우위를 가질 수 있는 것은 1) 요소 조건, 2) 수요 조건, 3) 연관 산업과 지원산업, 4) 기업전략, 구조, 경쟁 관계 등 네 가지 속성에 달려 있다고 설명했다. 이들 조건이 상호작용을 하면서 산업을 활성화하고 혁신의 장애 요인을 극복하도록 이끌기 때문이다. 특히 기업 경쟁우위의 많은 부분은 기업 '외부'의 영향을 받게 되는데, 지리적 입지를 포함해 '산업클러스터'가 중요하다는 것이 포터 이론의 핵심이다. 포터가 국가경쟁력에서 중요한 요소로 본 것은 전문화와 생산성을 높이는 산업클러스터였다.

네 번째는 '국가경쟁력'이다. 사전적 정의는 한 나라의 총체적인 경제적 수준을 의미하며, 사회간접자본 같은 경제의 하드웨어뿐 아니라 국제화, 경영 능력, 금융 등 경제의 소프트웨어까지 포괄하는 개념이다. 스위스 국제경영개발대학원IMD과 세계경제포럼WEF은 매년 각국의 경쟁력 보고서를 발표하고 있고, IMD 산하 세계경쟁력센터WCC의 경우 1989년부터 매년 경제 성과, 정부 효율성, 기업 효율성, 인프라 등 4대 분야에 대한 국가경쟁력 순위를 공개한다. 2022년 한국은 국가경쟁력 순위에서 63개국 중 전년도보다 4계단 하락한 27위에 그쳤다. 총연구개발 투자, GDP 대비 연구개발비 비중, 총연구개발 인력, 과학기술 분야 졸업자 수, 과학기술 논문 수, 지식재산권 보호 정도 등 다양한 항목을 종합적으로 평가하는 과학인프라도 한 계단 떨어졌다. 그렇지만 2020년 3위, 2021년 2위, 그리고 2022년 3위를 기록할 만큼 한국의 과학인프라 순위는 매우 높은 수준을 유지하고 있다.

다섯 번째는 '국가 과학기술 혁신역량 지수COSTII, Composite Science & Technology Innovation Index'이다. COSTII는 OECD 국가들의 과학기술 혁신역량 수준을 종합적으로 진단하는 모형으로, 이들 국가를 대상으로 자원·활동·과정·환경·성과 등 5개 부문별 과학기술 혁신역량을 비교·분석해 지수화한 것이다. 2006년 이래 과학기술정보통신부와 한국과학기술기획평가원이 매년 평가 결과를 발표한다. 이는 한국의 과학기술 혁신역량의 강점과 약점을 파악하고, 과학기술 혁신역량 강화를 위한 정책적 시사점을 제시하는 것을 목적으로 하는 평가이다.

2022년 과학기술 혁신역량 지수 평가보고서에 따르면, 평가 대상국 36개국 중 미국이 31점 만점에 종합 점수 18.113점으로 1위였고 스위스(14.498), 네덜란드(13.257), 독일(12.535)이 뒤를 이었다. 한국은 12.245점으로 전년도와 같은 종합 5위에 올라 있다.[201] 세부 분야별로 보면 인구 만 명당 연구원 수, 세계 상위 대학 및 기업 수 등의 항목으로 구성된 자원 분야는 5위, GDP 대비 연구개발 투자 총액, 창업 비중 등의 항목으로 구성된 활동 분야는 3위로 상위권이다. 하지만 제도, 문화, 교육 등의 항목으로 구성된 환경 분야는 23위에 머물러 OECD 평균 이하였다. 구체적으로 법제도 지원 정도, 새로운 문화에 대한 태도, 교육 방식에서의 비판적 사고 장려 정도 등에서 매우 저조함에 주목할 필요가 있다.

국가경쟁력은 이처럼 다양한 개념으로 정의되고, 또 연관된 방식의 측정 기준이 있지만, 과학기술이 국가경쟁력에 있어서 주요 요인이라는 점을 확인할 수 있다. 문제는 과학기술도 여러 요소로 구성된 복잡한 총체라는 것이다. 영국의 정치경제학자 수전 스트레인지Susan Strange는 국제정치에서 국가의 구조적인 힘으로 안보력, 생산력, 재정 그리고 지식 네 가지를 꼽았다. 국가의 존립을 결정하는 안보 능력이나 자본주의 국제질서에서 국가의 경쟁력을 보여주는 생산력과 재정은 모두 매우 중요하다. 그런데 수전 스트레인지가 네 가지 중 가장 중요하다고 강조한 것은 바로 지식이었다. 지식이 있어야 어떻게 안보를 지키고 생산력을 향상할지, 국가재정을 어떻게 효율적으로 운용할지를 알 수 있기 때문이다. 마찬가지로 복잡한 요소들의 총체인 과학기술의 발전도 과학기술에 대한 지식의 축적에서 비롯된다는 것을 미루어 짐작할 수 있다.

자본 개념의 확장

우리가 살아가는 세상은 자본주의 체제이다. 자본주의는 생산수단을 자본으로 소유한 자본가가 재화나 서비스 생산을 통해 이윤을 획득하는 경제체제를 말한다. 자본주의 체제의 생산 활동에서 기본이 되는 자금과 생산수단을 우리는 자본이라고 한다. 자본의 사전적 의미는 첫째 장사나 사업 따위의 기본이 되는 돈, 둘째 상품을 만드는 데 필요한 생산수단이나 노동력을 통틀어 일컫는 말이다. 그러나 근래 들어 자본 개념은 경제적 생산의 영역을 넘어 '가치 창출'이라는 적극적 개념으로 확대되고 있다. 물건, 상품, 자본 중심의 경제에서 가치, 경험, 지식 중심의 경제로 변화하고 있기 때문이다.

자본 개념을 누구보다 독특하게 재해석한 이론가는 프랑스의 사회학자 피에르 부르디외였다. 그는 경제 자본으로 환원될 수 없는 자본의 다양한 형태를 현대적 관점으로 재해석하면서 경제 자본 외에 '문화자본'이라는 새로운 개념을 제시했다. 그는 문화자본을 다시 세 가지로 세분화했다.

첫 번째는 '체화된 문화자본'으로 자본의 소유 주체인 인간이 문화적 성격의 자본을 체화된 형태로 갖고 있는 것을 말한다. 즉 지식, 교양, 기술, 취향, 감성, 습관 등 사회적 관계와 사회화 과정을 통해 획득된 것을 뜻한다. 물건이나 돈처럼 독립적으로 존재해 주고받을 수 있는 게 아니라 몸에 배어 체화된 습관, 태도 같은 것이다. 이는 선천적으로 주어지는 것이 아니고 돈으로 살 수 없으며 교육, 학습, 양육 환경, 사회적 관계를 통해 시간을 두고 천천히 얻을 수 있다. 고상한 취향이나 고급 지식, 암묵지, 숙련된 기술 등은 중요한 문화자본이다. 가령 클래식 음악에 대한 고상한 취미, 미술품이나 예술작품을 보는 심미안, 특정 분야에서 타의 추종을 불허하는 고급 지식, 경험을 통해 길러진 암묵지와 인사이트, 미래를 예측하는 능력 등을 체화된 문화자본이라고 할 수 있다.

두 번째는 '객체화된 문화자본'으로 문화적 물건, 즉 고가의 문화상품이나 소장 골동품, 수집 예술작품 등이다. 세 번째는 '제도화된 문화자본'으로 졸업장, 인증서, 자격증, 학위 등 공식적 교육과정이나 제도적 절차를 거쳐 획득하는 공인된 자격을 의미한다. 이 가운데 가장 중요한 것은 첫 번째의 체화된 문화자본이다. 과거엔 자본가라고 하면 경제 자본을 많이 가진 사람뿐이었지만 이제는 그 자본이 경제 자본에만 국한되는 것이 아니라 지식, 소양, 인사이트, 기술 등 체화된 문화자본도 포함하며, 그 중요성도 점점 더 커지고 있다. 개인을 넘어 국가 단위로 확장하더라도 다르지 않다. 따라서 국가가 가진 경제 자본이나 금융자본뿐 아니라 소프트파워라고 할 수 있는 문화자본의 중요성에도 관심을 더 기울여야 한다.

과학 자본과 국가경쟁력

국가경쟁력을 가늠하는 주요한 잣대 중 하나인 과학기술 수준은 과학기술 문화를 통해서도 유추할 수 있다. 즉 고급 지식이나 인사이트, 암묵지 같은 체화된 문화자본 가운데서도 과학 지식, 과학 소양, 경험과 훈련을 통해 몸에 밴 숙련 기술 등을 살펴볼 수 있는데, 이를 별도로 과학 자본이라고 할 수 있다. 앞의 자본 개념 확장 논의에서 살펴본 것처럼 과학 자본은 일종의 문화자본이다. 문화자본을 이루는 다양한 요소 가운데 과학 자본은 과학과 관련된 지식, 환경, 경험, 관계 등을 총칭한다고 볼 수 있다.

이를 좀 더 세분화한 논의를 찾아보면, 영국 런던대학교 교수 루이스 아처Louise Archer가 2021년 국립중앙과학관이 주최한 '과학 자본과 과학관Science Capital and Science Museums'이라는 제목의 심포지엄에 참석해 기조 강연을 하며 과학 자본의 개념을 설명한 바 있다. 아처 교수는 과학 자본을 구성하는 요소로 △과학 소양과 지식(Science literacy, "what you know"), △과학에 대한 태도와 가치 등 생각(Science- related attitudes and values, "how you think") △학교 밖에서의 과학 활동(Out of school behaviors, "what you do") △가정에서의 과학 활동(Science at home, "who you know")을 꼽았다.

아처 교수는 특히 어릴 때 과학을 좋아하는 사람은 많지만 정작 과학자를 꿈꾸는 경우는 적다며 그 차이가 과학 자본에서 비롯된다고 했다. 과학 친화적인 가정환경, 유년기 과학관에서의 과학 경험, 꾸준한 과학 교양과 지식의 습득 같은 요소들은 과학 자본을 형성할 수 있게 해주며, 이러한 과학 자본이 풍부해야 우수한 과학 인재로 성장할 수 있다는 것이다.

이를 확대해보면 국가 차원에서의 과학 자본이란 과학기술 연구개발, 과학기술 맨파워(숙련 인력), 과학기술 문화 등과 관련된 유무형의 모든 자본을 가리킨다고 할 수 있다. 훌륭한 과학기술 출연 연구소나 과학관, 과학기술 연구개발 성과나 특허, 과학기술 지식 데이터베이스, 우수한 과학기술 인재 역시 과학 자본에 속한다.

과학 자본 축적을 위한 미래 정책 방향

문화자본은 지속적인 학습, 자연스러운 환경, 사회적 관계 등을 통해 오랜 시간에 걸쳐 형성된다. 과학 자본도 마찬가지이다. 과학 자본 축적을 위한 몇 가지 정책의 기본 관점과 큰 방향을 제시하면 다음과 같다.

첫째, 과학기술 정책은 과학기술 연구개발만으로는 부족하며 과학교육과 과학 문화가 뒷받침되어야 한다. 즉 과학교육을 통한 우수 과학자 양성, 연구개발을 통한 가치 창출, 과학 문화 확산을 통한 과학기술 가치 확산과 향유 등이 유기적으로 연계되고 선순환하는 정책이 필요하다. 보통 과학기술이라고 하면 가장 먼저 떠올리는 것이 연구개발이다. 물론 과학기술에서 핵심 영역이 연구와 기술개발이라는 데는 이론의 여지가 없다. 하지만 연구개발만 잘한다고 과학기술이 저절로 발전하는 것은 아니며 연구개발이 과학기술의 전부도 아니다. 연구개발을 뒷받침하는 교육과 문화의 역할이 절대적으로 중요하다. 과학 문화와 과학교육의 뒷받침 없이는 연구개발이 이어지기 어렵고 사회적 의미를 지닐 수도 없다. 가령 세계 골프의 변방이었던 한국이 박세리의 영향을 받은 이른바 '박세리 키즈'들의 등장으로 메이저대회를 휩쓸며 골프 강국이 된 것과 같은 원리이다.

한국 골프가 이렇게 오랜 기간 경쟁력을 유지할 수 있게 된 이유는 골프 스타들이 등장하면서 팬덤fandom이 형성됐고, 이러한 스타들을 육성하기 위해 여러 기관의 후원과 인재 양성 시스템을 통한 선순환 구조가 형성됐기 때문이다. 골프 발전을 위해 골프 문화가 필요하듯이 과학기술 발전을 위해서는 과학기술 문화가 중요하다. 국가경쟁력의 기반이 될 과학 자본의 축적을 위해 내실 있는 과학교육과 사회적으로 탄탄히

뿌리내린 과학 문화가 바탕이 되어야 한다.

총량적인 과학 자본에는 과학 친화적 사회풍토, 과학관 등 과학 문화 인프라, 우수한 과학 인재를 선발·양성하고 지원하는 교육 시스템 등까지 포함된다. 국가 전체의 과학 자본이 탄탄하지 않으면 과학 강대국으로 발전할 수 없다. 요컨대 과학기술은 과학교육으로 시작해 연구개발을 통해 발전하고 과학 문화로 완성된다고 할 수 있다. 과학 자본이 탄탄해야 과학 강대국이 될 수 있으며 과학 강대국은 과학기술 연구개발, 과학교육, 과학 문화가 선순환 구조를 이루는 국가이다. 특히 과학 자본 축적을 위해서는 학교에서의 과학교육 혁신, 평생 과학교육 프로그램 개발 운영 등 과학교육과 과학인프라 구축, 과학에 대한 국민의 관심과 이해 증진, 과학 친화적인 사회풍토 조성 등 과학 문화에 더 많은 정책적 관심과 투자가 필요하다. 과학교육과 과학 문화에 대한 국가적 투자는 과학 강국의 미래를 위한 투자이다.

둘째, 인재 중심의 관점을 일관되게 견지해야 한다. 기술이 중요하지만, 기술의 주체는 사람이다. 우수한 인재를 기르는 것은 우수한 기술개발로 이어진다. 혁신적인 첨단기술은 혁신적인 과학기술 인재가 만드는 것이고 혁신 기업은 창조적인 인재들이 이끌어간다. 마이클 포터가 국가경쟁력의 핵심으로 꼽은 혁신클러스터도 결국은 혁신 인재들이 모여 있는 곳이다. 과학기술의 성패가 인재에 달려 있다는 것은 과언이 아니다. 따라서 혁신클러스터를 조성할 때도 과학기술 인재, 혁신 인재 들이 지역에 매력을 느낄 수 있도록 유인책을 만들고 창의적인 업무 환경과 주거 환경을 만들어주는 것이 중요하다. 연구개발에 대한 투자와 지원도 역량 있는 연구자와 개발자에 대한 지원이라는 관점에서 이루어져야 한다.

나아가 더 근본적으로는 우수 인재 양성을 위한 토대를 만들어야 한다. 최근 4차 산업혁명의 디지털 대전환 과정에서 반도체 분야의 중요성이 더 커지고 있는데, 반도체 기술의 미래를 결정하는 것은 반도체 인재이다. 한국은 반도체의 위탁생산, 즉 파운드리foundry 부문에서 2022년 기준 점유율 19.6%로 세계 2위를 기록했지만, 반도체 설계를 전문으로 하는 팹리스fabless 부문의 경쟁력은 점유율 3.1%로 매우 취약하다.[202] 이 부문을 이끌어가려면 훌륭한 인재 확보가 우선이다. 그런 점에서 반도체 위탁생산과 설계 분야에서 고루 약진하고 있는 중국 사례는 주목할 만하다. 우리는 이제야 반도체 학과 증원이나 신설에 국가적 관심을 기울이고 있지만, 중국 칭화대학교는 '반도체산업 인큐베이터'라고 불릴 정도로 반도체 분야 인재를 대거 배출한다.[203] 단지 반도체 기술뿐 아니라 디지털전환 기술의 수요 전망에 맞춰 장기 비전을 세우고 단기 변화에도 대응할 정책 지원이 이루어져야 한다.

셋째 '모두를 위한 과학교육science education for all'이 필요하다. 그러자면 형식 과학교육뿐 아니라 비형식 과학교육에 대한 지원이 대폭 확대되어야 한다. 학교 같은 공식 장소에서 표준 교육과정대로 의도적·계획적·체계적으로 진행하는 교육은 '형식 교육'이다. 반면 '비형식 교육'은 의도성·체계성·지속성이 없거나 미약하지만 학교교육 이외의 다양한 형태로 이루어지는 교육이며, '학교 밖 학습'이라고도 부른다.

교실에서 가르치고 배우고 지식을 전달하는 것만이 교육이 아니다. 가령 과학교육은 학교에서 과학 교과서를 통해서만 이루어지는 게 아니라 과학관이나 과학 센터에서 직접 실험하고 만져보는 체험을 통해서도 이루어진다. 하루가 다르게 새로운 지식과 기술이 만들어지고 신기술과 지식이 끊임없이 기존의 지식과 기술을 대체하고 있는 지금은 학교 졸업 후에도 새로운 과학 지식과 신기술을 꾸준히 학습해야 하는, 평생학습이 요구되는 시대이다. 따라서 국가경쟁력을 높이기 위해서는 제도권 교육과정 안에 있는 학생뿐 아니라 일반 시민에게도 새로운 과학 지식과 과학 교양을 교육하는 생애주기별 평생 과학 학습 체계 구축이 필요하다.

이런 점에서 유럽 최대 과학 축제로 성장한 영국 에든버러 과학 축제를 눈여겨볼 필요가 있다. 2023년 4월 1일부터 2주간 진행된 축제는 아이와 어른 모두를 위한 과학 놀이와 실험, 지식 강연 등 200개가 넘는 다양한 이벤트로 채워졌고, 전 세계 15만여 명이 다녀갔다. 영국에서도 과학을 장려하기 위해 그간 많은 투자를 했지만, 이공계 진출이 늘거나 과학자가 증가하지 않았다. 그래서 모든 사람이 과학을 즐길 수 있게 진입장벽을 낮추고, 과학을 문화로 받아들일 수 있게 이러한 프로그램을 기획했다.[204] 우리 역시 과학을 쉽고 친근하게 접근할 수 있도록 과학 축제들의 활성화에 지원하고 이를 통해 전 국민이 자연스럽게 새로운 과학기술에 적응하고 이해할 수 있도록 해야 할 것이다.

넷째, 과학과 사회를 이어주고 과학계와 대중이 서로 소통할 수 있는 과학 커뮤니케이션의 활성화가 중요하다. 중국과학기술협회는 2022년 국민의 과학적 소양을 높이고, 양질의 과학 서비스 체계를 구축하기 위해 〈과학 대중화 계획(과학보급작업)〉을 공표했다.[205] 과학기술은 어디까지나 사회의 한 부분이며 과학 발전은 사회발전과 동떨어진 별개의 것이 아니다. 언제나 그랬듯이 과학기술의 주요한 역할 중 하나는 사회문제 해결과 지구 인류의 난제 해결이다. 그러려면 과학과 사회의 소통, 과학자와 대중의 소통이 활성화돼야 한다. 과학기술도 정치·사회에서 주요 의제가 되어야 하며, 과학기술 이슈에 대해 다양한 분야, 여러 계층의 이해와 참여가 필요하다. 정부와 언론 또한 대중의 이해를 돕고 흥미를 유발하기 위해 더 쉽고 친숙한 표현으로 과학기술에 대한 정보를 알릴 필요가 있다. 파급효과가 큰 여러 미디어에서 더 많은 과학 소통 프로그램이 만들어진다면 과학 지식의 확산이 용이해지고, 사회 전체의 과학 자본 형성에도 매우 효과적일 것이다. 과학 소통 활성화를 통해 과학기술에 대한 사회적 관심을 높이는 것이야말로 과학 자본의 형성과 축적의 출발점이 될 수 있다.

エピローグ

에필로그

'선비정신'과 함께하는
미래로의 여정

우리는 예지력을 갖고 미래를 알아맞힐 수는 없지만, 우리가 원하는 미래를 만들기 위해 노력하고 대응할 수는 있습니다. 미래전략은 미래의 눈으로 현재의 결정을 내리는 것입니다. 이것이 바로 현재의 당리당략적, 정파적 이해관계에서 자유로운 민간 지식인들이 해야 할 일이라고 생각합니다. 더욱이 정권이 바뀔 때마다 국정 운영의 기조가 바뀌면서 달라지는 소모적 전략이 아니라 보다 장기적인 관점에서 미래 청사진을 명확히 하고 긴 호흡의 전략을 일관되게 추진할 필요도 있습니다. '아시아의 평화 중심 창조국가'를 바람직한 국가의 미래비전으로 삼아 우리가 나아갈 길을 미래전략 보고서에 담아오고 있는 이유입니다.

올해는 특히 이러한 열망을 담아 만들어온 미래전략 보고서의 열 번째 판인《카이스트 미래전략 2024》를 내놓게 되었습니다. 2015년 판을 처음 출간한 이래 전문가 포럼, 토론회, 특강 등을 통해 10년간 1,000여

명이 넘는 관련 분야 전문가들이 발표·토론하고 다양한 의견을 수렴하면서 보완해온 결실입니다. 물론 완벽하다고 생각하지 않습니다. 국가의 미래전략은 정적인 것이 아니라 시대와 환경의 변화에 따라 대응해가는 역동적인 것이기 때문입니다.

그러한 변화를 고려하면서 이번에도 변함없이 현재를 바탕으로 미래를 바라보며 그동안 축적한 논의를 더 정교하게 다듬는 데에 힘을 기울였습니다. 또한 다양한 분야의 전문가들이 참여해 새로운 의제를 추가하거나 기존 원고를 보완하는 등 통찰이 담긴 결과물을 만들기 위해 애썼습니다. 특히 챗GPT에 쏠린 관심이 보여주듯 더욱 고도화된 인공지능의 본격적인 활용을 앞두고 우리에게 다가올 변화의 방향을 읽고 그 의미를 찾고자 고민했습니다. 아울러 사회, 기술, 환경, 인구, 정치, 경제, 자원 등 7개 분야의 주요 의제와 전략도 모색했습니다.

이제 우리는 미래를 향한 새로운 여정을 시작하면서 처음 생각했던 '선비정신'을 다시 떠올려봅니다. 우리 선조들이 정파나 개인의 이해관계를 떠나서 오로지 대의와 국가, 백성을 위해 시시비비를 가리고자 했던 그 '선비정신'으로 시대의 물음에 답을 찾아가겠습니다. 국가 발전의 토대에 이 책이 작은 씨앗이 되기를 소망하면서, 미래전략 보고서를 만드는 데에 함께해주신 모든 분께 고마움의 마음, 고개 숙여 전합니다. 감사합니다.

기획·편집위원 일동

《카이스트 미래전략 2024》 발간에 함께한 사람들

■ 직함은 참여 시점 기준입니다.

《카이스트 미래전략》 보고서는 2015년 판 출간 이후 계속 기존 내용을 보완하고, 새로운 과제와 전략을 추가해오고 있습니다. 또한 '21세기 선비'들의 지혜를 모으기 위해 초안 작성자의 원고를 바탕으로 토론의견을 덧붙이고 다수의 검토자가 보완해가는 공동집필의 방식을 취하고 있습니다. 2015~2023년 판 집필진과 이번 2024년 판에 참여하신 집필진을 함께 수록합니다. 참여해주신 '21세기 선비' 여러분께 다시 한번 깊이 감사드립니다.

기획·편집위원(2015~2024)

이광형 KAIST 총장, 박성필 KAIST 교수(문술미래전략대학원장), 서용석 KAIST 교수(미래전략연구센터장, 연구책임자), 곽재원 가천대 교수, 김경준 전 딜로이트컨설팅 부회장, 김상윤 중앙대 교수, 김형준 KAIST 교수, 김홍중 서울대 교수, 류현숙 한국행정연구원 선임연구위원, 박병원 과학기술정책연구원 선임연구위원, 박성원 국회미래연구원 연구위원, 양재석 KAIST 교수, 이규연 (사)미래학회 회장, 이명호 태재연구재단 자문위원, 이상윤 KAIST 교수, 이종관 성균관대 교수, 임명환 한국전자통신연구원 책임연구원, 전우정 KAIST 교수, 전주영 KAIST 교수, 정재민 KAIST 교수, 정재승 KAIST 교수, 차지호 KAIST 교수, 최연구 건국대 겸임교수, 최윤정 KAIST 연구교수, 한상욱 김앤장 변호사, 한지영 KAIST 교수

2024년 판 추가 부분 초고 집필진

권은수 한국생명공학연구원 노화융합연구단장, 김용삼 한국생명공학연구원 책임연구원, 김익현 지디넷코리아 미디어연구소장, 김재인 경희대 학술연구교수, 김한호 서울대 교수, 민보경 국회미래연구원 부연구위원, 박민희 한국에너지기술연구원 국가기후기술정책센터장, 박상준 서울SF아카이브 대표, 박승재 교육부 부총리자문관, 박종구 ㈜나노융합2020사업단장, 박진한 한국환경연구원 부연구위원, 백서인 한양대교수, 서용석 KAIST 교수, 송태은 국립외교원 교수, 신의철 KAIST 교수, 윤기영 한국외대 겸임교수, 윤정현 국가안보전략연구원 부연구위원, 윤창희 한국지능정보사회진흥원 수석연구원, 이동욱 한국생산기술연구원 수석연구원, 이명호 태재연구재단 자문위원, 이상완 KAIST 교수, 임창환 한양대 교수, 임현정 서울연구원 연구위원, 정해식 한국자활복지개발원 원장, 조미라 중앙대 강사, 채은선 한국지능정보사회진흥원 수석연구원, 최연구 건국대 겸임교수, 하가영 서울대 국제문제연구소 연구원, 한영준 서울연구원 연구위원, 홍성민 과학기술정책연구원 과학기술인재정책연구센터장

임연구위원, 허태욱 KAIST 연구교수, 홍승아 한국여성정책연구원 선임연구위원, 홍윤철 서울대 교수, 황덕순 한국노동연구원 연구위원

2015~2024년 판 자문검토 참여자

감혜림 산업통상자원부 사무관, 강상백 한국지역정보개발원 글로벌협력부장, 강승욱 법무법인(유) 화우 변호사, 강윤영 에너지경제연구원 연구위원, 강주연 홈즈컴퍼니 전 서비스본부장, 경기욱 한국전자통신연구원 책임연구원, 고영하 고벤처포럼 회장, 공훈의 위키트리 대표이사, 곽승호 ㈜액션파워 법무팀 변리사, 구은숙 리앤목특허법인 파트너 변리사, 권오정 해양수산부 과장, 길정우 통일연구원 연구위원, 김가영 SK바이오사이언스 특허팀 매니저, 김건우 LG경제연구원 선임연구원, 김경난 특허청 사무관, 김경동 서울대 명예교수, 김경록 기획재정부 서기관, 김계환 위특허법률사무소 변리사, 김광석 삼정KPMG 수석연구원, 김광수 상생발전소 소장, 김국희 동국대학교 산학협력단 변리사, 김기범 SGI서울보증 주임, 김나영 CJ주식회사 법무실 부장, 김남혁 특허법인본 대표 변리사, 김내수 한국전자통신연구원 책임연구원, 김대중 한국보건사회연구원 부연구위원, 김대호 사회디자인연구소 소장, 김동규 국방부 합동참모본부 통역장교, 김동원 인천대 교수, 김동현 한국경제신문 기자, 김두수 사회디자인연구소 이사, 김들풀 IT NEWS 편집장, 김민석 경상북도 미래전략기획단장, 김민성 국무조정실 과장, 김민지 아트앤테크 커뮤니케이터, 김부병 국토교통부 사무관, 김상배 서울대 교수, 김상윤 포스코경영연구원 수석연구원, 김상협 KAIST 초빙교수, 김석종 육군소령, 김선우 한국특허전략개발원 전문위원, 김선화 한국특허전략개발원 주임연구원, 김소영 KAIST 교수, 김소희 이투데이 기자, 김

슬아 유미특허법인 변리사, 김승권 전 한국보건사회연구원 연구위원, 김시진 삼성디스플레이 책임연구원, 김아영 강남세브란스병원 국제진료소 과장, 김연철 인제대 교수, 김영우 KBS PD, 김영이 서울고등법원 국선전담변호사, 김영태 특허청 심사관, 김용삼 한국생명공학연구원 책임연구원, 김우철 서울시립대 교수, 김우현 정신건강의학과 전문의, 김원석 전자신문 부장, 김원준 건국대 교수, 김윤배 국방부 군무원, 김익재 한국과학기술연구원 책임연구원, 김인주 한성대 겸임교수, 김인채 GC녹십자 상무, 김재욱 특허정보진흥센터 전임조사원, 김정섭 KAIST 겸직교수, 김정헌 대전지방법원 부장판사, 김정훈 법무부 교정관, 김종호 이데일리신문 기자, 김준한 대한무역투자진흥공사 부장, 김준희 HP 프린팅코리아 매니저, 김지나 방위사업청 사무관, 김지원 한국노인인력개발원 대리, 김지원 이연제약 선임, 김지현 SK이노베이션 변리사, 김진솔 매경비즈 기자, 김진훈 해군전력분석시험평가단 중령, 김창섭 가천대 교수, 김창욱 보스턴컨설팅그룹 과장, 김충일 ㈜엘지씨엔에스 책임, 김치현 감사원 변호사, 김태연 단국대 교수, 김현준 국가보안기술연구소 실장, 김현준 티씨케이 대리, 나황영 법무법인(유) 바른 변호사, 남윤지 방송작가, 노재일 변리사, 류준구 판사, 류한석 기술문화연구소 소장, 문명욱 녹색기술센터 연구원, 문민주 전북일보 기자, 문영준 한국교통연구원 선임연구위원, 문해남 전 해수부 정책실장, 민주현 대한무역투자진흥공사 과장, 박가열 한국고용정보원 연구위원, 박경규 전 한국광물자원공사 자원개발본부장, 박기현 특허청 주무관, 박문수 한국생산기술연구원 수석연구원, 박미리 한미약품 특허팀, 박병원 경총 회장, 박보배 해양수산과학기술진흥원 연구원, 박상일 파크시스템스 대표, 박선영 인사혁신처 주무관, 박설아 서울중앙지방법원 판사, 박성민 ㈜LG

홍보팀 책임, 박성필 KAIST 교수, 박성하 전 한국광물자원공사 운영사업본부장, 박성호 YTN 선임기자, 박수영 특허그룹 제이엔피 대표 변리사, 박연수 고려대 교수, 박영우 KLP특허법률사무소 변리사, 박영재 한반도안보문제연구소 전문위원, 박유신 중앙대 문화콘텐츠기술연구원 박사, 박은정 하나생명 Innovation Cell 팀장, 박정택 ㈜델바인 기술보호 책임자, 박종현 현대자동차 책임매니저, 박준규 헤럴드경제 기자, 박준오 미국변호사, 박준홍 연세대 교수, 박지윤 ㈜엔딕 대리, 박진하 건국산업 대표, 박찬우 농림축산식품부 사무관, 박철기 삼성전자 수석 엔지니어, 박헌주 KDI 교수, 박희연 특허청 사무관, 배기찬 통일코리아협동조합 이사장, 배달형 한국국방연구원 책임연구위원, 백승호 롯데 유통군HQ 팀장, 서범권 베리타스아카데미 대표, 서복경 서강대 현대정치연구소 연구원, 서용석 KAIST 교수, 서지영 과학기술정책연구원 연구위원, 서진교 KBS PD, 서 훈 이화여대 초빙교수, 선종률 한성대 교수, 설동훈 전북대 교수, 설승은 연합뉴스 기자, 손수정 과학기술정책연구원 연구위원, 손영동 한양대 교수, 손종현 대구가톨릭대 교수, 손준우 ㈜소네트 대표이사, 송다혜 LG에너지솔루션 팀장, 송미령 농촌경제연구원 선임연구위원, 송민주 코오롱인더스트리 지식재산팀 변리사, 송보희 인토피아 연구소장, 송석기 법무법인(유) 로고스 변호사, 송 영 현대자동차 책임매니저, 송영재 육군 대위, 송유승 한국전자통신연구원 책임연구원, 송종규 법무법인 민율 변호사, 송준규 Easygroup 대표, 송태은 국립외교원 교수, 송향근 세종학당재단 이사장, 송혜영 전자신문 기자, 신동근 ㈜파라투스인베스트먼트 공인회계사, 신승민 리앤목 특허법인 변리사, 신승환 스탠다드에너지 피플팀장, 신태범 성균관대 교수, 심영식 해움특허법인파트너 변리사, 심재율 심북스 대표, 안광원

KAIST 교수, 안병민 한국교통연구원 선임연구위원, 안병옥 전 환경부 차관, 안현실 한국경제신문 논설위원, 양승실 전 한국교육개발원 선임연구위원, 양재석 KAIST 교수, 오상연 MBC 기자, 오상진 고려대 산학교수, 오영석 전 KAIST 초빙교수, 오윤경 한국행정연구원 연구위원, 우천식 KDI 선임연구위원, 우희준 육군 중위, 우희창 법무법인 새얼 변호사, 원정숙 서울중앙지방법원 판사, 유은순 인하대 연구교수, 유정민 서울연구원 부연구위원, 유희인 전 NSC 위기관리센터장, 윤장옥 대한무역투자진흥공사 과장, 윤정현 과학기술정책연구원 전문연구원, 윤혜선 프리랜서 작가, 윤호식 과총 사무국장, 이경숙 전 숙명여대 총장, 이광형 KAIST 교수, 이동욱 한국생산기술연구원 수석연구원, 이민수 서울중앙지방법원 부장판사, 이민화 일본 TBS 기자, 이보라 KB라이프생명 책임매니저, 이봉현 한겨레신문 부국장, 이삼식 한국보건사회연구원 단장, 이상룡 대전대 겸임교수, 이상윤 KAIST 교수, 이상주 국토교통부 과장, 이선정 라인플러스 매니저, 이성호 서울동부지방법원 부장판사, 이성훈 육군대학 소령, 이소정 디어젠(주) 변리사, 이수석 국가안보전략연구원 실장, 이승주 중앙대 교수, 이시식 현대자동차 상무, 이온죽 서울대 명예교수, 이용욱 교육부 서기관, 이용원 삼성전자 수석연구원, 이우준 티맥스소프트 매니저, 이원복 이화여대 교수, 이윤석 한국특허전략개발원 전문위원, 이장원 한국노동연구원 선임연구위원, 이장재 한국과학기술기획평가원 선임연구위원, 이재영 삼성전자 연구원, 이정원 특허법인C&S 변호사, 이정현 명지대 교수, 이정희 (주)올리브헬스케어 대표이사, 이종권 LH토지주택연구원 연구위원, 이준경 육군&UN PKO Military Observer 소령, 이준엽 변리사, 이지영 특허법원 고법판사, 이진석 서울대 교수, 이차웅 수원지방법원 부장판사, 이창훈 한국환경정책평가

연구원 본부장, 이철규 해외자원개발협회 상무, 이철훈 군법무관, 이춘우 서울시립대 교수, 이헌규 한국과학기술단체총연합회 전문위원, 이혜리 SKC 매니저, 이 환 대주회계법인 공인회계사, 임경아 Watcha PD, 임만성 KAIST 교수, 임명환 한국전자통신연구원 책임연구원, 임선민 법무법인(유) 율촌 변호사, 임우형 SK텔레콤 매니저, 장용석 서울대 통일평화연구원 책임연구원, 장창선 녹색기술센터 연구원, 전영희 JTBC 기자, 정경원 KAIST 교수, 정상천 산업통상자원부 팀장, 정석호 한국특허정보원 대리, 정영주 법무연수원 검사, 정영훈 삼성바이오에피스 수석변호사, 정용덕 서울대 명예교수, 정용호 SK실트론 특허팀 Pro, 정유경 LG화학 변호사, 정진호 더웰스인베스트먼트 대표, 정학근 한국에너지기술연구원 본부장, 정해성 JTBC 기자, 정해식 한국보건사회연구원 연구위원, 정현덕 KBS 기자, 정현미 서울고등법원 판사, 정홍익 서울대 명예교수, 조기성 ㈜만도 책임, 조덕현 한국관광공사 단장, 조봉현 IBK경제연구소 수석연구위원, 조영탁 육군미래혁신연구센터 중령, 조영태 LH토지주택연구원 센터장, 조정하 작가, 조 철 산업연구원 선임연구위원, 조충호 고려대 교수, 조혜원 TJB 기자, 주강진 창조경제연구회 수석연구원, 지수영 한국전자통신연구원 책임연구원, 지영건 차의과대학 교수, 채윤경 JTBC 기자, 최성은 연세대 연구교수, 최승일 EAZ Solution 대표, 최연구 한국과학창의재단 연구위원, 최용성 매일경제 부장, 최윤정 KAIST 연구교수, 최정윤 중앙대 문화콘텐츠기술연구원 박사, 최준호 중앙일보 기자, 최지혜 신협중앙회 변호사, 최진범 ㈜바오밥파트너즈 대표이사, 최창옥 성균관대 교수, 최호성 경남대 교수, 최호진 한국행정연구원 연구위원, 편정현 중소벤처기업진흥공단 부장, 한상욱 김앤장 변호사, 한희연 ㈜루닛 미국변호사, 함은영 팅크웨어㈜ 법무팀장

(영국변호사), 허성환 대전지검 공판부장, 허재용 포스코경영연구원 수석
연구원, 허재철 원광대 한중정치외교연구소 연구교수, 허지현 네이버
웹툰(유) 변리사, 허태욱 KAIST 연구교수, 현기택 MBC 영상기자, 호지
훈 쿠팡(주) Principal, 홍규덕 숙명여대 교수, 홍성조 해양수산과학기
술진흥원 실장, 홍인석 국토교통부 주무관, 홍창선 전 KAIST 총장, 황
빛남 한국기초과학지원연구원 관리원, 황선우 육군 중위, 황 욱 서울대
학교 지식재산전략실 연구원, 황호석 한국전력공사 전력연구원 연구
원, 황호택 서울시립대 석좌교수, KAIST 문술미래전략대학원 석사과정
생-2019년도: 강수경, 강희숙, 고경환, 김경선, 김재영, 노성열, 석효은,
신동섭, 안성원, 윤대원, 이민정, 이상욱, 이영국, 이재욱, 이지원, 임유
진, 정은주, 정지용, 조재길, 차경훈, 한선정, 홍석민. 2020년도: 강선아,
곽주연, 권남우, 김경현, 김서우, 김승환, 김영우, 김재명, 김정환, 김지
철, 김현석, 김형수, 김형주, 박종수, 박중민, 박태준, 배민주, 배수연, 백
승현, 서일주, 성보기, 손래신, 송상현, 심재원, 오정민, 윤지현, 이아연,
이연수, 이정아, 이준우, 이태웅, 조정윤, 최영진, 홍기돈, 홍창효, 황수
호. 2021년도: 강병수, 김봉현, 김순희, 김조을, 김필준, 김현주, 김희진,
류승목, 박은빈, 신수철, 윤채우리, 이민우, 이수연, 이승종, 이지현, 정대
희. 2022년도: 오한울, 윤새하, 윤재필, 이기쁨, 이주연, 이 준. 2023년도:
김경인, 김선경, 김아영, 김지윤, 박종욱, 서인우, 손동규, 안혜민, 이형
관, 정승호, 지은희, 최인원

- 2014년 1월 10일: 정문술 전 KAIST 이사장의 미래전략대학원 발전기금 215억 원 출연(2001년 바이오및뇌공학과 설립을 위한 300억 원 기증에 이은 두 번째 출연). 미래전략 분야 인력 양성과 국가 미래전략 연구 요청
- 2014년 3월: KAIST 미래전략대학원 교수회의에서 국가 미래전략 연간 보고서(문 술리포트) 출판 결정
- 2014년 4월: 문술리포트 기획위원회 구성
- 2014년 4~8월: 분야별 원고 집필 및 검토
- 2014년 10월: 국회 최고위 미래전략과정 검토 의견 수렴
- 2014년 11월:《대한민국 국가미래전략 2015》(문술리포트-1) 출판
- 2015년 1~2월: 기획편집위원회 워크숍. 미래 사회 전망 및 미래 비전 토론
- 2015년 1~12월: 국가미래전략 정기 토론회 매주 금요일 개최(서울창조경제혁신센 터, 총 45회)
- 2015년 9~12월: 〈광복 70년 기념 미래세대 열린광장 2045〉 전국 투어 6회 개최
- 2015년 10월:《대한민국 국가미래전략 2016》(문술리포트-2) 출판
- 2015년 10~11월: 〈광복 70년 기념 국가미래전략 종합학술대회〉 4주간 개최(서울 프레스센터)

- 2015년 12월 15일: 세계경제포럼·KAIST·전경련 공동 주최 〈WEF 대한민국 국 가미래전략 워크숍〉 개최
- 2016년 1~2월: 문술리포트 2017년 판 기획 및 발전 방향 논의
- 2016년 1월 22일: 아프리카TV와 토론회 생중계 MOU 체결
- 2016년 1~12월: 국가미래전략 정기 토론회 매주 금요일 개최(서울창조경제혁신센 터), 2015~2016년 2년간 누적 횟수 92회
- 2016년 10월:《대한민국 국가미래전략 2017》(문술리포트-3) 출판
- 2017년 1~2월: 문술리포트 2018년 판 기획, 발전 방향 논의 및 새로운 과제 도출
- 2017년 3월 17일: 국가미래전략 정기 토론회 100회 기록
- 2017년 1~3월: 국가핵심과제 12개 선정 및 토론회 개최
- 2017년 4~11월: 4차 산업혁명 대응을 위한 과제 선정 및 토론회 개최
- 2017년 1~12월: 국가미래전략 정기 토론회 매주 금요일 개최(서울창조경제혁신센 터). 2015~2017년 3년간 누적 횟수 132회
- 2017년 10월:《대한민국 국가미래전략 2018》(문술리포트-4) 출판
- 2018년 1월: 문술리포트 2019년 판 기획 및 발전 방향 논의, 2019 키워드 도출
- 2018년 3~12월: 월별 주제(3월 블록체인/4월 미래 모빌리티/5~7월 통일전략/8~9월 에너 지와 기후/10월 생명공학/11~12월 디지털 미래) 집중 토론
- 2018년 5~7월: 통일비전 2048-단계적 통일 미래전략 토론회 개최
- 2018년 8월 24일: 국가미래전략 정기 토론회 150회 기록
- 2018년 1~12월: 국가미래전략 정기 토론회 매주 금요일 개최(서울시청 시민청). 2015~2018년 4년간 누적 횟수 160회
- 2018년 10월:《카이스트 미래전략 2019》(문술리포트-5) 출판 (보고서 이름 변경)
- 2019년 1월: 문술리포트 2020년 판 기획 및 발전 방향 논의, 2020 키워드 도출, KAIST 문술미래전략대학원 과목으로 추가, 일반인도 참여할 수 있는 열린 수업

형태로 개설

- 2019년 2~6월: 국가미래전략 정기 토론회 매주 토요일 개최(KAIST 도곡캠퍼스). 2015~2019년 5년간 누적 횟수 173회

- 2019년 10월: 《카이스트 미래전략 2020》(문술리포트-6) 출판

- 2020년 1월: 문술리포트 2021년 판 기획 및 발전 방향 논의, 2021 키워드 주제 토론

- 2020년 3~5월: 국가미래전략 토론회 발표(코로나19 감염 방지 및 예방을 위해 온라인으로 개최, 유튜브를 통해 실시간 중계). 2015~2020년 6년간 누적 횟수 185회

- 2020년 10월: 《카이스트 미래전략 2021》(문술리포트-7) 출판

- 2021년 1~2월: 문술리포트 2022년 판 기획 및 발전 방향 논의, 2022 키워드 주제 토론

- 2021년 2~6월: 국가미래전략 특강 진행(코로나19 감염 방지 및 예방을 위해 KAIST 문술미래전략대학원 봄학기 온라인 특강 형식으로 전환)

- 2021년 10월: 《카이스트 미래전략 2022》(문술리포트-8) 출판

- 2022년 1~2월: 문술리포트 2023년 판 기획 및 발전 방향 논의, 2023 키워드 주제 토론

- 2022년 2~6월: KAIST 문술미래전략대학원 봄학기 수업으로 국가미래전략특강 진행

- 2022년 10월: 《카이스트 미래전략 2023》(문술리포트-9) 출판

- 2023년 1~2월: 문술리포트 2024년 판 기획 및 발전 방향 논의, 2024 키워드 주제 토론

- 2023년 2~6월: KAIST 문술미래전략대학원 봄학기 수업으로 국가미래전략특강 진행

- 2023년 10월: 《카이스트 미래전략 2024》(문술리포트-10) 출판

참고문헌

- 고선규,《인공지능과 어떻게 공존할 것인가》, 타커스, 2019

- 과학기술정보통신부 외, 〈2021 인공지능산업 실태조사〉, 2022

- 과학기술정보통신부, 〈인공지능 반도체 산업 성장 지원대책〉, 2022.6.27

- 관계부처 합동, 〈인공지능 국가전략〉, 2019.12

- 관계부처 합동, 〈빅3+인공지능 인재양성 방안〉, 2021.4.14

- 관계부처 합동, 〈산업 AI 내재화 전략〉, 2023.1.13

- 구본권,《로봇시대, 인간의 일》, 어크로스, 2015

- 기상청, 〈2022 이상기후 보고서〉, 2023

- 기획재정부, 〈장기재정전망〉, 2015, 2020

- 김경동, 〈왜 미래세대의 행복인가?〉, 미래세대행복위원회 창립총회, 2015

- 김명진,《20세기 기술의 문화사》, 궁리, 2018

- 김미곤 외, 〈복지환경 변화에 따른 사회보장제도 중장기 정책방향 연구〉, 한국보
  건사회연구원, 2017

- 김병권,《기후위기와 불평등에 맞선 그린뉴딜》, 책숲, 2020

- 김상배, 〈미중 플랫폼 경쟁으로 본 기술패권의 미래〉, Future Horizon 35권, 2018

- 김상준 · 김태순, 〈리부트 메타버스(Re-Boot MVS), 2.0시대로의 진화〉, 한국지능정

보사회진흥원, 2021

- 김수현·김창훈, 〈유럽 그린딜의 동향과 시사점〉, 에너지경제연구원, 2020

- 김지혜, 〈日 경제안보추진법(안) 제정 최신 동향〉, 전략물자관리원, 2022.4

- 김태유·김대륜, 《패권의 비밀》, 서울대학교출판문화원, 2017

- 김한준, 〈4차 산업혁명이 직업 세계에 미치는 영향〉, 한국고용정보원, 2016

- 김흥규 외, 《신국제질서와 한국외교전략》, 명인문화사, 2021

- 농촌진흥청, 〈3D 프린팅 기술로 식량작물의 새로운 가치를 만들다〉, 2019.10

- 뉴 사이언티스트, 《기계는 어떻게 생각하고 학습하는가》, 한빛미디어, 2018

- 니코 멜레, 《거대권력의 종말》, RHK, 2013

- 독일연방노동사회부, 〈노동 4.0 백서〉, 2017

- 돈 탭스콧·알렉스 탭스콧, 《블록체인 혁명》, 을유문화사, 2018

- 로렌스 프리드먼, 《전쟁의 미래》, 비즈니스북스, 2020

- 로마클럽, 〈성장의 한계 The Limits To Growth〉, 1972

- 로버트 D. 퍼트넘, 《나 홀로 볼링》, 페이퍼로드, 2016

- 리처드 리키, 《제6의 멸종》, 세종서적, 1996

- 마크 라이너스, 《6도의 악몽》, 세종서적, 2008

- 모이제스 나임, 《권력의 종말》, 책읽는수요일, 2015

- 미야자키 마사카쓰, 《세상에서 가장 쉬운 패권 쟁탈의 세계사》, 위즈덤하우스, 2020

- 박병원, 〈기술 패러다임의 전환과 글로벌 기술패권 경쟁의 이해〉, Future Horizon 35권, 2018

- 박영숙·제롬 글렌, 《일자리혁명 2030》, 비즈니스북스, 2017

- 박영현 외, 《집단에너지 기술 및 미래발전 방향》, 반디컴, 2018

- 박진한, 《O2O》, 커뮤니케이션북스, 2016

- 배기찬,《코리아 생존전략: 패권경쟁과 전쟁위기 속에서 '새우'가 아닌 '돌고래'가 되기 위한 전략》, 위즈덤하우스, 2017
- 백서인 외, 〈글로벌 기술패권 경쟁에 대응하는 주요국의 기술주권 확보 전략과 시사점〉, STEPI Insight, 285호, 2021
- 백승종,《제국의 시대》, 김영사, 2022
- 백장균, 〈자율주행차 국내외 개발 현황〉, KDB 미래전략연구소, 2020.2
- 법무부, 〈출입국·외국인정책 통계연보〉, 2023
- 보건복지부, 〈통계로 보는 사회보장〉, 2021
- 보건복지부, 〈2021년 화장통계〉, 2022
- 산업통상부 외, 〈2022 산업기술통계〉, 2022
- 서용석, 〈첨단기술의 발전과 미래정부의 역할과 형태〉, Future Horizon 28호, 2016
- 설동훈, 〈한국의 인구 고령화와 이민정책〉, 경제와 사회 106호, 2015
- 손선홍,《독일 통일 한국 통일: 독일 통일에서 찾는 한반도 통일의 길》, 푸른길, 2016
- 손선홍·이은정,《독일 통일 총서 18 & 19-외교 분야》, 통일부, 2016
- 송태은, 〈인공지능 기술을 이용한 국가의 사회감시 체계 현황과 주요 쟁점〉, 국립외교원, 2021
- 송태은, 〈디지털 시대 하이브리드 위협 수단으로서의 사이버 심리전의 목표와 전술〉, 세계지역연구논총 39집 1호, 2021
- 송태은, 〈러시아·우크라이나 전쟁의 정보심리전: 평가와 함의〉, 국립외교원 외교안보연구소, 2022
- 앤드루 퍼터,《핵무기의 정치》, 명인문화사, 2016
- 앨빈 토플러,《미래의 충격》, 범우사, 1997

- 앨빈 토플러, 《제3의 물결》, 홍신문화사, 2006
- 앨빈 토플러·정보통신정책연구원, 〈위기를 넘어서: 21세기 한국의 비전〉, 정보통신정책연구원, 2001
- 앨빈 토플러·하이디 토플러, 《전쟁 반전쟁》, 청림출판, 2011
- 양지훈·윤상혁, 〈ChatGPT를 넘어 생성형(Generative) AI 시대로: 미디어·콘텐츠 생성형 AI 서비스 사례와 경쟁력 확보 방안〉, Media Issue & Trend 55호, 2023
- 어제이 애그러월 외, 《예측 기계-인공지능의 간단한 경제학》, 생각의힘, 2019
- 엄미정 외, 〈첨단 신기술분야 고급 인력의 육성 및 성장 지원방안〉, 과학기술정책연구원, 2021
- 에릭 브린욜프슨·앤드루 맥아피, 《기계와의 경쟁》, 틔움, 2013
- 에릭 브린욜프슨·앤드루 맥아피, 《제2의 기계시대》, 청림출판, 2014
- 유종일, 〈한국의 소득불평등 문제와 정책대응 방향〉, 현안과 정책 152호, 2016
- 윤주, 《도시재생 이야기》, 살림, 2017
- 이명호, 《디지털 쇼크 한국의 미래》, 웨일북, 2021
- 이재호, 《스마트 모빌리티 사회》, 카모마일북스, 2019
- 이종호, 《로봇, 인간을 꿈꾸다》, 문화유람, 2007
- 이주헌, 《미래학, 미래경영》, 청람, 2018
- 이혜선 외, 〈인구절벽시대, 이공계 대학원생 현황과 지원방향〉, STEPI Insight 306호, 2022
- 인호·오준호, 《부의 미래, 누가 주도할 것인가》, 미지biz, 2020
- 일 예거, 《우리의 지구, 얼마나 더 버틸 수 있는가》, 길, 2010
- 임창환, 《브레인 3.0》, MID, 2020
- 자크 엘루, 《기술의 역사》, 한울, 2011
- 전병유, 〈한국 노동시장에서의 불평등과 개선방향〉, 현안과 정책 153호, 2016

- 정미애 외, 〈국가 난제 해결을 위한 과학기술 관점의 경제·사회시스템 혁신전략 연구-AI와 일자리〉, 과학기술정책연구원, 2022
- 정해식 외, 〈사회통합 실태진단 및 대응방안(Ⅲ)-사회통합 국민인식〉, 한국보건사회연구원, 2016
- 제러미 리프킨, 《소유의 종말》, 민음사, 2001
- 제러미 리프킨, 《노동의 종말》, 민음사, 2005
- 제리 카플란, 《인간은 필요 없다》, 한스미디어, 2016
- 조용래, 〈대체불가 기술 확보가 新안보시대 핵심 생존전략〉, STEPI Outlook 2022, 2022
- 조용래, 〈기술안보 시대에 대응하는 국가 필수전략기술〉, 기획재정부 월간 재정동향 및 이슈, 2022.5
- 조지 프리드먼, 《21세기 지정학과 미국의 패권전략》, 김앤김북스, 2018
- 즈비그뉴 브레진스키, 《거대한 체스판》, 삼인, 2017
- 최성은·양재진, 〈OECD 국가의 여성 일-가정양립에 대한 성과〉, 한국정책학회보 23권 3호, 2014
- 최연구, 《과학기술과 과학문화》, 커뮤니케이션북스, 2021
- 최연구, 〈4차 산업혁명시대의 일자리와 일거리 정책〉, KISTEP, 2021
- 최연구, 《미래를 읽는 문화경제 트렌드》, 중앙경제평론사, 2023
- 크리스 앤더슨, 《메이커스》, RHK, 2013
- 클라우스 슈밥, 《클라우스 슈밥의 제4차 산업혁명》, 새로운현재, 2016
- 클라우스 슈밥 외, 《4차 산업혁명의 충격》, 흐름출판, 2016
- 토머스 대븐포트 외, 《AI 시대 인간과 일》, 김영사, 2017
- 토비 월시, 《생각하는 기계-AI의 미래》, 프리뷰, 2018
- 통계청, 〈2019 한국의 사회지표〉, 2020

- 통계청, 〈2020~2070년 장래인구추계〉, 2021

- 한경혜 외, 〈한국의 베이비부머 연구〉, 서울대학교 노화·고령사회연구소, 2011

- 한국고용정보원, 〈AI-로봇-사람, 협업의 시대가 왔다!〉, 2016.3

- 한국교통연구원, 〈교통혼잡비용 추정의 패러다임 변화와 교통혼잡비용 추정결과〉, 2019

- 한국농촌경제연구원, 〈식품산업 경제적 파급효과 분석결과〉, 2020

- 한국보건사회연구원, 〈빈곤통계연보〉, 2020

- 한국보건사회연구원, 〈사회통합 실태진단 및 대응 방안 연구〉, 2019

- 한국에너지공단, 〈에너지 분야의 4차 산업혁명, Energy 4.0〉, 2017

- 한국에너지공단, 〈신재생에너지 보급 통계〉, 2018, 2019, 2020, 2021

- 한국정보화진흥원, 〈ICT를 통한 착한 상상: 디지털 사회혁신〉, 2015

- 홍성민 외, 〈과학기술인재 성장 기반 구축을 위한 연구개발과 인력정책 연계 방안〉, 과학기술정책연구원, 2022

- 홍성민, 〈AI 인재양성 동향 및 전망〉, Future Horizon 55호, 2023

- 홍일선, 〈세대 간 정의와 평등: 고령사회를 대비한 세대 간 분배의 불균형문제를 중심으로〉, 헌법학연구 16권 2호, 2010

- 환경부, 〈한국 기후변화 평가보고서〉, 2020

- Akaev, A., & Pantin, V., "Technological innovations and future shifts in international politics", *International Studies Quarterly* 58(4), 2014

- Alpert, D., *The age of oversupply: Overcoming the greatest challenge to the global economy*, Penguin, 2013

- Alvin Toffler, *Third Wave*, Bantam Books, 1991

- Alvin Toffler, *War and Anti-War*, Little Brown & Company, 1993

- Arkin, R. C., *Behavior-based Robotics*, The MIT Press, 1998

- Ascher, W., *Bringing in the Future*, Chicago University Press, 2009

- Baek, S., et al., "Face detection in untrained deep neural networks", *Nature Communications* 12(1), 2021

- Bloomberg New Energy Finance, "How ambitious are the post-2020 targets?", 2015

- Cathy O'Neil, *Weapons of Math Destruction: How Big Data Increases Inequality and Threatens Democracy*, Broadway Books, 2017

- Deloitte, "The future of work in technology", 2019

- Edler, J., et al., "Technology Sovereignty: from demand to concept", *Perspectives-Policy Briefs*, 2020

- EU, "Biodiversity Strategy to 2020: towards implementation", 2011

- Gidon, A., et al., "Dendritic action potentials and computation in human layer 2/3 cortical neurons", *Science* 367, 2020

- IDC Research, "Analyst Paper: Adoption of Object-Based Storage for Hyperscale Deployments Continues", 2016

- IEA, "World Energy Outlook", 2019

- IEA, "Global EV Outlook", 2019

- IPCC, "Climate Change 2014: Impacts, Adaptation, and Vulnerability", 2014

- IPCC, "Special Report on Global Warming of 1.5℃", 2018

- IPCC, "Climate change 2021: The physical science basis", 2021

- IPCC, "Synthesis Report of the IPCC 6th Assessment Report: Climate Change", 2023

- Jackson, T., *Prosperity without Growth: Economics for a Finite Planet*, Earthscan, 2009

- James Barrat, *Our Final Invention: Artificial Intelligence and the End of Human Era*, Thomas Dunne Books, 2013

- Kim, D., et al., "Task complexity interacts with state-space uncertainty in the arbitration between model-based and model-free learning", *Nature Communications* 10(1), 2019

- Klaus, S., "The Fourth Industrial Revolution", World Economic Forum, 2016

- Lee, J. H., et al., "Toward high-performance, memory-efficient, and fast reinforcement learning—Lessons from decision neuroscience", *Science Robotics* 4(26), 2019

- Majaj, N. J., & Pelli, D. G., "Deep learning—Using machine learning to study biological vision", *Journal of Vision* 18(13), 2018

- Margetts, H., et al., *Political turbulence: How social media shape collective action*, Princeton University Press, 2015

- Michal Onderco & Madeline Zutt, "Emerging Technology and Nuclear Security: What does the wisdom of the crowd tell us?", *Contemporary Security Policy* 42(3), 2021

- Murphy, R., *Introduction to AI Robotics*, The MIT Press, 2000

- OECD, "Looking to 2060: long-term global growth prospects", 2012

- Park, Y. J., *The future of digital surveillance: why digital monitoring will never lose its appeal in a world of algorithm-driven AI*, University of Michigan Press, 2021

- Stanford HAI, "Generative AI: Perspectives from Stanford HAI", 2023.3

- UN, "World Population Prospects", 2017

- UNEP, "Global Trends in Renewable Energy Investment", 2016

- Welsh Government, "Well-being of Future Generations", 2014
- World Economic Forum, "A vision for the Dutch health care system in 2040", 2013
- World Economic Forum, "The Travel & Tourism Competitiveness Report", 2015
- World Economic Forum, "The Future of Jobs Report 2023", 2023
- World Energy Council, "Energy Trilemma Index", 2015

주

1 "디바이스와 앱이 취향과 경험을 만든다", 머니투데이, 2023.5.10

2 "세상을 바꾼 101가지 발명품〈英紙〉", 연합뉴스, 2007.11.5

3 "애플, 종가 시가총액 3조 달러 사상 첫 돌파…GDP 7위 국가 수준", 연합뉴스, 2023.7.1

4 "Best Movies About Sentient Artificial Intelligence", *Movieweb*, https://movieweb.com/movies-about-ai/

5 Stanford HAI, "Generative AI: Perspectives from Stanford HAI", 2023

6 양지훈·윤상혁, 〈ChatGPT를 넘어 생성형(Generative) AI 시대로: 미디어·콘텐츠 생성형 AI 서비스 사례와 경쟁력 확보 방안〉, Media Issue & Trend 55호, 2023

7 Gidon, A., et al., "Dendritic action potentials and computation in human layer 2/3 cortical neurons", *Science* 367(6473), 2020

8 Baek, S., et al., "Face detection in untrained deep neural networks", *Nature Communications* 12(1), 2021

9 Kim, D., et al., "Task complexity interacts with state-space uncertainty in the arbitration between model-based and model-free learning", *Na-*

ture Communications 10(1), 2019

10 Lee, J. H., et al., "Toward high-performance, memory-efficient, and fast reinforcement learning—Lessons from decision neuroscience", *Science Robotics* 4(26), 2019

11 Lum, K., & Chowdhury, R., "What is algorithm? It depends on whom you ask", *MIT Technology Review*, 2021.2.26

12 이원태, 〈EU의 알고리즘 규제 이슈와 정책적 시사점〉, KISDI Premium Report, 2016

13 이 글은 윤기영·이명호의 〈거대언어모델 미래전개도 II〉(SW중심사회 107호, 2023.5)의 내용을 토대로 재구성했다.

14 Feldstein, S., et al., "The Global Struggle over AI Surveillance: Emerging Trends and Democratic Responses", *National Endowment for Democracy & International Forum for Democratic Studies*, 2022

15 "AI가 장관에게 말했다, '나를 선(善)하게 이용해 주세요'", 머니투데이, 2023. 6.4

16 제러미 리프킨, 《노동의 종말》, 민음사, 2002

17 "인공지능으로 일자리 오히려 늘어난다", 한겨레, 2018.7.20

18 Finch, C. E., & Pike, M. C., "Maximum life span predictions from the Gompertz mortality model", *The Journals of Gerontology Series A: Biological Sciences and Medical Sciences* 51(3), 1996

19 Pascual-Torner, M., et al., "Comparative genomics of mortal and immortal cnidarians unveils novel keys behind rejuvenation", *Proceedings of the National Academy of Sciences* 119(36), 2022

20 Ruby, J. G., et al., "Naked mole-rat mortality rates defy Gompertzian laws by not increasing with age", *elife* 7, 2018

21   Kim, E. B., et al., "Genome sequencing reveals insights into physiology and longevity of the naked mole rat", *Nature* 479(7372), 2011

22   McCay, C. M., et al., "The effect of retarded growth upon the length of life span and upon the ultimate body size: one figure", *The journal of Nutrition* 10(1), 1935

23   McCay, C. M., et al., "Parabiosis between old and young rats", *Gerontology* 1(1), 1957

24   Hayflick, L., & Moorhead, P. S., "The serial cultivation of human diploid cell strains", *Experimental cell research* 25(3), 1961

25   McCay, C. M., et al., "Parabiosis between old and young rats", *Gerontology* 1(1), 1957

26   Conboy, I. M., et al., "Rejuvenation of aged progenitor cells by exposure to a young systemic environment", *Nature* 433(7027), 2005

27   Horowitz, A. M., et al., "Blood factors transfer beneficial effects of exercise on neurogenesis and cognition to the aged brain", *Science* 369(6500), 2020

28   Baker, D. J., et al., "Clearance of p16Ink4a-positive senescent cells delays ageing-associated disorders", *Nature* 479(7372), 2011

29   Takahashi, K., & Yamanaka, S., "Induction of pluripotent stem cells from mouse embryonic and adult fibroblast cultures by defined factors", *Cell* 126(4), 2006

30   Ocampo, A., et al., "In vivo amelioration of age-associated hallmarks by partial reprogramming", *Cell* 167(7), 2016

31 Lu, Y., et al., "Reprogramming to recover youthful epigenetic information and restore vision", *Nature* 588(7836), 2020

32 Horvath, S., "DNA methylation age of human tissues and cell types", *Genome biology* 14(10), 2013

33 이 글은 〈ChatGPT의 등장과 법제도 이슈〉(최인선 외, 지능정보사회 법제도 이슈리포트, 2023.1)의 일부를 재구성, 보완·수정해 작성했다.

34 "美 미술관에 걸린 그림, 누가 그렸나 봤더니…'깜짝'", 한국경제, 2023.6.25

35 "Girl with AI Earrings?", *HypeArt*, 2023.5.10

36 US Copyright Office, "Copyright Registration Guidance: Works Containing Material Generated by Artificial Intelligence", 2023.3.16

37 정진근, 〈영국 CDPA 제9조 제3항은 인공지능 창작을 보호하는가?〉, 계간 저작권 131호, 한국저작권위원회, 2020

38 "OpenAI sued for defamation after ChatGPT fabricates legal accusations against radio host", *The Verge*, 2023.6.9

39 이 글은 〈ChatGPT의 등장과 법제도 이슈〉(최인선 외, 지능정보사회 법제도 이슈리포트, 2023.1)의 일부를 재구성, 보완·수정하여 작성했다.

40 "New York City Public Schools Reverses ChatGPT Ban", *Forbes*, 2023.5.18

41 "College instructor put on blast for accusing students of using ChatGPT on final assignments", *NBC News*, 2023.5.18

42 "Will Mandatory Generative AI Use Certifications Become The Norm In Legal Filings?", *Lexology*, https://www.lexology.com/library/detail.aspx?g=5079c747-92c0-4375-86f2-88d1ef43739e(2023.6.10 최종방문)

43 "Samsung Bans ChatGPT Among Employees After Sensitive Code Leak", *Forbes*, 2023.5.2

44 　김도원 외, 〈ChatGPT 보안 위협과 시사점〉, KISA INSIGHT 3호, 2023

45 　저작권법 일부개정법률안(이용호 의원안, 2022.10.31 발의) 제35조의5; 저작권법 전부개정법률안(도종환 의원안, 2021.2.15 발의) 제43조

46 　"문체부-저작위, AI 관련 저작권 제도개선 착수", 전자신문, 2023.2.27

47 　박경신, 〈항소법원, 구글의 도서 디지털 변환 사업인 구글북스는 공정 이용에 해당한다〉, 저작권 동향 22호, 2015

48 　"Singapore Copyright Act 2021", *Singapore Statutes Online*, https://sso.agc.gov.sg/Acts-Supp/22-2021/Published/?ProvIds=P15-#P15-P28-(2023.6.24 최종방문)

49 　류시원, 〈저작권법상 텍스트·데이터 마이닝(TDM) 면책규정 도입 방향의 검토〉, 선진상사법률연구 101호, 2023

50 　"Directive (EU) 2019/790 of the European Parliament and of the Council Of 17 April 2019 on copyright and related rights in the Digital Single Market and amending Directive 96/9 and 2001/29", *EUR-Lex*, https://eur-lex.europa.eu/legal-content/EN/TXT/HTML/?uri=CELEX:32019L0790&from=EN(2023.6.19 최종방문)

51 　DCN, "DCN's Principles for Development and Governance of Generative AI", 2023.6.5

52 　"Generative AI Technology Implications in the Intellectual Property Community", *Lexology*, 2023.1.17

53 　"SARAH ANDERSEN etc. v. STABILITY AI LTD etc.", *Stable Diffusion litigation*, https://stablediffusionlitigation.com/pdf/00201/1-1-stable-diffusion-complaint.pdf#page=3(2023.6.24 최종방문)

54 　"Stack Overflow Will Charge AI Giants for Training Data", *WIRED*,

2023.4.20; "Reddit To Charge Companies For Using Its Data To Train AI: Report", NDTV, 2023.4.20

55 "Large Language Model Datasets", *Medium*, https://dataman-ai.medium. com/large-language-model-datasets-95df319a110(2023.6.26 최종방문)

56 "ChatGPT maker OpenAI faces new class action lawsuit over data privacy", *computerworld*, 2023.6.29

57 김도원 외, 〈ChatGPT(챗GPT) 보안 위협과 시사점〉, KISA INSIGHT 3호, 2023

58 "The first administrative guidance to generative AI platform and Alerts regarding the use of generative AI services ussued by PPC", *Lexology*, 2023.6

59 채은선, 〈EU 인공지능법 입법 추진 현황과 시사점〉, 지능정보사회 법제도 이슈리포트, 2023

60 호주 빅토리아주 개인정보보호법, https://www.legislation.vic.gov.au/in-force/acts/privacy-and-data-protection-act-2014/028(2023.6.30 최종방문)

61 미국 아이오와주 개인정보 보호법, https://www.legis.iowa.gov/legislation/ BillBook?ga=90&ba=SF%20262(2023.6.30 최종방문)

62 "Generative Artificial Intelligence", *Office of the Privacy Commissioner*, 2023.6.15, https://privacy.org.nz/publications/guidance-resources/gen-erative-artificial-intelligence/(2023.6.26 최종방문)

63 CNIL, "Artificial intelligence: the action plan of the CNIL", 2023.5.16

64 이권일, 〈일반에게 공개된 개인정보의 보호와 활용〉, 법학논고 68호, 2020

65 "세계 최초 AI 로봇 간담회…'인간 일자리 훔치지 않을 것'", 뉴스1, 2023.7.8

66 구연정, 〈기록기술의 발전과 기억: 라이프로그와 디지털적 기억의 양면성〉, 문

화와 융합 44권 9호, 2022

67 니콜라스 카,《생각하지 않는 사람들》, 청림출판, 2011

68 John Dryden(translation), *Plutarch's Lives*, Little Brown & Company, 1910

69 Gregory Bateson, *Mind and Nature*, E. P. Dutton, 1979

70 김재인, 〈인공지능 시대, 창의성 개념의 재고찰〉, 예술영재교육 3권 2호, 2021; 아구스틴 푸엔테스,《크리에이티브: 무엇이 인간을 예외적 동물로 만들었는 가》, 추수밭, 2018; 김재인,《AI 빅뱅: 생성 인공지능과 인문학 르네상스》, 동아시아, 2023

71 "인류, 3천년 전부터 '정보의 외장화'로 뇌 용량 줄였다", 한겨레, 2021.10.25; DeSilva, J. M., et al., "When and why did human brains decrease in size? A new change-point analysis and insights from brain evolution in ants", *Frontiers in Ecology and Evolution* 712, 2021; 브루스 후드,《뇌는 작아지고 싶어 한다: 뇌과학으로 풀어보는 인류 행동의 모든 것》, 알에이치코리아, 2021

72 마크 버트니스,《문명의 자연사: 협력과 경쟁, 진화의 역사》, 까치, 2021

73 통계청, 〈장래인구추계〉, 2021

74 통계청, 〈고령자통계〉, 2022

75 안서연·최광성, 〈NPRI 빈곤전망 모형 연구〉, 국민연금공단 국민연금연구원, 2022

76 "국민연금 소득대체율, 외국보다 낮은가?", 프레시안, 2022.2.28

77 국민연금연구원, 〈2019 국민연금 생생통계 Fact Book〉, 2020

78 정영호·고숙자, 〈사회갈등지수 국제비교 및 경제성장에 미치는 영향〉, 한국보건사회연구원, 2014

79 이소연, 〈2023 젠더인식조사: 젠더갈등과 성차별 인식〉, 한국리서치 주간리포

트 226-1호, 2023

80 조권중, 〈서울시 사회갈등 이슈 진단과 정책 시사점〉, 서울연구원, 2021

81 노기우·이현우, 〈청년세대 젠더갈등에 관한 실증적 연구: 능력주의와 운 평등
주의를 중심으로〉, 한국정치학회보 56집 5호, 2022

82 "국민 67% '젠더갈등 심각'…한국 남녀, 왜 서로에게 분노하나", 조선일보,
2022.5.13

83 KBS가 한국리서치에 의뢰해 2023년 1월 16일부터 18일까지 전국 만 18세 이
상 성인 남녀 1,273명을 대상으로 모바일 조사를 실시했으며, 표본오차는 ±
2.75%p이다. KBS 1TV, 〈시사기획 창〉, 2023. 3. 16

84 설문조사는 국민통합위원회가 한국리서치에 의뢰해 실시했고, 2022년 10월
24~31일 전국 만 19~34세 남녀 2,017명을 대상으로 온라인조사 방식으로 이
루어졌다. 표집오차 95%, 신뢰수준 ±2.18%p. "젠더 갈등 발 벗고 나선 청년
젠더특위, 공감 얻을 수 있을까", 미디어오늘, 2023. 4. 21

85 이동한, 〈2023 세대인식조사: 세대갈등 및 다른 세대에 대한 인식〉, 한국리서
치 주간리포트 221-1호, 2023

86 이윤경 외, 〈저출산·고령사회 대응 국민 인식 및 가치관 심층조사〉, 한국보건
사회연구원, 2020

87 황선재, 〈인구고령화와 세대갈등: 자원배분을 둘러싼 세대간 형평〉, 사회과학
연구 33권 2호, 2022

88 한국은행, 〈MZ세대의 현황과 특징〉, 한국은행 이슈노트 13호, 2022.3

89 "임원이라고 왜 성과급 더 받나요…임금갈등, 세대 갈등으로", 아시아경제,
2022.5.30

90 이종임 외, 〈청년세대의 분노와 혐오 표현의 탄생: 온라인 커뮤니티 '에브리타
임'의 '혐오언어' 표현 실태 분석을 중심으로〉, 방송과 커뮤니케이션 22권 2호,

2021

91 김승연 외, 〈장벽사회, 청년 불평등의 특성과 과제〉, 서울연구원, 2020

92 정해식 외, 〈세대 간 사회이동에서 실제와 인식의 차이에 관한 탐색적 연구: 비관적 인식을 중심으로〉, 한국사회정책 28권 1호, 2021

93 부산여성가족개발원, 〈부산지역 2030 청년세대 젠더인식 조사 및 대응방안〉, 2022.4

94 "살라미 전술로 젠더갈등 키우고 '잭팟' 터뜨려 환호하는 언론", 미디어오늘, 2021.8.4

95 김윤태, 〈한국사회 균열의 구조적 변화: 갈등의 제도화를 향하여〉, 복지동향, 2022.3

96 "젠더 갈등 발 벗고 나선 청년젠더특위, 공감 얻을 수 있을까", 미디어오늘, 2023.4.21

97 김윤태, 〈한국사회 균열의 구조적 변화: 갈등의 제도화를 향하여〉, 복지동향, 2022.3

98 김수아, 〈갈등 키우는 온라인 커뮤니티 중계 보도, 온라인엔 없는 '현실의 문제' 보도할 때〉, 신문과방송 2021년 9월호, 2021.9.6

99 "질문하는 기자들Q-젠더갈등 어디서부터 시작되나? …언론이 쏘아올린 기사 하나", KBS, 2021.8.28

100 조권중, 〈서울시 사회갈등 이슈 진단과 정책 시사점〉, 서울연구원, 2021

101 Edler, J., et al., "Technology Sovereignty: From demand to concept", *Fraunhofer Institute for Systems and Innovation Research*, 2020

102 Edler, J., et al., "Technology Sovereignty: From demand to concept", *Fraunhofer Institute for Systems and Innovation Research*, 2020

103 이 원고는 홍성민의 〈AI 인재 양성 동향 및 전망〉(Future Horizon+ 55호, 2023)을

바탕으로 보완해 작성했다.

104 Stanford HAI, "Generative AI: Perspectives from Stanford HAI", 2023.3

105 "AI가 스스로 설명하는 '생성형 AI'와 '인공일반지능'", 포브스코리아, 2023.3

106 산업통상자원부 외, 〈산업기술인력 수급 실태조사〉, 2022

107 엄미정 외, 〈첨단 신기술분야 고급 인력의 육성 및 성장 지원방안〉, 과학기술 정책연구원, 2021

108 이혜선 외, 〈인구절벽시대, 이공계 대학원생 현황과 지원방향〉, STEPI Insight 306호, 2022

109 "초고가 약제 킴리아 졸겐스마 럭스터나, 급여 단계 밟아", 히트뉴스, 2022. 2.19

110 "유전자 대체 치료제, 새로운 전환 시대 열어", BIOTIMES, 2023.3.21

111 한국생명공학연구원, 〈국외 바이오 정책동향〉, 2019.3

112 "한국인 100만 명 유전체 모은다…희귀·유전질환 예측 목표", 동아사이언스, 2022.11.11

113 "'비타민D' 보충하는 유전자가위 교정 토마토 나왔다", 동아사이언스, 2022. 5.24

114 "CRISPR-edited Conscious Greens officially debut in foodservice", FOOD DIVE, 2023.5.16

115 "중기부, K-바이오 랩허브 구축…한국판 '랩센트럴' 만든다", 파이낸셜뉴스, 2023.3.22

116 "총성 없는 경쟁 시작…세계는 지금 바이오 패권 경쟁시대", 메디코파마, 2023.3.16

117 기상청, 〈2022년 이상기후 보고서〉, 2023

118 환경부·기상청, 〈한국 기후변화 평가보고서〉, 2020

119 영국 정부 보도자료, "UK enshrines new target in law to slash emissions by 78% by 2035", 2021

120 세계법제정보센터, 〈미국 인플레이션 감축법 2022 주요 내용〉, 2022, https://world.moleg.go.kr/web/dta/lgslTrendReadPage.do?A=A&-searchType=all&searchPageRowCnt=10&CTS_SEQ=50203&AST_SE-Q=315&ETC=1

121 세계법제정보센터, 〈세계 각국의 온실가스 감축 목표 및 관련 법령〉, 2022, https://world.moleg.go.kr/web/dta/lgslTrendReadPage.do?&CTS_SE-Q=50035&AST_SEQ=3891&ETC=7

122 대외경제정책연구원, 〈EU 탄소 감축 입법안(Fit for 55)의 주요 내용과 시사점〉, 2021

123 노지훈, 〈유럽연합 환경규제 'Fit for 55' 분석과 한국 기업 대응방안에 관한 연구〉, 환경법과 정책 30호, 2022

124 에너지경제연구원, 〈미국 바이든 행정부 출범: 기후변화·에너지정책 변화 영향과 우리나라 대응〉, 2021

125 Harb, M., et al., "Projecting travelers into a world of self-driving vehicles: estimating travel behavior implications via a naturalistic experiment", *Transportation* 45, 2018

126 김원호 외, 〈서울시 자율주행차 주차수요 관리방안〉, 서울연구원, 2018

127 통계청, 〈2022 통계로 보는 1인 가구〉, 2022.12.7

128 통계청, 〈2021년 인구주택총조사 결과〉 2022.7.28

129 "국내 최초로 '동성혼 법제화'… 가족구성권 3법 발의됐다", 프레시안, 2023.5.31

130 통계청, 〈2022년 인구동향조사〉, 2023

131 통계청, 〈2022년 인구동향조사〉, 2023

132 통계청, 〈2022년 혼인·이혼통계〉, 2023.3.16

133 OECD, "Doing Better for Families", 2011

134 Chandler, J., et al., "Living Alone: its place in household formation and change", *Sociological Research Online* 9(3), 2004

135 통계청, 〈2022년 통계청 사회조사 결과〉, 2022.11.16

136 통계청, 〈2022년 한국의 사회지표〉, 2022.11.7

137 KB금융연구소, 〈한국 1인 가구 보고서〉, 2022

138 "'나홀로는 외롭다' 1인 가구 정책, 해외 선진국은 어떨까", 머니투데이, 2021.9.9

139 통계청, 〈1인 가구 사유〉, 2020

140 홍승아 외, 〈1인 가구 증가에 따른 가족정책 대응방안 연구〉, 한국여성정책연구원, 2017

141 여성가족부, 〈2020년 가족실태조사 분석 연구〉, 2021

142 Beck-Gernsheim, E., "On the Way to a Post-Familial Family", *Theory, Culture and Society* 15, 1998

143 여성가족부, 〈가족 다양성에 대한 국민 인식조사〉, 2021

144 기획재정부, 〈1인 가구 중장기 정책방향 및 대응방안〉, 2020

145 통계청, 〈2022 통계로 보는 1인 가구〉, 2022.12.7

146 법무부, 〈1인 가구의 사회적 공존을 위한 법제도 개선안〉, 2022.1.27

147 김석호 외, 〈인구특성별 1인 가구 현황 및 정책대응연구〉, 여성가족부, 2018

148 "'나홀로는 외롭다' 1인 가구 정책, 해외 선진국은 어떨까", 머니투데이, 2021.9.9

149 일본 후생노동성, 〈고용균등기본조사〉, 2021

150 "일본 2030년 남성 육아휴직 사용률 85%로…출생아 80만 명 붕괴", 2023. 3.18

151 "허용 기간 최장, 사용은 최저…한국 아빠 '육아 휴직의 역설'", 경향신문, 2023.6.6

152 LG AI 연구원, 〈AI 토크 콘서트〉 발표자료, 2021.5.17

153 Meta AI, "LLaMA: Open and Efficient Foundation Language Models", 2023.2

154 "생성형 AI 주도권…'오픈소스 vs 비오픈소스' 대결 구도", 머니투데이, 2023.5.28

155 "삼성, 챗GPT 대항마 개발 나섰다", 조선일보, 2023.6.9

156 "올거나이즈, 기업 맞춤형 생성 AI 구축 솔루션 '알리 LLM Ops' 출시", 인공지능신문, 2023.6.14

157 Sanford L. Moskowitz, *The advanced materials revolution-Technology and economic growth in the age of globalization*, Wiley, 2009

158 Deloitte, "Reigniting growth-Advanced Materials Systems, Global Manufacturing Industry group", 2012.11; World Economic Forum, "Advanced Materials Systems-Chemistry and advanced materials", 2016.3

159 산업통상자원부, 〈첨단산업 세계공장 도약을 위한 소재부품장비 2.0 전략-선제적 미래 대응 GVC 혁신 대책〉, 2020.7.8; 관계부처 합동, 〈2022년 소재부품장비 경쟁력강화 시행계획〉, 2022.3.3

160 한국재료연구원, 〈소재기술백서〉, 2020

161 온실가스종합정보센터, 〈국가 온실가스 인벤토리(1990-2020)〉, 2022

162 에너지경제연구원, 〈2022 에너지통계연보〉, 2022.12

163 국회예산정책처, 〈2023년 경제 현안 분석〉, 2023

164 IEA, "World Energy Balance Highlights 2021", 2022

165 IEA, "World Energy Outlook", 2022

166 FAO, "Rome Declaration on World Food Security and World Food Summit Plan of Action", 1996

167 정정길, 〈중국의 일대일로 전략과 한·중 농업협력 방향〉, 한국농촌경제연구원, 2018

168 GSnJ, 〈국가 곡물 조달시스템을 이용한 주요 곡물 비축방안〉, 2012.11

169 Antonia Reihlen, Till Zimmermann, Dirk Jepsen, "Opportunities and risks of advanced materials", *ÖKOPOL GmbH(Institut für Ökologie und Politik)*, 2019.8

170 WEF(World Economic Forum) with Deloitte, "Advanced materials systems chemistry and advanced Materials", 2016.3

171 European Commission, "High-level export group on key enabling technologies", 2011.6

172 National Research Council, *Globalization of materials R&D–Time for a national strategy, National Research Council of the National Academy*, The National Academy Press, 2005

173 "삼성전자, 美특허침해 소송서 4천억 원 배상 평결", 연합뉴스, 2023.4.22

174 "삼성디스플레이, 中 BOE에 소송… "OLED 특허 침해"", 조선일보, 2023.7.1

175 "지식재산 보호는 매우 촘촘하게…강력한 조사와 처벌 필요", 내일신문, 2023.4.5

176 한국은행, 〈2022년 지식재산권 무역수지(잠정)〉, 2023.3.2

177 "시장 먹이사슬과 지식재산(IP): 법·정책·경쟁의 응집체", 전자신문, 2022.3.21

178 손수정, 〈제4차 산업혁명, 지식재산 정책의 변화〉, STEPI Insight 197호, 2016

179 김병년, 〈글로벌 시장에서의 성공비결 첫걸음은 '표준·표준특허'〉, 기술과 혁신 456호, 2022.12

180 특허청, 〈정부의 수출 증진 노력에 발맞춘 해외 특허〉, 2023.4.20

181 "IP 보호하는 제도 혁신에 주력할 때", 동아일보, 2022.4.26

182 EPO·EUIPO, "Intellectual property rights and firm performance in the European Union", 2021.2

183 "'혁신 마중물' 지식재산 금융 잔액 8조원 눈앞", 헤럴드경제, 2023.4.27

184 "[실전 특허경영④] 지식재산권 금융과 담보대출", 특허뉴스, 2019.4.27

185 "AI를 특허출원 주체로 '다부스 프로젝트' 진행", 법률신문, 2023.1.12

186 특허청, 〈인공지능과 지식재산 백서〉, 2022.3.23

187 Strowel, A., "ChatGPT and Generative AI Tools: Theft of Intellectual Labor?", IIC, 2023.4.4

188 특허청, 〈한국, 3년 연속 국제특허출원(PCT) 세계 4위!〉, 2023.3.2

189 "국감자료, 특허무효율 46.8%", 리걸타임즈, 2022.9.28

190 "한국 AI 특허수 세계 4위지만…영향력은 떨어져", 머니투데이, 2021.5.25

191 "특허침해하면…징벌적 손해배상 등 손해배상 현실화", 특허뉴스, 2021.1.5

192 특허청, 〈지식재산활동조사 2022〉, 2022.12

193 특허청, 〈2023년 특허청 주요업무계획〉, 2023.1

194 특허청, 〈4차 산업혁명 기술 분야 특허 통계(2023년 1분기)〉, 2023.4

195 "특허무효심판 10건 중 4건은 무효", 전자신문, 2021.10.6

196 "글로벌 특허 강국 대한민국, 심사환경 개선해야", 지식재산뉴스, 2022.10.11

197 "높아진 신약개발 '리스크', 낮아진 '리턴'", 메디포뉴스, 2019.7.11

198 특허청, 〈반도체 분야 지원 위한 전담 심사국 공식 출범〉, 2023.4.11

199 손수정, 〈신지식재산의 인식과 성장〉, 정보통신정책연구원, 2019.7.16

200 "'30분도, 3일도 아녔다'…아무도 웃지 못한 우크라 전쟁 300일", 머니투데이, 2022.12.29

201 한국과학기술기획평가원, 〈2022년 국가 과학기술혁신 역량평가〉, 2022.12

202 TrendForce, 〈2022년 세계 반도체 팹리스 시장 점유율〉, 2023.3.13

203 "시진핑 모교 칭화대, 반도체 인재 연 1000명씩 배출", 조선일보, 2022.6.25

204 "'과학 자본' 꽃피우는 에든버러", 헬로디디, 2023.4.16

205 〈"국민 과학적 소양이 곧 국력"…과학 대중화에 팔 걷은 중국〉, KOFAC SNS-VIEW 제23호, 2021.7.27